华东政法大学
课程和教材建设委员会

主　任　何勤华
副主任　杜志淳　顾功耘　刘晓红　林燕萍　唐　波
委　员　刘宪权　吴　弘　刘宁元　罗培新　杨正鸣
　　　　沈贵明　余素青　范玉吉　张明军　高富平
　　　　何明升　杨忠孝　丁绍宽　闵　辉　焦雅君
　　　　陈代波　金其荣　贺小勇　徐永康
秘书长　唐　波（兼）

Lawyer and Notary System (2nd edition)

律师与公证制度教程

（第二版）

王俊民／主　编
周雪祥　孙剑明　许建丽／副主编

北京大学出版社
PEKING UNIVERSITY PRESS

图书在版编目(CIP)数据

律师与公证制度教程/王俊民主编. —2 版. —北京:北京大学出版社,2013.8
(高等学校法学系列教材)
ISBN 978-7-301-22970-5

Ⅰ. ①律… Ⅱ. ①王… Ⅲ. ①律师制度-中国-高等学校-教材 ②公证制度-中国-高等学校-教材 Ⅳ. ①D926

中国版本图书馆 CIP 数据核字(2013)第 179783 号

书　　　名：	律师与公证制度教程(第二版)
著作责任者：	王俊民　主编
责 任 编 辑：	刘秀芹　王业龙
标 准 书 号：	ISBN 978-7-301-22970-5/D·3389
出 版 发 行：	北京大学出版社
地　　　址：	北京市海淀区成府路 205 号　100871
网　　　址：	http://www.pup.cn
新 浪 微 博：	@北京大学出版社
电 子 信 箱：	law@pup.pku.edu.cn
电　　　话：	邮购部 62752015　发行部 62750672　编辑部 62752027
	出版部 62754962
印 　刷 　者：	北京飞达印刷有限责任公司
经 　销 　者：	新华书店
	730 毫米×980 毫米　16 开本　25.25 印张　480 千字
	2009 年 1 月第 1 版
	2013 年 8 月第 2 版　2019 年 8 月第 4 次印刷
定　　　价：	48.00 元

未经许可,不得以任何方式复制或抄袭本书之部分或全部内容。
版权所有,侵权必究
举报电话:010-62752024　电子信箱:fd@pup.pku.edu.cn

前　言

律师制度与公证制度是从事法律职业必须学习的课程,该学科综合性、实践性强,涉及面广,不仅与刑法、民法等有联系,还与刑事诉讼法、民事诉讼法、证据法有联系。华东政法大学刑事诉讼法教研室多年从事律师法学、公证法学教学和实务工作的教师共同编写了本书,华东政法大学部分2006级、2007级诉讼法硕士研究生也参加了本书的编写工作。

本书根据现行《律师法》、《公证法》、2013年1月1日实施的《刑事诉讼法》和《民事诉讼法》等有关法律规定,在原第一版的基础上作了相应的修订。在吸收借鉴国内外相关理论研究成果的基础上,本书将系统阐述律师和公证基本制度和基本理论,突出律师、公证实务特点和要求,力求将基本制度阐述和实务操作融为一体。本书在编写过程中得到北京大学出版社的大力支持,在此表示由衷感谢。

本书由王俊民任主编并统稿,各章撰稿人为(按章节先后顺序):

王俊民(第一章、第十五章、第十六章、第三十四章);孙启亮(第二章);孙剑明(第三章);邓晓霞(第四章);卜磊(第五章、第三十二章);章峰(第六章、第二十九章、第三十五章);沈雯(第七章、第十七章);王戬(第八章);姜兰兰(第九章);尹华蓉(第十章、第十一章);杨可中(第十二章、第二十章);周雪祥(第十三章、第三十章);夏莲翠(第十四章);许建丽(第十八章、第三十三章);刘红(第十九章);叶青(第二十一章);李江婧(第二十二章);李晓冉(第二十三章);尹琪(第二十四章);肖丽(第二十五章);周绪峰(第二十六章);桂祥(第二十七章);张永斌(第二十八章);陈晨雨(第三十一章)。

王俊民
2012年10月15日于香梅花园

目 录 Contents

上篇 律师制度原理与实务

第一章 律师概述 /3
    第一节 律师的概念和特点 /3
    第二节 法律服务的概念和特点 /9
    第三节 律师的性质 /12

第二章 律师制度概述 /16
    第一节 律师制度的概念 /16
    第二节 世界各国及地区律师制度沿革简史 /16
    第三节 我国律师制度的建立与发展 /20
    第四节 《律师法》的修改及颁布 /24
    第五节 新《刑事诉讼法》对辩护制度的完善 /30

第三章 律师的任务与业务 /34
    第一节 律师的任务 /34
    第二节 律师的业务 /36
    第三节 律师业务收费 /40

第四章 律师执业许可 /45
    第一节 律师资格 /45
    第二节 律师执业 /53
    第三节 我国律师的分类 /61
    第四节 律师专业技术职务 /66

第五章 律师执业机构 /70
    第一节 律师执业机构概述 /70

第二节　律师事务所的形式　/71
　　第三节　律师事务所的权利和义务　/72
　　第四节　律师事务所的设立与终止　/76
　　第五节　律师事务所的管理　/78
　　第六节　各国及地区律师执业机构比较　/80

第六章　律师管理体制　/92
　　第一节　律师管理体制概述　/92
　　第二节　司法行政机关对律师的管理　/95
　　第三节　律师协会行业管理　/97
　　第四节　律师业管理体制及机制改革　/98

第七章　律师执业基本原则　/100
　　第一节　概述　/100
　　第二节　遵守宪法和法律原则　/100
　　第三节　以事实为根据，以法律为准绳原则　/102
　　第四节　维护委托人合法权益原则　/103
　　第五节　依法执业受法律保护原则　/104
　　第六节　接受国家、社会和当事人监督原则　/105

第八章　律师执业权利与义务　/107
　　第一节　律师执业权利　/107
　　第二节　律师执业义务　/112

第九章　律师职业道德　/117
　　第一节　律师职业道德概述　/117
　　第二节　律师职业道德的内容　/119

第十章　律师执业纪律　/122
　　第一节　律师执业纪律概述　/122
　　第二节　律师执业纪律的内容　/123

第十一章　律师的法律责任　/132
　　第一节　律师行政法律责任　/132
　　第二节　律师民事法律责任　/136
　　第三节　律师刑事法律责任　/138

第十二章　刑事诉讼中的律师辩护　/140
　　第一节　刑事辩护概述　/140
　　第二节　律师辩护的工作程序及方法　/145

第十三章　民事诉讼中的律师代理　/151
　　第一节　律师民事诉讼代理概述　/151
　　第二节　民事诉讼代理律师的职责和权限　/153
　　第三节　民事诉讼代理律师的工作方法和步骤　/155
　　第四节　二审、再审案件的律师代理　/160
　　第五节　涉外民事诉讼律师代理　/163

第十四章　刑事诉讼中的律师代理　/167
　　第一节　公诉案件中的律师代理　/167
　　第二节　自诉案件中的律师代理　/169
　　第三节　附带民事诉讼中的律师代理　/171

第十五章　行政诉讼中的律师代理　/173
　　第一节　行政诉讼律师代理概述　/173
　　第二节　行政诉讼律师代理的工作方法和步骤　/179

第十六章　法律顾问　/185
　　第一节　法律顾问概述　/185
　　第二节　法律顾问的职能与工作范围　/189

第十七章　律师非诉讼法律事务　/195
　　第一节　律师非诉讼法律事务概述　/195
　　第二节　律师参与调解　/197
　　第三节　律师参与仲裁　/199
　　第四节　其他非诉讼法律事务　/206

第十八章　我国律师的法律援助制度　/212
　　第一节　律师法律援助概述　/212
　　第二节　我国律师法律援助的内容　/215

第十九章　外国律师制度与我国港澳台地区律师制度简介　/220
　　第一节　西方国家律师制度的产生和发展　/220
　　第二节　英美法系律师制度：以英国和美国为例　/223
　　第三节　大陆法系国家的律师制度：以法国、德国为例　/228
　　第四节　我国香港地区、澳门地区和台湾地区的律师制度　/232

下篇　公证制度原理与实务

第二十章　公证制度概述　/247
　　第一节　公证制度的概念和特征　/247

第二节　西方国家公证制度的历史发展　/248
　　　第三节　我国公证制度的建立与发展　/249
　　　第四节　公证机构的任务　/255

第二十一章　公证基本原则　/257
　　　第一节　概述　/257
　　　第二节　真实与合法原则　/258
　　　第三节　客观公正原则　/259
　　　第四节　依法独立公证原则　/259
　　　第五节　公证员亲自办证原则　/260
　　　第六节　回避原则　/261
　　　第七节　保密原则　/261
　　　第八节　便民原则　/262
　　　第九节　使用本国和民族语言文字原则　/263

第二十二章　公证机构的组织机构和管理体制　/264
　　　第一节　公证机构的组织机构及其人员组成　/264
　　　第二节　公证员的条件和岗位职责　/265
　　　第三节　公证机构的管理体制　/267
　　　第四节　公证协会　/269

第二十三章　公证员的职业道德与法律责任　/272
　　　第一节　公证员的职业道德　/272
　　　第二节　公证员的权利与义务　/273
　　　第三节　公证员的法律责任　/275

第二十四章　公证的执业区域及办理程序　/278
　　　第一节　公证执业区域概述　/278
　　　第二节　办理公证的程序　/280
　　　第三节　公证争议处理程序　/286

第二十五章　公证文书档案和公证费用　/288
　　　第一节　公证文书档案　/288
　　　第二节　公证费用　/292

第二十六章　公证的效力　/297
　　　第一节　一般公证书的效力　/297
　　　第二节　债权文书公证书的效力　/298
　　　第三节　法定公证事项公证书的效力　/300

第二十七章 公证业务及公证书制作 /303
- 第一节 公证机构的业务范围 /303
- 第二节 公证书的制作 /305

第二十八章 普通公证事项的办理程序 /307
- 第一节 公证申请与公证受理 /307
- 第二节 公证审查 /310
- 第三节 出证 /314
- 第四节 公证期限 /317
- 第五节 不予办理公证与终止公证 /317

第二十九章 一般民事法律行为公证 /322
- 第一节 继承公证 /322
- 第二节 遗嘱公证 /328
- 第三节 委托公证 /330
- 第四节 声明书公证 /332
- 第五节 收养关系公证 /333
- 第六节 财产分割协议公证 /337
- 第七节 婚前财产约定协议公证 /339

第三十章 常见的其他几种民事公证 /340
- 第一节 有奖活动公证 /340
- 第二节 有关经历与学历的公证 /341
- 第三节 保全证据公证 /341
- 第四节 提存公证 /342
- 第五节 办理抵押登记业务 /343

第三十一章 具有法律意义的事实公证 /345
- 第一节 具有法律意义的事实公证概述 /345
- 第二节 出生、生存、死亡、居住地公证 /346
- 第三节 意外事件公证 /347
- 第四节 不可抗力事件公证 /348
- 第五节 婚姻状况公证 /348
- 第六节 亲属关系公证 /350
- 第七节 其他非争议性事实公证 /351

第三十二章 具有法律意义的文书公证 /353
- 第一节 具有法律意义的文书公证概述 /353

第二节 专利文书公证 /353
第三节 商标公证 /355
第四节 职务和职称证书公证 /357
第五节 文书文本相符公证 /358
第六节 文书签名、印鉴属实公证 /359
第七节 债权文书公证 /360

第三十三章 经济合同公证 /363
第一节 经济合同公证概述 /363
第二节 买卖合同公证 /366
第三节 抵押贷款合同公证 /367
第四节 房产转让合同公证 /369
第五节 土地使用权出让、转让合同公证 /370
第六节 承包合同公证 /373
第七节 技术合同公证 /376
第八节 劳动合同公证 /377

第三十四章 特别事项的公证 /379
第一节 现场监督类公证 /379
第二节 公证调解 /381
第三节 公证复查 /382

第三十五章 涉外及涉港澳台公证 /386
第一节 涉外公证概述 /386
第二节 涉外公证的法律适用 /387
第三节 涉外公证文书的认证 /388
第四节 涉港澳台公证 /390

参考文献 /394

上篇

律师制度原理与实务

第一章 律师概述

第一节 律师的概念和特点

一、律师的概念

律师,顾名思义,"律"是指法令、法则或规范,统称法律;"师"是指具有专门知识、技能的人。"律师"一词,可以理解为"法律之师"。一般而言,律师是指那些熟知法律、善于解说法律,为当事人提供法律帮助的专业人员。

美国《国际大百科全书》对"律师"一词的阐释是:"律师或称法律辩护人,是受过法律专业训练的人,他在法律上有权为当事人于法院内外,提出意见或代表当事人之利益行事。"律师既是当事人的代理人,又是法制工作者,还是对法律的顺利实施和司法的质量负有特殊责任的公民。美国的律师按照工作内容的不同,又分为自己开办法律事务所的"挂牌律师"、政府机关雇用的律师、大企业公司聘用的律师等。①

英国的律师有"巴律师"(barrister)和"沙律师"(solicitor)之分。"巴律师"又称"辩护律师""出庭律师"或"大律师"。"巴律师"的任务主要是出庭辩护,他们有权在包括基层法院、高级法院、贵族法院和王室法院的各类法庭出庭,有时也就"沙律师"提出的法律问题发表意见。这类律师执业十年以上的,经本人申请并经大法官推荐,可由英王授予"皇家律师"称号。"沙律师"又称"事务律师""撰状律师""初级律师"或"小律师"。"沙律师"通常只向当事人解释有关法律问题,或者提供诉讼方面的指导,有时也代理案件,但仅限于在治安法院、郡法院等初级法院和上诉法院。②

在我国,"律师"称谓出现在清朝末年,清政府制定的《大清刑民事诉讼律》中出现了"律师"一词。尽管这一诉讼法并未生效实施,但旧中国的律师制度仍然沿用了"律师"这一名称。

新中国成立后,新的律师制度将从事法律服务的专业人员统称为"律师",并为我国法律所确认。从法律规定的表述上看,1980年的《律师暂行条例》中规定:律师是国家的法律工作者。在当时,这一规定对于解除广大律师的后顾之忧,提高律师地位,保证律师开展业务都起到了积极的作用。但随着社会背景的

---

① 参见田文昌主编:《律师制度》,中国政法大学出版社2007年版,第1页。
② 参见陈宝权等:《中外律师制度比较研究》,法律出版社1995年版,第17页。

变迁以及律师制度本身的发展,尤其是合作制与合伙制律师事务所的出现,国家法律工作者的表述很难适用于全体律师,而且还带来很多弊端。于是,1996年《律师法》就将律师定义为"依法取得律师执业证书,为社会提供法律服务的执业人员"。律师不再是国家工作人员,而是社会法律工作者。2007年,第十届全国人大常委会第三十次会议通过的《律师法》第2条明确规定:"本法所称律师,是指依法取得律师执业证书,接受委托或者指定,为当事人提供法律服务的执业人员。"最新的律师概念突出强调了律师法律服务的意义,强调律师与委托人之间的关系,回归了律师职业的本能定位。

据此,我国现行律师制度中的律师定义是:经国家考核授予资格并准予执业的,接受当事人的委托或者经人民法院指定,参与诉讼、非诉讼及其他法律事务活动,为当事人提供法律服务的专业人员。这一定义包括以下三层含义:

(1) 律师是经国家考核授予资格并发给律师执业证书、准予执业的法律专业人员。

(2) 律师是接受公民、法人或其他组织的委托及人民法院的指定,参与诉讼或非诉讼法律事务的。

(3) 律师的工作方式是向当事人提供法律服务,职责是维护当事人的合法权益,维护法律的正确实施,维护社会公平正义。

二、律师的特点

根据《律师法》及有关法规,我国律师具有以下特点:

1. 社会性

律师是一种社会性职业,是面向社会提供开放的、全方位的法律服务。律师通过为当事人(自然人、法人或者其他组织)提供法律服务,在帮助当事人正确行使法律权利、保护其合法权益的同时,有助于在全社会树立权利观念、法治观念。

2. 专业性

成为律师都必须具备一定的专业条件,通常是受过法律专业训练、具有法律专业知识。在我国,《律师法》第5条规定,申请律师执业,应当通过国家统一司法考试。取得律师执业证书,首先要通过统一司法考试,取得律师资格,然后在律师事务所实习一年以上,报主管部门审核,发给律师执业证书。律师执业证书每年要进行年检,未通过年检的,不能继续执业。是否取得律师执业证书,是区分律师与非律师的最具体、最简明的标志。

3. 受托性

律师作为法律专业人员,其业务来自当事人的委托,而不是像法官、检察官那样是基于权力。如果没有当事人的委托,律师的法律服务便无从谈起。律师没有当事人委托的业务活动,也就不能行使法律规定的律师执业权利。

4. 服务性与有偿性

律师的天职是为社会提供法律服务,而且这种服务一般来说是有偿的。世界上绝大多数国家的律师都不是国家公职人员,不享有国家赋予的公共权力,因此只能依靠自己的专业知识和法律技能,为当事人提供法律服务,由此获得报酬,并赖以生存和发展。[①]

5. 独立性

律师在执业时具有独立的地位,不受任何机构和个人的非法干涉。主要体现在:律师独立于司法行政管理机关,对个案法律问题不受其管理;律师独立于司法机关,不受法院、检察院的影响;律师独立于当事人,自主地应用其法律知识和经验,为当事人提供准确、合法的法律意见或者法律服务,最大限度地维护当事人的合法权益。

6. 自律性

律师职业管理具有自律性,主要是通过组成律师协会实行自治。

三、律师概念表述的比较

对律师概念存在不同的解读。通过分析和比较,可以使我们更好地把握律师概念。现有律师概念表述可大致归纳为以下几类。

(一) 协助说

这类定义方法是从律师与当事人的关系入手进行分析,突出律师工作的协助性。一种观点认为:"律师是受当事人的委托或法院的指定,协助当事人进行诉讼或处理其他法律事务的专业人员。例如受委托或被指定为辩护人,或受委托为诉讼代理人、法律顾问等。"[②]这阐明了以下几点:律师执业活动的专业性、法律性和协助性;律师工作的领域是诉讼和其他法律事务;律师工作的前提是受委托或指定;律师直接面对的对象主要是当事人和法院。另一种观点主张:"律师是指受国家机关、企业、团体或个人的委托,或者法院的指定,协助处理法律事务或代理当事人进行诉讼的法律专业人员。"[③]与上一定义相比,这种说法的特殊之处在于对当事人的概念进行了解释,表明了当事人的范围非常广泛。

(二) 服务说

这类定义强调了律师工作与政府管理工作的不同之处,即在于为社会提供服务。与"协助"相比,"服务"一词更加强调律师以当事人利益为中心的特点。

[①] 参见邓建民主编:《律师法学与公证法学》,四川大学出版社2004年版,第5页。
[②] 《法学词典》编辑委员会编:《法学词典》,上海辞书出版社1980年版,第519页。
[③] 《中国大百科全书·法学卷》编委会编:《中国大百科全书·法学卷》,中国大百科全书出版社2006年版。

(1) 有学者指出:"律师是专门的法律工作者,以熟悉法律为专长,以提供法律服务为职责"①。这明确了律师的专业性和法律服务的基本职能。(2) 另有学者认为:"律师是依法取得律师执业证书,向社会提供法律服务、维护其当事人合法权益的法律工作者"②。这对律师的工作资格、工作方式、工作目的都进行了阐述。(3) 美国《国际大百科全书》对律师一词的阐释,其特殊之处就在于阐明了律师工作的两个方面:咨询和代表。(4) 还有学者针对我国的情况认为:"中华人民共和国律师,是取得律师资格,持有律师工作执照,为社会提供法律服务的专业人员。"③这强调了律师工作的前提:既要有资格,又要有执照。

(三) 有偿说

这类定义方法比较全面地看待律师,其特征在于强调律师服务的有偿性,这实际上将律师的范围限定为私人律师。(1) "律师是脑力劳动者","律师是不同于公安、检察、审判人员的法律工作者","我国律师是向社会提供有偿法律服务的法律工作者"。④ 这一说法突出了:律师的服务范围是社会,包括各色人等和各种领域。与国家法律工作者不同,服务的方式是有偿服务,并非免费的纯公益性服务。(2) 律师,是依照法定条件和程序取得资格,并在法定范围内对公民、法人、国家机关提供有偿法律服务的专业人员。这一定义强调了律师资格的重要性。(3) 律师概念的法律含义包括四性:律师取得资格和业务范围的法定性,工作内容的非公务性,活动方式的民间性,工作目的的正义性。

(四) 自由职业说

这类定义强调律师执业的特点:自由和独立。德国《律师法》规定:"第一条,律师是独立的司法人员。第二条,律师是自由职业者。律师的活动不具有经营的性质。第三条,律师是法律事务中独立的、职业的顾问和代理人。"法国在《关于改革若干司法职业和法律职业的第 71-1130 号法律》第 7 条亦规定:"律师职业属于自由独立职业。"

(五) 三种属性说

这种学说认为,律师的概念应包括其三种属性:社会属性、专业属性和自身属性。就其社会属性而言,我国律师属于社会主义法律工作者,具有坚定的政治方向,与资本主义的律师相区别;就其专业属性而言,律师是为当事人提供法律服务的专业人员,与从事侦查、起诉和审判工作的专业人员分开;就其自身属性而言,律师是经过国家统一考试,被授予资格并取得律师执业证书的人,与从事法律服务的其他专业人员区分开来。

---

① 茅彭年、李必达主编:《中国律师制度研究》,法律出版社 1992 年版,第 5—6 页。
② 青锋:《中国律师法律制度论纲》,中国法制出版社 1997 年版,第 138 页。
③ 陶髦等:《律师制度比较研究》,中国政法大学出版社 1995 年版,第 34 页。
④ 参见陈卫东、王福家主编:《中国律师学》,中国人民大学出版社 1990 年版,第 54—56 页。

四、律师概念的形式定义与实质定义

我们认为,一个较为完善的学术性的律师定义应体现以下的技术特征:第一,形式和内容的统一。在其中既反映律师的外部表现形式,又反映律师的本质特征。第二,确定性和开放性的统一。既反映所有律师都具有的基本特征,又能包容在不断发展的现代社会里律师职业所具有的新的属性。这突出地表现在,律师的定义应把公职律师和公司律师这两种律师类型涵盖进去,正如法律的定义应把"国际法"这一类型包括进去一样。第三,它不考虑律师工作的技术性特点等非基本特征,如律师工作的范围、对象、具体方式等。第四,它不考虑律师的社会功能以及价值评价问题,"律师是什么"是一回事,"律师的社会功能"以及"律师的好坏"又是另一回事。第五,从逻辑要求上讲,定义应尽可能的简短,以免使得定义本身不仅不能作为研究律师职业入门的向导,反而本末倒置,成了人们认识和研究律师职业的障碍。当然,要达到上述五项要求,需要我们的精心设计。

依据逻辑学上关于定义的一些基本的技术规定,定义可分为形式定义和实质定义。形式定义着眼于将事物与其他事物从外部的表现形式特征上区别开来,确定概念的界限,使人不致混淆;实质定义则在于从内在的、抽象的层次揭示事物之所以为该事物的规定性,这既包括其与同类事物的共同特征,又包括其核心的本质特征。

（一）律师概念的形式定义

律师概念的形式定义突出表现在各国律师法的立法规定之中。这种定义属于实证性、规范性的定义,但各种规定之间往往并不完全一致。通过综合各国立法规定以及众多学者的观点,我们可以得出这样的结论:从形式上讲,律师即具有律师资格,持有律师执业证书,并从事律师职业的人员。同时,考虑到不同的国家及在不同时期对律师的规定不同,不具有上述全部条件的人员也可能称为律师。如:一般律师都要事先通过律师资格考试或司法考试,而某些人可能只需要通过考核即可成为律师;尚未从事具体律师执业活动,没有办理过一个案件的人,只要他持有律师执业证书也是律师;在某些实行律师资格与律师执业分离的制度的国家,把具有律师资格但不从事律师职业的人员也称为律师。所以该形式定义又可以简化为:"律师即持有律师执业证书的人"。此外,考虑到某些国家的某个时期,并不需要以"持有律师执业证书"这种形式作为律师的表征,而只需具有国家认可其为律师的某种其他形式即可,律师概念的形式特征最关键之处在于:"律师的身份要为官方所认可,律师职业必须要有国家法律作为保障"。如美国哈贝尔主编的巨卷年鉴《律师指南》就把律师定义为:"获准进入某州或哥伦比亚特区律师界的人"。这一形式定义已经得到广泛认可。

国家法律的认可是律师职业存在的前提。律师制度属于国家的上层建筑，律师的性质反映一个国家的政治制度。提供法律服务的活动与国家的权力运行密切相关。是否需要和允许提供法律服务，如何提供法律服务，国家权力与之如何协调、配合，二者的边界如何确定，这些都直接关系到统治阶级的利益和统治秩序的稳定，必须由国家来决定，由法律来确认。否则，律师就没有合法的地位，其活动就没有法律的保障。我国古代的讼师之所以不能称为律师，从形式上讲最主要的一点就是，其活动一直被官方明文禁止，不具有合法性。

（二）律师概念的实质定义

实质定义反映的是律师作为一个世界性的职业，其服务方式、运行方式和基本的社会功能中的相通之处。我们认为，从实质上讲："律师即专业的、法律性的、服务类人员"。同时由于对"服务"一词的理解不同，律师概念的范围也不同，由此我们可以把律师的概念分为广义、较狭义和最狭义三种。如果对"服务"一词"泛化"，作广义的理解，其含义与"为人民服务"中的"服务"一词含义相同，那么公诉、审判、从事法律教研等活动也可以认为是提供法律服务，与此相应，检察官、法官及法学教研人员等都可称为律师（这时的"律师"实际上已与"法律专家"无异）。如果对"服务"一词作较狭义的解释，那么律师可以指一切专业的法律实务工作者，把法学教研人员排除在外。进一步，如果我们对"服务"取最狭义的解释，也即通常意义上的理解，其含义与"服务行业"一词中的"服务"含义相同，那么律师的范围就大大缩小，即通常所说的执业律师了。此外，如果我们对律师实质定义中"专业"这个名词的词义理解不同，也会对律师概念的范围产生很大的影响。通常我们是在狭义上使用这个概念，即把"专业"理解为"具有专业水平、遵守专业规范并在专业组织领导之下"。但如果对"专业"一词作广义的理解，即认为"专业"是指"专门从事某一工作，并以此为生"，那么我国目前的企业内部法律顾问、乡镇法律服务所的人员等也可称为律师。除非特别说明，本书是在通常的意义上即最狭义上来研究律师职业。

综合以上的分析，我们得出一个比较全面的律师的定义："律师即为被官方所认可的、专业的法律服务人员"。

律师定义中不强调"社会性"服务的特点，不包含"社会"一词。因为"社会"一词具有广义和狭义之分：广义上讲指整个社会，由于律师具有服务性，不加任何限定就可以理解为是为社会提供服务，所以不必在定义中再重复表述；狭义上讲与官方相对应，指民间社会，由于律师还包括公职律师及为官方服务的部分私人律师，显然，若称律师为社会法律服务人员，则范围较狭窄，不能代表律师整体。

由以上的分析我们也可以看出：通过给律师概念下定义的方式来准确、全面地反映律师概念是一项困难的工作。说到底，"阐明一个概念，其实是在陈述一种理论"。律师的概念既是律师职业研究的"基本问题",同时也可以看做"根本问题"。因为只有在深刻地研究了律师的社会地位、作用、价值,弄清其现状的情况下,才可能对律师的概念有更深层次的理解和体会,而这就是研究律师职业的核心和最终目的所在。套用哈特在《法律的概念》一书中的说法,不妨说"律师概念问题"也是律师职业研究中一个"经久不绝的问题"。

第二节 法律服务的概念和特点

一、法律服务的概念

律师的工作方式是提供法律服务。法律服务的概念有广义和狭义之分。广义上,法律服务是指律师提供的法律咨询、出庭、仲裁、调解等诉讼和非诉讼服务以及有关司法主体(如法官、检察官、政府律师)行使司法权力时提供的服务。狭义上,法律服务仅指律师提供的法律咨询、出庭、仲裁、调解等诉讼和非诉讼服务。根据《服务贸易总协定》(GATS)第1条第3款之规定,有关司法主体行使司法权力时提供的服务属于"为政府当局实施职能提供的服务",这种服务既不是商业性质的,也不是与一种或多种服务相竞争的任何服务,不在GATS的调整范围之内。所以,本书涉及的法律服务,是指律师提供的法律咨询、出庭、仲裁、调解等诉讼和非诉讼服务。

二、法律服务的特点

1. 律师法律服务的双向选择性

即律师的法律服务必须以当事人的委托为前提,反之,当事人的委托又必须取得受托律师同意,即律师的法律服务活动基于律师和当事人之间的合同。《律师法》所规定的律师可以接受当事人委托参与各种诉讼或非诉讼法律服务的权利,实际上是一种抽象的权利。这一抽象的权利,必须在当事人就一项具体的法律事务委托律师参与提供法律服务时,才能转化为一种可以作用于具体当事人及其法律事务的权利。所以,律师对当事人的选择,对具体法律事务的选择,必须基于当事人对律师选择的合意。这种体现法律服务与被服务的权利、义务内容的意思表示的一致性,是社会中介服务的重要特征之一,也是权利可处分原则的体现。它与司法活动有着显著区别。司法活动作为一种国家权力和国家职能的体现,具有主体对权力和职能的非处分性。当一个案件符合管辖规定而进入某一司法机关的管辖程序和领域后,司法机关没有理由拒绝受理;反之,当一个公民或法人行使控诉权利的时候,国家立法所设定的管辖程序也限制了公民和法人对管理机关的选择,甚至根本就不能选择(如"专属管辖")。由此可见,法律活动中能够具有双向选择性特征的项目不应当也不可能是司法活动,而是带有社会中介服务性质,基于法律服务合同而进行的律师活动。

2. 律师提供法律服务效力的非强制性

即律师向当事人提供的是一种法律服务,而非执法活动;律师是社会法律生活的服务者,而非国家司法职能的执行者。因此,律师向当事人提供的法律服务仅仅是一种对当事人的帮助,当事人可以采纳律师意见,也可以拒绝采纳律师意见。从法理上讲,作为被服务对象的当事人对自己所聘请的律师所提供的法律帮助有选择利于自己的服务方案的权利,这是服务合同的重要特征,它决定了作为服务主体的律师不能强制自己的服务对象接受自己的服务方案,即律师提供法律服务不应具有强制效力。这一特征决定了律师所提供的法律服务与司法机关执法人员所进行的执法活动在法律效力上具有实质性区别。律师与司法机关及其执法人员在这方面的区别所反映的特征,也与律师的社会法律服务专业人员的主体属性更趋吻合。当然,律师提供法律服务不具有强制效力,并不等于律师提供法律服务不具有任何法律上的效力,律师法律服务所产生的非强制法律效力,在法律生活中是普遍存在并产生着积极作用的,如律师代为起草并经调解达成一致的协议书,就对当事人具有一定的履约约束效力;又如律师的见证文书,具有在法律事务包括诉讼中的证明效力,等等。所以,不能因为律师服务具有非强制效力而否定律师服务的一切非强制性效力。

3. 律师提供法律服务的劳务有偿性

律师向当事人提供法律服务,是基于当事人与律师事务所签订的法律服务合同,这种合同从本质上讲是普通劳务合同的一种,确切讲,是一种智力劳务合同。律师所提供的是一种智力劳动,而智力劳动的成果是律师的服务方案,这种服务方案的受益人则是特定的,即劳务合同的对方当事人。律师劳务合同的服务对象和服务受益人的特定性,使律师提供法律服务实行有偿收费制度具有可行性,即收费的对象是明确的,这一点有别于律师及其他法律工作者所开展的服务对象不特定的法律义务宣传活动。此外,我国《宪法》所确定的"按劳分配"原则,是作为劳动者之一的律师也同样有通过付出有意识的劳动来获取劳动收入的基本公民权利。当律师的劳动是基于劳务合同而向特定的服务对象提供智力劳动时,这种有意识的劳动就已经构成了律师获取劳务报酬的权利前提。律师的这种以提供服务来有意识实现劳务报酬的活动与律师参与义务法律咨询活动不同,律师参加义务法律咨询,其本身没有以劳动换取报酬的主观意识,所以,这种劳动从一开始就不是在"按劳分配"原则的前提下进行的。由此可见,律师收费服务的前提是"按劳分配"原则指导下的劳务合同的签订和履行。

律师收费制度与人民法院的诉讼收费制度性质完全不同。律师收费是一种劳务报酬性质的收费,故其收入的相当部分是由提供服务的律师享有的,其中应上缴国家的部分仅仅是占很小比例的税费和管理费;而人民法院的诉讼收费是国家财政收入的一项来源,它起到了弥补国家诉讼经费不足的作用,同时,还能限制当事人的盲目诉讼和无理缠讼,很显然,不论它是作为一项财政收入,还是一项限制当事人不当涉讼的经济手段,都必须由国家全额收入,既不能归受理案件的人民法院,更不能由承办法官提成。

当然,我们在强调律师有偿服务的同时,也不能摒弃"为人民服务"的共产主义道德精神。我国尚处在社会主义初级阶段,人民生活水准的不高客观上要求律师不能一切向"钱"看,坚持社会效益和经济效益的合理统一,强化律师肩负维护法律正确实施的责任感,是我们正确调整律师有偿服务观的关键所在。《律师法》在规定律师实行有偿服务制度的同时,也规定了律师的法律援助制度,这一制度不仅是律师有偿服务制度的必要补充,同时也是律师实现一个法律工作者维护法制、增进社会主义民主的职责的重要渠道。

4. 律师法律服务范围的广泛性

法律所调整的社会关系越来越纷繁复杂,这就使社会从客观上产生了对法律服务的强烈需求,可资法律服务的社会领域也越来越广泛,这就决定了律师提供法律服务范围的广泛性。目前,大到经济体制改革,如企业改制、股份制试点、证券业发展、农村承包责任制、房地产开发和建设、引进外资、国际融资和租赁等事关国家经济发展的大课题,小到婚姻、继承、家庭财产、财产转让、货物买卖等一般法律课题,都可以成为律师提供法律服务的对象。可以说,社会中能够为这么广泛的领域提供系统规范服务的社会中介服务机构非律师工作机构莫属。

5. 律师提供社会有偿法律中介服务的合法性

《律师法》从法律上确立了律师作为社会法律中介服务工作者的身份,即律师事务所是我国社会中唯一可以提供有偿法律服务的中介机构。强调这一特点,是因为在社会中存在着一些行政机关或职能机构,往往在自己的权力范围内,开设一些原本应由律师从事的法律中介服务机构,如"商标事务所""外商投资咨询公司""税务咨询公司"等。这些法律中介服务机构的设立有的能找到一定的法律依据,有的则纯粹是一种权力的衍生产物。但不论是哪种情况,往往都形成在相关领域内的法律中介服务项目的垄断局面,这显然不利于需要一个公平、有序的社会环境的律师业的生存与发展。一些立法上的不协调因素也在挑战律师提供社会有偿法律服务的合法性。这些问题不仅需要我们今后在立法上更趋协调,也需要一些地方和部门能从维护律师业顺利发展的角度出发,摒弃一些眼前的利益,将原本应属于律师服务业务的领域重新还到律师的手中。

综合我国律师的以上法律特征,我们可以将律师的法律地位界定在:由国家确认其执业资格,可向当事人提供法律服务的社会专业中介服务人员。

第三节 律师的性质

一、律师性质的概念

所谓律师的性质,是指法律所规定的,律师职业区别于其他职业的本质属性。律师制度中,律师的性质是一个根本性的问题,它体现在律师制度的各个方面,制约着律师的地位、权利、义务、作用、责任和律师制度的发展趋势。

在近现代,律师发展成为一种高度专业化的职业,并演进为一个社会阶层。律师作为一种职业,具有与其他社会职业不同的特性。理解律师的性质,可以从职业属性和阶级属性两方面进行表述。

所谓律师的阶级属性,是指律师制度作为国家法律制度的重要组成部分具有阶级性,律师作为特定律师制度内的从业人员,从根本上说,它必然服务于统治阶级的根本利益。

所谓律师的职业属性,是指律师区别于其他职业而具有的本质特性,各国律师法的表述不尽一致。西方国家多将律师定性为"自由职业者"。如德国《律师法》规定,律师为自由职业者,律师的活动不具有经营的性质。法国《关于改革若干司法职业和法律职业的第71-1130号法律》第7条规定,律师职业属于自由职业。西方国家之所以强调律师自由职业者的身份,是与律师具有的独立性分不开的。律师为社会提供各种法律服务,其执业活动不具有公务性,与法官、检察官等分别作为国家司法、行政权力行使者完全不同。独立性是律师职业的内在属性。这种独立性不仅表现在它与法院、政府的关系上,同时表现在它与委托人的关系上。前者指律师独立执业,不受法院、政府的干预,后者则指律师独立于当事人,不受当事人意志的约束。"自由职业者"的定性对于律师来说,表现为律师执业的非官方性或称社会性,法官、检察官等公务人员工作的内容具有职务性,而律师的工作则具有自主性;同时还表现为律师执业形式与方式的自由,律师执业形式与方式具有自主性,律师不仅自主决定提供法律服务的内容与对象,甚至可以开办个人律师事务所并以个人名义执业。当然,律师作为自由职业者并非指律师执业享有绝对的自由。律师的执业活动应在法律规定的范围内进行。有些人认为,把律师定性为自由职业者,无法揭示其本质属性,无法将律师与其他自由职业者如医生和记者区别开来。我们认为不然。事实上,律师作为为社会提供法律服务的人员,其活动的专业性与其他自由职业者显然是不同的。各国法律关于律师任职资格的取得都作了严格规定。律师资格准入制度使得律师职业与其他自由职业界限分明。因此,对律师自由职业者的定性无疑是建立在律师执业活动的专业性的基础之上的。其实完全可以称律师为"法律职业中的自由职业者"或"自由法律职业者",只不过这样表达显得画蛇添足罢了。对律师自由职业者的定性或许有片面之嫌,但它旨在强调律师独立于司法与行政机关的地位,这种独立的地位对于律师职业的生存和发展是至关重要的。从这一意义上讲,对律师自由职业者的定性是深刻的。一些国家将"自由职业者"的定性直接规定进律师法中,更可见其维护律师独立地位的用心。

二、我国律师的性质

我国是社会主义国家,律师制度是我国社会主义法律制度的重要组成部分。律师的执业活动必须以我国社会主义法律为依据,通过维护社会主义法律秩序为社会主义制度服务。这是由我国律师的阶级属性决定的。

从职业属性角度看,我国律师的性质是与我国法制建设尤其是律师制度建设的进程密切联系的。1980 年 8 月 26 日,第五届全国人大常委会第十五次会议通过并颁布了《律师暂行条例》。该条例第 1 条规定:"律师是国家的法律工作者。"将律师定义为国家法律工作者,在当时的状况下,对我国律师制度的恢复和发展起到积极作用。当时,我国律师制度刚刚恢复,律师队伍正在重建,人们对律师制度还缺乏正确的认识,对从事律师工作仍心有余悸。为了吸引具有较高素质的人到律师队伍中来,同时为了解除律师的后顾之忧,立法将律师的性质界定为"国家法律工作者",赋予了律师与公安、司法人员等国家干部同等的社会政治地位,有利于律师队伍的重建和律师工作的顺利开展。

随着我国政治、经济体制改革的深入,律师管理体制以及组织形式也在不断发生变化,对律师的"国家法律工作者"的定性逐渐失去了制度基础和现实合理性。从 1986 年起,我国开始试办合作制律师事务所,以后又出现了合伙律师事务所和私营律师事务所。国家出资设立的律师事务所也逐渐摆脱了行政机构的管理模式,实行依法自主开展业务的模式。加之律师业务的服务性、有偿性等重要特征,使得"国家法律工作者"的定性已无法准确反映律师的职业特点。到了 20 世纪 80 年代后期,律师界、法学界围绕律师性质问题的争论相当激烈,出现了多种观点,主要有三种:

第一种观点仍然认为应将律师定性为"国家法律工作者"。持这一种观点者认为,我国是社会主义国家,法官、检察官、律师都是国家的法律工作者,都为我国社会主义制度服务,它们之间的区别只是分工不同而已。这种观点强调了律师的阶级属性,未能进一步揭示律师职业之于法官、检察官职业的特殊性,尤其是未能认识到律师业在我国的发展前景。因此,这种观点抹杀了律师职业的特点,不利于律师职业的发展,亦会对律师在我国法治建设中发挥应有作用产生消极的影响。

第二种观点认为,律师是"社会法律工作者"。持这一观点者认为,律师作为社会法律工作者,是由律师工作的社会性所决定的。这种社会性首先表现为律师执业活动的非公务性。律师作为法律工作者,其接受当事人的委托提供法律服务的执业活动就是为了维护"私权",这与法官、检察官行使"公权"截然不同。从这一意义上讲,"社会法律工作者"的定性比"国家法律工作者"的定性更准确地揭示了律师的特性。其次表现为律师服务对象的广泛性。律师可以为政府、企业事业单位以及公民个人提供法律服务,律师执业亦不受地域和行业的限制。律师活动涉及社会生活的方方面面,各行各业。另外,律师作为"社会法律工作者"的另一层含义指律师提供法律服务是有偿的。"社会法律工作者"的提法虽然无法完全将律师与其他社会法律工作者区别开来,但毕竟揭示了律师之于法官、检察官的特殊性,因此比"国家法律工作者"的提法更科学。

第三种观点认为,律师应当是"自由职业者"。从律师执业活动的方式来看,律师接受当事人的委托,担任辩护人、代理人和法律顾问以及承办其他各类法律事务,都属个人劳动,律师在一般情况下既可以接受,也可以拒绝接受,具有自由选择的特点;律师接受委托后,以什么样的方式维护委托人的利益,也完全由律师决定。律师收费亦是由其服务的质量决定的,这与西方国家律师的自由职业性质并无根本区别。①

2007年《律师法》对我国律师的概念及性质作出明确规定:"本法所称律师,是指依法取得律师执业证书,接受委托或者指定,为当事人提供法律服务的执业人员。"同时,新《律师法》中进一步增加规定了律师的职业使命,即"律师应当维护当事人合法权益,维护法律正确实施,维护社会公平正义"。新《律师法》将律师服务对象由社会改成当事人,进一步明确了律师职业的工作指向,同时体现了国家肯定、尊重、保障公民个人权利的执政理念。"三个维护"的职业使命,有助于更加明确律师职业的自身定位与发展方向,即维护当事人合法权益的同时,要注重维护法律的正确实施和社会的公平正义。

三、律师与其他法律职业性质的比较

探究律师的性质,应与法官、检察官等法律职业相比较。律师职业比之于法官、检察官等职业的特殊性表现在以下几个方面。

1. 业务被动性

律师的执业活动具有业务性,律师执行业务基于当事人的委托,当事人与律师之间是委托与被委托的关系,而且律师执行业务的种类与范围亦由当事人根据需要指定。而法官行使国家审判权与检察官行使检察权是行使国家权力的活动,是职务活动。律师的执业活动不具有行使权力的性质,这是律师职业与法

---

① 参见陈卫东主编:《中国律师学》,中国人民大学出版社2008年版,第28—29页。

官、检察官等官方法律职业的根本区别。

2. 服务性与有偿性

律师职业产生的根源在于社会组织与公民个人对法律帮助的需求。律师业务的开展就是为了向社会提供法律服务。律师及其委托人之间是契约关系,双方法律地位平等。这一契约的一项重要内容是律师为委托人提供其所需要的法律服务,而另一项重要内容则是委托人向律师支付报酬,也即律师提供法律服务的活动是有偿的。而法官、检察官的职务活动基于法定职责及特定法律事实的发生而展开,并非基于当事人的委托,他们的活动是行使权力,同时也是履行职责,他们和当事人并不平等,他们的活动不具有服务性,也不具有有偿性。

3. 独立性与自主性

律师不仅独立于法院、检察院,而且独立于当事人。律师执业属个人劳动,不受当事人意志的约束,也不受律师协会等律师组织的指导,而是由律师本人自主决定办理委托事项的方式方法。此外,我国律师的执业活动亦不受地域和行业的限制。而法官与检察官的独立性与自主性相对较弱,他们的活动是在代表国家行使一定的权力,不属个人劳动。

4. 自律性

律师职业管理具有自律性,主要是通过组成律师协会实行自治。世界各国关于律师管理的体制不尽相同。有些国家实行完全的律师自治,如法国、日本等。在法国,律师团体称律师会,执业律师必须参加一个律师会。律师会由理事会经营管理。理事会由律师会会长主持,由各律师会组成的律师会总会选举律师会的会长及理事会。律师会作为独立的自治团体对会员行使惩戒权。日本律师亦实行行业自治。日本律师联合会是其全国性律师组织,以执行有关律师及律师会的指导、联系与监督事务为目的。它一方面的工作即是审查律师资格、监督律师行为、惩戒违法律师、指导律师会的工作。律师会是日本律师的地方性组织,其使命与日本律师联合会相同。还有些国家实行以行业管理为主的体制。如在美国,律师管理以律师协会为主,法院参与管理。我国的律师管理体制经历了一个曲折的发展历程。50年代我国律师制度初建时,律师及律师工作受司法行政机关统一领导和管理。十一届三中全会后律师制度重建时,恢复了由司法行政机关单一管理的律师管理体制。1993年12月26日,国务院以批复形式批准了司法部《关于深化律师工作改革的方案》,该方案要求建立司法行政机关的行政管理与律师协会的行业管理相结合的管理体制。1996年《律师法》则明确规定,国务院司法行政机关监督、指导全国律师工作;律师协会是律师的自律性行业管理组织,从而以立法的形式确立了司法行政机关宏观管理,律师协会具体微观管理的体制。今后我国律师管理体制将顺应世界趋势朝着行业管理为主、司法行政机关参与管理的模式发展。

第二章 律师制度概述

第一节 律师制度的概念

律师制度是指有关律师的资格、任务、性质、业务范围和律师的权利、义务、工作原则以及律师如何向社会提供法律服务的法律规范的总称。

律师制度是法律制度的组成部分,是国家与社会发展到一定阶段的产物。律师制度产生的前提条件有:

(1)司法条件。律师制度以国家通过立法赋予诉讼中的当事人以诉讼权利为前提。没有当事人的诉讼权利,就没有律师提供法律服务的社会需要基础。

(2)立法条件。律师制度作为法律制度的组成部分,需要国家通过立法予以确认。没有国家立法的确认,律师制度不可能存在,更不可能发展。

(3)组织条件。律师制度的存在离不开律师的组织机构及开展的业务活动。

律师制度的产生与发展经历了一个漫长的过程。通过了解律师制度的产生和发展,可以探究律师和律师制度的最初形态,律师制度得以产生的一系列客观条件和因素,以及这些条件和因素在律师制度的演变过程中所起的作用,研究律师制度发展的规律。学习律师制度产生和发展的历史,目的在于系统地总结历史上多种类型的律师制度有益的经验,批判地借鉴、利用和吸收,以利于我国律师制度的建设。

第二节 世界各国及地区律师制度沿革简史

一、律师制度的起源

律师作为一种职业,其历史源远流长。早在公元前5至4世纪,古希腊雅典就出现"雄辩家"的活动。雅典的诉讼分为侦查和庭审两个阶段。在庭审阶段允许当事人委托别人撰写发言稿,并在法庭上宣读,法官听取双方辩论,检验证据,根据辩论结果作出裁决。这种接受委托在法庭上为他人辩论的人被称为"雄辩家",类似现在的诉讼代理人。由于他们的活动并没有形成一种职业,只能看做律师制度的萌芽。①

西方的律师制度起源于古罗马。古罗马的律师制度被认为是世界各国律师制度的初级形式。古罗马时期的"保护人"制度，与后世的诉讼代理相近，后来发展为律师制度。"保护人"制度，是指保护人代表被保护人进行诉讼行为，即由被告人的亲属、朋友陪同被告人出席法庭，在法庭审理时为被告人提供具体的意见和帮助。② 保护人的作用相当于后来的代理人。不同的是，当时能够作为保护人的只能是地位显赫的少数公民，且保护人是以自己的名义出庭诉讼的。

公元前3世纪，僧侣贵族对法律事项的垄断被取消后，诉讼代理行为渐次扩大了适用范围，一些善于辞令的人就经常代人出庭辩护，代办案件，被称为"辩护士"。到了罗马共和国后半期，随着经济的发展，社会生活日益复杂，社会矛盾也日益尖锐。统治阶级为了维护其统治秩序，制定和颁布了大量的法律、法规，但仍不足以解决复杂的社会经济生活矛盾。统治阶级不得不借助法学家的活动，弥补法律上的某些不足，如著书立说，解释、答复法律上的疑难问题，指导当事人诉讼等。这样，法学家成为法律顾问、律师、法学研究人员三位一体的社会地位崇高的人。当时也有人把律师称做法学家。罗马皇帝又以诏书的形式承认了诉讼制度，律师可以为平民咨询法律事项，法律也允许他人委托和聘请律师从事诉讼代理活动，而且，国家还通过考试制度来选拔具有法律知识的善辩之士担任诉讼代理人，规定他们可以获得相当的报酬。这样，职业律师阶层得以形成，律师制度得以确立。③

二、律师制度的发展

西方的律师制度经历了产生、衰退、复兴、再发展的过程。公元476年，罗马帝国灭亡，欧洲进入封建社会，君权和神权至上，封建专制特权和宗教特权统治一切。反映在司法审判中，罪行擅断主义盛行，口供被称为"证据之王"，广泛施用刑讯逼供。诉讼活动中，以纠问式诉讼程序代替辩论式诉讼程序，被告人只有认罪招供的义务，没有反驳控诉进行辩护的权利，更不用说请辩护人了。在法国，行使辩护权职能的是僧侣，并且只参与教会法院迫害异教徒的案件。但实际上，异端者的辩护人本身就可能被怀疑为异端而遭到逮捕和审判，根本不可能为异教徒进行辩护。在世俗法院，僧侣执行所谓的辩护职能，就是协助审判官说服被告人认罪。这一时期，律师制度不仅没有得到发展，反而出现倒退现象。据此，有的学者认为，在西欧封建社会，根本没有律师制度。

---

① 参见肖胜喜主编：《律师与公证制度教程》，中国政法大学出版社1999年版，第3—4页。
② 参见陈卫东主编：《中国律师学》，中国人民大学出版社2008年版，第13页。
③ 参见肖胜喜主编：《律师与公证制度及实务》，中国政法大学出版社1999年版，第4页。

12世纪后,随着教会权力被削减,僧侣被禁止在世俗法院中执行律师职务。13世纪中叶,商品经济逐步成为社会经济的主要成分。1265年,英国正式成立国会,逐渐取得了有限的立法权,其范围涉及民法、刑法和诉讼制度。与此相适应,社会上出现了学习、研究法律的职业阶层。英国的诉讼制度主要是辩论式,诉讼当事人地位平等,并享有一定的诉讼权利。这一系列的政治、经济、法律条件的出现,使英国律师制度兴旺起来。公元11世纪,欧洲大陆开始了"复兴罗马法"的热潮,古罗马的律师制度对英国律师制度的建立也产生了影响。14世纪,英国成立了法学院,专门负责培训律师,律师的活动范围也日益广泛。16世纪,英国律师开始划分为大律师和小律师,形成了英国律师的等级制度。直到今天,英国律师仍然有大律师和小律师等级之分。

资本主义律师制度是资产阶级民主制度的产物。在封建社会末期,一些资产阶级启蒙思想家,如孟德斯鸠、卢梭等,无情地批判了封建社会的政治制度和法律制度,提出平等、自由、民主、人权、博爱等新思想,并主张法律面前人人平等。在诉讼方面,主张实行公开审判、陪审、辩论、当事人有权获得辩护等原则,提出以辩论式代替纠问式审判。资产阶级革命成功后,各国都用宪法和法律肯定了律师制度。1679年,英国《人身权保护法》首次明文确立了诉讼中的辩论原则,承认被告人有权获得辩护。1791年美国宪法修正案规定被告人在一切刑事诉讼中享有法庭律师为其辩护的权利。1808年,法国的《刑事诉讼法典》将律师制度系统化。

由于资本主义社会具备适合律师制度发展的政治、经济、法律条件,所以律师制度一经法律确定,便得到空前的发展,律师在社会生活中的作用越来越重要,活动范围越来越广泛。①

三、现代资本主义国家的律师制度

(一)英国的律师制度

英国律师实行"二元制",有出庭律师和事务律师之分,分别由出庭律师公会和事务律师协会进行管理。出庭律师(barrister)又叫"巴律师""大律师"或"辩护律师"。出庭律师主要在上级法院即刑事法院、高等法院、上诉法院及上议院执行职务。出庭律师是诉讼方面的专家,具备深厚的法律功底和高超的法庭辩论技能,他们一般都单独执业,致力于对法律诉讼技艺的研究。出庭律师享有很多特权,英国的法官都是从出庭律师中任命的。那些资历深、学识经验丰富的出庭律师,执业10年以上,年龄在40岁以上的,可以经大法官推荐由英国女王任命为皇家大律师。这是律师的最高荣誉。

---

① 参见肖胜喜主编:《律师与公证制度教程》,中国政法大学出版社1999年版,第10页。

事务律师(solicitor)又叫"小律师"或"诉状律师"。大量诉讼之外的业务由小律师承担,如为当事人起草法律文书,解答法律问题等。事务律师主要在下级法院即治安法院和郡法院执行律师职务。

出庭律师和事务律师是两种不同类型的律师,他们有各自不同的活动范围和工作方式。一个律师不能既是出庭律师又是事务律师。但出庭律师和事务律师又是相互依存的。由于出庭律师不能与当事人接触,当事人要想聘请出庭律师必须以事务律师为中介,出庭律师通过听取事务律师对案情的介绍,根据事务律师事先准备好的法律文件出庭辩护。实行律师二元制的好处在于:出庭律师不直接与当事人接触,所提供的法律意见较客观公正。出庭律师是辩护士,能较好地在法庭上维护当事人的利益。但二元制也有缺陷,即一个案件需聘请两个律师,需要更多的费用。

(二) 美国的律师制度

美国是现今世界上律师最多的国家。有人统计,截止到 2012 年 4 月,美国有一百二十多万名律师,大约每四百多人中就有一个律师。截止到 2013 年 6 月,我国共有执业律师二十三万名左右,大约每七千五百人中有一个律师。美国的法律、法令多如牛毛,而且美国又是判例法国家,法律繁琐复杂。公民一旦涉及法律问题,非得求助律师不可。这也正是造就了美国庞大律师队伍的原因之一。美国律师实行一元制,大多是私人开业,还有许多律师受政府或企业的雇用。

私人开业律师又有两种,即个人开业和合伙开业。美国律师有半数以上成立私人律师事务所。个人单独执业受专业知识和服务能力限制,所从事的业务大多限于承办与家庭有关的案件,如离婚、订立遗嘱、房地产转让、交通、医疗事故索赔等。合伙开业事务所通常有 4—5 名律师,多的可达百人以上,并雇用律师和一般工作人员。合伙律师集合了诸多方面的法律人才,可承办各类大型的疑难法律事务。

为了保证政府权力的依法行使,美国各级政府都雇用一定数量的律师。美国每十名律师中就有一名律师在联邦、州县和市政府部门供职,从事法律工作。其中,不少是新毕业的学生,因为政府律师是一种相对可靠的职业,可以获得律师工作经验和建立社会关系,以便将来自己开业。

企业律师受企业雇用担任企业的法律顾问。美国各大公司和企业几乎都有自己的专职律师。公司法律部门的律师通常就企业业务上的法律问题提供意见,并在发生诉讼和其他法律行为时担任代理人,因此,这些律师既要懂法,又要熟悉企业业务。

另外,美国律师还参与立法工作。由于他们不仅理论知识丰富,还具有较多的实践经验,是法律起草委员会的重要成员。在美国,律师是进入政界的跳板。

迄今为止，美国有25位总统出身于律师，国会有60%以上的议员曾执行过律师职务，法官、检察官一般都由具有律师资格的人担任。

（三）法国的律师制度

法国的律师起初也有律师和诉讼代理人之分。律师在法院进行代理和辩护及在非诉讼事件中为社会提供法律服务。诉讼代理人为当事人办理各种诉讼程序手续和按照当事人的意图撰写书状，是专职公务员。但20世纪70年代初，法国颁布了一系列法律、法令，全面而深入地对律师制度进行了改革，将律师和诉讼代理人合二为一，成为新律师。新律师的职责是：进行诉讼上的辩论和诉讼程序行为，辅佐和代理当事人，以及为委托人提供法律上的帮助并制作法律文书。法国没有全国律师公会，各地以大审法院所在地为中心设立本地区的律师公会。律师公会一般设在法院内，采取强制入会，所有律师必须加入，律师公会对律师进行管理，对违反法令、职务规章及律师职业道德的律师进行惩戒。

（四）德国的律师制度

在德国，取得律师资格首先要取得法官资格。所谓法官资格是指作为法官、检察官、公证人、高级行政官应具备的条件。取得法官资格的人要从事律师业务，还必须得到各州法务部的许可，然后再到一定的法院宣誓，并经该法院许可后，才能在该法院辖区内从事律师职务。归属某法院的律师，不能到另一法院的辖区内执行律师职务。德国律师大多是个人开业，或2—5人合伙开业。少数大型国际化律师事务所承担大型的国际项目。

第三节　我国律师制度的建立与发展

一、我国律师制度发展简史

我国传统的法律文化因采纳"无讼"和"讼则凶"的观念，使得律师制度难以产生和发展。据学者考证，我国最早的律师为春秋战国时期的邓析，此人因教人诉讼，并收取费用，被子产指责为"不法先王，不是礼义，而好治怪说"[①]，竟因此而惨遭杀害。尽管周礼为尊重贵族，规定"凡命夫命妇，不躬坐狱讼"[②]，而由其下属代为出庭，但此种规定在历代的律例中并未记载。即使对职官犯法，历代律例中也没有就是否可以由他人代理的问题作出规定，因此一般平民百姓自然不能请他人代为出庭辩护。不过，自秦以后，在一些典籍中曾出现过有关律师的称谓。如后汉时，曾有人建议聘请散居的"三公"做朝廷的法律顾问，以备"朝有疑议及其刑狱大事"时进行咨访。至魏明帝时，大夫卫凯提出设置"律博士"的主

---

① 《荀子·非十二子》。
② 《周礼·秋官·小司寇》。

张,并被采纳。不过,自唐代以后,律例有不少禁抑讼师,严惩讼棍滋讼行为的规定。如唐律例有禁止"为人作辞牒加状"①及"教令人告事虚"②的规定。明、清律设有严禁"教唆辞讼"条文。明律规定:"凡教唆词讼及为人作词状,增减情罪诬告人者,与人同罪。若受人雇诬告人者,与自诬告同。受财者,计赃以枉法从重论。其见人愚而不能申冤,教令得实,及为人书写词状而罪无增减者,勿论。"③《大清律例》更是严格禁止为他人代写诉状时夸张不实:"代人捏写本状,教唆或扛帮赴京及赴督抚并按察司官处,各奏告强盗、人命重罪不实,并全诬十人以上者,俱问发近边充军。""讼师教唆词讼为害扰民,该地方官不能查拿禁缉者,如只系失于觉察,照例严处。若明知不报,经上司访拿,将该地方官照奸棍不行拿例,交部议处。"供讼师所参考而可能助长诉讼的书籍也一概严禁,代人屡写诉状,即使无不法情事,也应受罚。清代曾设立过官厅许可代书制度,由官府组织讼师代写诉状,但这一制度也在以后被禁止。

讼师之所以受到官府的严厉查禁或监视,一方面是因为我国传统文化始终认为"讼则凶",而应息讼、终讼并导致无讼。而讼师的行为常常导致兴讼,陷人心于不古,因此应予查禁。另一方面,这一制度也与我国古代的司法制度具有密切联系。我国社会以家庭为单元,许多制度都以家庭为模式,司法制度也是如此。法官审案就像父母处理子女间的纠纷(事实上诉讼当事人都称地方官为"父母官",自称为"子民"),在一般的情形下,只要子女将事实陈述清楚,父母就可作出妥当的处理。子女如果诉说不休,固然已无必要;假如又请了外人来帮助辩论,则更大为荒唐。这样的不肖子女固然要严加教训,而那些离间骨肉、拨弄是非的外人更该从重惩斥,否则父母的威严荡然无存,亲子间勃豀迭起,不仅家将不家,整个社会都将崩析瓦解了。还应看到,清代的讼师虽粗识或熟识法律,但不少人利用老百姓不懂诉讼或负气争讼等弱点,而巧言挑唆,多方包揽,从中渔利,一些人心术阴诈,常对当事人大施敲诈,因此其既为官府所痛恨,也不受民间欢迎。所以,民间将讼师称为"讼棍"或"恶讼师",也不无道理。

对讼师的厌恶及官府的查禁,无疑阻碍了我国传统法律向现代化方向发展的进程。一方面,查禁讼师导致了法和权利观念难以滋生和发育。另一方面,查禁讼师也导致诉讼程序制度不发达,程序公正很难实现。

1906年,修律大臣沈家本等人编定了《大清刑事民事诉讼法》,其中完全吸收了西方律师制度的经验,对律师的资格、申请手续、宣誓手续、原被告律师的责任等都作出了规定。沈家本在奏请朝廷试行该法案时,曾在其奏文中提到需采

---

① (清)薛允升:《唐明律合编》,怀效锋、李鸣点校,法律出版社1999年版,第635页。
② 同上书,第636页。
③ 同上书,第653—654页。

用律师制度,培养律师人才,然后加以考试,给予文凭使其执业,可以防止"贿纵曲庇,任情判断",做到"裁判悉秉公理,轻重胥协舆评",是"挽回法权最重要之端"。奏文中还写道:当事人在"公庭惶悚之下,言辞每多失措",如能由律师代理诉讼事宜,就能杜绝案件的"枉纵深故"。① 然而各省督抚却表示该法不符合中国现实,不便执行,致使该法被搁置,律师制度也未能形成。

1911年10月,辛亥革命后成立南京临时政府,临时大总统孙中山曾命令法制局审核复呈《律师法(草案)》。1912年,北洋政府颁布了《律师暂行章程》,共38条,对律师制度作了具体规定。1917年以后,该章程曾被多次修改。1927年,国民政府沿袭北洋政府的律师制度,公布《律师章程》并废除了《律师暂行章程》。随着社会的发展,《律师章程》不再适应新的社会需要,国民政府于1935年正式起草《律师法》,该法于1941年正式公布实施。此后,为配合《律师法》的实施,国民政府又相继制定了《律师法实施细则》《律师登录规则》《律师惩戒规则》《律师公会平民法律扶助实施办法大纲》《律师检核办法》等,使律师制度逐渐规范化。②

二、新中国律师制度及现行《律师法》的制定

新中国成立后,在逐步废除旧的司法制度的同时,开始建立新的律师制度。1950年,在第一届全国司法会议上,司法部长史良提出了建立新的律师制度的问题。1954年《宪法》规定:被告人有权获得辩护。一些大城市开始试点创新律师制度。1954年7月,司法部发出《关于试验法院组织制度中几个问题的通知》,决定在北京、上海、天津、重庆等大城市试行开展律师工作。随后又有一些省、市、县成立法律顾问处,建立了律师组织。1955年,经国务院批准,开始在全国推行律师工作。1956年召开了第一次全国律师工作座谈会。同年7月颁布了《律师收费暂行办法》。1957年第二次全国律师工作座谈会讨论并批准了《律师暂行条例(草案)》,并呈请国务院批准。截至1957年6月,全国已有法律顾问处817个,专、兼职律师2800多人。30万人口以上的城市和中级法院所在地一般都设有法律顾问处,全国有14个省、市、自治区开始筹建律师协会。③

1957年,"反右"斗争开始后,律师制度被宣布为资产阶级的东西。一批律师被打成"右派",下放劳动改造。律师执行职务被说成丧失立场、为罪犯开脱等,新中国的律师制度被扼杀在摇篮中。"文化大革命"期间,砸烂公检法,实行"群众专政",律师制度荡然无存。

---

① 《大清光绪新法令》第十九册。
② 参见叶青、顾月进主编:《中国律师制度研究》,上海社会科学院出版社2005年版,第32页。
③ 参见肖胜喜主编:《律师与公证制度教程》,中国政法大学出版社1999年版,第16页。

粉碎"四人帮"后,1978年《宪法》重新恢复了辩护制度。1979年,党中央决定恢复和健全律师制度。全国各地开始重建律师队伍,全国人大也加快了立法步伐。1980年《律师暂行条例》规定了律师的性质、任务、权利、主要业务、律师资格、工作机构及组织原则、律师协会等。《律师暂行条例》为我国律师制度的建立和健全及律师参与诉讼活动提供了可靠的法律保证。从此,我国律师工作开始走上正轨。

随着经济体制改革的进行,社会经济生活发生了重大变化。《律师暂行条例》表现出了历史的局限性,律师体制改革势在必行。从1984年开始,我国对律师制度进行了逐步改革。

1. 第一阶段:1984年到1987年

第一,改革律师资格的授予制度。1986年开始,司法部开始举办全国律师资格考试,以通过全国考试取得律师资格取代了单纯由司法行政机关考核授予律师资格的做法。律师资格考试每两年举办一次,1993年开始每年举办一次,1994年起允许港澳台居民参加全国律师资格考试。2002年后,改为全国统一司法考试。

第二,将律师机构名称由法律顾问处改为律师事务所。

第三,改革律师事务所的经费管理办法。律师经费由实行统收统支的行政包干办法,改为多种不同的办法,有统收统支、差额补助、自收自支、节余留用。此外,律师的工资由固定工资制转为工资与目标责任制挂钩,过渡到浮动工资制;律师的身份由国家干部转为非公职身份,由国家干部待遇改为专业职务待遇;律师事务所实行招聘律师等。这一系列措施的改革为我国律师事业的发展创造了有利的条件。

2. 第二阶段:1988年到1993年

第一,改革律师编制体制。1988年,司法部开始进行合作制律师事务所的试点工作。司法部下发了《合作制律师事务所试点方案》。合作制律师事务所不占国家编制,不要国家经费,由合作律师共同集资,自愿组合,民主管理,独立核算,自负盈亏,接受司法行政机关的监督管理。

第二,1988年起,全国律师考试向社会开放,开始实行律师资格和律师职务相分离的制度。为充实律师后备力量、加快律师队伍建设起到一定的积极作用。

第三,改进和强化律师管理。司法部颁布了《律师惩戒规则》,建立了惩戒制度,制定了《律师职业道德和执业纪律规范》,加强对律师的管理。1992年开始,司法部开始允许外国律师事务所在我国境内设立办事处。同年,发布了《律师事务所在外国设立分支机构暂行管理办法》,允许有条件的律师事务所在外国设立分支机构。

3. 第三阶段：1993 年到 1996 年

1993 年 12 月 26 日，国务院批准了司法部《关于深化律师工作体制改革的方案》，开始发展不占国家编制和经费的自律性律师事务所，实行自愿组合、自收自支、自我约束、自我发展的律师体制。在管理方面，开始形成由司法行政机关宏观管理和律师协会行业管理相结合的律师管理体制，律师协会成为律师的自律性组织。这种改革符合律师事业自身的特点，使律师能够在一个更加广阔的天地里发展。这期间，律师数量大大增加，从 1993 年的不到四万人发展到 1996 年的九万五千多人。一批高素质、高学历的人才进入律师队伍，律师的执业水平有了很大的提高。①

4. 第四阶段：1996 年到 2003 年

在律师制度的不断改革发展过程中，我国加紧了律师立法工作。司法部先后制定了一系列有关律师发展和管理的规范性文件，除上文所述外，还有《律师事务所审批登记管理办法》《律师事务所设立分所管理办法》《律师事务所名称管理办法》等。1996 年 5 月 15 日，第八届全国人大第十九次会议通过了《律师法》。这是新中国成立后的第一部律师法，它的制定和实施标志着律师工作改革进入了一个新的阶段，也标志着中国特色的社会主义律师制度基本形成。

5. 第五阶段：2003 年至今

党的十六大提出了要"规范和拓展法律服务"的重要命题，这是在全国建设小康社会的时代背景下对我国律师事业发展思路和目标的科学概括，指明了新世纪律师事业发展的方向。在这种背景下，司法部于 2003 年 8 月发布了《关于拓展和规范律师法律服务的意见》。在该意见中，提出了律师业发展的主要目标之一是：完善律师组织结构，形成社会律师、公职律师、公司律师、军队律师并存发展，相互配合，优势互补的格局。提出要加大公职律师、公司律师的试点工作力度，到 2004 年，试点工作要在全国铺开。这是我国律师制度的又一次改革。

2004 年 1 月，胡锦涛等中央领导同志就加强律师队伍建设问题作出重要批示，胡锦涛总书记批示：加强律师队伍建设是维护司法公正、促进依法治国的重要举措，是坚持执法为民、防止腐败的必要保证。这充分体现了党和国家领导人对律师工作的高度重视，我国的律师事业发展又迎来了一个新的春天。

第四节 《律师法》的修改及颁布

2007 年 10 月 28 日，第十届全国人大常委会第三十次会议表决通过了修改后的《律师法》。新《律师法》凸显以下新内容：

---

① 参见陈卫东主编：《中国律师学》，中国人民大学出版社 2008 年版，第 20—24 页。

一、加强对律师行业的监督管理

第一，严把律师"准入关"。新《律师法》规定：申请律师执业，应当提交国家统一司法考试合格证书、律师协会出具的申请人实习考核合格的材料、申请人的身份证明、律师事务所出具的同意接收申请人的证明等材料。申请兼职律师执业的，还应当提交所在单位同意申请人兼职从事律师职业的证明等。

第二，进一步规范律师的执业行为。根据新《律师法》，律师不得在同一案件中为双方当事人担任代理人，或者代理与本人及其近亲属有利益冲突的法律事务。曾经担任法官、检察官的律师，从人民法院、人民检察院离任后二年内，不得担任诉讼代理人或者辩护人。不得接受对方当事人的财物或者其他利益，与对方当事人或者第三人恶意串通，侵害委托人的权益；不得违反规定会见法官、检察官、仲裁员以及其他有关工作人员等。

第三，加强对律师事务所的管理。新《律师法》规定：律师事务所应当建立健全执业管理、利益冲突审查、收费与财务管理、投诉查处、年度考核、档案管理等制度，对律师在执业活动中遵守职业道德、执业纪律的情况进行监督。应当于每年的年度考核后，向设区的市级或者直辖市的区人民政府司法行政部门提交本所的年度执业情况报告和律师执业考核结果。律师承办业务，由律师事务所统一接受委托，与委托人签订书面委托合同，按照国家规定统一收取费用并如实入账。律师事务所不得从事法律服务以外的经营活动等。

第四，加大对律师和律师事务所违法行为的处罚力度。新《律师法》规定了严格的法律责任，包括警告、罚款、停业整顿、吊销律师执业证书、吊销律师事务所执业证书、依法追究刑事责任等。

第五，进一步发挥律师协会的行业自律作用。新《律师法》对律师协会的职责作了补充和完善，包括制定行业规范和惩戒规则，对律师的执业活动进行考核，组织管理申请律师执业人员的实习活动，对实习人员进行考核，对律师和律师事务所实施奖励和惩戒，受理对律师的投诉或者举报，调解律师执业活动中发生的纠纷，受理律师的申诉等。

二、新《律师法》为律师执业划出"红线"

新《律师法》为律师执业行为划出九条"红线"，越线律师将被课以停止执业六个月直至追究刑事责任的处罚。

新《律师法》规定，律师有下列行为之一的，由设区的市级或者直辖市的区人民政府司法行政部门给予停止执业六个月以上一年以下的处罚，可以处五万元以下的罚款；有违法所得的，没收违法所得；情节严重的，由省、自治区、直辖市人民政府司法行政部门吊销其律师执业证书；构成犯罪的，依法追究刑事责任：

（1）违反规定会见法官、检察官、仲裁员以及其他有关工作人员，或者以其他不正当方式影响依法办理案件的；

（2）向法官、检察官、仲裁员以及其他有关工作人员行贿，介绍贿赂或者指使、诱导当事人行贿的；

（3）向司法行政部门提供虚假材料或者有其他弄虚作假行为的；

（4）故意提供虚假证据或者威胁、利诱他人提供虚假证据，妨碍对方当事人合法取得证据的；

（5）接受对方当事人财物或者其他利益，与对方当事人或者第三人恶意串通，侵害委托人权益的；

（6）扰乱法庭、仲裁庭秩序，干扰诉讼、仲裁活动的正常进行的；

（7）煽动、教唆当事人采取扰乱公共秩序、危害公共安全等非法手段解决争议的；

（8）发表危害国家安全、恶意诽谤他人、严重扰乱法庭秩序的言论的；

（9）泄露国家秘密的。

新《律师法》规定，律师因故意犯罪受到刑事处罚的，由省、自治区、直辖市人民政府司法行政部门吊销其律师执业证书。

三、扩大律师保密义务

由于律师具有知悉委托人有关情况的执业便利，新《律师法》扩大了律师履行保密义务的范围，除规定"律师应当保守在执业活动中知悉的国家秘密、商业秘密，不得泄露当事人的隐私"外，还特别规定"律师对在执业活动中知悉的委托人和其他人不愿泄露的情况和信息，应当予以保密。但是，委托人或者其他人准备或者正在实施的危害国家安全、公共安全以及其他严重危害他人人身、财产安全的犯罪事实和信息除外。"这些规定较好地解决了律师为委托人保密与维护国家利益、公共利益和他人利益的矛盾，也与现行法律关于公民作证义务的规定相衔接。

四、改善律师执业环境

"会见难""阅卷难""调查取证难"等是长期以来我国律师在执业中经常面对的难题，新《律师法》专门规定了一些新措施破解律师执业"难题"，更好地改善律师执业环境。

新《律师法》中专门列出了"律师的业务和权利、义务"一章，对律师在诉讼中的会见、阅卷、调查取证、辩护等权利专门作出了明确规定。

新《律师法》第33条中除规定了"犯罪嫌疑人被侦查机关第一次讯问或者采取强制措施之日起，受委托的律师凭律师执业证书、律师事务所证明和委托书或者法律援助公函,有权会见犯罪嫌疑人、被告人并了解有关案件情况"外,还特别强调了"律师会见犯罪嫌疑人、被告人,不被监听",使"会见权"具有了更加实在的内容。

为了更好地保障律师的阅卷权利,新《律师法》第34条明确规定:"受委托的律师自案件审查起诉之日起,有权查阅、摘抄和复制与案件有关的诉讼文书及案卷材料。受委托的律师自案件被人民法院受理之日起,有权查阅、摘抄和复制与案件有关的所有材料。"

新《律师法》还针对原来律师调查取证要"经有关单位或者个人同意"、实践中基本无人同意的实际情况,增加第35条规定:"受委托的律师根据案情的需要,可以申请人民检察院、人民法院收集、调取证据或者申请人民法院通知证人出庭作证。律师自行调查取证的,凭律师执业证书和律师事务所证明,可以向有关单位或者个人调查与承办法律事务有关的情况。"

五、重新定义律师职业性质

新《律师法》将律师职业性质明确定位为"依法取得律师执业证书,接受委托或者指定,为当事人提供法律服务的执业人员"。

在原来的《律师法》中,对律师的表述统称为"依法取得律师执业证书,为社会提供法律服务的执业人员"。新《律师法》除首次明确律师为当事人提供法律服务外,还特别强调"律师应当维护当事人合法权益,维护法律正确实施,维护社会公平和正义"。新《律师法》对律师职业性质的重新定位,更好地反映了律师的职业特点,更加符合律师的专业属性,有助于增强律师的职业责任感、使命感,有助于提高社会对律师社会角色的认识和尊重。

六、律师拒绝履行法律援助义务将"受罚"

新《律师法》规定,拒绝履行法律援助义务的律师将受到"警告",并可以处"五千元以下的罚款""停止执业三个月以下"等处罚。律师有拒绝履行法律援助义务,同时在两个以上律师事务所执业,以不正当手段承揽业务,在同一案件中为双方当事人担任代理人,或者代理与本人及其近亲属有利益冲突的法律事务,从人民法院、人民检察院离任后二年内担任诉讼代理人或者辩护人等行为的,由设区的市级或者直辖市的区人民政府司法行政部门给予警告,可以处五千元以下的罚款;有违法所得的,没收违法所得;情节严重的,给予停止执业三个月以下的处罚。

新《律师法》还对律师违反规定会见法官、检察官、仲裁员以及其他有关工作人员,或者以其他不正当方式影响依法办理案件等行为,作出了严格细致的处罚规定。

七、兼职律师同样要具备律师执业条件

新《律师法》规定，申请兼职律师执业，同样要符合法律规定的律师执业条件，依照法定的程序申请，并要经所在单位同意。新《律师法》第12条规定："高等院校、科研机构中从事法学教育、研究工作的人员，符合本法第五条规定条件的，经所在单位同意，依照本法第六条规定的程序，可以申请兼职律师执业。"

新《律师法》第5条规定：申请律师执业，应当具备拥护中华人民共和国宪法、通过国家统一司法考试、在律师事务所实习满一年、品行良好等条件。新《律师法》第6条规定：申请律师执业，应当向设区的市级或直辖市的区人民政府司法行政部门提出申请，并提交国家统一司法考试合格证书、律师协会出具的申请人实习考核合格的材料、申请人的身份证明、律师事务所出具的同意接收申请人的证明等材料。申请兼职律师执业的，还应当提交所在单位同意申请人兼职从事律师职业的证明。

八、为律师事务所划出八大禁区

新《律师法》为律师事务所的执业行为划出八大禁区，违法者将被处以给予警告、停业整顿直至吊销执业证书等处罚。

新《律师法》第50条规定，律师事务所有下列行为之一的，由设区的市级或者直辖市的区人民政府司法行政部门视其情节给予警告、停业整顿一个月以上六个月以下的处罚，可以处十万元以下的罚款；有违法所得的，没收违法所得；情节特别严重的，由省、自治区、直辖市人民政府司法行政部门吊销律师事务所执业证书：(1)违反规定接受委托、收取费用的；(2)违反法定程序办理变更名称、负责人、章程、合伙协议、住所、合伙人等重大事项的；(3)从事法律服务以外的经营活动的；(4)以诋毁其他律师事务所、律师或者支付介绍费等不正当手段承揽业务的；(5)违反规定接受有利益冲突的案件的；(6)拒绝履行法律援助义务的；(7)向司法行政部门提供虚假材料或者有其他弄虚作假行为的；(8)对本所律师疏于管理，造成严重后果的。律师事务所因前款违法行为受到处罚的，对其负责人视情节轻重，给予警告或者处二万元以下的罚款。

九、律师特许执业制度被保留

自从第十届人大常委会着手修改《律师法》以来，"律师特许执业制度"的"去留问题"一直是争议最大的地方。《律师法》修订草案二次审议稿时曾提出："具有高等院校本科以上学历，从事法律研究、教学工作满二十年，具有较高的专业水平的人员，或者从事金融、知识产权、信息技术等工作满二十年，具有较高的专业水平和法律知识的人员，申请律师执业的，经国务院司法行政部门审核同

意,准予执业。具体办法由国务院规定。"对此,有些常委会委员认为不应设立律师特许执业制度;有些常委会委员认为律师特许执业的范围不宜过宽,有些法学研究、教学人员并不一定具备律师执业能力。在十届全国人大常委会第三十次会议分组审议中,又有许多常委会委员对此条规定提出意见。综合各方意见,草案最终修改为:"具有高等院校本科以上学历,在法律服务人员紧缺领域从事专业工作满十五年,具有高级职称或者同等专业水平并具有相应的专业法律知识的人员,申请专职律师执业的,经国务院司法行政部门考核合格,准予执业。具体办法由国务院规定。"

新《律师法》对于律师特许执业制度设定了种种严格的限定条件,除要"具有高等院校本科以上学历""具有高级职称或者同等专业水平并具有相应的专业法律知识"等限制条件外,还特别限定了要"在法律服务人员紧缺领域从事专业工作满十五年""经国务院司法行政部门考核合格"等,才能"准予执业"。在目前我国律师队伍在诸如知识产权、反倾销、反垄断等高精尖领域缺乏足够的专才的情况下,此条规定不仅体现了严把律师队伍"入口关"的精神,也有一定的现实性和必要性。

十、个人律师事务所首次"入法"

新《律师法》首次明确允许个人"开办"律师事务所。新《律师法》增加了设立个人律师事务所的规定,并严格限定了其设立条件,对其承担责任作出了规定。设立个人律师事务所,除应当具备自己的名称、住所和章程,有符合国务院司法行政部门规定数额资产等条件外,设立人还应当是具有五年以上执业经历的律师。设立人对律师事务所的债务承担无限责任。

设立个人律师事务所,是国外比较通行的一种做法。但我国原《律师法》只规定了国家出资、合作、合伙三种律师事务所组织形式。新《律师法》在借鉴国际经验、充分考虑我国国情的基础上,对律师事务所的组织形式作出了补充规定,并增加了合伙律师事务所类型的规定,明确了普通合伙和特殊合伙(即有限合伙)两种合伙组织形式。律师事务所的组织形式更加多样化,不仅可以满足不同人群的需求,也为培养更多的专业律师提供了条件。

根据原《律师法》,律师可以设立合伙律师事务所,合伙人对该律师事务所的债务承担无限责任和连带责任。而在新《律师法》中,取而代之的是"合伙律师事务所的合伙人按照合伙形式对该律师事务所的债务依法承担责任",还对合伙人的条件作了规定:应当有三名以上合伙人,设立人应当是具有三年以上执业经历的律师。

此外,因为合作律师事务所作为过渡形式在我国实践中已经基本消失,新《律师法》中未再保留有关合作律师事务所的规定。而对于国家出资设立的律师事务所,新法保留了原有的规定,即依法自主开展律师业务,以该律师事务所的全部资产对其债务承担责任。

十一、公务员不得兼任执业律师

新《律师法》明确规定:"公务员不得兼任执业律师"。原《律师法》规定:"律师担任各级人民代表大会常务委员会组成人员期间,不得执业。"新《律师法》改为:"律师担任各级人民代表大会常务委员会组成人员的,任职期间不得从事诉讼代理或辩护业务。"对此,全国人大法律委员会认为,原来的规定限制过严,为了防止律师利用常委会组成人员的身份从事诉讼活动影响案件公正审理,规定他们不得从事诉讼活动是必要的,但不应限制他们从事法律咨询等非诉讼业务。

十二、律师"法庭言论"不受法律追究

新《律师法》除原则规定"律师担任诉讼代理人或者辩护人的,其辩论或者辩护的权利依法受到保障""律师在执业活动中的人身权利不受侵犯"外,还明确规定:"律师在法庭上发表的代理、辩护意见不受法律追究。但是,发表危害国家安全、恶意诽谤他人、严重扰乱法庭秩序的言论除外。"

第五节 新《刑事诉讼法》对辩护制度的完善

新《刑事诉讼法》(以下简称《刑诉法》)于2013年1月1日生效实施,这次修改是1996年修改后的一次大修,对我国现行刑事诉讼法律制度作了重要补充和完善。

此次《刑诉法》修改吸收了律师法中进步、成熟的理念和经验,注意到了与律师法的衔接,并结合我国现实修改完善了辩护制度。

一、从帮助到辩护——直接提升律师在侦查阶段的地位与作用

辩护制度是刑事诉讼程序中保障犯罪嫌疑人、被告人依法行使辩护权的重要制度。原《刑诉法》第33条、第96条仅规定,犯罪嫌疑人、被告人在审查起诉、审判阶段可以委托辩护人,在侦查阶段只能聘请律师提供法律帮助,可谓是辩护制度在侦查阶段的缺位。这使律师不能及时了解案件情况,更无法主动收集证据,也为律师在审查起诉阶段与审判阶段处处被动埋下了隐患,无法有效起到保护委托人权益的作用。另外,仅能提供法律帮助的限制也在很大程度上弱化了律师在侦查阶段的作用,实践中有许多犯罪嫌疑人及其家属因这条弱化律师作用的规定而放弃了在侦查阶段聘请律师。

新《刑诉法》直接提升了律师在刑事诉讼侦查阶段的地位,填补了侦查阶段辩护权的真空。新《刑诉法》第33条规定:"犯罪嫌疑人自被侦查机关第一次讯问或者采取强制措施之日起,有权委托辩护人;在侦查期间,只能委托律师作为辩护人。被告人有权随时委托辩护人。侦查机关在第一次讯问犯罪嫌疑人或者对犯罪嫌疑人采取强制措施的时候,应当告知犯罪嫌疑人有权委托辩护人。"这意味着犯罪嫌疑人、被告人在整个诉讼过程中均享有辩护权,律师在侦查阶段便可行使辩护权,由此在三个方面大大提升了律师的地位与作用:

(1)对公权力机关而言,律师可以第一时间介入刑事诉讼行使辩护权,而辩护权的前移可以最大限度发挥律师专业辩护的作用,更全面、更及时地保护犯罪嫌疑人的诉讼权利和其他合法权益。

(2)对非律师辩护人而言,唯有律师才可以在侦查阶段取得辩护权,这直接提升了律师的执业地位,律师在侦查阶段具有不可替代的辩护、帮助作用。

(3)对涉案当事人及其家属而言,该条第3款规定,犯罪嫌疑人、被告人在押的,也可以由其监护人、近亲属代为委托辩护人。允许"亲友"代为聘请律师会拓宽犯罪嫌疑人、被告人聘请律师的渠道,改变了过去因为没有明确规定,有的办案机关要求必须有犯罪嫌疑人的授权委托书律师才能参与案件、会见犯罪嫌疑人,而律师因为见不到犯罪嫌疑人又无法获取犯罪嫌疑人委托书,导致犯罪嫌疑人委托律师的权利无法行使的情形;有利于律师尽快进入刑事诉讼程序,切实保障辩护权的实现。由此可见,新《刑诉法》可以切实提高律师在刑事诉讼中的地位与作用。

二、补旧增新——拓宽律师参与刑事诉讼的权利范围

新《刑诉法》第31条第2款规定,辩护人、诉讼代理人可以依照本章的规定要求回避、申请复议。本条明确了律师在刑事诉讼中申请回避、申请复议的权利,使具有专业知识的律师有了切实保障犯罪嫌疑人、被告人合法利益的权利,避免了实践中大部分当事人由于缺少专业法律知识,放弃要求相关人员回避,使回避制度"形式化""过场化",更扩展了律师参与刑事诉讼的权利范围,避免了律师有力无处使,不能及时保护委托人权益的尴尬局面。

新《刑诉法》第36条、第37条、第39条分别明确了律师享有及时会见犯罪嫌疑人、被告人的权利,有效防止了公权力机关对律师会见有意或无意的拖延;明确了律师会见时不被监听的权利,以及可申请人民检察院、人民法院调取相关无罪或者罪轻证据材料的权利,保障了律师辩护权的行使;明确了律师在侦查阶段享有的了解案情、提出辩护意见权。从而拓宽了律师参与刑事诉讼的权利范围,使律师行使上述权利时有法可依。

新《刑诉法》第38条是在吸收律师法的有关内容后,对原《刑诉法》第36条

所作的改进,规定辩护律师在审查起诉和审判阶段,均可以查阅、摘抄、复制本案的案卷材料,不再限于诉讼文书、技术性鉴定材料,扩大了律师的刑事诉讼权利,便于律师及时了解案件事实,有效进行辩护。

新《刑诉法》第56条第2款第一次明确了律师亦可依法申请排除"毒树之果"(以非法方法收集的证据),扩大了其享有的刑事诉讼权利。

新《刑诉法》第86条规定:人民检察院审查批准逮捕,可以询问证人等诉讼参与人,听取辩护律师的意见;辩护律师提出要求的,应当听取辩护律师的意见。本条使律师拥有向批捕部门提出辩护意见的权利,扩大了律师的刑事诉讼权利,使律师辩护权在审查批捕阶段得到体现。

原《刑诉法》第52条规定,被羁押的犯罪嫌疑人、被告人及其法定代理人、近亲属有权申请取保候审。新《刑诉法》第95条规定:犯罪嫌疑人、被告人及其法定代理人、近亲属或者辩护人有权申请变更强制措施。人民法院、人民检察院和公安机关收到申请后,应当在三日以内作出决定;不同意变更强制措施的,应当告知申请人,并说明不同意的理由。本条赋予了律师申请变更刑事强制措施的权利,不再限于取保候审一种强制措施,增强了律师在刑事诉讼活动中的灵活性与选择性。

由此可见,新《刑诉法》对原《刑诉法》的补旧增新,切实拓宽了律师参与刑事诉讼的权利范围。

三、设定义务,更明确权利——为律师执业提供法律保障与救济途径

新《刑诉法》第42条规定,辩护人或者其他任何人,不得帮助犯罪嫌疑人、被告人隐匿、毁灭、伪造证据或者串供,不得威胁、引诱证人作伪证以及进行其他干扰司法机关诉讼活动的行为。此条虽为律师执业设定了应遵守的义务,但也同时设置了保护律师的权利。司法实践中,律师与侦查机关在办理具体刑事案件过程中,时常由于所处立场的不同而产生矛盾,律师稍不留神便可能出现意料之外的执业风险。对此,新《刑诉法》规定,辩护人违反前述规定涉嫌犯罪的,应当由办理辩护人所承办案件的侦查机关以外的侦查机关办理,辩护人是律师的,应当及时通知其所在的律师事务所或者所属的律师协会。此规定改变了公权力机关有权"既查办犯罪嫌疑人,又查办律师"的局面,同时加上律师事务所与律师协会的维权渠道,从而为律师安全参与刑事诉讼,大胆维护委托人权利提供了切实的法律保障。

此外,新《刑诉法》第115条规定,当事人和辩护人、诉讼代理人、利害关系人对于司法机关及其工作人员有下列行为之一的,有权向该机关申诉或者控告:(1)采取强制措施法定期限届满,不予以释放、解除或者变更的;(2)应当退还取保候审保证金不退还的;(3)对与案件无关的财物采取查封、扣押、冻结措施的;(4)应当解除查封、扣押、冻结不解除的;(5)贪污、挪用、私分、调换、违反规定使用查封、扣押、冻结的财物的。同时,第47条规定,辩护人、诉讼代理人认为公安机关、人民检察院、人民法院及其工作人员阻碍其依法行使诉讼权利的,有权向同级或者上一级人民检察院申诉或者控告。这些规定在明确了律师可以就司法机关及其工作人员的违法行为提出申诉、控告的同时,也明确了律师在辩护权利受到侵害时的救济途径,进而全方位保障了律师正确行使刑事诉讼权利。

四、摆脱"两难"——使律师参与刑事诉讼活动更为便捷

会见难、阅卷难、调查取证难是原来一直摆在律师面前的三大难题,严重制约着律师行使辩护权,而在"三难"中,尤以会见难、阅卷难为显、为甚。可喜的是,新《刑诉法》的实施可以帮助律师摆脱上述"两难"。新《刑诉法》规定,除危害国家安全犯罪、恐怖活动犯罪、特别重大贿赂犯罪案件,在侦查期间辩护律师会见在押的犯罪嫌疑人,应当经侦查机关许可外,其他案件辩护律师持律师执业证书、律师事务所证明和委托书或者法律援助公函要求会见在押的犯罪嫌疑人、被告人的,看守所应当及时安排会见,至迟不得超过48小时。这一规定在法律层面上解决了律师会见"受制于人"的难题,在一定程度上缓解了律师会见受到侦查机关制约的压力,为律师方便会见委托人提供法律保障,使律师行使辩护权更为高效、便捷。同时,原《刑诉法》规定律师自移送审查起诉阶段后,仅可以查阅、摘抄、复制本案的诉讼文书、技术性鉴定材料,严重限制了律师了解全部案情,有效行使辩护权。新《刑诉法》扩大了辩护律师的阅卷范围,规定辩护律师自移送审查起诉后可查阅、复制本案的卷宗材料,而不再仅限于诉讼文书、技术性鉴定材料,从而为律师及时了解全案事实,掌握全案证据提供了便利,为律师高效、便捷地行使辩护权提供了保障。

形式正义是实现实体正义的手段,形式正义与实体正义孰轻孰重,不言自明。但是可以肯定的是,一个法治国家如果忽略程序性法律,忽略程序性法律的建设,必将无法实现实体正义。新《刑诉法》为律师广泛参与刑事诉讼活动、保障其刑事诉讼权利刮来东风,同时也对律师推动我国辩护制度发展寄托了新的希望。

第三章 律师的任务与业务

第一节 律师的任务

一、律师的任务的概念

律师的任务有两层含义,一是"目标说",即指律师开展各项业务活动所要实现的价值目标,所表征的是律师业务活动的价值取向。二是"责任说",即指律师在开展各项业务活动的过程中所要担负的责任,所表征的是律师业务活动的道德义务。律师任务的上述两层含义虽然定义视角不同,但两者却有着紧密的内在联系,"目标说"关注律师业务活动的法定指向,而"责任说"关注律师开展业务活动应承担的社会责任。社会责任在法律指向明确的情况下具有法律责任的属性。通常情况下,律师的任务由国家通过立法确定。如我国《律师法》第2条规定:"律师应当维护当事人合法权益,维护法律正确实施,维护社会公平和正义。"该项条文概括了我国律师的核心任务,即通过向当事人提供法律服务来维护其合法权益,最终实现维护法律正确实施、维护社会公平和正义的目的。这项规定强调了我国律师在业务活动中所肩负的"三个维护"的职责和使命,阐明了律师的具体任务和根本任务,指明了我国律师工作的正确方向,增强了律师执业的责任感和荣誉感,并有助于在全社会树立律师良好的职业群体形象,充分发挥律师在我国社会主义法制建设中的积极作用。

二、律师的具体任务

根据"目标说",律师的具体任务一般是指律师通过执业活动所要达到的直接目的,在我国即维护当事人的合法权益。根据"责任说",则指律师作为法律服务人员所担负的首要职责,即通过提供法律帮助维护其所服务的当事人的合法权益。这实际上也是职业律师所应具备的一种执业道德要求,以反映社会对职业律师的一种道德评价。

当事人委托是律师执业的前提,也是激活法律赋予律师的各项固有的执业权利的条件。当事人对律师的授权委托基于一种期待,即希望通过律师提供的法律帮助来实现维护其自身合法权益的目的。因此,律师的这项任务决定了律师的执业宗旨与司法人员的活动宗旨存在着具体价值目标上的差异:司法人员必须居中公正裁决,维护双方当事人的合法权益,而律师只维护其所代理或辩护的一方当事人的合法权益。律师的这项任务不仅在我国《律师法》中有所体现，且在其他相关部门法中也有所体现。例如，我国《刑诉法》第35条规定："辩护人的责任是根据事实和法律，提出犯罪嫌疑人、被告人无罪、罪轻或者减轻、免除其刑事责任的材料和意见，维护犯罪嫌疑人、被告人的诉讼权利和其他合法权益。"作为辩护人的律师在刑事辩护中的责任取向的倾向性和提供辩护材料及法律意见的选择性，决定了辩护律师和公安司法人员公正、全面的职责取向的差异性。当然，维护当事人权益的前提是合法。律师是法律工作者，应当依据事实及法律向当事人提供法律服务。律师违背事实及法律提供满足当事人非法目的的服务请求，不仅无助于当事人，而且还有损于律师自身的职业形象。所谓"收人钱财，为人消灾"，是法治不成熟年代不良执业律师所秉承的职业观念，人们往往给这类律师冠以"讼棍"的不雅称谓。事实上，律师依法所具有的相对独立的法律地位，使律师具备了拒绝当事人的不合法委托请求的法律条件。我国《律师法》第32条规定："律师接受委托后，无正当理由的，不得拒绝辩护或者代理。但是，委托事项违法、委托人利用律师提供的服务从事违法活动或者委托人故意隐瞒与案件有关的重要事实的，律师有权拒绝辩护或者代理"。该项规定为我国律师在具体执业活动中正确把握择业标准提供了重要的判断依据，充分体现了律师维护当事人合法权益的精神实质。

三、律师的根本任务

律师的根本任务，依"目标说"定义，通常是指律师通过其具体的执业活动所要达到的间接目的，这一目的基于更为宏观的上位目标而设定，即律师通过完成前述具体任务而实现的、基于法律的一般精神而确立的目标，即维护法律的正确实施和维护社会的公平和正义。

第一，律师作为法律工作者，职业定位决定其应当具有维护法律正确实施的职责。一方面，律师应当成为自觉遵守法律的表率，严格依法办事。律师的执业活动必须以自觉遵守和合理运用法律为前提；律师既不能创造法律，也不可以超越法律，只能在法律所规定的框架内，最大限度地运用法律的相关规则维护当事人的合法权益。律师的全部执业活动必须忠实于国家法律。法律是律师的生命之源，亵渎法律意味着断绝律师的生命之源，因此每一位执业律师应当自觉成为护法使者。另一方面，律师有责任促使执法机关和当事人严格依法办事。监督和促使执法机关和当事人严格依法办事，不仅需要律师对其所承受的护法使命有充分认识，而且还应当树立护法的信心和勇气，更需要拥有维护法律正确实施的谋略和技能。

第二，律师及其相关的法律制度是我国社会主义法制体系的重要组成部分。虽然律师与公安司法机关开展法律实务活动的直接目的存在一定差异，但根本目标是一致的,因此律师有义务积极发挥其维护社会公平正义的功能作用。联合国《关于律师作用的基本原则》指出,律师专业组织有一个重要的作用就是"向一切需要他们的人提供法律服务以及与政府和其他机构合作进一步推进正义和公共利益的目标"。经济利益绝不应当是律师从事法律服务的唯一目标,律师必须遵守一定的道德准则和崇高的职业规则。律师本身不是公平和正义的代表,但律师肩负着维护公平和正义的使命。从某种意义而言,律师在最大限度维护当事人合法权益并维护法律正确实施的同时,也就实现了维护社会公平和正义的使命。

四、律师的具体任务和根本任务的关系

律师的具体任务和根本任务是一个有机联系的统一体。维护当事人的合法权益是我国律师的具体任务;维护法律的正确实施是律师的根本任务,维护社会公平和正义是律师任务前"两个维护"的出发点及归结点。我国《律师法》所设定的律师任务的"三个维护"目标彼此间相辅相成、密切联系、辩证统一,这是由"三个维护"价值取向的一致性决定的。

律师的根本任务是通过具体任务的实现完成的,而具体任务和根本任务统一于完成律师任务的出发点和归结点。具体而言,律师的具体任务和根本任务体现出以下关系特征:

(1)维护当事人合法权益是律师维护法律正确实施、维护社会公平和正义的具体途径和方法。脱离维护当事人合法权益的任务目标,要求律师维护法律的正确实施、维护社会的公平和正义就成了无本之木。同时,一味强调律师的根本任务,也容易混淆律师同其他法律职业的主体属性。

(2)维护法律的正确实施是律师维护当事人合法权益的目的和动机。维护当事人的合法权益与维护法律的正确实施、维护社会的公平和正义并行不悖。律师制度是法治社会的重要支柱。法治的基点是规则和制约,整个社会在既定的规则中运行,制约是维系规则的重要保障,而律师则是制约机制中不可或缺的必备环节。律师通过参与各项具体业务同时也维护了国家法治的完整和统一。

第二节 律师的业务

一、律师业务概述

律师业务,简言之,就是律师所能从事的活动范围。从理论上讲,律师既然是为社会提供法律服务的执业人员,那么其活动范围是不应有限制的,只要公

民、法人或者其他组织需要法律帮助,律师就可以为其提供。①《律师法》第28条对律师可以从事的业务作出了概括性的规定,明确律师可以从事下列各项业务:(1)接受自然人、法人或者其他组织的委托,担任法律顾问;(2)接受民事案件、行政案件当事人的委托,担任代理人,参加诉讼;(3)接受刑事案件犯罪嫌疑人的委托,为其提供法律咨询,代理申诉、控告,为被逮捕的犯罪嫌疑人申请取保候审,接受犯罪嫌疑人、被告人的委托或者人民法院的指定,担任辩护人,接受自诉案件自诉人、公诉案件被害人或者其近亲属的委托,担任代理人,参加诉讼;(4)接受委托,代理各类诉讼案件的申诉;(5)接受委托,参加调解、仲裁活动;(6)接受委托,提供非诉讼法律服务;(7)解答有关法律的询问、代写诉讼文书和有关法律事务的其他文书。

二、律师业务的范围

上述七种律师业务领域,按是否涉讼为分类标准,总体上可以将律师业务分为两大类,即诉讼业务和非诉讼业务。随着市场经济环境的发展以及法律服务市场专业化程度要求的提高,传统的诉讼业务已经不能充分满足法律服务市场的需要。在提出律师知识结构更新要求的同时,打破传统的律师业务范围禁锢,开拓新的律师业务领域,发展包括金融、证券、房地产投资等法律服务项目在内的非诉讼业务,就成为我国律师事业发展的一项重要课题。当前,我国的非诉讼业务已经得到快速发展,在一些经济发达且律师业务也比较兴旺的地区,律师的非诉讼业务无论在项目数量还是创收金额上即将或已经超越诉讼业务,在整个律师业务领域中所占的比重正呈现出日益增长的态势。由于非诉讼项目的业务创收并不比诉讼业务低,甚至远超诉讼项目,且服务成本更侧重于纯粹的人力资源,一定程度上可能比诉讼业务成本更低,越来越多的律师乐意或者希望从事非诉讼业务,甚至部分律师事务所将自己定位于专门从事非诉讼业务的法律服务机构。另外,在经济活动空前活跃和科学技术飞速发展的新形势下,律师专业化水平越来越高,业务的精细分工趋势也不断增强。因此,律师和律师事务所从以往单一的诉讼业务中分化开来,一方面朝着多领域、跨行业的方向多元发展,另一方面又在细分领域和行业中高度专业化。

具体而言,律师法律服务业务领域及服务范围主要有以下十个大类:

(一)金融律师业务

1. 国内外银团贷款、项目贷款及各类商业贷款;
2. 融资租赁业务;
3. 有关票据、外汇、担保、保险、信托等业务。

---

① 参见贾海洋主编:《律师法学》,高等教育出版社2007年版,第151页。

（二）证券律师业务

1. 公司股票、债券的境内外发行与上市业务（含增资发行与上市）；
2. 投资基金的设立与投资基金的投资和上市；
3. 上市公司的收购与反收购；
4. 上市公司信息披露；
5. 证券律师其他业务。

（三）公司律师业务

1. 公司的设立与变更（含股份公司的发起设立与募集设立）；
2. 企业或公司资产重组；
3. 企业股份制改造；
4. 企业资产转让或拍卖；
5. 公司股权转让；
6. 公司合并与分立；
7. 公司兼并与收购；
8. 公司、企业破产与清算。

（四）外商投资律师业务

1. "三资"企业设立的策划，包括：(1) 以资金、实物、技术等出资策划；(2) 税收、减免政策方面的策划；(3) 融资策划。
2. 设立"三资"企业有关协议、合同、章程的起草、审查与修改；
3. 参与谈判；
4. 办理"三资"企业的设立申请，以及从报批到营业执照的申领等一切相关的法律手续。

（五）房地产律师业务

1. 房地产项目的开发策划及融资、招商、销售安排等；
2. 土地使用权的取得、使用与保护；
3. 土地使用权的出让、转让、出租及抵押；
4. 房地产项目规划、设计、招投标与工程建设；
5. 房地产销售；
6. 房地产银行按揭及相关的担保、抵押和回购事项；
7. 商厦、住宅、写字楼、综合娱乐场所等楼宇、商铺的出租事项；
8. 房地产物业管理及其他与房地产有关的律师业务。

（六）知识产权律师业务

1. 商标律师业务：(1) 商标的申请、续展、转让、许可使用、变更；(2) 商标侵权的纠纷代理。
2. 专利律师业务：(1) 专利的申请、专利转让、专利使用许可、专利实施；

(2) 专利侵权纠纷代理。

3. 著作权律师业务:(1) 著作权财产权利的许可使用;(2) 著作权财产权利的转让;(3) 著作权纠纷代理。

4. 专有技术律师业务:(1) 专有技术转让;(2) 专有技术使用许可;(3) 专有技术侵权纠纷代理。

（七）高科技项目律师业务

1. 计算机网络、航空通讯等高科技项目;
2. 生物工程、新型能源开发等高科技项目;
3. 其他高科技领域的法律服务。

（八）涉外、商事、海事仲裁与诉讼律师业务

1. 国际货物买卖、来样加工、来料加工、来件装配及补偿贸易、期货贸易仲裁与诉讼;
2. 合资、合作及外商独资企业纠纷的仲裁与诉讼;
3. 国际工程承包、国际金融及保险、国际货物运输等纠纷的仲裁与诉讼。

（九）国内仲裁与诉讼律师业务

1. 各类合同纠纷的仲裁与诉讼;
2. 企业、公司及银行债权的清理、欠款纠纷的诉讼代理;
3. 各类侵权纠纷的诉讼代理;
4. 民事、行政纠纷的诉讼代理。

（十）刑事案件律师业务

1. 刑事案件在侦查、审查起诉、审判阶段的辩护;
2. 刑事公诉案件被害人代理及刑事自诉案件自诉人代理;
3. 刑事附带民事诉讼当事人代理;
4. 刑事申诉案件代理。

三、律师业务与律师任务的关系

律师业务与律师任务之间存在非常紧密的关系,从哲学意义上分析,具体表现在以下三个方面:

（一）具体和抽象的关系

相对于律师所从事的各项具体业务,律师的任务是一种抽象的概念。虽然律师的任务有具体和抽象之分,但从哲学意义上分析,律师的任务是通过律师的业务来实现的,也即律师业务是律师任务的载体,律师任务是律师业务的核心价值取向。抽象的任务通过具体的业务来表征并得以实现。

（二）形式和内容的关系

律师的任务是法律规定律师执业须遵循的职责,而律师的业务是律师实现

职责目标的具体路径和方式。律师的任务是律师业务的内在精神实质,律师的业务是律师任务的外在表现形式。

(三)偶然和必然的关系

律师任务是律师执业的必然归宿,所表征的是律师执业的基本工作目标,具有哲学意义上的必然性。每一位职业律师都必须以完成律师任务为自身的职业奋斗目标。律师的业务具有偶然性,获取业务必须以律师和委托人之间的双向选择为前提,但任何一项具体业务的开展都必须以完成法定的律师任务为终极目标。

第三节 律师业务收费

一、律师业务收费原则

1. 诚信收费原则

律师服务收费应遵循公开、公正、诚实信用和公平竞争、自愿有偿、委托人承付的原则。律师事务所应当将收费明细及相关收费标准公示在其执业场所,以方便当事人查阅。律师服务的具体收费金额,通常由律师和当事人在收费标准范围内协商确定。而在提供法律服务的过程中,由律师事务所先行支付的鉴定费、评估费、翻译费、公证费、查阅档案费等项费用,应当凭有效凭证与委托人结算。

2. 统一收费原则

律师服务费由律师事务所统一收取,统一出具收据及服务发票,律师个人不得私自收费。当前,即使是个人律师事务所,律师提供法律服务的合同主体仍应是律师事务所,而不是执业律师个人。因此,不论委托人是与律师个人直接联系还是与律师事务所商洽,其委托服务合同由律师事务所与当事人直接签订,相关的律师服务收费也由律师事务所统一收取,律师个人不得以任何名义向委托人收取服务费用及相关的额外费用。

3. 合规收费原则

律师服务收费应当严格遵守国家制定的服务价格政策及收费标准,明码标价,接受社会的监督。律师事务所收费的项目、标准和方式应当依照国家和地方制定的具体实施办法执行,不得依据自行决定的项目、标准和方式超标收取。委托人付费后,律师事务所应当及时向委托人开具合法的收费票据。

4. 指导调节原则

律师服务收费采用政府指导和市场调节相结合的原则。我国对律师事务所收费实行政策引导,即对有关的律师法律服务项目实行政府指导价,如代理民事诉讼案件;代理行政诉讼案件;代理国家赔偿案件;为刑事案件犯罪嫌疑人提供法律咨询、代理申诉和控告、申请取保候审,担任被告人的辩护人或自诉人、被害人的诉讼代理人;代理各类诉讼案件的申诉。上述各项之外的其他法律服务项目的收费则实行市场调节价,委托人可以和律师事务所具体协商确定服务收费的金额。

二、律师业务收费的方式

（一）计件收费

这是律师业务的传统收费原则,即按承办业务的件数收费,收费标准一般是固定的,又称固定收费,较多适用于解答法律咨询、代书等业务。如各省、直辖市司法行政管理部门与有关物价管理部门联合制定的有关办理刑事案件的收费标准,通常侦查阶段每件收费标准最高不超过2000元,审查起诉阶段或审判阶段每件收费标准在3000元至8000元之间。办理重特大和疑难复杂的刑事案件,律师事务所和委托人可协商议定收费标准。

（二）计时收费

这是一项更能体现服务强度的收费方式,即以服务的时间作为收费的计量标准。国外法律服务多取此种方式,但国内尚未推广。大多数人认为计时收费"太贵",且无法掌握"律师在收费的时间到底干了什么"。这就是计时收费涉及的两个方面的问题,一是如何计时问题,有人担心律师会故意拖延时间来取得高额收益;二是每小时的收费标准如何确定问题。因此,如果采取计时收费方式,委托人和律师应在合同中明确约定上述计费事项。对于如何计时,一般可以参照相关的指导性规定。例如,我国福建省司法行政管理部门颁布的《福建省律师服务收费管理暂行规定》对律师的计时收费提供了计费时间的计算参考标准：

1. 办理各类案件的计费参考时间

计费时间以小时为基本计算单位,不足1小时的部分按1小时计算。承办律师为二人以上的,应以各自的计费标准和实际工作时间分别计算计费时间。

办理诉讼案件的计时参考标准为:(1)查阅案卷材料5小时;(2)查阅案件相关资料(每次)2小时;(3)调查收集证据(每次)4小时;(4)代理参加调解2小时起算;(5)会见犯罪嫌疑人、被告(人次)4小时;(6)庭前准备工作(包括准备辩护、代理要点、书写辩护、代理词,分析案件等)(每案)8—10小时;(7)出庭4小时起算;(8)代为申请财产保全、先予执行(每案)3小时;(9)代为提出上诉2小时。

办理非诉讼业务的计时参考标准为:(1)提供法律咨询1小时起算;(2)办理其他非诉讼业务2小时起算。

2. 路途时间的计算

律师在本城区办理法律事务时,路途中的时间按累计实际时间减半计算。律师在异地办案过程中的乘车、船、飞机花费的时间及必要的停留时间减半计算,但每一昼夜最多为4小时。

至于每小时收费标准问题,通常依据律师的业务水平、执业经历及服务质量确定,该收费标准由律师本人根据有关政府指导意见提出并公示。从各地公示的该项收费标准看,地区差异较大,如《上海市律师服务收费政府指导价标准(暂定)》规定计时收费最高不得超过每小时3000元人民币,《福建省律师服务收费管理暂行规定》规定的最高档次的收费标准为每小时1000元人民币。

(三)按比例收费

即根据代理服务项目系争标的的金额,按一定比例收费。该方法是一种较为传统的收费方法,各地虽然在比例上有一定的差异,但幅度并不大,最高基本维持在5%左右。如《福建省律师服务收费管理暂行规定》规定了相关的收费比例,代理民事、行政案件的调解、仲裁、复议、诉讼,不涉及财产关系或财产标的在10万元以内的,按件每件收取500—3000元;而涉及财产标的的争议案件,超过10万元的部分,应按下列比例另外收费:100,001—1,000,000元部分不高于2.5%;1,000,001—5,000,000元部分不高于1.5%;5,000,001—10,000,000元部分不高于1%;10,000,001—50,000,000元部分不高于0.5%;50,000,000元以上部分不高于0.5%。如果律师办理疑难、复杂的法律事务,律师事务所可与委托人协商适当提高收费比例,但最高不得超过上述规定最高标准的5倍。

(四)胜诉收费

又称风险代理收费,即律师根据所代理案件最后获得赔偿的金额或挽回财产损失的一定比例收费。该收费方法与上述各种方法的最大差异在于收费的时间被约定在诉讼结果形成后。例如,《福建省律师服务收费管理暂行规定》规定律师事务所经与委托人协商可实行胜诉收费或办成收费,但收费总额最高不得超过所涉财产标的总额的20%,不涉及财产关系的,最高不超过该规定最高收费标准(包括疑难、复杂法律事务的收费标准)的3倍。

三、律师收费的减免

在推行律师收费市场化的前提下,考虑到当前社会各阶层成员购买律师服务的能力存在差异,我国在律师收费制度上推行惠及社会弱势群体的收费减免规则,并以此作为构建我国律师法律援助制度的基础。根据司法部《关于开展法律援助工作的通知》的规定,法律援助的案件范围包括:(1)刑事案件;(2)请求给付赡养费、抚育费、抚养费的法律事项;(3)除责任事故外,因工受伤害请求判处的法律事项;(4)盲、聋、哑和其他残疾人、未成年人、老年人追索侵权赔偿的法律事项;(5)请求国家赔偿的诉讼案件;(6)请求发给抚恤金、救济金的法律事项;(7)其他确需法律援助的事项。律师事务所遇有以上情况之一的,如果符合有关法律援助的规定,可以减收或者免收律师服务费。目前一般规定律师每年除有偿业务外,还要积极参与法律援助活动,每个律师每年至少承办1—2件法律援助案件。

四、我国律师收费制度的改革与发展

按照《律师法》对执业律师的定位,律师是不享受国家固定工资收入的职业群体。但律师职业却是以智力付出为基础的复杂劳动者,为了在竞争中生存,律师需要不断投入继续教育的费用,同时其办公成本也是一笔巨大的开支。另外,国家对于律师事务所也没有任何投资,政府也不对律师执业提供任何风险负担。因此,律师实际上已成为自收自支的市场主体,律师要靠壮年时期的努力,解决自己的养老、医疗以及执业赔偿的风险责任问题,律师收费本身就是服务性的经营收费,律师收取与其职业特点和服务水准相对应的费用是正常的。①

据资料显示,美国律师的平均年收入为8万多美元,而事务所的合伙人平均年收入高达20.2万美元。最贵的辩护律师每小时收费650美元。前50强律师事务所的律师平均年收入500万美元,最高年薪950万美元左右。我国香港地区律师的平均年收入达21.8万港元,最高年收入1000万港元以上。上海律师的平均年业务收入达21万元人民币,律师的平均年薪为7万元人民币,最高年薪100万元人民币以上,最低年薪3万元人民币左右。北京律师2000年的总业务创收为11亿元人民币,当时全市共有律师5000多人,扣除税收、办公、办案等成本,人均年收入为10万元左右。而河北省全省律师一年的总创收不过1亿元;在西安市,多数律师的年收入仅为七八千元。从这组数据可以看出,香港律师的平均年收入为上海律师平均年收入的3倍多,美国律师的平均年收入为上海律师平均年收入的10倍。

1956年5月,司法部颁布了《律师收费暂行办法》,这是新中国第一个有关律师收费的规范性文件。律师制度恢复后,1981年司法部、财政部又公布了《律师收费试行办法》。1990年,司法部、财政部和国家物价局联合制定并颁布实施《律师业务收费管理办法》和《律师业务收费标准》,当时规定的收费标准如下:法律咨询,不涉及财产关系的,每件1—5元;涉及一般财产关系的,每件2—10元;涉及商业性财产关系的,每件10—20元。若按时收费,每小时2—15元。代理刑事案件,每件30—130元;代理民事案件,不涉及财产关系的,每件70—140元;提供资信调查、咨询建议书、法律意见书、律师见证等非诉讼法律服务,每件

---

① 参见刘爱君:《律师收费:想说爱你不容易》,载《法律服务时报》2002年3月8日第6版。

200—500元。这些规定存在着收费标准过低、收费方式单一和收费比例不合理等多种问题。

随着改革开放的不断深入,原有的律师收费标准已经明显不能适应我国经济的高速发展态势,同时也不能契合我国律师业务发展的实际状况。1997年,原国家计划委员会、司法部发布了《律师服务收费管理暂行办法》,对律师收费制度进行了较大幅度的调整,规定律师业务的收费标准原则上由国务院司法行政部门提出方案,然后报国务院价格部门审批,省、自治区、直辖市人民政府价格部门可根据本地区的实际情况,在国务院价格部门规定的价格幅度内确定本地区实施的收费标准,并报国务院价格部门备案。该办法同时还确定了在非诉讼业务中律师可以和当事人协商收费的原则,使律师收费规则更趋丰富和合理。

2006年,国家发展和改革委员会、司法部又联合发布了《律师服务收费管理办法》。该办法的出台,进一步完善了我国的律师收费制度,确立了现阶段我国律师收费制度的基本原则和基本内容。该办法明确了律师服务收费应当遵循公开公平、诚实信用和便民利民的原则,同时规定了有关律师服务质量评估、律师服务收费标准、律师参与法律援助和律师服务费减免等方面的规则,此外还严格规范了具体的律师服务收费环节和收费程序。除相关的政府职能部门制定相应的律师收费办法外,律师自治组织也积极参与了有关律师收费制度的建设,如2004年全国律师协会制定的《律师执业行为规范(试行)》也对律师收费规范作了相应规定,专章确立了律师收费的基本规范。

虽然国家相关部委和律师行业协会都有关于律师收费的规范性文件,但是近年来,律师收费仍然呈现不尽规范的状态。部分律师在同行之间竞相压价竞争,使律师的行业形象受到不良影响。由于我国客观上存在的地区经济差异以及具体案件情况的千差万别,加上律师个人业务水平的参差不齐,在我国制定全国统一的收费标准既没有必要,也不具有现实的可操作性。目前,各省市的司法行政管理部门都联手当地的物价管理部门制定了符合本地区经济发展水平的律师收费标准,如上海、福建、北京、山东、浙江、西安等。

第四章 律师执业许可

第一节 律师资格

一、律师资格的概念

律师资格是指国家通过相应的程序予以确认的,从事律师职业所必须具备的资格条件。律师资格是公民从事律师职业必须具备的条件和身份,是律师执业的前提和基础。律师资格不同于律师执业资格,律师执业资格是指具有律师资格的人员,在符合了国家规定的执业条件后,经司法行政机关批准,可以律师名义从事律师业务的从业资格。

律师行业实行执业资格准入制度,这是由律师的行业特点决定的。律师行业是专业性很强的服务行业,律师通过自己所掌握的法律知识、技能为公众提供法律服务,其服务质量与当事人利益密切相关,因此,对律师的业务素质和职业道德素质要求较高。此外,律师制度是现代国家法律制度的重要组成部分,其健全程度关系到一国的法治水平,是一国法制民主化与科学化的重要标志。律师职业作为法律职业的重要组成部分,实行资格准入制有利于提高律师队伍的整体素质,发挥其在社会主义建设中的作用,对于维护社会的公平正义、实现国家的法治也具有重要意义。

二、律师资格制度的发展与演变

我国律师资格的演变分为两个阶段:2001年以前为律师行业单独的职业资格;2002年以后过渡为与法官、检察官统一的法律职业资格。确立法律行业统一的准入资格制度,是我国民主法治建设过程中的一个重要变化。

(一)单独的律师职业资格

1979年我国律师制度恢复,一直到1980年《律师暂行条例》才确立了律师资格制度,但开始时主要以内部授予为主。1984年江西省首创全省律师资格统一考试制度,面向社会招考。1986年司法部决定实施律师资格统一考试制度,先由各省自己出题、自己评卷,后由司法部统一出题、各省分别评卷和录取。1995年始由司法部组织统一出题、统一评卷、统一录取,这种办法一直持续到2000年律师资格考试制度终止。全国律师资格统考经过十几年不断的完善,以组织严密、程序公开公正、高难度、低通过率逐渐赢得了社会的认可,为后来过渡为全国统一司法考试打下了坚实基础。经考试合格的人员,由司法部(1993年前为省级司法厅)颁发律师资格证书,作为从事律师职业的有效凭证。律师资格全国统考共组织了12次,为律师业发展募集了大量的优秀人才。

单独的律师资格证书文本共有两种式样:一种是1994年以前的由各省司法厅(局)签发的,另一种是1995年以后由司法部签发的。这两种资格证书的效力相同。

(二)法律职业资格

2001年6月30日第九届全国人民代表大会常务委员会第二十二次会议通过了《关于修改〈法官法〉的决定》和《关于修改〈检察官法〉的决定》,其中均规定"国家对初任法官、检察官和取得律师资格实行统一的司法考试制度,由国务院司法行政部门负责实施。"2008年8月14日司法部发布修改后的《国家司法考试实施办法》,其中第2条规定国家司法考试是国家统一组织的从事特定法律职业的资格考试。初任法官、初任检察官、申请律师执业和担任公证员必须通过国家司法考试,取得法律职业资格。法律、行政法规另有规定的除外。国家司法考试制度在我国的确立,是实践"依法治国,建设社会主义法治国家"基本方略的必然要求,对提高和保障法官、检察官、律师队伍素质,完善司法体制都将起到重要的推动作用。经过统一司法考试取得的资格称为法律职业资格,它是从事法官、检察官、律师职业必备的资格要件。

法律职业资格统一考试由司法部负责组织,其方式与律师资格考试相似。2001年最高人民法院、最高人民检察院、司法部联合出台了《国家司法考试实施办法(试行)》,其中关于国家司法考试报名的学历条件,主要是依据当时《法官法》、《检察官法》和《律师法》中学历、专业的规定,对适用本科学历条件确有困难的地区,可以将任职、执业学历放宽为法律专业专科学历。符合放宽报名学历条件、考试合格的人员,按照这一特别规定的精神,应当在放宽地区任职或执业,以保证该地区法律职业人才的需求和补充,这也是立法允许在这些地区放宽报名学历条件的初衷。因此,当时的法律职业资格根据报考人学历规格的不同和被录取成绩的不同,分为A、B、C三种不同的资格证书。

A证:报考时持有大学本科以上学历并通过了国家规定的录取分数线的人员。持该证可以从事法官、检察官、律师等全部有资格限制的法律职业。

B证:报考时持有大学法律专科学历但通过了国家规定的录取分数线的人员。持该证只允许从事律师职业,不能从事法官、检察官职业(即执业行业限制)。但报考人取得了大学本科学历之后,可以享受A证的待遇。

C证:报考时持有大学法律专科以上学历,没达到国家规定的录取分数线,但达到了国家照顾少数民族和贫困县降分线的人员。持该证只允许在国家照顾的地区执业(即执业区域限制)。其中,报考时持大学本科学历的,可以从事法官、检察官、律师职业。报考时持大学法律专科学历的,只能从事律师职业。

2008年8月14日,司法部修改并发布了《国家司法考试实施办法》,其中将报考的学历条件限定为高等院校法律专业本科毕业或者高等院校非法律专业本科毕业并具有法律专业知识。这意味着今后各地司法考试报名的学历要求均采统一标准,将无A、B、C证的区分。这一规定整体上提高了对法律职业群体的学历要求。

三、律师资格的取得途径

（一）参加全国统一司法考试

《国家司法考试实施办法》（以下简称《办法》）规定,国家司法考试是国家统一组织的从事特定法律职业的资格考试。初任法官、初任检察官、公证员和取得律师资格必须通过国家司法考试。《办法》中对有关报名的条件、考试、考试组织、资格授予等问题作了明确规定。

（1）报名的条件。《办法》第15条规定,凡是具有以下条件的人员,可以报名参加司法考试:具有中华人民共和国国籍;拥护《宪法》,享有选举权和被选举权;具有完全民事行为能力;高等院校法律专业本科毕业或者高等院校非法律专业本科毕业并具有法律专业知识;品行良好。第16条规定,因故意犯罪受过刑事处罚的;曾被国家机关开除公职,或曾被吊销律师执业证的;应试人员在司法考试中有作弊等违纪行为的,曾被处以两年内或终身不得报名参加国家司法考试处理的,不能报名参加司法考试,已经办理报名手续的,报名无效。

（2）考试。《办法》规定,国家司法考试每年举行一次。具体考试时间和相关安排在举行考试三个月前向社会公布。国家司法考试的内容包括:理论法学、应用法学、现行法律规定、法律实务和法律职业道德。国家司法考试实行全国统一命题。国家司法考试的命题范围以司法部制定并公布的《国家司法考试大纲》为准。国家司法考试采用闭卷的方式。

（3）考试组织。司法部设立专门机构具体承办国家司法考试工作。各省、自治区、直辖市司法厅（局）应当设立专门机构,按照规定具体承办国家司法考试的有关考务工作。

（4）资格授予。国家司法考试每年度的通过数额及合格分数线由司法部商请最高人民法院、最高人民检察院后公布。参加国家司法考试成绩合格,并不具有《办法》第16条规定情形的人员,可以按照规定程序向司法部申请授予法律职业资格,由司法部颁发法律职业资格证书。违反《办法》规定取得法律职业资格证书的,由司法部撤销原授予法律职业资格的决定,并收回、注销其法律职业资格证书。

（二）律师资格的考核授予

律师资格的取得方式除参加全国统一司法考试外，我国还规定了考核授予的方式以作为考试制度的补充。考核授予制度是指对符合规定条件的公民，不经参加司法考试，按照一定的程序考核授予其律师资格的制度。考核授予有利于将那些具备较高的法律业务素质，长期从事法律教学研究或实践工作的人员吸收到律师队伍中来，有利于缓解我国律师资源不足的问题，提高律师的整体素质。

《律师法》第8条规定："具有高等院校本科以上学历，在法律服务人员紧缺领域从事专业工作满十五年，具有高级职称或者同等专业水平并且具有相应的专业法律知识的人员，申请专职律师执业的，经国务院司法行政部门考核合格，准予执业。具体办法由国务院规定。"根据此条，司法部《律师资格考核授予办法》第4条对考核授予人员条件作了明确规定，拥护《宪法》，品行良好，身体健康，年龄在65岁以下，具有高等院校法学本科以上学历，被授予律师资格后能够专职从事律师工作的中华人民共和国公民，符合下列条件之一的，可以申请考核授予律师资格：(1)在高等法律院校(系)或法学研究机构从事法学教育或研究工作，已取得高级职称的；(2)具有法学专业硕士以上学位，有三年以上法律工作经历或者在律师事务所工作一年以上；(3)其他具有高级职称或者同等专业水平，可以考核授予律师资格的。有下列情形之一的，不予授予律师资格：(1)受过刑事处罚的，但过失犯罪的除外；(2)被开除公职或被吊销律师执业证的；(3)无民事行为能力或者限制民事行为能力的；(4)伪造证明材料申请考核授予律师资格的；(5)其他不适宜从事律师职业的。

符合条件的申请人通过所在律师事务所向住所地司法行政机关申报，住所地司法行政机关审查同意后逐级上报省级司法行政机关。省级司法行政机关审查材料，对申请人的法律专业知识、律师职业道德和执业纪律考核后，提出相应意见报司法部审批。司法部每年分两次对考核授予律师资格的申请进行统一审查，分别作出批准或不批准的决定，书面通知报送申请材料的省级司法行政机关。对批准授予律师资格的，同时颁发律师资格证书。

对于有下列情形之一的，司法部有权撤销所作出的批准授予律师资格的决定，并收回律师资格证书：(1)伪造、变造证明材料，骗取律师资格的；(2)不专门从事律师工作的。

四、律师资格的取得条件

律师是为社会提供法律服务的专业人员，其职责是维护当事人合法权益，保证国家法律的正确实施。因此，律师必须具备丰富的法律专业知识和较高的道德水准。从世界各国看，取得律师资格的条件都比较严格，主要有以下几方面限制：

（一）国籍条件

律师制度作为一国司法制度的重要组成部分，属于上层建筑的范畴。律师制度与一国的政治制度、经济制度、法律制度密切相关，同时也受民族、历史、文化传统的影响，律师的执业活动直接关系到统治阶级的利益。因此，大多数国家都把本国公民列为取得律师资格的首要条件，如美国、日本、加拿大、意大利等国。但也有些国家和地区对申请律师职业者的国籍没有作严格要求，如荷兰在1974年7月3日颁布的法律中就取消了要求申请律师职业者必须具有荷兰国籍的限制，美国少数州规定在本州居住2个月或6个月以上的外国人或具有永久居留权的外国人可以报考律师。

我国现行《律师法》对申请律师资格者的国籍并没有作明确的规定或限制，但1996年12月2日司法部制定的《律师资格全国统一考试办法》规定，报名参加律师资格考试者必须是拥护《宪法》，享有选举权与被选举权的公民。《律师资格考核授予办法》规定，申请考核授予律师资格者必须是符合条件的中华人民共和国公民。《国家司法考试实施办法》中也规定，报名参加国家司法考试者必须具有中华人民共和国国籍。

（二）学历要求

律师职业是一门专业性很强的职业，一定的学历要求是律师积累丰富法学理论与法律知识的前提和基础。各国对取得律师资格者在学历方面的要求都很严格。有些国家要求必须具备大学法律本科毕业学历方可申请参加律师资格考试，如德国、澳大利亚；美国则要求必须具有法学学士学位；还有些国家要求申请者在高等学校毕业后必须在法学院学习几年，期满后才能申请参加律师资格考试，如英国、法国、日本、印度、加拿大等国。

我国对取得律师资格者的学历要求经历了一个从宽松到严格的过程。1980年通过的《律师暂行条例》规定，具备以下条件者，经考核合格可以取得律师资格：（1）高等院校法律专业毕业，并且做过两年以上司法工作、法律教学工作或法学研究工作的；（2）受过法律专业训练，并担任过人民法院审判员、人民检察院检察员的；（3）受过高等教育，做过三年以上经济、科技等工作，熟悉本专业以及与本专业有关的法律、法令，并且经过法律专业训练，适合从事律师工作的；（4）其他具有上述（1）、（2）项所列人员法律业务水平，并具有高等学校文化水平，适合从事律师工作的。从以上规定看，《律师暂行条例》对律师的学历要求偏低。其主要原因是当时我国正处于"文化大革命"后的法制恢复初期，法学教育与公、检、法机关遭到根本性破坏，造成法律人才短缺，而且法官、检察官的专业素质也较低，对律师的学历要求作以上规定也是符合当时的客观条件的。

随着我国民主与法制的不断健全以及法学教育的较快发展，提高对律师资格的学历要求是必然的,同时也具备了条件。从1986年开始,司法部决定举行全国律师资格考试,并规定符合以下条件的人员可以报考:(1)具有大专以上学历,已在律师事务所从事律师工作的人员;(2)已实习期满的实习律师;(3)具有大专以上学历的法学教学和法学研究人员。从以上规定看,其中对已实习期满的实习律师并没有学历上的要求。1988年7月,在第二次全国律师资格考试报名条件中,报考人员除经中华全国律师函授中心推荐的成绩优异的毕业生外,其他报考人员都必须具有大专以上学历。

1996年《律师法》进一步提高了对报名参加律师资格考试者的学历要求。其中第6条规定,报名参加律师资格考试的人员须具有高等院校法学专科以上学历或者同等专业水平,以及高等院校其他专业本科以上学历。第7条关于考核授予律师资格的学历要求则更为严格,必须是具有高等院校法学本科以上学历并且从事法律研究、教学等专业工作。2001年《律师法》规定,取得律师资格应当经过国家统一的司法考试。具有高等院校法律专业本科以上学历,或者高等院校其他专业本科以上学历具有法律专业知识的人员,经国家司法考试合格的,取得资格。考虑到我国的具体国情,对经济落后地区的报考者学历要求适当放宽为高等院校法律专业专科学历,并须经国务院司法行政部门审核确定。

2007年《律师法》对律师的学历没有作具体要求,但要求必须通过国家统一司法考试。2001年施行的《国家司法考试实施办法(试行)》以及《法官法》《检察官法》中对律师的学历要求为高等院校法律专业本科毕业或者高等院校非法律专业本科毕业,对学历条件确有困难的地方,经最高人民法院审核确定,在一定期限内,可以将学历条件放宽为高等院校法律专业专科毕业。2008年《国家司法考试实施办法》将司法考试的学历条件限定为高等院校法律专业本科毕业或者高等院校非法律专业本科毕业并具有法律专业知识。这一规定统一了取得法律职业资格的学历条件。这也意味着今后从事律师职业至少应具有本科学历。从律师行业的总体趋势看,随着我国经济发展水平的提高,法制进程不断加快,对律师的整体素质要求越来越高,相应对学历层次的要求也将越来越高。

(三)年龄要求

律师职业是一个为社会提供法律服务的行业,不仅要求律师具有一定专业知识,还要求从业人员具有一定社会经验,对律师从业年龄的限制是达到这一要求的基本保证。对于取得律师资格的年龄要求,一些国家作出了明确规定,一些国家没有明确规定。美国一些州规定年龄为20周岁,有的州规定为18周岁或21周岁。英国要求年龄为20周岁。马来西亚、丹麦等国家规定取得律师资格的最低年龄为18周岁。

我国《律师法》中没有明确取得律师资格的年龄要求,但规定取得律师资格必须通过国家统一司法考试。《国家司法考试实施办法》第15条规定,报名参加司法考试的人员必须具有完全民事行为能力,享有选举权和被选举权。由此可见,我国取得律师资格的年龄应为18周岁以上(包括18周岁)。

五、法律职业资格证书

法律职业资格证书是证书持有人通过国家司法考试,具有申请从事法律职业的资格凭证。由于2001年后我国不再实行单独的律师资格考试,而是并入统一司法考试中,此后的律师资格名称也被法律职业资格所取代,并由司法部统一制作颁发法律职业资格证书。2002年司法部制定的《法律职业资格证书管理办法》对法律职业资格证书的申领时间、条件、审查和备案等作了明确规定:

(1)申领时间。参加当年国家司法考试,取得合格成绩的人员,应当自收到成绩通知书之日起30日内向地(市)司法局申请领取法律职业资格证书。

(2)申领法律职业资格证书。申请人申领法律职业资格证书时应提交本年度国家司法考试成绩通知书;申请人身份、学历证明原件及复印件。申请人因故意犯罪受过刑事处罚的;曾被国家机关开除公职,或曾被吊销律师执业证的;在司法考试中有作弊等违纪行为的,曾被处以两年内或终身不得报名参加国家司法考试处理的,不得申领法律职业证书,已经取得法律职业资格证书的,其法律职业资格证书无效。

(3)对申请的审查及处理。地(市)司法局应当对申请人提交的申请材料进行初审。对申请材料完整、符合申领法律职业资格证书条件的,报省(区、市)司法厅(局)复审。对材料不完整的,应当退回申请人,并要求申请人在省(区、市)司法厅(局)规定的期限内补齐材料,逾期未补齐材料的,视为自动放弃申领资格。对材料不真实或不符合资格授予条件的人员,应当作出不予受理的书面决定。不予受理的决定应当说明理由,通知申请人,并报司法厅(局)备案。(区、市)司法厅(局)应当对申请材料进行复审。对申请材料完整、符合申领法律职业资格证书条件的,报司法部审核颁发证书。对不符合资格授予条件的人员,由省(区、市)司法厅(局)作出不予颁发法律职业资格证书的决定,并报司法部备案。

(4)法律职业资格证书的备案制度。司法行政机关建立法律职业资格证书管理系统,供有关部门和社会公众查询。司法行政机关对尚未从事法律职业的证书持有人实行年度备案制度,尚未从事法律职业的证书持有人应当在每年第一季度内,持法律职业资格证书副本到地(市)司法局办理年度备案。地(市)司法局应当将年度备案情况报省(区、市)司法厅(局)。司法行政机关对已经从事法律职业的证书持有人实行变更备案制度。证书持有人应当在职业变更后30日内,持法律职业资格证书副本到地(市)司法局办理变更备案。地(市)司法局应当将证书持有人职业变更情况报省(区、市)司法厅(局)。

六、律师资格的管理

(一) 律师资格的取消

律师资格可以根据一定条件取得,也可因为某种情形的发生而丧失。它既不可以继承或转让,也非终身性的,严格律师资格的标准是保证律师队伍质量,维护律师在广大人民群众心目中良好形象的有力保证。

根据司法部1992年制定的《律师惩戒规则》,律师有下列行为之一的,取消律师资格:(1)指使、引诱当事人或其他人作虚假陈述,提供伪证的;(2)泄漏国家机密或委托人的秘密并给其造成重大损失的;(3)道德品质败坏的;(4)受刑事处罚的(过失犯罪除外);(5)被开除中国共产党党籍的;(6)受行政开除处分的。

对执业律师有下列行为之一的,予以停止执业二年的处分;情节严重的,予以取消律师资格:(1)向检察、审判人员或其他执法机关的工作人员行贿,或指使、诱导当事人向上述人员行贿的;(2)携带被告人家属或其他人员会见在押被告人,或违反规定为被告人捎带钱物,或传递与案情有关的信息的。

取消律师资格应由所属律师事务所报当地司法行政机关审核,由省、自治区、直辖市司法厅(局)律师惩戒委员会决定,经同级司法行政机关批准生效。被惩戒人对惩戒委员会所作惩戒决定不服的,可在接到惩戒决定书之日起15日内书面向上一级律师惩戒委员会申请复议,上一级律师惩戒委员会应当于接到复议申请之日起两个月内作出复议决定,报同级司法行政机关批准。对取消律师资格的惩戒决定或复议决定不服的,可在接到决定书之日起15日内,向人民法院提起行政诉讼。

(二) 律师资格的自动丧失

发生以下情形的,律师资格自动丧失:(1)丧失中华人民共和国国籍的;(2)丧失公民的权利能力和行为能力的;(3)患有严重的精神疾病的;(4)本人死亡的。

对于律师资格的自动丧失情况,各地司法行政机关应上报省、自治区、直辖市司法厅(局),并报司法部备案。

(三) 律师资格的保留

律师资格的保留是指律师调动工作后,在其解除聘用、停止履行律师执业业务后,对其律师资格仍予以保留的制度。根据司法部的有关文件精神,对于有下列情况的律师,解除聘用,收回律师执业证,但保留其律师资格:(1)调往人民法院、人民检察院、公安机关和其他不宜从事律师工作的单位,应停止执行律师职务的;(2)当选为各级人民代表大会常务委员会委员和法制委员会委员,不宜再执行律师职务或以兼职律师身份执行律师职务的。以上律师工作的变动和保留律师资格的情况,应报司法部备案。

第二节 律师执业

一、律师资格与律师执业分离制度

《律师法》规定,申请律师执业应当通过国家司法考试,取得国家统一司法考试合格证书,即法律职业资格证书,且拥护《宪法》,在律师事务所实习满一年,品行良好的才能申请执业。这说明我国实行律师资格或法律职业资格与律师执业相分离的制度。

律师资格与律师执业相分离是指,只取得律师资格证书或法律职业资格证书但未领取律师执业证书的人不得以律师名义从事法律业务活动,获得律师资格证书或法律职业证书的人必须按规定领取执业证书后才能以律师名义执业。冒充律师从事法律服务的,由公安机关责令停止非法执业,没收违法所得,可以并处5000元以下罚款15日以上拘留。为谋取经济利益从事诉讼代理或者辩护业务的,由所在地的县级以上司法行政机关责令停止非法执业,没收违法所得,可以并处违法所得1倍以上5倍以下的罚款。

实行律师资格与律师执业相分离制度是我国律师资格管理的重要措施。目的在于最大限度地扩大我国律师队伍的后备人才,同时也可适应社会对法律服务的需要,调节律师队伍的数量,提高律师的整体素质,满足社会和经济发展对律师的需求。

二、律师执业证书的申领

(一)律师执业证书

律师执业是指具有律师资格或法律职业资格的人以律师名义从事法律服务的活动。律师执业证书是指司法行政机关依照《律师法》规定颁发的确认律师身份、许可其从事律师业务的证件。《律师法》第6条规定,申请律师执业应当有国家统一司法考试合格证书。这意味着获得国家统一司法考试证书后并不能立即以律师名义从事律师业务,还要经过一定的程序获得执业证书后才能以律师的名义执业。

(二)申领律师执业证书的条件

根据现行《律师法》的规定,申请律师执业,应当具备以下条件:(1)拥护《宪法》;(2)通过国家统一司法考试;(3)在律师事务所实习满一年;(4)品行良好。实行国家统一司法考试前取得的律师资格凭证,在申请律师执业时,与国家统一司法考试合格证书具有同等效力。

此外,《律师法》还明确规定了以下不予颁发律师执业证书的情形:(1)无民事行为能力或者限制民事行为能力的;(2)受过刑事处罚的,但过失犯罪的除外;(3)被开除公职或者被吊销律师执业证书的。

(三)申领律师执业证书的程序

1. 实习

根据1996年司法部通过的《律师执业证管理办法》的规定,申请领取律师执业证的人员,应在一个律师事务所连续实习一年。律师事务所接受实习的,应向住所地司法行政机关备案。律师事务所应指派具有三年以上执业经历、政治思想好、业务素质较高的律师指导实习人员。实习人员辅助律师办理业务,不得单独执业。实习人员应当接受职业道德和执业纪律的培训,接受刑事辩护,民事、行政案件代理,非诉讼代理,法律咨询以及代书等业务方面的指导训练,并完成司法行政机关规定的业务量。司法行政机关应当对实习人员的实习活动进行检查。实习期满,律师事务所应对实习人员的思想道德、业务能力和工作态度作出鉴定。

2. 申请

实习人员在实习期满后申请领取律师执业证的,应当向所在或拟调入的律师事务所提交下列文件:(1)国家统一司法考试合格证书;(2)律师协会出具的申请人实习考核合格的材料;(3)申请人的身份证明;(4)律师事务所出具的同意接受申请人的证明;(5)律师执业证申请登记表。申请兼职律师执业的,还应当提交所在单位同意申请人兼职从事律师职业的证明。实习人员所在的或拟调入的律师事务所应将所有材料报送住所地司法行政机关。

3. 审核

受理申请的部门应当自受理之日起二十日内予以审查,并将审查意见和全部申请材料报送省、自治区、直辖市人民政府司法行政部门。省、自治区、直辖市人民政府司法行政部门应当自收到报送材料之日起十日内予以审核,作出是否准予执业的决定。准予执业的,向申请人颁发律师执业证书;不准予执业的,向申请人书面说明理由。

三、律师执业证书的注册与管理

(一)律师执业证书的注册

律师执业证注册是律师执业的必经程序,即申请人取得律师执业证后必须经法定注册,否则不得执业。律师执业实行年度注册制度,对于首次申领执业证的人员,领取律师执业证后应立即到主管机关或部门办理注册手续。对于已执业人员,根据《律师执业证管理办法》规定应每年注册一次。律师执业证书经注册后当年度有效,未经注册一律无效。申请人领取律师执业证,并经注册后即成为一名执业律师,在享有律师权利的同时,也要履行律师义务,接受司法行政机关和律师协会的管理。

1. 注册条件

律师符合下列条件的,应由其所在的律师事务所向住所地司法行政机关申报注册材料:(1)符合律师执业条件;(2)完成了上年度培训和法律援助任务;(3)身体健康;(4)不在停止执业处罚期间。注册材料包括:年度工作总结;完成业务培训的证明;遵守律师职业道德和执业纪律的情况报告;律师协会出具的履行章程规定义务的证明。

2. 注册程序

律师执业证注册以律师事务所为单位在每年的3月至5月间统一进行。省、自治区、直辖市司法厅(局)以上司法行政机关负责律师执业证的注册。省、自治区、直辖市司法厅(局)根据工作需要,可以委托地、市、州司法局负责本地区律师执业证的注册。律师办理执业证年度注册,由其所在的律师事务所向住所地司法行政机关申报注册材料,住所地司法行政机关提出审查意见后,逐级上报至注册机关。

3. 注册审查

注册机关经过审查,对符合注册条件的,应当自收到申请注册材料之日起15日内,依法办理注册手续。对于提交材料不合格的,注册机关应当退回,要求补充材料。有下列情形之一的,注册机关可以暂缓注册,并通知该律师所在的律师事务所:(1)因违反律师执业纪律受到停业处罚,处罚期未满的;(2)所在的律师事务所因违反执业纪律被处以停业整顿,处罚期未满的;(3)有法律法规规定的暂时不能从事律师职业情况的。若暂缓注册的原因消失后,由本人申请,注册机关核准后,应为其办理注册手续。每年注册结束后,对于准予注册的律师,注册机关应在报刊上公告。

(二)律师执业证书的管理

1. 律师执业证书的吊销

《律师法》第49条规定,律师有下列行为之一且情节严重的,由省、自治区、直辖市人民政府司法行政部门吊销其律师执业证书:(1)违反规定会见法官、检察官、仲裁员以及其他有关工作人员,或者以其他不正当方式影响依法办理案件的;(2)向法官、检察官、仲裁员以及其他有关工作人员行贿,介绍贿赂或者指使、诱导当事人行贿的;(3)向司法行政部门提供虚假材料或者有其他弄虚作假行为的;(4)故意提供虚假证据或者威胁、利诱他人提供虚假证据,妨碍对方当事人合法取得证据的;(5)接受对方当事人财物或者其他利益,与对方当事人或者第三人恶意串通,侵害委托人权益的;(6)扰乱法庭、仲裁庭秩序,干扰诉讼、仲裁活动的正常进行的;(7)煽动、教唆当事人采取扰乱公共秩序、危害公共安全等非法手段解决争议的;(8)发表危害国家安全、恶意诽谤他人、严重扰乱法庭秩序的言论的;(9)泄露国家秘密的。

律师因故意犯罪受到刑事处罚的,由省、自治区、直辖市人民政府司法行政部门吊销其律师执业证书。

2. 律师执业证书的收回

律师执业证书一般应由律师本人妥善保管,不得出借、出租、抵押、转让、涂改和毁损。具有下列情形之一的,根据《律师法》《律师执业证管理办法》以及司法部《关于进一步加强律师执业管理若干问题的通知》的规定,应当及时收回律师执业证书:(1)专职律师调出律师事务所,担任国家机关、人民团体、企事业单位工作人员或各级人民代表大会常务委员会组成人员的;(2)兼职律师调出法学院校(系)、法学研究单位,或担任国家机关工作人员或各级人民代表大会常务委员会组成人员的;(3)公职律师、公司律师不在原试点单位从事法律事务的;(4)律师暂缓注册的;(5)从事经营性活动或在各类企业担任管理类职务的;(6)死亡、丧失民事行为能力或成为限制民事行为能力的;(7)受到停止执业处罚的;(8)被吊销律师执业证书的;(9)提交虚假材料或故意隐瞒违法行为,骗取律师执业证书的。

四、律师执业的限制性规定

律师执业限制主要包括律师执业身份上的限制、跨所执业的限制。身份上的限制是指具有一定身份的人员在任职期间不得兼任执业律师以及一些特殊主体不得从事律师执业活动的规定。跨所执业的限制是指法律规定律师只能在一个律师事务所执业,不能同时在两个或两个以上律师事务所执业。对律师执业的限制性规定有利于规范律师行业的竞争,营造一个公平、有序的法律服务环境。

(一)身份上的限制

《律师法》第11条规定,公务员不得兼任执业律师。律师担任各级人民代表大会常务委员会组成人员的,任职期间不得从事诉讼代理或者辩护业务。1996年《律师法》的相关规定为:国家机关的现职工作人员不得兼任执业律师。律师担任各级人民代表大会常务委员会组成人员期间,不得执业。与1996年《律师法》相比,现行《律师法》放宽了对律师执业人员的身份限制以及执业范围的限制。根据我国《公务员法》的规定,公务员是指依法履行公职、纳入国家行政编制、由国家财政负担工资福利的工作人员。国家机关的现职工作人员既包括在国家机关工作的公务人员,也包括在国家机关工作的非公务人员。由于在国家机关工作的公务员通常行使着管理职能,具有一定的权限,为避免公务员利用职务之便或其特殊身份为律师执业服务,法律对公务员兼任律师进行禁止性规定是必要的。

此外，现行《律师法》也放宽了担任各级人民代表大会常务委员会组成人员的律师的执业范围，规定其不得从事诉讼代理或者辩护业务，但仍然可以从事法律咨询等非诉讼业务。除《律师法》外，司法部1996年制定的《兼职从事律师职业人员管理办法》对兼职律师的从业条件、执业权利等内容也作了规定。

《律师法》第41条还规定，曾经担任法官、检察官的律师，从人民法院、人民检察院离任后二年内，不得担任诉讼代理人或者辩护人。这一律师任职回避的规定，目的在于保障司法公正，防止离任法官、离任检察官因其原任职务而影响法院、检察院依法履行职责，一定程度上避免人情案、关系案，同时也有利于保障法官队伍和检察官队伍的相对稳定。

(二) 跨所执业的限制

2011年全国律师协会颁布的《律师执业行为规范》及我国《律师法》中均规定，律师只能在一个律师事务所执业，不得同时在两个或两个以上的律师事务所执业。同时在一个律师事务所和一个其他法律服务机构执业的视同在两个律师事务所执业。对律师执业进行跨所限制的原因如下：

首先，律师的执业机构是律师事务所，律师承办业务是由律师事务所统一接受委托，与委托人签订书面委托合同。律师同时在两个或两个以上律师事务所执业，当不同律师事务所同时指派一名律师办案时，由于律师执业不能双方代理且"分身无术"，此时便不可同时完成不同律师事务所指派的任务，也无法及时保护当事人的合法权益。因此，从业务分配的角度看，律师也不宜同时在两个或两个以上的律师事务所执业。

其次，从律师事务所对律师进行管理的角度看，律师事务所与律师之间是领导与被领导的关系。如果律师在两个或两个以上律师事务所执业，势必形成律师与律师事务所之间的多头领导关系，由于律师事务所之间存在着不同程度的竞争或利益冲突，这种不同利益主体下的领导与被领导关系显然不利于对律师的统一管理。

最后，《律师法》第54条规定，律师违法执业或者因过错给当事人造成损失的，由其所在的律师事务所承担赔偿责任。律师事务所赔偿后，可以向有故意或者重大过失行为的律师追偿。实践中，律师执业给当事人造成损失时一般是由律师事务所先行赔偿，但当律师分别属于两个或两个以上的律师事务所并由不同律师事务行进行管理时，不同律师事务所之间在确定赔偿责任时可能会存在分歧和争议，这将不利于对当事人及时进行赔偿。因此，从明确责任、保障当事人合法权益的角度看，律师不宜在两个或两个以上的律师事务所执业。

在律师执业活动中，通常一些跨专业、跨领域的重大法律项目如果由一家律师事务所承担可能无法完全胜任，实践中会出现不同律师事务所律师合作的情形。

此外,《律师法》及其他相关法律规定对律师执业并无地域的要求,律师可以在任何地方的一家律师事务所执业,也可以从一家律师事务所转到另外一家律师事务所执业。《律师执业行为规范》第75条规定,律师变更执业机构时应当维护委托人及原律师事务所的利益;律师事务所在接受转入律师时,不得损害原律师事务所的利益。

五、律师执业回避

(一)律师执业回避概述

律师执业回避是指律师在执业过程中,因具有某种情形可能影响对案件的公正处理时,不得参与执业活动的规定。最高人民法院《关于审判人员严格执行回避制度的若干规定》第5条规定:"审判人员及法院其他工作人员的配偶、子女或者父母,担任其所在的法院审理案件的诉讼代理人或者辩护人的,人民法院不予准许。"这一规定首次提出了律师回避问题。此外,2001年《法官法》也规定:"法官从人民法院离任后二年内,不得以律师身份担任诉讼代理人或者辩护人。法官从人民法院离任后,不得担任原任职法院办理案件的诉讼代理人或者辩护人。法官的配偶、子女不得担任该法官所任职法院办理案件的诉讼代理人或者辩护人。"《律师法》第41条规定,曾经担任法官、检察官的律师,从人民法院、人民检察院离任后二年内,不得担任诉讼代理人或者辩护人。这虽然是对法官、检察官离任后从业的限制,但事实上也对法官、检察官离任后以律师身份担任诉讼代理人和辩护人作了回避的要求。《律师执业行为规范》对律师执业的利益冲突和回避问题作了较为全面、明确而具体的规定,主要涉及律师与律师之间、律师与诉讼相对方以及委托人之间的利益冲突及回避问题,同时也涉及一些非利益冲突的回避规定。

(二)设立律师回避制度的主要意义

1. 有利于统一规范法律职业群体的活动

法官、检察官、律师作为法律职业群体,所从事的法律活动对于实现司法公正、维护社会正义、保障当事人的合法权益等都具有重要意义。由于法官、检察官与案件的当事人或其近亲属存在某种关系可能会影响司法的公正性,立法上对法官、检察官的司法活动均作了有关回避的规定。律师作为法律职业群体的成员,与当事人或法官、检察官之间等存在某种关系也同样会影响到案件的公正处理,为了实现司法的公正和社会正义,法律职业群体应当有一些共同的行为规范或准则。在回避问题上,立法对法官和检察官均有限制性规定,对律师也应作相应的要求。只有设立律师回避制度,才能从制度上保障律师不受或少受各种利害关系的干扰,避免对司法公正的不良影响,更好地为当事人服务。

2. 有利于保障当事人的合法权益,提高法律服务的信誉

律师法律服务信誉的提高很大程度上依靠律师法律服务的质量以及当事人对律师的依赖。如果律师与对方当事人或委托人有某种利益冲突或存在利害关系,其在行使辩护或代理业务中便很难保证完全为当事人的利益着想,甚至有可能借此报复或损害当事人的利益。律师回避制度的设立有利于使律师从更客观公正的立场出发为当事人提供法律服务,保证法律服务的质量,从而保障当事人的合法权益,提高法律服务的信誉。

3. 有利于保证案件的公正审理

律师在诉讼中提出的材料和意见对法庭有重要甚至是决定性的影响。如果律师与办案人员存在某种密切关系,这种关系很可能影响案件事实的查明。如有的律师与合议庭成员有近亲属关系,甚至是夫妻关系,他们提出的材料和意见即使不正确,但在具有这种特殊关系的情形下,也可能被办案人员接受,这无疑有碍司法公正,有损法律的权威。此外,在诉讼中当事人是否胜诉,不仅关系到当事人本身的切身利益,而且对律师的声誉、前途乃至物质利益都有一定影响,若律师与审判人员有近亲属等密切关系,将影响司法的公平和公正。

4. 有利于提高司法机关的威信

目前在律师执业活动中,确有不少律师在接受当事人的委托后,凭借自己曾经担任司法人员或其他特殊身份,为委托人与审判人员牵线搭桥,甚至为当事人的行贿以及司法人员的受贿等违法、犯罪活动创造有利条件,这不仅影响了案件的处理结果,而且也严重影响了司法机关的形象和公信力,损害了司法的权威。建立律师回避制度有利于减少关系案、人情案,更好地保证司法的公正性,提高司法的权威性和公信力。

(三) 我国律师执业回避的类型

根据《律师执业行为规范》及相关立法的规定,我国有关律师执业回避的情形可分为以下两种类型:

1. 利益冲突的回避

利益冲突是指律师在同一律师事务所代理的委托事项与该所其他委托事项的委托人之间有利益上的冲突,继续代理会直接影响到相关委托人利益的情形。《律师法》第39条规定,律师不得在同一案件中为双方当事人担任代理人,不得代理与本人或者其近亲属有利益冲突的法律事务。

《律师执业行为规范》对律师执业中的利益冲突及回避问题作了具体规定。该规范第50条规定,有下列情形之一的,律师及律师事务所不得与当事人建立或维持委托关系:(1) 律师在同一案件中为双方当事人担任代理人,或代理与本人或者其近亲属有利益冲突的法律事务的;(2) 律师办理诉讼或者非诉讼业务,其近亲属是对方当事人的法定代表人或者代理人的;(3) 曾经亲自处理或者审

理过某一事项或者案件的行政机关工作人员、审判人员、检察人员、仲裁员,成为律师后又办理该事项或者案件的;(4) 同一律师事务所的不同律师同时担任同一刑事案件的被害人的代理人和犯罪嫌疑人、被告人的辩护人,但在该县区域内只有一家律师事务所且事先征得当事人同意的除外;(5) 在民事诉讼、行政诉讼、仲裁案件中,同一律师事务所的不同律师同时担任争议双方当事人的代理人,或者本所或其工作人员为一方当事人,本所其他律师担任对方当事人的代理人的;(6) 在非诉讼业务中,除各方当事人共同委托外,同一律师事务所的律师同时担任彼此有利害关系的各方当事人的代理人的;(7) 在委托关系终止后,同一律师事务所或同一律师在同一案件后续审理或者处理中又接受对方当事人委托的;(8) 其他与本条第(1)至第(7)项情形相似,且依据律师执业经验和行业常识能够判断为应当主动回避且不得办理的利益冲突情形。

该规范第51条规定,有下列情形之一的,律师应当告知委托人并主动提出回避,但委托人同意其代理或者继续承办的除外:(1) 接受民事诉讼、仲裁案件一方当事人的委托,而同所的其他律师是该案件中对方当事人的近亲属的;(2) 担任刑事案件犯罪嫌疑人、被告人的辩护人,而同所的其他律师是该案件被害人的近亲属的;(3) 同一律师事务所接受正在代理的诉讼案件或者非诉讼业务当事人的对方当事人所委托的其他法律业务的;(4) 律师事务所与委托人存在法律服务关系,在某一诉讼或仲裁案件中该委托人未要求该律师事务所律师担任其代理人,而该律师事务所律师担任该委托人对方当事人的代理人的;(5) 在委托关系终止后一年内,律师又就同一法律事务接受与原委托人有利害关系的对方当事人的委托的;(6) 其他与本条第(1)至第(5)项情况相似,且依据律师执业经验和行业常识能够判断的其他情形。

2. 非利益冲突的回避

非利益冲突是指律师与案件本身或委托人之间并无利益冲突,但由于其与案件承办人员有亲属关系等或曾具有的某种身份可能会影响到对案件的公正处理,从而适用回避的规定。如《检察官法》第22条规定,检察官从人民检察院离任后二年内,不得以律师身份担任诉讼代理人或者辩护人。检察官从人民检察院离任后,不得担任原任职检察院办理案件的诉讼代理人或者辩护人。检察官的配偶、子女不得担任该检察官所任职检察院办理案件的诉讼代理人或者辩护人。《法官法》第17条规定,法官从人民法院离任后二年内,不得以律师身份担任诉讼代理人或者辩护人。法官从人民法院离任后,不得担任原任职法院办理案件的诉讼代理人或者辩护人。法官的配偶、子女不得担任该法官所任职法院办理案件的诉讼代理人或者辩护人。这些规定都是为了避免曾具有特定身份的律师因原工作岗位与有关法院、检察院存在着特殊联系,以及与法官、检察官具有近亲属关系可能办关系案、人情案而对律师执业作出的回避限制。此外,《律师执业行为规范》也规定,委托人拟聘请律师处理的法律事务,若属于该律师从事律师职业之前曾以政府官员或司法人员、仲裁人员身份经办过的事务,律师和其律师事务所应当回避。

关于律师非利益冲突的回避,其他国家也有类似的规定。《俄罗斯联邦刑事诉讼法典》第67.1条规定,律师如果同审理或审核该案件的公职人员有亲属关系,无权作为辩护人或代理人参加诉讼。美国《律师职业行为标准规则》规定:"如果一名律师过去曾以政府官员或者雇员身份,实际介入某一事件,则该律师不得再向该事件有关的当事人担任私人代理,除非有关政府机构在被告知此情况时表示认可。"日本《律师法》第25条第4、5项规定,律师不得行使职务的事件包括作为公务员在其职务上曾经处理过的事件和根据仲裁程序作为仲裁人曾经处理过的事件。英国1974年《律师法》第38条规定,担任治安法官的律师不得参与某些诉讼。我国台湾地区"律师法"第38条规定:"律师与法院院长或检察署检察长有配偶、五亲等内血亲或三亲等内姻亲之关系者,不得在该法院办理诉讼案件。律师与办理案件之法官、检察官或司法警察官、司法警察有前项之亲属关系者,就其案件应行回避。"

在律师执业活动中,除了以上可能影响办案人员司法公正的情形外,还存在其他一些可能影响律师执业公正性的因素,如律师与承办案件的司法人员有其他关系,如师生关系、私交深厚的朋友关系等。这些关系对司法人员的影响并不亚于前述两种身份对案件的影响,这些情形是否应纳入律师回避的范围,以及若纳入进来实践中应由谁申请回避等,都是值得进一步思考的问题。

第三节 我国律师的分类

我国《律师法》规定,律师是指依法取得律师执业证书,接受委托或者指定,为当事人提供法律服务的执业人员。目前我国的律师种类分为专职律师、兼职律师、公职律师三种。

一、专职律师

专职律师是指专门从事律师职业,并以此作为生活主要来源的法律服务人员。专职律师是我国律师的主流和重要组成部分。在现代社会,市场经济在一定意义上表现为法制经济,市场经济所具有的自律性、契约性、竞争性和开放性必然要求经济与法律、科技相结合,必然要求建立和完善以法制为保障的市场经济体制,因而也需要律师提供全方位、多层次、专业化的法律服务,需要高层次、高素质的有较强法律专业知识和能力的律师队伍,而这只能通过律师的专职化、专业分工来完成。随着经济和科技的不断发展,社会分工不断细化,专职律师的服务也将呈现专业化的特点,某个领域的专职律师将越来越多,如专门从事证券业务的律师,专门从事房地产业务的律师等,对专职律师的知识和素质要求也将越来越高。

我国历史上还出现过特邀律师的类型。特邀律师是指符合条件的离、退休人员经省、自治区、直辖市司法厅(局)批准,报司法部备案后可取得律师资格,并从事律师执业活动的人员。特邀律师大多具有丰富的司法实践和法律事务经验。在我国实行全国律师资格统考前,对这些人员经过考核批准后授予其特邀律师资格,是特定时期为缓解我国律师队伍人数不足而采取的一种临时性措施。由于特邀律师大多为司法实践部门离、退休人员,容易利用与司法部门的旧关系,甚至以曾担任司法部门领导影响和干扰司法人员依法行使职权,不可避免地会影响司法的公正性和权威性。随着我国律师队伍的不断壮大,特邀律师逐渐退出了历史舞台。

二、兼职律师

兼职律师是指取得律师资格和律师执业证书,不脱离本职工作从事律师职业的人员。我国《律师法》规定,高等院校、科研机构中从事法学教育、研究工作的人员,符合有关条件并经所在单位同意的,可以申请兼职从事律师职业。1996年司法部制定的《兼职从事律师职业人员管理办法》规定,符合以下条件的法学院校(系)、法学研究单位从事教学、研究工作的人员,可以兼职从事律师职业:(1)具有律师资格;(2)所在单位允许兼职从事律师职业;(3)在律师事务所实习一年;(4)品行良好。除经考核授予律师资格的兼职律师外,一般兼职律师在取得律师执业资格的条件和程序上与专职律师并无不同。兼职从事律师职业人员在执业活动中统称律师,与专职律师有同等的权利和义务。我国从立法上确立专职和兼职律师并存的制度,主要是因为兼职律师在一定范围内可以弥补专职律师的不足,满足社会对法律服务的需要,能够为律师队伍充实一些高层次、高素质的人才,提高律师队伍的整体素质。为了避免或减少兼职律师本职工作对其执业产生的消极影响,《兼职从事律师职业人员管理办法》和《律师法》均将兼职律师的范围限制为法学教学和科研工作人员。与特邀律师相比,这些人员的职业不具有职权性质,因而对司法活动的干扰性较小。此外,法学是一门实践性较强的学科,出于法学教育的需要,让这些科研人员从事兼职律师有利于理论与实践相结合,更好地提高我国法学教育水平。

我国《律师法》对其他人员兼任律师的活动也作了限制,明确规定公务员不得兼任执业律师。律师担任各级人民代表大会常务委员会组成人员的,任职期间不得从事诉讼代理或者辩护业务。《兼职从事律师职业人员管理办法》还规定:律师事务所聘请兼职人员,数量不得超过本所专职律师的数量。在法学院校、研究单位设立的律师事务所聘用兼职人员的数量,由省、自治区、直辖市司法厅(局)规定。兼职从事律师职业人员,不得同时在两个或两个以上的律师事务所或其他法律服务机构执业。兼职从事律师职业人员执业时,由律师事务所统一收案、统一收费。兼职从事律师职业人员应当加入所在地的律师协会。

三、公职律师

(一) 我国公职律师制度的形成与发展

我国《律师法》中并没有公职律师的概念和相关规定。在我国律师制度的发展过程中,公职律师的概念是在1993年12月26日司法部发布的《关于深化律师工作改革方案》文件中提出的。该文件指出:通过试点,逐步在国家机关内部建立为各级政府及行政部门提供法律服务的律师队伍,担任法律顾问、代理行政诉讼、维护政府和行政部门的合法权益。1995年8月,上海市浦东新区在全国率先建立了公职律师制度。随后,南京、北京等地开始了公职律师试点工作。2002年1月,司法部再次发文提出:积极开展公职律师、公司律师的试点,探索建立有中国特色的公职律师、公司律师制度,完善律师队伍。此后,全国各地公职律师的试点工作广泛开展,并进行了积极有益的探索,积累了不少经验。在此基础上,司法部又于2002年10月22日颁布了《关于开展公职律师试点工作的意见》,进一步推动并规范公职律师试点工作。根据该意见,我国公职律师是指具有中华人民共和国律师资格或司法部颁发的法律职业资格,供职于政府职能部门或行使政府职能的部门,或经招聘到上述部门专职从事法律事务的人员。

(二) 公职律师的职责范围

司法部《关于开展公职律师试点工作的意见》中明确规定了公职律师的职责范围如下:

(1) 为本级政府或部门行政决策提供法律咨询意见和法律建议;为本级政府的重大决策提供法律依据,对其实体内容及决策程序进行可行性论证;对政府机关或公职部门涉及的国内重大经济项目以及对外招商引资谈判、签约提供意见,向政府及其所属职能部门提供有关法律信息,就其行政决策、管理中的法律问题提出意见或建议,维护其所服务的政府机关或其他公职部门行政权力的依法行使。

(2) 按照政府的要求,参与本级政府或部门规范性文件的起草、审议和修改工作。现代行政管理具有行政立法趋强的倾向,但在各国立法实践中,对这类"准立法"在程序与内容上均进行了相当的限制,因此,公职律师的主要任务之一是在熟悉本部门业务与研究相关法律法规的基础上,把握整体法制原则与精神,在宪法和法律的范围内,参与起草和修改与行政管理有关的规范性法律文件。

(3) 受本级政府或部门委托调查和处理具体的法律事务。公职律师在本部门对外签订合同等商事活动中,有义务对有关的法律事务进行审核,把好"法律关"很大程度上也能避免本部门的损失。

(4) 代理本级政府或部门参加诉讼、仲裁活动。充分利用公职律师的执业权利,履行调查取证、出庭应诉等职责。以往政府需要参加诉讼时,一般聘请社会律师,有了自己的公职律师后,这些工作就可以由公职律师来代理了。这样一方面弥补了社会律师对政府工作情况不是了解从而不能确保所提供的法律服务质量的缺点,另一方面由于公职律师具有公务员身份,供职于国家机关,由政府提供薪金,因此不需要再额外支付费用,从而也节省了资源和成本。

(5) 为受援人提供法律援助。这主要指国家专门建立提供法律援助的公职律师机构,为那些急需法律帮助但又不能从社会上获得法律服务的人群提供法律救济,以实现公民在法律上的平等。我国《律师法》和国务院《法律援助条例》明确规定,律师必须依法履行法律援助义务。我国现有的执业律师数量远远不能满足社会的需要,已有的律师事务所和执业律师的收费较高,致使许多当事人由于无法支付较高的律师费用而不能获得及时的法律服务。为了使一些弱势群体获得必要的法律援助,2003年国务院颁布的《法律援助条例》明确规定,为弱势群体提供法律援助是政府的责任。法律援助除了由社会律师承担外,也包括公职律师的参与,为受援人提供法律援助也是公职律师的一项职责。

(6) 本级政府或部门的其他应由公职律师承担的工作,如在本部门内部进行执法监督。公职律师经常进行执法检查,有利于提高本部门的执法水准,使"有法可依,执法必严"有可靠的保证。具体执法监督中公职律师可把握两个方面:第一,监督本部门执法人员有无违法执法的情形发生;第二,监督法律实施的总体水平,了解公众熟悉与遵守本法律的情况。随着我国各项法律法规的陆续出台,公职律师对行政机关执法所依据的法律法规进行研究与分析有利于本部门行政管理水准的提高。同时,对本部门工作人员进行法律知识的讲授、培训以及对外法律宣传也是公职律师的一大任务。通过公职律师的这些工作来提高执法人员的执法水平和法律意识,为行政管理水平的提高以及法律的贯彻实施打好基础。

(三) 公职律师的权利和义务

1. 公职律师的权利

由于公职律师具有"双重身份",既是律师,同时又是国家公务员,因此其既享有律师的权利,又享有公务员的权利。公职律师的权利主要包括两方面:一是公职律师的人身权利;二是公职律师的执业权利。《律师法》第37条对律师人身权利的保障进行了明确的规定:"律师在执业活动中的人身权利不受侵犯。"具体而言包括:律师执业时人身自由不受非法限制和剥夺,人格尊严不受侵犯,住宅和办公地点不受侵害，名誉不受损害等。公职律师在代理本级政府或部门进行执业活动时享有和社会律师同等的权利，主要包括：(1) 公职律师可成为政府部门民事、经济、刑事案件的代理人，维护政府机关当事人的合法权益；(2) 代理政府机关进行各类诉讼案件的申诉；(3) 接受政府机关行政首长的指派，参加涉及本行政机关的调解和仲裁活动；(4) 在执业活动中享有依法调查取证、查阅案件材料等律师执业权利；(5) 加入律师协会，享有会员权利；(6) 可以参加律师职称评定。此外，公职律师还可以直接转换为社会律师。公职律师申请转为社会律师时，按换发证件程序进行，担任公职律师的经历计入执业年限。此外，作为国家公务员的公职律师也同时享有公务员的一系列权利。根据《公务员法》规定，公务员享有如下权利：(1) 获得履行职责应当具有的工作条件；(2) 非因法定事由、非经法定程序，不被免职、降职、辞退或者处分；(3) 获得工资报酬，享受福利、保险待遇；(4) 参加培训；(5) 对机关工作和领导人员提出批评和建议；(6) 提出申诉和控告；(7) 申请辞职；(8) 法律规定的其他权利。

2. 公职律师的义务

公务员和执业律师的双重身份决定了公职律师承担的义务也是双重的。一方面，公职律师应当履行《律师法》上的义务。如律师应当保守在执业活动中所知悉的国家秘密和当事人的商业秘密，不得泄露当事人的隐私，不得以不正当的手段影响司法公正等；另一方面，公职律师作为国家公务员，还承担不得以不正当手段影响依法行政的义务。由于公职律师主要是在政府机关及其职能部门工作，为了避免公职律师的公务员身份对其执业活动及司法人员的司法活动可能带来的干扰，司法部《关于开展公职律师试点工作的意见》规定，公职律师具有以下义务：(1) 接受所在地司法行政机关的业务指导和监督；(2) 不得从事有偿法律服务，不得在律师事务所和法律服务所兼职；(3) 不得以律师身份办理本级政府或部门以外的诉讼与非诉讼案件。

（四）公职律师的管理

公职律师的律师身份决定其必须接受司法行政机关的监督指导和律师协会的行业管理，而同时具有的公务员身份又决定了其接受所在政府机关管理的必要性。司法行政机关负责对公职律师的资质管理和执业活动监督管理，律师协会负责公职律师行业管理，主要承担公职律师学习、培训与交流以及行业业务指导等职责。公职律师所在单位负责公职律师的具体业务管理以及公职律师基于公务员身份基础之上的人、财、物方面的管理。

司法部《关于开展公职律师试点工作的意见》对公职律师的管理作了如下具体规定：(1) 公职律师由所在单位管理，司法行政机关负责其资质管理和业务指导。试点期间，公职律师执业证（试行）由司法部统一印制，由省、自治区、直辖市司法厅（局）颁发。(2) 公职律师执业应取得公职律师执业证。(3) 申请公职律师执业证,由符合任职条件的人员提出申请,经工作单位批准后,报经所在地司法行政机关审核,再由审核同意的司法行政机关报省、自治区、直辖市司法厅(局)审批。司法厅(局)应在15日内作出批准或不批准的决定。(4)公职律师应参加律师年检注册。办理年检注册时,应提交年度工作总结、所在单位出具的证明其专职从事法律工作的材料,并详细写明办理公职律师事务的情况等。(5)公职律师应加入所在地律师协会,参加律师协会组织的培训和执业纪律教育活动。

第四节 律师专业技术职务

我国在律师行业实行专业技术职务制度。为促进律师队伍建设,加强对律师人员的培养、考核与合理使用,鼓励律师努力学习提高素质,推动律师事业的发展,1987年10月,中央职称改革工作领导小组转发了司法部制定的《律师职务试行条例》(以下简称《条例》)和《关于〈律师职务试行条例〉的实施意见》(以下简称《实施意见》)。

一、律师专业技术职务的分类

按照《条例》规定,律师专业技术职务设五个级别,即一级律师、二级律师、三级律师、四级律师、律师助理。这五个级别又划分为高、中、初三个档次,即一级律师、二级律师为高级职务;三级律师为中级职务;四级律师、律师助理为初级职务。不同的职务有不同的任职条件和不同的岗位职责。

二、律师专业技术职务的任职条件和岗位职责

(一)各级别任职的基本条件
(1)拥护中国共产党的领导和社会主义制度,热爱社会主义祖国;
(2)热爱本职工作,实事求是,依法办事;
(3)遵守法纪,讲究职业道德;
(4)能为发展社会主义民主和完善社会主义法制努力工作;
(5)具有律师资格或法律职业资格,并依法取得律师执业证;
(6)专职从事律师执业。
(二)各级别任职的具体条件
1. 律师助理
(1)任职条件:高等院校(系)法律专科毕业生和中等法律学校毕业生见习一年期满,经考核,初步掌握法律基础知识,了解律师各项业务的内容及工作程序,能完成律师业务中的各项辅助性工作。

(2)岗位职责：收发、整理和保管文件档案资料；处理有关法律问题的来信、来访，解答简单的法律咨询，代写简单的法律文书；协助律师调查取证，抄写文书，摘录案卷材料，会见被告、当事人，送达文件及办理其他辅助性工作。

2．四级律师

（1）任职条件：获得法学硕士学位，获第二学士学位，获研究生班结业证书，高等院校（系）法律本科毕业见习一年期满，高等院校（系）法律专科毕业从事律师助理工作二年以上，基本掌握法律基础知识和律师业务知识，有一定的政策水平和分析问题的能力，能独立承办简单的律师业务。

（2）岗位职责：接待群众来信、来访，解答法律咨询，代写法律文书；担任一般的民事案件代理人或简单的刑事案件辩护人、代理人参加诉讼；办理一般的非诉讼法律事务；在三级以上律师的指导下，担任一般机关、中小型企事业单位、团体和公民的法律顾问。

3．三级律师

（1）获得法学硕士学位二年以上，取得四级律师资格并受聘四级律师职务二年以上；获得法律专业本科学历五年以上，取得四级律师资格并受聘四级律师职务四年以上；获得法律专业大学专科学历后，从事本专业工作十年以上，取得四级律师资格并受聘四级律师职务四年以上；获得法律专业中专学历后，从事本专业工作二十年以上，取得四级律师资格并受聘四级职务四年以上。

（2）任职期间年办案量和业务收费在本所四级律师中处于前列，并办理过两件在本地区有一定影响的案件。

（3）任职期间在市（厅）级以上刊物上发表过两篇法律专业论文（每篇不少于2000字）；或有两篇以上论文或经验材料被选送到省级以上法律业务学术交流会上交流（至少有一篇在大会宣读或被收入论文集，每篇不少于2000字）；或合作出版一部法律专著或译著（本人撰稿不少于5000字）。

4．二级律师

（1）获得法学博士学位，取得三级律师资格并受聘三级律师职务二年以上；获得法学硕士学位七年以上，获得法律专业大学本科学历十年以上，取得三级律师资格并受聘三级律师职务五年以上；获得法律专业大学学历后，从事本专业工作二十年以上，取得三级律师资格并受聘三级律师职务五年以上；获得法律专业中专学历后，从事本专业工作二十五年以上，取得三级律师资格并受聘三级律师职务五年以上。

（2）年办案量和业务收费在所在律师所三级律师中居前列；任职期间办理过两件以上在本地区有影响的重大疑难案件；参加过省市有影响的非诉讼法律事务，实际效果较好；获省级以上律师行业先进称号；在律师业务或律师管理中提出过具有理论和实践价值的独到见解。

(3)在国家级刊物发表过法律专业论文(不少于3000字);或在省级刊物发表过两篇法律专业论文(每篇不少于3000字);或有四篇论文或经验材料被选送到省级以上法律业务学术会议上交流,其中有两篇在会上宣读并收入论文集。

5. 一级律师

(1)获得法学博士学位七年以上、获得法学硕士学位十二年以上、获得法律专业大学本科学历十五年以上,取得二级律师资格并受聘二级律师职务五年以上。

(2)任职期间办案质量高,社会诚信度高,是省内律师行业的带头人;提出过一项法学理论研究课题,研究解决两个以上重大疑难问题;在律师业务和律师管理工作中提出过两条具有理论和应用价值的独到见解;成功地承办过两件在省内有影响的疑难案件;参加过两项国家或省重点项目谈判中的法律事务,实际效果明显;获省级以上律师行业先进称号。

(3)任职期间在国家级刊物发表过两篇法律专业学术论文(每篇不少于3000字);或在省级刊物发表过四篇法律专业学术论文(每篇不少于3000字);或独立出版一部法律专著或译著;或合作出版两部法律专著或译著(本人撰稿不少于20000字)。

《条例》第11条规定:"在评审、聘任或任命律师职务时,对确有真才实学、成绩显著和贡献突出者,可不受学历、资历的限制。"根据这个规定,申请破格的对象在实践中一般掌握以下两个条件:第一,确有真才实学,成绩显著和有突出贡献;第二,学历或资历两项条件,有一项符合,另一项欠缺的。对学历和资历均不符合条件的一般不予受理。

三、律师专业技术职务的评审

(一)评委会的设立及职责

1. 评委会职责

《条例》规定,律师专业技术职务由各级司法行政机关组成的律师职务评审委员会(简称评委会)审定和确认,由同级政府人事部门根据评委会的意见行文和颁发证书。

2. 评委会设置

依据《条例》规定,各级司法行政机关组成律师职务评审委员会。司法部指导全国律师职务的评审、聘任工作。各级律师职务的任职资格,需经相应的律师职务评委会评审,初级律师职务评委会由县级司法局组建,负责评审律师助理、四级律师;中级律师职务评委会由地(市)级司法局组建,负责评审三级律师;高级律师职务评委会由省、自治区、直辖市司法厅(局)组建,负责评审一、二级律师。司法部律师职务评委会负责评审直接管理的律师事务所的律师职务任职资格。各级评委会任期三年,可以连任。各级评委会应由法律知识水平高、律师业务能力强、学术上造诣深、坚持原则、作风正派、办事公道的人员组成。

3. 评委会组成及评审方式

依据《实施意见》,初、中级评委会一般由五至七人组成,高级评委会一般由七至九人组成。评委会设主任一人,副主任一至二人。根据评审工作的需要,评委会可分设若干评议组进行同行评议。初级职务评委会主要由担任中级律师职务的人员组成;中级职务评委会成员中任高级律师职务的人员,逐步达到1/2;高级职务评委会成员中任高级职务的人员应不少于2/3。鉴于目前实际情况,如本地区暂不具备组建评委会条件,其专业职务可由上一级机关的评委会评审。在评委会内实行民主集中制,2/3以上委员出席方可召开评审会议。表决时,采用无记名投票方式,赞成票超过评委会全体成员1/2方为有效。

(二) 律师专业技术职务的评审和授予程序

申请律师专业职务的人员,应由本人提出申请,填写律师专业职务申报表,提交能反映本人业务水平、工作能力及成就的材料;律师事务所应按任职条件对提出申请的人员进行严格考核,考核内容主要包括政治思想、工作态度、学识水平、专业能力、工作业绩和效果,根据考核结果,提出推荐意见;由主管部门考察后交相应的评审委员会,作为评审的依据。

本人申请应由所在的律师执业机构审查并签署意见。如果申请人已经辞去公职,档案在人才中心管理,则需该人才中心审查并签署意见;如果申请人是公司律师或公职律师,要经所属的企业或政府部门审查并签署意见。

各级律师专业职务评审委员会,根据《条例》和各单位报送的律师专业职务申报表及有关材料进行评审,并将评审结果报相关人事部门核定后批准。四级、三级律师职务的聘任或任命需报司法厅(局)备案;高级律师职务的聘任或任命需报司法部备案。

第五章 律师执业机构

第一节 律师执业机构概述

一、律师执业机构的性质

我国《律师法》第14条规定,律师执业机构就是律师事务所。律师事务所是从事法律服务的社会中介组织。

20世纪50年代,我国对律师工作机构沿用前苏联的称谓,即"法律顾问处"。1980年颁布的《律师暂行条例》仍规定,律师执行职务的工作机构是法律顾问处。实践证明,把律师工作机构定名为法律顾问处是不够严谨的,容易与国家机关、社会团体和事业单位中可能设立的法律顾问处、法律顾问室等其他法律服务机构相混淆,同时也与国际通行的称谓不相统一,不利于律师开展对外活动和对外交往,亦不能反映律师工作机构的特点。因此,为适应改革开放的需要,1983年深圳等地律师工作机构开始更名为律师事务所。1984年8月,全国司法行政工作会议确定将法律顾问处改称律师事务所,司法部明确指出,应当将"法律顾问处"改称为"律师事务所"。随着1996年《律师法》颁布,正式将律师执业机构定名为"律师事务所"。[1]

二、律师事务所的特征

根据我国相关法律规定,我国律师事务所和其他社会组织相比具有以下法律特征:

(1)律师事务所是依据国家法律和有关规定经司法行政机关批准成立,提供法律服务的社会中介组织。律师事务所有自己的名称、章程、场所和律师。律师事务所一经登记,其执业活动受法律保护。

(2)律师事务所是从事律师业务的组织。社会上有各种不同的法律服务中介机构,律师事务所是我国法律服务业的重要组成部分,而且数量较多。其他法律服务机构不能以律师事务所的名义开展法律服务活动,不享有律师事务所特有的权利。[2]

(3)律师事务所是律师执业的场所。律师承办各种法律事务均须以律师事

---

[1] 参见程荣斌主编:《中国律师制度原理》,中国人民大学出版社1998年版,第72页。
[2] 参见宣善德主编:《律师公证与仲裁制度》,中国政法大学出版社2005年版,第23页。

务所的名义进行。律师事务所组织领导律师的业务活动,组织律师进行政治学习和业务进修,向有关部门反映律师的建议和意见,统一向委托人收取办案费用等,律师必须在律师事务所统一领导下开展各项业务活动。

(4) 律师事务所是自负盈亏、自我发展、自我约束的组织。律师事务所必须独立核算,独立自主地进行业务活动,具有相对独立的自主权。

(5) 律师事务所之间地位平等。律师事务所之间没有隶属关系,法律地位平等,享有的权利和承担的义务相同。律师事务所之间不因性质不同、规模大小而影响它们的平等性,国资所、合伙所、个人所之间的地位是平等的,省级、地级、县级司法行政机关管理的律师事务所之间是平等的。主体的平等性是律师行业平等竞争的前提和基础。

第二节 律师事务所的形式

根据我国《律师法》第 15 条、第 16 条和第 20 条规定,目前我国律师事务所有国资、合伙、个人三种组织形式。

一、国资律师事务所

国资律师事务所是指由国家下达编制、拨给经费设立的律师事务所,是律师执业机构之一。[①] 国资律师事务所由司法行政机关设置,其性质是国家事业单位,人员编制属司法事业编制,经费列入国家预算,依靠国家财政拨款。《律师法》第 20 条规定:"国家出资设立的律师事务所,依法自主开展律师业务,以该律师事务所的全部资产对其债务承担责任。"

国资律师事务所的特征有:(1) 由司法行政机关根据国家需要设立,律师事务所开办时的资产由司法行政机关代表国家投入,国资所作为法人,独立以其全部资产对债务承担有限责任;(2) 国资律师事务所包括一次性投入开办资产、不核定编制、核定编制并核拨经费等形式;(3) 国资律师事务所独立核算,根据情况分别实行全额管理、差额管理、自收自支三种管理方式。国资所依据按劳分配的原则,实行效益浮动工资制。

二、合伙律师事务所

合伙律师事务所是世界各国广泛采用的一种律师执业组织形式,是指由律师自愿订立合伙协议,财产归合伙人共有的律师事务所,是依法设立的律师执业

[①] 参见谭世贵主编:《律师法学》,法律出版社 2008 年版,第 58 页。

机构之一。① 合伙律师事务所在西方资本主义国家出现后,由于其机制灵活、适应律师行业的特点,获得了较快的发展。在我国律师行业的发展过程中,合伙所出现于1994年,合伙制是伴随着律师制度改革的不断深化而产生的。

《律师法》第15条第2款规定:"合伙律师事务所可以采用普通合伙或者特殊的普通合伙形式设立。合伙律师事务所的合伙人按照合伙形式对该律师事务所的债务依法承担责任。"

三、个人律师事务所

个人律师事务所是律师个人单独开业的律师事务所。我国1996年《律师法》没有关于个人律师事务所的规定,新《律师法》对此加以了规定。新《律师法》规定:"设立个人律师事务所,除应当符合本法第十四条规定的条件外,设立人还应当是具有五年以上执业经历的律师。设立人对律师事务所的债务承担无限责任。"

个人律师事务所的主要特征在于:其一,属个人出资、自负盈亏。其二,在财产关系上是个人独有,且具有完全的所有权关系。进一步讲,在分配关系上,除了成本、其他开支和缴纳税收外,就是个人的合法收入。其三,在经营管理方面,主要采用个人决策和个人管理经营,并由其独自承担全部责任和风险。② 可以预见,随着立法上对个人律师事务所法律地位的确认,我国个人律师事务所的数量将会逐渐增多。

四、公司制律师事务所

公司制律师事务所是具有法人资格的律师事务所,或称律师公司。其形式既有有限责任公司,又有股份制公司。英美等国的律师事务所向大型化、公司化方向发展,已组成突破千人的大型律师事务所或律师公司,顺应了世界经济一体化和全球化的需要,也是律师业竞争地域国际化、竞争业务复杂化、竞争手段现代化的产物。超大型律师事务所必须具备高度集中的管理体系,计算机需要统一操作,意见不一致时必须迅速统一,纪律严明才能保障效率。大型律师事务所分工很细,待遇丰厚,律师个人自由度却很小。

第三节 律师事务所的权利和义务③

律师事务所作为律师的执业机构,享有一系列的权利和义务。权利和义务

---

① 参见谭世贵主编:《律师法学》,法律出版社2008年版,第54页。
② 参见官玉琴、张禄兴编著:《律师法学》,福建教育出版社2006年版,第69页。
③ 本节主要参考陈卫东主编:《中国律师学》,中国人民大学出版社2000年版,第163—167页。

是相对称的,律师事务所在享有法律赋予的权利同时,也必须履行法律要求的相应义务。

一、律师事务所的权利

律师事务所有权在自愿结合、民主管理的前提下自行选择组织形式、管理模式及分配办法,有权在业务范围内统一接受委托并指派律师执行职务,有权依照国家有关规定录用、奖惩、辞退工作人员。

(一)统一接受当事人委托的权利

《律师法》第25条第1款规定:"律师承办业务,由律师事务所统一接受委托,与委托人签订书面委托合同,按照国家规定统一收取费用并如实入账。"此条规定赋予了律师事务所接受当事人委托的权利。在律师与当事人的委托法律关系中,律师事务所是一方主体,它与当事人签订委托代理合同,继而委派其所内的律师按代理合同提供法律服务。律师并不是委托关系的主体,而只是接受律师事务所的委派,承办具体案件。承办律师无论以何种名义从事法律服务,均是一种作为律师事务所派出人员执行职务的行为,其所有行为均代表律师事务所,受律师事务所章程的管理和约束。一般来说,律师事务所为接受当事人的委托,均建立了一套收案制度。由专人负责接待当事人,问明委托事项和有关证据后,对符合收案条件的向主任汇报,经主任审查批准后,由律师事务所统一收案。律师事务所与委托人签订书面委托合同并在收案本上登记,然后分配给律师承办,律师个人不能单独收案。

(二)按国家规定统一向当事人收取费用的权利

《律师法》第25条同时也明确规定了律师事务所的统一收费权。律师收费是律师制度中一项不可缺少的组成部分,也是律师事务所的一项重要权利。根据有关规定,律师事务所的收费包括三部分,即酬金、费用和开支。酬金是指律师的劳务报酬;费用是指律师在业务活动中依法向有关部门缴纳的各种税费;开支是指律师承办案件时的各项差旅费用。律师事务所与委托人签订委托合同后,财务人员应及时按规定的收费标准向委托人收取全部律师费并出具收费票据。应委托人要求,律师事务所应当提供收费说明,写明委托事项、收费金额、计算办法、交付时间以及其他有关事项。

律师若受聘担任法律顾问,律师事务所依照受聘合同在规定的标准内收取费用,可以按年度固定收取费用,也可以在收取签约费后按实际工作量收费。按年度固定收费的,律师在为聘方办理简单法律事务时不再收费。为聘方担任民事代理人参加诉讼、调解、仲裁活动的,可按收费标准另行收费。律师到外地办案的,除按规定标准收费外,应由委托人按合理标准负担律师的食宿、交通等费用,或由律师事务所按有关差旅费的规定,向委托人收取食宿、交通等费用。律师为委托人提供服务过程中所需的鉴定费、翻译费、资料费、文印费、通讯费及其他必要开支的费用,应凭报销单据由委托人支付。非因委托人的原因而办案中止的,委托人要求退回办案费时,律师事务所应根据办案的实际付出进行相应扣除后,将余额部分退还委托人。

我国现行《律师法》规定的收费制度比较单一,收费标准也比较低。实际情况中还存在其他比较灵活的收费方法,如计时收费、个别采用协议收费或胜诉提成方式。计时收费的标准没有统一的规定,而是按照长期形成的习惯以及当时法律服务市场的行情,由每个律师事务所根据每位律师的资历、能力和执业声誉及社会知名度等自行规定。我国应根据具体情况加以借鉴吸收,比如具体收费额由各律师事务所与委托人协商确定,收费高低应参照律师本人的工作能力、经验、声望、知名度及诉讼难易程度和所需技能的高低,诉讼所花费的时间,诉讼标的额等。这样既可以防止降低收费的不正当竞争,又可以根据律师的实际水平、知名度和案件的难易程度适当收费,有利于激发律师的工作热情,更好地维护当事人的合法权益。

(三) 自主用人的权利

律师事务所从本质上讲是一种"人合"的组织,律师事务所组织的基本元素是律师,律师事务所的核心也是律师,律师事务所的业务活动主体仍然是律师。"人合组织"最大的特点是律师业务活动开展和律师事务所运作依靠的是律师本身所具备的法律知识和业务技能,因此律师事务所被赋予自主用人的广泛权利,依照国家有关规定,可以自主地录用、奖惩、辞退工作人员。律师事务所之间的竞争从某种意义上讲是人才的竞争,律师事务所可以根据本所的实际情况,制定一套人才使用、培训、奖惩制度,提高律师的办案能力和律师事务所的竞争能力。

律师事务所可以根据本所律师的特点,扬长避短地启用律师。例如,有的律师精于分析案件和提出解决方案,但不善言辞,可以作为非诉律师办案;有的律师善于表达和随机应变,可作为诉讼律师办案;有的律师既懂法律又有较高的外语水平,可以办理涉外案件。根据本所的薄弱环节和发展方向,律师事务所可以决定对本所律师进行多种形式的培训,有条件的律师事务所还可以选派律师到国外进修。为鼓励和激发律师的工作积极性,律师事务所可以通过奖勤罚懒,鼓励成绩突出的律师,刺激工作业绩较差的律师。

二、律师事务所的义务

律师事务所应当遵守法律、法规和规章,加强律师的职业道德教育和执业纪律监督。律师事务所应自觉接受司法行政机关和律师协会的管理和监督,提交相关报告、缴纳管理费和会费,并办理相关登记。

(一) 按时缴纳管理费、会费等各种费用和参加年检的义务

律师事务所每年应按时统一向主管司法行政机关上缴管理费,向律师协会缴纳会费。按照国家的法律法规和律师事务所的发展需要,律师事务所须按一定比例设立事业发展基金、执业风险基金、社会保险基金、培训基金和法律援助基金等,由律师事务所在每年年终,从事务所当年的纯收入中按一定比例提取,由财务人员按专项基金分项统一存入银行,各项基金之间不能互相拆借,也不能挪用。律师事务所必须严格遵守"统一收费、统一支出、统一管理"的规定,以保障律师各项权利的实现。

根据《律师事务所登记管理办法》的规定,律师事务所每年要接受司法行政机关的年检。年检的时间为每年的3月1日至5月31日,未年检的律师事务所不得继续执业。年检时,律师事务所应向住所地司法行政机关提交下列年检材料:(1)律师事务所年度执业情况报告,设有分支机构的,要反映分支机构的执业情况;(2)律师事务所执业证书(副本);(3)经审计机构审计的律师事务所年度财务报表;(4)律师事务所及律师的纳税凭证;(5)其他需要提交的材料。律师事务所必须按时参加年检,并且如实、确凿地反映情况,不得有任何隐瞒和弄虚作假。律师事务所住所所在地司法行政机关收到年检材料后应当进行审查,并将年检材料和签署意见送省、自治区、直辖市司法厅(局)。司法行政机关有权要求律师事务所提交材料,要求律师事务所负责人或有关人员说明情况,必要时也可以到律师事务所进行检查。

(二) 依法纳税的义务

纳税是我国法律规定的每个公民和营利性组织应当履行的一项法定义务。律师事务所作为提供法律服务的执业机构,是与当事人委托关系中的一方主体,依据律师法规定,其享有向委托人统一收费的权利,具有营利性质,因此必须承担纳税的义务。律师事务所必须按照税法的有关规定,及时主动地向税务机关缴纳税款。实行统一收案、收费和依法纳税制度是律师事务所加强对律师的管理,防止律师私自收费、超额收费的需要,也是促进国家税收管理和维护律师事务所声誉的需要。

(三) 不得进行不正当竞争的义务

《律师法》第26条规定:"律师事务所和律师不得以诋毁其他律师事务所、律师或者支付介绍费等不正当手段承揽业务。"律师的不正当竞争,不仅违反律师执业的基本原则,损害竞争对手的合法权益,而且会扰乱法律服务的正常秩序,危害律师业的健康发展,损害当事人的合法权益。根据司法部《关于反对律师行业不正当竞争行为的若干规定》,下列行为属于不正当竞争行为:(1)通过招聘启事、领导人提名或其他方式,对律师或律师事务所进行不符合实际的宣传;(2)在律师名片上印有律师经历、专业技术职务或其他头衔;(3)借助行政

机关或行业管理部门的权力,或通过与某机关、部门联合设立某种形式的机构而对某地区、某部门、某行业或某一种类的法律事务进行垄断;(4)故意诋毁其他律师或律师事务所声誉,争揽业务;(5)无正当理由,以在规定收费标准以下收费为条件吸引客户;(6)采用给予客户或介绍人提取案件介绍费或其他好处的方式承揽业务;(7)故意在当事人与其代理律师之间制造纠纷;(8)利用律师兼有的其他身份影响所承办业务的正常处理和审理。

律师和律师事务所在执业过程中必须遵循公正、平等、诚实、信用的原则,遵守律师职业道德和执业纪律,遵守律师行业公认的执业准则。律师和律师事务所应当相互监督,发现有不正当竞争行为的,应当向司法行政机关、律师协会反映,律师协会和律师惩戒机构应当对律师和律师事务所的不正当竞争行为予以处罚和惩戒。《律师法》第47条、50条的相关规定为有关机构对不正当竞争行为处罚和惩戒提供了法律依据。

第四节 律师事务所的设立与终止

一、律师事务所的设立

(一)设立的条件

根据《律师法》第14条规定,设立律师事务所必须具备下列条件:(1)有自己的名称、住所和章程;(2)有符合本法规定的律师;(3)设立人应当是具有一定的执业经历,且三年内未受过停止执业处罚的律师;(4)有符合国务院司法行政部门规定数额的资产。

根据《律师法》第17条规定,申请设立律师事务所,应当提交下列材料:(1)申请书;(2)律师事务所的名称、章程;(3)律师的名单、简历、身份证明、律师执业证书;(4)住所证明;(5)资产证明。

设立合伙律师事务所,还应当提交合伙协议。

(二)设立律师事务所的程序

(1)申请。申请设立律师事务所的,应当向设区的市级或者直辖市的区人民政府司法行政部门提出申请。

(2)受理。受理申请的部门应当自受理之日起20日内予以审查,并将审查意见和全部申请材料报送省、自治区、直辖市人民政府司法行政部门。

(3)决定。省、自治区、直辖市人民政府司法行政部门应当自收到报送材料之日起10日内予以审核,作出是否准予设立的决定。准予设立的,向申请人颁发律师事务所执业证书;不准予设立的,向申请人书面说明理由。

（三）律师事务所分所的设立

1. 设立条件和程序

我国《律师法》第19条规定："成立三年以上并具有二十名以上执业律师的合伙律师事务所，可以设立分所。设立分所，须经拟设立分所所在地的省、自治区、直辖市人民政府司法行政部门审核。申请设立分所的，依照本法第十八条规定的程序办理。"

律师事务所申请设立分所，应当向分所所在地（市、县）司法局提交下列文件：（1）申请书；（2）派驻分所的律师名单、简历、居民身份证及律师执业证的复印件；（3）律师事务所向分所负责人出具的授权委托书；（4）分所的执业场所证明和资金证明；（5）分所名称（应是本所名称后加分所所在地的地名，再加"分所"）、组织机构、业务范围和管理章程；（6）由律师事务所登记机关出具的律师事务所符合法律规定条件的证明材料；（7）律师事务所情况介绍。

接受申请的市、县司法局应当在30日内提出意见，并报送省、自治区、直辖市司法厅（局）审核。省、自治区、直辖市司法厅（局）应当在收到申请材料之日起30日内，作出准予登记或不予登记的决定，通知报送的司法局和提出申请的律师事务所，并抄送律师事务所住所地的省、自治区、直辖市司法厅（局）。律师事务所应当在收到准予登记通知之日起30日内，办理分所的开业登记。登记机关应当在7日内办理完毕，并颁发律师事务所分所执业证，同时将派驻分所律师的执业证书更换为分所住所地的律师执业证书。分所凭据律师事务所分所执业证刻制公章、开立银行账户、办理税务登记，依法开展业务活动。

2. 分所的监督

分所应当接受住所地司法行政机关的监督和指导。分所及其律师有违法违纪行为的，由分所住所地有处罚权的司法行政机关进行处罚，并向分所所属的律师事务所的登记机关通报。律师事务所登记机关可以根据律师事务所应负的责任对其予以相应的处罚。

3. 分所责任承担

《律师法》第19条第2款规定，合伙律师事务所对其分所的债务承担责任。

（四）个人律师事务所的设立

《律师法》第16条规定："设立个人律师事务所，除应当符合本法第十四条规定的条件外，设立人还应当是具有五年以上执业经历的律师。设立人对律师事务所的债务承担无限责任。"

二、律师事务所的终止

律师事务所终止的事由包括以下几种情况：（1）不能保持法定设立条件，经限期整改仍不符合条件的；（2）律师事务所违反法律、法规和律师工作的各项规章制度,情节严重的,由省、自治区、直辖市司法厅(局)律师惩戒委员会作出撤销律师事务所的处分决定;(3)自行决定解散的;(4)法律、行政法规规定应当终止的其他情形。律师事务所领取律师事务所执业许可证后,满6个月未开展业务活动或停止业务活动满1年的,视同停业。

第五节 律师事务所的管理

随着社会主义市场经济的逐步建立和完善,我国律师事务所的发展取得了丰硕成果,满足法律服务需要的律师及律师事务所的数量不断增加,同时律师事务所之间相互竞争也愈加激烈,生存和发展成为每个律师事务所不容回避的问题。律师事务所如何根据自身的特点,加强和健全内部的管理体制是关系律师事务所存亡的关键。我国律师事务所在不断发展的过程中,在建立、完善律师事务所的领导机构和工作制度方面积累了许多经验,形成了一些符合我国国情、富有成效的做法,但还存在一些差距,主要表现在缺乏自律性和规范性上。①

一、司法行政机关对律师事务所直接实施行政管理

《律师法》第4条规定:"司法行政部门依照本法对律师、律师事务所和律师协会进行监督、指导。"按照职责分工,国务院司法行政部门即司法部是主管全国律师工作的职能部门,县级以上地方各级人民政府司法行政部门是主管本行政区域的律师工作的职能部门,它们各自依照法律、法规、规章的规定以及职权分工,直接对律师事务所实施行政管理。例如,对律师事务所的设立进行审核登记,受理审核登记复议申请,办理变更、注销登记,对律师事务所进行年检,对律师事务所的违法违纪行为予以查处等。②

二、律师事务所的内部管理制度

律师开展业务是律师事务所的核心工作,所有的活动都必须围绕这个中心,因此律师事务所内部通过一套科学合理的业务管理制度,使各项工作能高质量、高效率地展开,是事务所生存和发展的关键。律师事务所的管理相对灵活,应当依法合理划分管理职责,建立健全日常管理制度,完善决策、执行和监督机构,保障律师事务所合法、有序运行。

律师事务所日常管理机构的职责是依照律师事务所章程及其内部管理制度,负责律师事务所的日常管理工作。合伙律师事务所的日常管理可以实行主

---

① 参见陈卫东主编:《中国律师学》,中国人民大学出版社2000年版,第159页。
② 参见同上。

任负责制,也可以设立管理委员会、管理部(室)等机构。国资律师事务所实行主任负责制。主任应当对设立该所的司法行政机关负责并报告工作。律师事务所主任应当将所内重大事务提交律师会议讨论。

律师事务所应当建立民主管理和监督机制。律师事务所内部管理机构在变更章程、制定内部管理制度、处理所内事务时,应当听取律师和其他工作人员的意见;并及时通报、披露必要的信息。律师事务所应当统一管理内部事务,不得对内设部(室)、分支机构及个人以收取固定费用的方式而放弃管理。

律师事务所决策机构的职责主要有以下几个方面:(1)制订律师事务所的发展规划;(2)修改章程和合伙协议;(3)撤销、纠正日常管理机构违法、不当的行为;(4)决定律师事务所的合并、分立、变更、解散和清算;(5)吸收和辞退合伙人、合作人,推选律师事务所主任;(6)决定律师事务所的分配、财务、业务等管理制度;(7)决定律师事务所的其他重大事务。

律师事务所的常规工作制度主要有:

1. 案件讨论制度

单个律师难以保证对所有业务的判断一概正确,因此律师事务所内部往往建立案件讨论制度。受理每件业务时,都必须由相关负责人主持讨论,研究是否受理、如何收费、采取怎样的办案思路等等。

2. 结案归档制度

严格的结案归档制度作为考核律师工作的一项指标,一方面可加强律师办案的责任心,避免虎头蛇尾;另一方面,在客户投诉时,可以有案可查。同时,在办理新案时,已归档案卷往往有很高的参考价值。

3. 特别重大案件向主管机关通报备案制度

对少数特别重大案件,应当向主管机关通报备案。例如,某国著名公司参与了一件诉讼,该国驻华领事旁听了诉讼。代理律师和客户共同认为法院审理中存在重大问题。当时正值两国领导即将举行高峰会谈,该客户声称,拟将本案报告其总统,请他在首脑会谈时就本案向我方提出问题。接受委托的律师事务所向司法部律师司呈送了备忘录,说明情况。而后此案件得到妥善处理。这样做,可以较好地维护当事人的合法权益,维护法律的正确实施。

4. 本所内案件通报制度

建立案件通报制度,可以避免发生重复代理问题,总结经验教训,在通报新受理的业务时,介绍共性业务问题。

5. 统一收费和合同管理制度

统一收费制度要求所有收费都必须由负责人主持与客户商定,写入合同。律师私自收费的,一经发现严肃处理。这样有利于保持律师队伍的纯洁,有利于维持与客户间的正常关系。

6. 投诉处理制度

认真对待客户投诉,属于律师工作确有问题的,区别情况采取向客户道歉、退费、更换承办律师直至解聘律师等办法。属于客户误解的,耐心作出明确解释。所有投诉,必须由负责人进行处理。情节严重的,还要由所务会研究处理。

7. 向客户报告工作制度

适时向客户报告工作,不仅可以使客户心中有数,促进律师抓紧工作,还便于事务所加强对律师工作的指导和监督。

8. 统一调配承办律师制度

在大型律师事务所中,律师人数很多。业务分配,必须视律师的特长、水准而定,否则,不能保证工作质量。所里分配业务时,根据业务性质、难易程度等选派合适的律师。律师自己找来的业务,所里也要考虑该律师能否胜任。如果认为该律师不能完全胜任,则另外指派适宜的律师与该律师共同办理。

9. 法律顾问统一管理制度

在常年法律顾问工作中,由一两个律师固定为一个顾问单位服务,固然有好处,但也存在一些弊病。一方面,律师流动性比较大,顾问单位有事找律师时,律师恰好出差的情况是常常发生的。另一方面,企业特别是大型企业,需要全方位的优质法律服务,而一两个律师很难适应企业的这种需要,因此需要建立法律顾问统一管理制度。

三、律师事务所的经费管理

律师事务所的经费管理有三种方式:统收统支;全额管理、差额补助;自收自支。随着律师体制改革的进行,统收统支的经费管理方式已经取消,正逐步实现自收自支的管理方式,即律师事务所经费同国家财政脱钩,实行独立核算,自负盈亏。在经费上没有条件实行自收自支的律师事务所,继续进行差额补助,对实行差额补助管理办法的律师事务所也要结合综合目标责任制,实行递减国家财政补贴、部分留成的办法,逐步实现自收自支。

第六节 各国及地区律师执业机构比较

一、律师执业形式起源与变革

西方律师制度起源于古罗马帝国,距今已有两千五百余年。律师业的发展一直遵循传统,律师执业形式基本以单独执业和合伙执业为主要形式。但到了20世纪70年代,随着全球经济一体化的快速推进,律师制度在欧美,尤其是在美国取得了巨大的发展,几千人的大型律师事务所开始崭露头角,执业机构组织形式开始变得丰富多彩,有单独执业、合伙、有限合伙、有限责任合伙、有限责任公司、有限责任有限合伙和专业公司等。

律师是在古罗马民间代理人基础上逐渐形成的。古罗马共和时期,法庭允许监护人、保护人以自己的名义代理他人进行诉讼。古罗马帝国初期,辩护人和代理人正式产生。一些熟悉法律、娴于辞令的演说家接受委托出庭辩护,代理诉讼。到公元5世纪末,要求充当辩护人的人必须在主要城市研习过法律,取得资格。这些人逐渐形成了一个行业,建立起辩护人团体。他们分属于各地区法庭,收取报酬,执行辩护职务,受执政官监督。这种叫做"阿多克梯斯"的辩护人制度,即为西方律师制度的雏形。

中世纪,欧洲律师制度的发展曾一度受到很大限制。由于纠问式诉讼以刑讯逼供为主要手段,使得律师失去了应有的作用。有的国家,如中古时期的法国,虽然保留了律师制度,却规定只有僧侣才能执行律师职务,且主要是在宗教法院执行律师职务。12世纪至13世纪,随着国王势力的强大和教会势力的减弱,僧侣参与世俗法院诉讼活动被禁止,律师制度才得以恢复和发展,各国相继成立了自己的律师组织。

几个世纪以来,世界各国的律师主要以单独执业和合伙执业为主要形式。早期美国律师的执业形式都是单独开业,19世纪后期,非诉讼法律业务的发展促进了律师的组合,一些大城市开始出现由数名甚至数十名律师共同开办的合伙律师事务所。

合伙作为律师事务所的组织形式,在英国习惯法上有其深远的历史根源。英国出庭律师的传统角色是客户的私人代理人。为确保当事人交锋之诉讼制度(the adversary system)的有效运行,出庭律师必须向法庭宣誓。宣誓内容包括职业操守、为客户追求利益最大化、不得与客户有任何利益冲突等。为了保持律师的独立性,传统上出庭律师只能单独执业,不得与他人合伙,而且必须遵循"出租车规则"。他们是客户的私人代理,其执业行为要向法庭和客户负责。律师作为私人代理人的观念随同英国习惯法移植到美国。但美国司法界在吸收了律师是客户私人代理,并就自己行为向客户负责等观念的同时,摒弃了律师只能作为单独个体执业的观念。19世纪末20世纪初,合伙模式通过法律条文或依据执业规则,被写入许多州的法律(法令或规则)。直到20世纪70年代,普通合伙一直是律师开业的基本组织形式。

70年代后期,律师执业的组织形式在西方,尤其是在美国有了突破性的发展。现今,美国律师事务所组织形式大体上可以分为七类:个人开业、普通合伙、普通公司、专业公司、有限合伙、有限责任公司和有限责任合伙。而普通合伙、有限合伙、有限责任公司和有限责任合伙在美国属于非公司型企业。近二十年来,美国法律服务市场正发生着惊人的变化,其中之一是律师事务所的超级发展。

1970年,美国谢尔曼·思特灵(Shearman & Sterling)律师事务所只有不超过100名律师,而到了2003年,已有988名律师,并成为美国第九大律师事务所,业务收入7.3亿美元。1980年,美国最大的250家律师事务所平均每家有律师95人,而到了2001年,增长到每家平均有律师417人,并且此种增长在大型律师事务所中幅度更大,全美20家最大的律师事务所平均拥有律师1220人,有12家律师事务所律师人数超过1000人。美国律师事务所的规模不断扩大,而且出现了许多跨州和跨国的"大所"。例如,美国的贝克·麦坚时(Baker & McKenzie,原名为贝克·麦肯思)律师事务所是目前世界上规模最大的律师事务所之一,共有律师四千多人,在世界各地建有74个分所。此种趋势从美国蔓延至英国,目前英国的高伟绅(Clifford Chance)律师事务所在全球有35个办事处,律师三千余人。

二、律师执业机构发展趋势

20世纪70年代,美国出现了有限责任公司(LLC)律师事务所,随后,又出现了有限责任合伙(LLP)律师事务所和有限责任有限合伙(LLLP)律师事务所。美国律师执业机构组织形式在短短的几十年中有如此快的发展,既有促其发展的客观因素,又有其自身内在的发展要求,以及深层次的文化背景。

(一)全球经济一体化

二战后,在科技革命的推动下,生产力飞速发展,全球经济活动活跃。跨国公司和跨国银行遍及世界,它们面向世界,推行全球发展战略。因特网及通讯技术的产业革命,更是缩短了世界的距离,使国际贸易和投资更为便捷。全球经济一体化已对各国的执业律师产生了较大影响。从传统意义上讲,律师都立足于特定的司法地域管辖范围,但全球化已不可避免地改变了律师的服务范围、服务结构、管理模式,进而是机构组织形式。目前,各国的律师事务所正在通过各种方式改变着,以迎接全球化所带来的挑战。可以说,全球经济一体化为各国律师提供了发展机遇。

(二)责任减轻

20世纪后期,在美国出现的一系列诉讼使传统合伙法的连带责任制度弊端充分暴露,于是,合伙制度的改革提上了议事日程。如合伙模式下的归罪原则实际上给大型律师事务所提出了难题。一方面,每个合伙人要对其他合伙人造成的后果担负无限连带责任,风险巨大,且不公平。无限连带责任限制了大型律师事务所的发展,捆住了它们的手脚。因为,大型律师事务所的合伙人人数众多,少则几十人,多则上百人,而且分布世界各地,每个合伙人对事务所所有活动(经营管理行为)不可能都做到心中有数,但他们却要承担无限连带责任。此种状况不利于事务所的发展壮大。另一方面,合伙模式赋予所有合伙人共同管理的权利,这种充分的民主往往是低效率的,合伙制的经营管理体系对大型律师事务所并不合适。为解决难题,促进发展,许多州开始许可律师事务所采用新的组织形式,如专业公司、有限责任合伙、有限责任公司等,其目的旨在限定那些没有失职行为合伙人的责任,即承担有限责任。同时,部分律师事务所内部开始重组合伙结构,实行多层次的、合伙人地位有差异的合伙关系。实行更加集中的管理体系,决策权属于管理合伙人,即事务所的领导层——执行委员会,而合伙人本身则保留了相对较少的决策权。

让"专业人士"承担有限责任,已成为美国律师业发展壮大迈向全球化的客观需要。如90年代出现的有限责任合伙制,就是传统合伙与公司各自优点的结合,其意义在于合理限制专业人士法律责任。近年来,有限责任合伙的组织形式越来越受到律师、会计师、医师等合伙企业组织的青睐。法律服务市场的竞争日趋激烈,降低成本,减轻责任,已成为律师事务所发展的必然需要,也是律师事务所发展的必然趋势。

(三)法律商业化

16世纪以来,律师界一直以正义的化身自居,律师以实现社会正义为其使命,以为公众服务为其神圣职责。律师行业极力扩大并宣传他们与其他行业的区别,强调律师所具有的内在专业品质,以此来捍卫自己高尚的地位。他们宣扬"不喜欢竞争,不为自己做广告,不通过工作牟利"。律师对工作动机抱有高傲的信念:工作并非为了获得报酬,获得报酬是为了继续工作。几个世纪以来,律师通过创造特有的行规,保护自己不参与市场竞争;制定严厉的职业道德和行为准则,要求从业人员严格遵守。随着行业规范的发展,律师行业协会越来越多地致力于如何保持律师业在公众心目中的形象和尊严。律师也一直以其非商业化而自诩。为了提高作为"专业人士"律师的社会地位,美国各州律师协会均颁布了详尽的行业规则,禁止律师参与其他商业机构所司空见惯的各种商业行为。美国《律师协会专业人士职业规范》第5.4条包括了以下禁止内容:禁止律师与非律师人员共用办案费;禁止律师与非律师人员合伙开设律师事务所;禁止律师与任何非律师人员有利益关系,或身居主任、执行官等要职,或有权干涉与左右律师断案的单位执业。但到了20世纪70年代,美国联邦最高法院作出的三起判决打破了律师行业高尚的、非商业化的形象,从此,律师执业进入了商业化阶段,律师业进入了高速发展的新时代。

1975年,在"古德法布诉弗吉尼亚州律师协会"(Goldfarb v. Virginia State Bar)案中,美国联邦最高法院以违反反垄断法为由,禁止各州律师协会制定最低价格标准。根据该案的最终判决:州律师协会强制执行律师最低收费制度,即律师在为房地产买卖而查验房产登记档案的工作中设立最低收费标准的行为违反了反垄断法,当事人有权索赔。在联邦最高法院看来,这和其他形式的固定价格垄断没什么区别。尽管一些辩解似乎很能站得住脚,如要是没有最低收费制度,律师之间将会肆无忌惮地展开不正当竞争,而降低成本、争取客户是以低劣的服务质量为代价的。但是,美国最高法院一眼看穿了其中的弊端,丝毫不为所动。

1977 年,在"贝茨诉亚利桑那州律师协会"(Bates v. State Bar of Arizona)案中,联邦最高法院延续了其对美国宪法第 1 条修正案保护"商业言论"自由权利的扩大解释,裁决大多数州禁止律师做广告的规定违宪。最高法院认为,没有夸大言辞的广告可以使消费者获取有关法律服务的准确信息,这与宪法第 1 条修正案所主要保护的政治性言论等自由没什么不同,都是源于宪法的基本权利。最高法院以"律师并不天然具有高人一等的品位"等为由,判决允许律师做营业广告。在法律服务市场中,广告加剧了中等收入律师之间的竞争,但也促成了一些没有广告就不可能出现的法律服务新方式。此次判决首次打破了许多州律师协会在广告和拉拢客户方面的传统行业规则。法律服务领域的营销应运而生,律师的商业化倾向日趋强烈。

1990 年,在"皮尔诉伊利诺伊州律师登记和纪律委员会"(Peel v. Attorney Registration and Disciplinary Comm. of Illinois)案中,联邦最高法院裁决:根据美国宪法第 1 条修正案对言论自由的保护,伊利诺伊州无权禁止律师在广告中根据实际情况宣称自己已经被"全国诉讼辩护委员会"(National Board of Trial Advocates,一家为诉讼律师制定颁布统一标准的私人性组织)证明为法庭诉讼方面的专家。该案成了律师专业化分工的催化剂。1991 年,共有 25 个州在多达 25 个执业领域内为律师专业化执业实施了专业证明书制度。在此之前,除了商标法、专利法和海事法领域,各州都禁止律师公开宣称自己是某一特定领域的专家。

上述三个案件,标志着美国联邦最高法院对法律商业主义一定程度的承认。法律商业化使律师事务所规模迅速壮大,在短短二十年间,出现了"航母型"的超大律师事务所。由于律师事务所的迅速发展,竞争日趋激烈,也使得事务所对律师业务"商业化"更加重视。到 20 世纪 90 年代,美国执业律师已超过百万,这种惊人的发展无疑迫使许多事务所对其管理体系进行改造,以便重新整合它们的资源,推销它们的服务,更有效地建立和维护与客户的关系。这些使得原本对商业化执业嗤之以鼻的律师执业变得更商业化了。

例如,2011—2012 财年,英国高伟绅律师事务所业务收入为 13.03 亿英镑。与大多数顶级律师事务所一样,它有着双重身份,既是提供专业服务的事务所,又是一家全球性的企业。事务所希望律师,特别是合伙人,既是能干的律师,又是国际商务人才。

商业化使美国律师业毁誉参半。一方面,商业化令美国律师业得以飞速发展,大型国际律师事务所不断诞生。另一方面,商业化也使美国律师的形象毁于一旦。在讨价还价中律师丧失其神秘感,在法律服务的商品化过程中降低了品位——从"贵族"沦为商人,从而对法治秩序的权威形成负面影响。以财产多寡来评价成功与否的职业文化,使得律师事务所把重点放在如何维持和扩大其规模、使合伙人获得更多的报酬上,并将之作为是否成功的标志。逐利的心理,使得律师拼命地工作,并使得法律服务市场竞争白热化。放任律师的逐利诉求,也使得律师把自己定位为"商人",而非职业主义背景下"公共事业的奉献者"。它助长了律师为了追逐客户私利而肆意牺牲公共利益或者第三方利益的职业风气。在这种风气下,追逐救护车式的引人反感的广告模式、将大半赔偿金捞到自己腰包的风险代理模式,使得职业伦理规范在市场规律面前苍白无力,律师在公众面前的形象更是一落千丈。

(四) 美国式价值观

从 20 世纪下半叶开始,特别是 80 年代以后,与以跨国公司为主要推动力的经济全球化相呼应,资本主义在文化上的扩张主要依靠消费主义文化意识形态的渗透。以美国为首的西方国家利用经济全球化的趋势及其在全球化中的主导作用,通过经济活动(如贸易往来、投资),利用信息技术和互联网等多种方式加大西方文化的输出力度,并由经济领域逐步进入思想领域,进行全面渗透,试图实现西方文化一统天下的文化全球化。自 20 世纪 90 年代起,美国文化随着经济的全球化,形成了一股强大的"美国式"力量,向世界各国辐射。美国文化已经成为不折不扣的"强势文化",对其他国家进行着近乎"单边"的输出。输出、占领、掠夺是美国式价值观中的一部分。美国的扩张天性与生俱来。美国是自由贸易的倡导者和推行者,在法律服务贸易领域,美国律师到世界各地设立分支机构,在提供服务的同时传播美国式的文化和价值观。可以说,美国的文化和价值观随着全球经济的一体化推向了世界。法律服务的输出起源于美国及英国的大型国际化律师事务所。如美国的贝克·麦坚时在全球设有 74 家分所,英国的高伟绅有 35 家分所。与此相反,受其影响的国家大都是在服务贸易总协议制度下的亚洲各国。日本安德森·毛利律师事务所律师川村明指出:所谓法律服务业的贸易自由,是指允许这两大国将世界大规模法律事务及司法业务贯穿并支配至 160 个世界贸易组织会员国。

美国是国际贸易中的最大获益者之一。根据世贸组织的报告,2001 年,美国是世界上最大的服务出口国,同时也是世界上最大的服务贸易盈余国。美国为把法律服务推向全球,必然要组建大型国际律师事务所,而律师执业机构的组织形式要符合此需要,就必然要跳出传统的模式,改革、创新、探索诸如有限责任合伙、有限责任公司及有限责任有限合伙等新兴的执业机构组织形式。

三、大型国际律师事务所

有了全球经济一体化的外部条件和美国式扩张的内在动力,加之美国政府对输出法律服务的鼎力支持,通过创新组织形式,降低成本,减轻责任,大型国际律师事务所在国际竞争中一直处于领先地位,立于不败之地。在近十年中,英美律师事务所通过合并、建立律师事务所联盟、成立跨行业联合律师事务所等途径迅速推向全球。

(一)合并

全球经济一体化推动着英美律师事务所紧随着跨国公司的步伐,加快了迈向全球化的征程,冀希可以为其跨国客户提供一站式的法律咨询服务,以在激烈的竞争中立于不败之地。为适应新形势,它们需要寻找一种方式将法律服务的范围从一个司法区域快速扩展到另一区域。然而,在海外通过直接投资和设立合资机构等方式,不仅进程缓慢,且需要投入大量的资金和时间,这不符合英美国家的利益。因此,跨地区的合并和并购就被它们视为一种可以短期在一个新的司法区域建立网络、统筹业务的快捷途径之一。

日本安德森·毛利律师事务所律师川村明在2002年中国WTO论坛上指出:由于欧盟引进了法律服务国际贸易自由化,近两年来德国律师界也面临激烈的改变。例如,在一年之内,德国的十大事务所中有八家被英美的大规模法律事务所或全球性的会计事务所合并或收编旗下。这是一种急速的、令人吃惊的根本性改变。

在欧美国家,律师事务所间合并与并购比比皆是。美国众达(Jones Day)律师事务所英国分支机构与伦敦著名国际律师行Gouldens于2003年2月合并为Jones Day Gouldens;2004年1月,众达宣布和纽约著名知识产权律师行Pennie & Edmonds正式合并,此举大大增强了该所在化工、生物科技与医药领域的业务实力,众达律师事务所一跃成为全球最大律师事务所之一。目前该所有两千四百多名律师,在全球有38家分支机构。

英国高伟绅律师事务所是一家国际性律师行,1987年与伦敦一家事务所合并,使其迅速成为欧洲领先的事务所。2000年1月,该所与美国罗杰斯(Rogers & Wells)以及德国潘德(Punder Volhard Weber & Axster)律师事务所合并,合并时高伟绅在全球有2050位律师,罗杰斯有400位,潘德有185位(为德国第四大律师事务所),合并后有670位合伙人,在全球有7500名员工。2003年3月,高伟绅律师事务所成为全球最大规模的事务所,在全世界32个重要的金融中心都设有办事处,包括香港、法兰克福、杜索多夫、伦敦、巴黎、布鲁塞尔、莫斯科、纽约、华盛顿特区、新加坡、东京等。如今,其主要业务集中在商业和金融法(Business and Finance Law),可以提供全球的全面商业法律服务。

（二）律师联盟

律师事务所在全球范围内成立联盟是短期内在一个新的司法区域建立网络、统筹业务的另一个快捷有效途径。成立或加入跨地域的律师事务所联营组织，作为联营组织的一个成员，成员所既可以保持其独立性，又可以分享联营组织的资源以及不同司法区域成员所的业务介绍。对中小律师事务所而言，加入律师联盟成为它们跨入全球经济一体化的捷径，也使得它们分享了经济快速发展的成果。通过这一方式，成员所既可以保持与客户的紧密联系，又不必在不同的区域设立办事处。

莱克斯·盟带（Lex Mundi）是一个全球性独立律师事务所组织，是全球最大的律师事务所联盟之一。该联盟成立于1989年，由一百六十余家成员所组成，其成员遍布全球一百多个国家和地区，联盟有律师约一万五千人。莱克斯·盟带在美国的各州和其他各个国家或地区通常只选择一家当地声誉良好的律师事务所作为成员，如在我国的成员是北京君合律师事务所。该联盟旨在为当地和全球法律实践与发展提供交流，促进成员事务所之间的沟通，提高成员事务所服务客户的能力。莱克斯·盟带的成员各自完全独立，在经营、管理上没有任何联系，彼此独立运作，不共同拥有任何财产，相互之间没有任何连带责任关系。

（三）跨行业的联合

跨行业的联合是指包括律师、会计师、建筑师等广义上的自由职业间的共同经营。近年来，由于服务市场对服务要求的进一步提高，成立提供一揽子综合法律经济服务的事务所成为可能。

德国《联邦律师条例》第59a条中规定了职业上的合作，第1款规定：律师可以与律师公会和专利律师公会的成员，与税务咨询人、税务代理人、审计师以及经宣誓的会计师，为共同行使其职业之目的，在其本身的职业权限范围之内，以合伙事务所的方式联合起来。

如1987年成立于慕尼黑的德国法合联合律师事务所，就是一家由律师、会计师、税务顾问组成的综合律师事务所，为德国最大的联合事务所之一，有律师及专业人员一千余名。为提高会计、管理咨询的业务质量，该所的合伙人与其他会计师、税务师组建了法合管理咨询有限公司，加入了RSM国际（由各个独立的会计事务公司组成的联合机构）网络，与六十多个国家的会计师事务所有业务联系。

提供会计师和律师一站式专业服务的尝试是由安达信（Arthur Andersen）所积极倡导的。安达信曾带头进军法律服务领域，在全球建立了一个由大约三千名律师组成的网络。但在安然瓦解后（2001年12月2日，安然公司申请破产保护，六百多亿美元的股票市值瞬间蒸发，其审计师安达信公司随之陷入困境），此种尝试在英美被中止了。2002年7月，美国政府颁布了《萨班斯—奥克斯利法案》(Sarbanes-Oxley Act),该法案对会计师事务所向审计客户提供法律咨询等非审计服务设置了严格的限制,但律师和会计师之间的联系并没有因此而消失。

四、日本律师执业机构

日本律师业高度自治,政府对法律服务的保护力度较强,法律服务市场开放较缓慢,律师业务大多限于本土,律师事务所规模普遍偏小。因此,日本至今没有像美国那样有大型律师事务所。日本律师事务所的组织形式一是个人开业,在律师事务所中占绝大多数。二是合伙制律师事务所。西村律师事务所、森·滨田松本律师事务所和TMI律师事务所,都是合伙制律师事务所,都有一百多名律师。日本的合伙制律师事务所的合伙人数量很少,一般在10人以下。三是近两年来出现的公司制律师事务所,目前有30个法人化的律师事务所。

为使律师业的发展跟上国际潮流,2001年日本对《律师法》作了修改,正式允许执业律师可以组成具有法人性质的律师事务所,称"律师法人"。它是对外由全部成员或部分成员承担民事责任的一种组织形式,不是公司。近年来,一些日本律师事务所进行了改制或合并,设立了律师法人(法人制律师企业组织)。如日本律师法人加施德律师事务所,2002年8月与合伙人瓜生健太郎合并后设立。管野庄一律师事务所1987年4月在东京成立,2004年4月1日,与合伙人岛田久夫共同经营,在《律师法》修改后,将机构组织形式改为律师法人,更名为"律师法人管野庄一律师事务所"。

五、韩国律师执业机构

韩国的法律服务市场情况与日本相似。欧盟驻韩商工会议发表的《2004韩国贸易壁垒报告》,要求韩国在法律服务等17个领域对其现有贸易壁垒作出改善,并指出韩国若想成为东北亚枢纽国家,则必须先依照OECD标准和国际通行的原则构建开放的市场体系。面对巨大的压力和相关利益集团的强烈反对,法律服务方面将允许外国法人在国内设立代表事务所(法律服务市场于2006年开放),以及外国律师在韩国未取得资格的情况下,可针对出生地的法律或国际公法在韩国从事咨询服务。

根据韩国现行《辩护士法》,韩国辩护士组织形式有如下几种:一是法律事务所,由一名辩护士或两名以上辩护士组成,适用民法中合伙的规定,承担无限责任。二是法务法人,由五名以上辩护士组成,适用商法中的合伙公司(类似于我国的合伙)的规定。组成人员的辩护士要承担无限责任,如韩国太平洋律师事务所。2004年12月29日,韩国国会通过了《辩护士法》修正案,并于2005年7月施行该修正案。根据该修正案,韩国的辩护士组织形式增加了两种:一是法务法人(有限),由十名以上辩护士组成,为适用商法中有限公司规定的公司制组织。承办辩护士、负责辩护士、组成人员辩护士承担无限责任,其他组成人员辩护士按出资额承担有限责任。二是法务组合,由十名以上辩护士组成,为适用民法中合伙规定的合伙组织。承办辩护士、负责辩护士、组成人员辩护士承担无限责任,其他组成人员辩护士按比例承担责任。

六、法国律师执业机构

法国律师事务所的组织形式有三种:独立执业、合伙和专业公司(一种非商业性质的公司)。在全球化和欧洲一体化进程中,法国律师业受到了英美法律服务大国的冲击。为适应新形势,提高法国律师的竞争力,20世纪90年代新修订的法律在以下几方面突破了传统:(1)设立有限责任公司制律师事务所。公司制的律师事务所其实只是采取一种公司制的形式而已,并不完全等同于一般意义上的公司,是专门适应一些专业人士组建的有限责任公司。(2)允许律师受薪。在传统观念中,律师受薪有违法国律师职业道德的"独立"信条。法国律师职业道德第一信条便是:律师应当自重、自律、诚实、仁爱、信实、忠诚、独立。(3)允许律师之外的其他专业人士投资于公司制律师事务所,并且规定外来投资比例不得超过25%。

七、德国律师执业机构

德国《联邦律师条例》第二章规定了律师公司。第59c条规定:已在法律事务中提供咨询和代理为经营对象的有限责任公司,可以作为律师公司获得许可。律师公司股东只能由律师和税务咨询人、税务代理人、审计师和经宣誓的会计师组成。1994年,德国颁布了《自由职业者合伙法》,该法中的合伙已不是传统意义上的合伙。按照德国的法律传统,自由职业不属于商营业,故其组织形式不得采纳无限公司、两合公司、有限责任公司和股份公司的法律形态,而只能组成民法上的合伙。但民法上的合伙规则已不适应现代社会中自由执业(包括律师等)参与法律交往的客观需要。因此,《自由职业者合伙法》允许自由职业者设立不同于民法上合伙的特殊合伙——即一种合伙企业,并赋予了合伙企业法律上更大的独立性,虽然它不是法人,但已相当接近于法人。

八、美国律师执业机构

1977年,美国怀俄明州颁布了美国第一个《有限责任公司法》,许可一个或一个以上的人(包括法人)设立有限责任公司,从而在美国企业组织法律制度中增加了一个新的概念——有限责任公司(LLC)。

1991年,得克萨斯州颁布了美国第一个《有限责任合伙法》,传统公司、合伙形式之间的差别不再被视为不可逾越的鸿沟。这无疑是对专业人士莫大的安慰。它规定:"一个专业合伙中的合伙人对另一个合伙人、雇员或合伙代表在提供专业服务时的错误、不作为、疏忽、缺乏能力的或者渎职的行为,除其在合伙中的利益外,不承担个人责任。"普通专业合伙组织只要通过简单的注册程序就可以转化为有限责任合伙,从而免除合伙人对其他合伙人的侵权行为的连带责任。

继得州之后,美国各州出现了制定此项法律的热潮。有限责任合伙的规则也逐步完善起来,责任保护的范围从侵权责任扩展到合同责任,有些州甚至扩大到合伙一切的直接或间接债务;保护债权人的必要措施也建立起来了,从强制保险、设立赔偿基金到限制分配,要求合伙人对自己的不当执业行为承担直接的个人责任等,力图在保护合伙人的同时为债权人建立必要的替代赔偿资源。1996年,为了协调、统一各州有限责任合伙的规则,美国统一州法委员会对1994年刚颁布的《统一合伙法》进行了修改,增加了"有限责任合伙"和"非本州有限责任合伙"的条款,从而将有限责任合伙正式纳入合伙法的框架下。一种新的、为专业人士所认同的企业组织形态——有限责任合伙(LLP),在美国的商业组织法中牢牢地扎下了根。

截至2002年,美国六万五千多家律师执业机构的组织形式仍是以职业公司和合伙为主,但近十年有一种趋势,即规模越大的律师事务所采用有限责任合伙的越来越多。美国《国家律师杂志》2003年全美最大50家律师事务所排名,有43家为有限责任合伙,占86%;在近750家合伙人超过50人的律师事务所,大多采用有限责任合伙。在得克萨斯州,全部律师事务所均采用有限责任合伙制。有资料显示,在有限责任合伙制产生的短短十余年中,有限责任合伙越来越受到青睐,许多百年大所由合伙改制为有限责任合伙,如美国世达(Skadden, Arps, Slate, Meagher & Flom)律师事务所、美国伟凯(White & Case)律师事务所、美国瑞生(Latham & Watkins)律师事务所、美国谢尔曼·思特灵律师事务所、美国盛德(Sidley Austin Brown & Wood)律师事务所等。

美国凯威莱德(Cadwalader, Wickersham & Taft LLP)律师事务所,是美国最古老的律师事务所,1792年在纽约市区成立,于2003年3月按照纽约州法律改制为有限责任合伙,有一百多名合伙人,四百多名律师。杜威律师事务所于1909年在纽约市设立,1998年1月根据纽约州法律改制为有限责任合伙,目前有548位律师,其中合伙人151位。美国德普律师事务所1931年成立,于2004年1月根据纽约州法律改制为有限责任合伙。

九、英国律师执业机构

1997年2月,英国政府公布了名为《有限责任合伙:面向专业人士的新的组织形式》的咨询文件,提出了有限责任合伙的立法草案。咨询文件指出:引进有限责任合伙这种新的组织形式的基本目的,是在英国"建立有竞争力的、反映实际需要的商业活动的基本法律框架,提高英国专业人士的竞争力"。英国在2000年7月颁布了《有限责任合伙法》,将有限责任合伙视为一种崭新的企业组织形式,其法律地位是一个独立的法人,与公司类似。目前,英国有两百多家有限责任合伙制律师事务所。

十、我国香港特别行政区律师执业机构

我国香港地区律师制度建立于1841年,沿袭的是英国律师制度。香港的事务律师还可以根据情况,与在香港注册的外国律师行共同组建联营组织(association)。1997年6月,香港特别行政区为适应经济发展的需要,提高律师的竞争力,修订了《法律执业者条例》,准许律师成立公司,以法人方式执业。根据法律规定,法人公司是一个独立的法定实体。

第六章 律师管理体制

第一节 律师管理体制概述

一、律师管理体制概述

律师管理是指有关机构和组织依据有关律师法律规范或者根据律师行业自治规范,对律师的执业资格、执业行为、违规行为的惩戒等执业事务进行规范,以确保律师执业行为符合法律规定,契合行业规范。①

(一)律师管理的分类

从管理机构的角度,律师管理可分为内部管理与外部管理。其中律师事务所作为律师的执业机构也负有一定的自我管理的职能,由律师事务所进行的自律性管理称为内部管理。与之相对应,由律师协会或者司法行政机关对律师进行的他律性管理称为外部管理。本章所指的"律师管理"主要是指律师的外部管理,即行业管理与行政管理。② 律师管理体制是国家对律师及律师工作实施领导、监督、指导的工作体系、职责划分、运行机制的制度总称。律师管理体制是我国律师制度的重要组成部分,也是律师制度得以实施的保障和组织基础。

(二)律师管理体制的特征

律师管理体制的特征主要有:第一,律师管理体制直接反映统治阶级对律师业的发展及其服务的要求,体现了明显的国家意志;第二,律师管理体制适应社会经济、文化的发展,特别是适应法治建设的发展需要适时进行调整,不是一成不变的;第三,律师管理体制的设计立足于律师业的发展水平,并充分保障和促进律师业的健康发展。

(三)律师管理体制所涉内容

律师管理的主要内容涉及律师执业事务中的方方面面,概括起来大致包括:(1)律师惩戒;(2)律师资格的授予(包括资格考核、执业资格的颁发等内容);(3)律师管理规范的制定;(4)律师事务所的设立与审核;(5)律师执业争议的调解、处理;(6)法律援助事务、收费事务等其他律师执业相关事务的管理。③

---

① 参见石峰主编:《律师法学》,上海大学出版社2007年版,第145页。
② 同上书,第146页。
③ 同上。

（四）律师管理体制中的管理机构

从律师管理的体制看，负责律师管理的有关机构和组织，在各国的律师管理体制中主要是司法行政机关或者法院与作为律师自治组织的律师协会两类机构。由于各国法律文化、历史传统与律师业发展状况等方面的差异，两种机构之间在管理权限的划分、管理中所处的地位上存在着许多不同之处。

根据倾向于自治管理还是国家管理，可以进一步区分为以自治管理为主，以国家管理为辅，与以国家管理为主，以自治管理为辅两种模式。美国的律师管理制度是第一种管理模式的典型代表，而主要体现第二种模式的国家是德国。目前，我国的律师管理体制是实行以司法行政机关的行政管理与律师协会行业管理相结合的管理体制，即实行"两结合"的管理体制。

二、我国律师管理体制的发展历程①

新中国律师管理体制的发展经历了一个由单一的司法行政管理到司法行政管理与律师协会自治管理相结合的发展过程。新中国成立后首先废除了旧中国的旧律师制度，解散了旧律师组织。自1954年《宪法》规定了被告人辩护权后，全国各地开始逐步建立新中国自己的律师制度。我国律师管理体制自新中国律师制度设立以来，大体经历了三种形态。

1. 单一的行政管理体制

主要是在新中国成立初期和律师制度恢复之初。1950年12月，中央人民政府司法部发出了《关于取缔黑律师及诉棍事件的通报》，宣布取缔旧中国的律师制度。1954年7月，司法部又发出《关于试验法院组织制度中几个问题的通知》，指定北京、上海、天津、重庆、武汉、沈阳等大城市率先进行法律顾问处试点。这一时期的法律顾问处都在大中城市设立，隶属于律师协会管理，律师协会设在司法行政机关内，同时设全国性律师协会，律师是国家干部。这种管理体制从形式上看，虽然律师协会直接管理律师，但不是带有自律性的行业管理，而是行政的管理。1979年《刑事诉讼法》颁布，对辩护列出专章规定，为律师制度的恢复提供了法律依据。1980年《律师暂行条例》规定，律师的执业机构是法律顾问处，法律顾问处受司法行政机关组织和领导，法律顾问处按行政区划设立，为国家事业单位，律师为国家法律工作者。《律师暂行条例》也对律师协会作了专门规定，第一次从法律上确立了律师协会作为律师行业性组织的地位、组织机构和作用，不再沿用新中国成立初期律师协会隶属于司法行政机关的做法。但由于当时律师制度处于恢复重建时期，全国律师数量不多，普遍建立律师协会的

---

① 参见王晓峰：《当前我国的律师管理体制》，载http://www.lawyer-home.com/ls/sybc/look5.asp?id=5，2013年5月1日访问。

条件尚不成熟,已经建立的律师协会多是设在司法行政机关的律师管理部门内,与律师管理部门"一套人马、两块牌子",律师协会的领导大多由司法行政机关的领导兼任,不能独立发挥行业管理职能。这种体制大约延续到20世纪80年代中期。

2. 司法行政为主导,律师协会为辅的律师管理体制

到20世纪80年代中期,律师制度恢复重建工作基本完成,全国县一级行政区域普遍建立了法律顾问处(后更名为律师事务所),律师队伍有了空前的发展。1986年7月,第一届全国律师代表大会在北京召开,正式成立了中华全国律师协会,通过了《中华全国律师协会章程》,确立了律师协会具有律师业务指导、工作经验交流、维护律师合法权益等九项职能,成为律师协会参与律师行业管理的重要里程碑。自此,律师管理体制在《律师暂行条例》确立的单一行政管理格局的基础上又增加了律师协会行业管理的份额。但这个时期,律师资格考试与授予、律师执业证的颁发、律师事务所的审批、律师发展政策的制定等管理工作中实质性内容仍保留在司法行政机关,律师协会的主要领导也由司法行政机关的领导兼任。律师协会在律师管理体制中仍处于从属的地位,行业管理的职能并不明显。

3. 司法行政机关监督、指导下的"两结合"管理体制

1986年到1993年期间,各地律师协会有了很大发展,内部建设力度加大,在律师管理活动中更积极、更主动,行业管理的作用日益显现。在邓小平同志南方谈话掀起的新一轮改革热潮推动下,1993年12月国务院办公厅批转了司法部《关于深化律师工作改革的方案》。该方案就律师管理体制作了如下表述:"从我国国情和律师工作的实际出发,建立司法行政机关的行政管理与律师协会行业管理相结合的管理体制。经过一个时期的实践后,逐步向司法机关宏观管理下的律师协会行业管理过渡。"以此,对司法行政机关和律师协会的职能作了划分。这个方案首次提出"律师协会应由执业律师组成,领导成员由执业律师中选举产生。"1995年7月,在第三次全国律师代表大会上,司法部对全国律师协会进行了重大改革,按照该方案的规定,全体理事、常务理事、会长、副会长均由执业律师担任,司法行政机关的负责同志不再兼任职务。律师协会机关作为全国律师协会的办事机构实行秘书长负责制。律师协会履行行业管理职能实现了由理论向实践的跨越。1996年《律师法》进一步明确了司法行政机关"对律师、律师事务所和律师协会进行监督、指导"和"律师协会是社会团体法人,是律师的自律性组织"这样一个职能格局,简称"两结合"。应当说,这个模式自从提出后一直在探索中,传统的行政管理为主的主张和理想中的行业管理的主张也一直在争论中,各地的做法因此不尽一致。2003年9月,司法部律师公证工作指导司司长赵大程(现任司法部副部长)在全国律师管理处长培训班上就这个

问题传达了司法部的态度,指出:"我国的律师管理体制就是'两结合'的体制",从而结束了向"行业管理"过渡的提法。

第二节 司法行政机关对律师的管理

一、司法行政机关是政府管理律师行业的职能部门

《律师法》第 4 条规定:"国务院司法行政部门依照本法对律师、律师事务所和律师协会进行监督、指导"。国务院 1998 年 6 月批准的《司法部职能配置、内设机构和人员编制规定》中"主要职责"第 5 项规定:"指导监督律师、法律顾问、法律援助工作和公证机构及公证业务活动。负责委托香港特别行政区和澳门地区公证律师办理公证事务。"司法行政机关是国务院及地方各级政府管理律师行业的职能部门。司法行政机关的管理是代表国家对律师行业实施的管理,是律师管理构架的核心,是依法授权的管理,其性质属公权力。

二、司法行政机关管理律师行业的组织架构

我国司法行政机关管理律师的组织是四级架构。即中央、省、市、县四级政府中设立的司法行政部门,中央一级为司法部,其职能部门是律师公证工作指导司;省、自治区、直辖市一级为司法厅(局),其职能部门是律师管理处或律师工作管理处(少数地方为律师公证管理处);市、地、州一级为司法局,其职能部门是律师管理科(处);县、市、区一级为司法局,其职能部门有的设立独立的管理科室,有的合并设立,有的没有具体的管理部门。目前,乡镇一级虽设立司法所,但不承担律师管理的职能。

三、司法行政机关管理律师的职能

自 1993 年 12 月国务院办公厅批转司法部《关于深化律师工作改革的方案》以来,司法行政机关管理律师的职能便逐步从微观向宏观转变,律师管理部门同律师协会之间的职能多次进行微调,几乎每次全国司法厅(局)长会议的领导讲话中都有关于律师管理职能调整的内容。

1996 年《律师法》规定,司法行政机关除对律师、律师事务所、律师协会进行监督、指导外,还行使以下职权:组织律师资格统一考试,审核授予律师资格证书、律师执业证书、律师事务所执业许可证书,批准设立分所,组织开展法律援助,对律师违反职业道德、执业纪律行为进行监管和处罚。

2002 年 1 月,司法部《关于召开第五次全国律师代表大会的通知》对司法行政机关管理职能作了四条界定:一是制定律师行业的宏观发展政策,通过制定规

章、规范性文件,指导、推动律师行业健康发展;二是实施资质管理,通过行使资格授予、批所颁证、吊销执业证书职能,对律师行业进行调控;三是对法律服务市场进行监管和对律师协会进行监督、指导;四是协调有关部门,制定配套政策,协调、改善律师执业环境。后来被归纳为"市场规则、市场准入、市场监管、市场环境"四项职责。尽管之后又有一些变化,但目前这个格局并没有改变。

四、司法行政机关对律师管理的具体体现

1. 制定律师工作的相关法律草案、法规草案和规章制度

《律师法》第59条规定:"律师收费办法,由国务院价格主管部门会同国务院司法行政部门制定。"司法行政机关通过制定法律草案、法规草案和规章制度对律师进行宏观的指导,约束律师的工作,能够在一定程度上为律师提供良好的职业环境,有利于律师的发展。

2. 律师资格的考试与授予

国家司法考试由司法部国家司法考试司主办,每年举行一次,通过的人员可按规定申领法律职业资格证书。有了资格证书的人员通过一年的律师事务所实习,可以申请律师执业证书。国家统一司法考试制度作为法律职业的统一准入制度,有利于共同提高包括法官、检察官和律师在内的法律职业人员的专业素质和标准,为建设高素质的司法队伍和律师队伍提供了重要的制度保障。

3. 律师工作机构的设置、变更与撤销

司法行政机关对律师工作机构的宏观管理和指导有利于规范律师业的市场范围,抑制律师业在市场经济中的盲目发展。

4. 对律师协会的监督和指导

《律师法》第4条规定:"司法行政部门依照本法对律师、律师事务所和律师协会进行监督、指导。"第44条规定:"全国律师协会章程由全国会员代表大会制定,报国务院司法行政部门备案。"司法行政机关对律师协会的宏观管理是"两结合"体制下一个非常关键的问题,如何处理好司法行政机关和律师协会的关系是解决问题的关键。

5. 对律师的行政处罚

《律师法》第47条至51条规定了司法行政机关对律师的处罚权。违反法律的从业律师还不乏其人,他们的行为无疑会严重危害律师业的发展,通过司法行政机关的这种监督,在一定程度上有利于律师制度的发展。

第三节 律师协会行业管理

一、律师协会是律师行业的自律性组织

《律师法》第 43 条第 1 款规定："律师协会是社会团体法人,是律师的自律性组织。"这一规定有三层含义:一是明确了律师协会的社会团体法人地位,既区别于新中国成立初期律师协会隶属于司法行政机关的做法,又不同于《律师暂行条例》中"律师协会是社会团体"的规定,其职能更独立,责任更明确,法律地位更高;二是赋予了律师协会参与律师行业管理的职能;三是界定了律师协会管理的性质,即自律性管理,行使的是私权力。它所代表的是律师行业的公共利益。

二、律师协会的组织架构

目前,我国的律师协会均是依据《律师法》设立的,具有行业管理职能的、单一形式的行业协会。律师自获得执业证始,就是当然的律师协会会员,并且必须接受其管理和监督,这一点是不同于西方国家的。

律师协会的领导机构——理事会由律师代表大会选举产生,每届任期三年,律师协会的会长、副会长、常务理事由理事会选举产生,届期与理事会同步。

律师协会实行议行分开的体制,律师代表大会及其理事会、常务理事会是权力机构,讨论决定律师事业发展中需要通过行业自律管理解决的重大问题;律师协会秘书处作为律师代表大会的日常办事机构,负责组织落实律师代表大会、理事会、常务理事会作出的决议和决定,并负责向律师代表大会、理事会、常务理事会报告工作。律师协会秘书处实行秘书长负责制。

由于受律师业的发展水平限制,目前,我国的律师协会实行的是三级架构。即,中央、省、市三级,中央一级称中华全国律师协会,省、自治区、直辖市一级称××省(区、市)律师协会,市、地、州一级根据需要可以设立律师协会,称××市(地、州)律师协会。下级律师协会是上级律师协会当然的团体会员,接受上级律师协会的领导、监督。

三、律师协会的职能

律师协会的行业管理在现行的"两结合"的体制中发挥着重要作用。《律师法》对律师协会专门设立了一章,可见律师协会在律师管理体制中的重要地位。其中,第 43 条规定:"律师协会是社会团体法人,是律师的自律性组织。全国设立中华全国律师协会,省、自治区、直辖市设立地方律师协会,设区的市根据需要

可以设立地方律师协会。"第 45 条规定："律师、律师事务所应当加入所在地的地方律师协会。加入地方律师协会的律师、律师事务所,同时是全国律师协会的会员。律师协会会员享有律师协会章程规定的权利,履行律师协会章程规定的义务。"由此可知,律师协会是社会团体法人,是律师的自律性组织,分为中华全国律师协会和地方律师协会两个级别。从目前的实践可知,律师协会的产生和发展在对律师业务指导、交流工作经验、维护律师合法权益、加强与外国律师之间的民间交流等方面发挥了很大作用,为我国律师事业的发展作出了突出贡献。

《律师法》第 46 条规定,律师协会应当履行下列职责:(1)保障律师依法执业,维护律师的合法权益;(2)总结、交流律师工作经验;(3)制定行业规范和惩戒规则;(4)组织律师业务培训和职业道德、执业纪律教育,对律师的执业活动进行考核;(5)组织管理申请律师执业人员的实习活动,对实习人员进行考核;(6)对律师、律师事务所实施奖惩和惩戒;(7)受理对律师的投诉或者举报,调解律师执业活动中发生的纠纷,受理律师的申诉;(8)法律、行政法规、规章以及律师协会章程规定的其他职责。

2011 年 12 月,第八次全国律师代表大会修订和通过的《中华全国律师协会章程》第 5 条对律师协会的职责作了如下表述:(1)支持律师依法执业,维护律师的合法权益;(2)制定律师执业规范和律师行业管理制度;(3)指导律师事务所规范化工作;(4)总结、交流律师工作经验,提高整体执业水准;(5)负责律师职业道德和执业纪律的教育、检查和监督;(6)负责对律师和律师事务所的日常管理和登记,受司法行政机关委托进行律师事务所、律师的年检注册工作;(7)制订律师教育规划大纲,开展律师执业前培训和执业后的继续教育,制订实习律师的培训大纲和教材;(8)处理对律师和律师事务所的投诉;(9)调处律师和律师事务所在执业活动中发生的纠纷;(10)宣传律师工作,出版律师刊物;(11)组织律师和律师事务所开展对外交流;(12)开展律师福利事业;(13)建立并完善律师执业责任保险制度,保障律师依法执业;(14)协调与相关司法、执法、行政机关的关系,提出立法和司法建议;(15)司法行政部门及上级律师协会委托行使的其他职责;(16)法律法规规定的其他职责。

第四节 律师业管理体制及机制改革

一、当前律师业管理中值得研究和探索的问题

我国律师业管理的三个层面,一是司法行政管理,二是律师行业协会自律管理,三是律师事务所自身管理。随着我国加入 WTO,律师业的管理正从行政管理为主转为行业协会自律管理为主的新阶段。当前管理中有四个问题值得研究和探索：

一是行政管理权限过分集中，事权分配不够科学，影响了整体管理体制的效率。

二是理清行政管理和行业协会管理以及律师事务所管理的职责线条和分工，妥善地处理交接和过渡期出现的问题。

三是加强律师事务所自身管理的监督指导。多年的实践证明，律师事务所的平稳运作、逐年壮大与规范科学的管理往往是紧密相连的。

四是加强对外国律师事务所驻华办事处的监管，目前对外国的律师行驻华办事处的监管不力。

二、对外国律师事务所的管理

2002年1月1日起施行的《外国律师事务所驻华代表机构管理条例》对外国律师事务所管理作了如下规定：

1. 外国律师事务所在华设立代表机构、派驻代表，应当经国务院司法行政部门许可。外国律师事务所、外国其他组织或者个人不得以咨询公司或者其他名义在中国境内从事法律服务活动。

2. 外国律师事务所驻华代表机构及其代表，只能从事不包括中国法律事务的下列活动：(1)向当事人提供该外国律师事务所律师已获准从事律师执业业务的国家法律的咨询，以及有关国际条约、国际惯例的咨询。(2)接受当事人或者中国律师事务所的委托，办理在该外国律师事务所律师已获准从事律师执业业务的国家的法律事务。(3)代表外国当事人，委托中国律师事务所办理中国法律事务。(4)通过订立合同与中国律师事务所保持长期的委托关系办理法律事务。(5)提供有关中国法律环境影响的信息。

代表机构及其代表不得从事上述规定以外的其他法律服务活动或者其他营利活动。

3. 外国律师事务所驻华代表机构不得聘用中国执业律师，聘用的辅助人员不得为当事人提供法律服务。但实际上，目前对外国律师事务所驻华代表机构及代表的监管极为不力，表现为对其监管尚未制度化、规范化，没有赋予省级司法行政部门以法定的监管权。监管力量严重不足导致事实上的放任。按规定，外国律师事务所驻华办事处是不可以经营中国法律事务的，但事实上，据统计，每年大约五百亿美元国际资本进入我国的业务市场，但我国律师事务所所占的业务份额有限，大部分被各国律师事务所驻华办事处采用或明或暗的手段占领，其违规操作加剧了我国法律服务市场的无序。

第七章 律师执业基本原则[①]

第一节 概 述

律师执业的基本原则,是指法律所规定的、贯穿于律师执业活动整个过程的,指导律师全面实现律师任务,律师在执业活动中必须遵循的基本行为准则。

律师执业的基本原则应从以下几方面界定:

(1)律师执业的基本原则应具有高度的覆盖性,体现在律师执业活动的方方面面,贯穿于律师的整个执业过程中,对律师的整个执业活动具有普遍的指导意义。

(2)律师执业的基本原则,是由律师的工作特点和律师制度的本质决定的,它体现了国家法律所规定的律师的历史任务和社会使命。

(3)律师执业的基本原则,是由国家法律所规定的,体现在以《律师法》规范为主体的现行国家法律规定之中。

《律师法》第3条规定:"律师执业必须遵守宪法和法律,恪守律师职业道德和执业纪律。律师执业必须以事实为根据,以法律为准绳。律师执业应当接受国家、社会和当事人的监督。律师依法执业受法律保护,任何组织和个人不得侵害律师的合法权益。"该规定对律师执业的基本原则作出了明确的规定。根据这一规定,我国律师执业的基本原则主要包括:(1)遵守宪法和法律原则;(2)以事实为根据,以法律为准绳原则;(3)维护委托人合法权益原则;(4)律师依法执业受保护原则;(5)接受国家、社会和当事人监督原则。

第二节 遵守宪法和法律原则

一、遵守宪法和法律原则的含义和要求

《律师法》第3条第1款规定:"律师执业必须遵守宪法和法律。"遵守宪法和法律,是指律师在执业活动中,必须严格遵守宪法和法律,用宪法和法律的规范约束自己的行为,指导自己的全部执业活动。

[①] 本章参考肖胜喜主编:《律师与公证制度教程》,中国政法大学出版社2009年版;田文昌主编:《律师制度》,中国政法大学出版社2007年版;陈卫东主编:《中国律师学》,中国人民大学出版社2008年版。

宪法是国家的根本大法，它规定国家的社会制度和国家制度的基本原则、国家机关的组织和活动的基本原则，以及公民的基本权利和义务等重要内容。宪法具有最高的法律效力。宪法和法律是我国各族人民的意志和利益的体现，是保障我国改革开放和社会主义现代化建设事业顺利进行的有力手段。严格遵守宪法和法律是公民应尽的法律责任。律师作为提供法律服务的专业人员，更应遵守宪法和法律，有效维护国家法律的正确实施，维护当事人的合法权益。

律师职业道德是律师在执业过程中所应遵守的道德规范的总和。它通常被归纳为纲领性的宣言。律师执业纪律则是律师在执业过程中所应遵守的行为准则。为了便于遵守，其内容往往被归纳为较为具体、明确的戒律。我国《律师职业道德和执业纪律规范》对律师职业道德和执业纪律作了全面、具体的规定。它是律师的行业规范，所有律师必须遵守。如果违反律师职业道德和执业纪律，不但要受到社会舆论的谴责，还要受到相应的法律处分。

二、遵守宪法和法律原则的意义

（1）有利于维护法律的实施，维护当事人的合法权益。律师以维护国家法律的正确实施，维护当事人的合法权益为使命。遵守宪法和法律是对律师最基本的要求。律师在执行职务中，只有遵守宪法和法律，严格依据宪法和法律履行职责，才能完成《律师法》赋予的职责。

（2）有利于其他执业原则的实现。遵守宪法和法律是最基本的原则，也是其他执业原则得以实现的前提。只有遵守了最基本的原则，其他执业原则才有可能实现。

（3）有利于为当事人提供高效优质的法律服务。律师自觉遵守律师职业道德和执业纪律，一方面，要求律师全心全意、尽职尽责地为当事人提供法律服务；另一方面，律师要不断地加强学习，掌握新的知识、新的法律，为当事人提供高质量的法律服务。

（4）有利于提高律师的整体形象。律师努力恪守职业道德和执业纪律，有利于在人们心目中树立良好的职业形象。

（5）有利于促进律师队伍的健康发展。律师业务活动有很大的独立性，制约较少，又缺乏有效的监督机制。在这种情况下，用律师职业道德和执业纪律提出标准和要求，让律师自觉遵守，对违反律师职业道德和执业纪律的，予以严肃处理，从而提高律师的素质，使律师队伍沿着健康的轨道发展。

第三节 以事实为根据,以法律为准绳原则

一、以事实为根据,以法律为准绳原则的含义和要求

"以事实为根据,以法律为准绳",是指律师进行业务活动,必须以客观事实为依据,使自己的全部业务活动都建立在客观事实和充分可靠的证据基础之上,必须严格遵循国家法律的规定,以法律作为判断是非、对错的标准。以事实为根据,以法律为准绳,是党的实事求是的思想路线和工作作风在司法工作中的体现。是司法工作者和所有法律工作者必须遵循的一项基本原则,也是律师在执业活动中必须遵守的准则。

以事实为根据,是指律师进行业务活动,要忠实于事实真相,必须以客观事实为根据,使自己的全部业务活动都建立在客观事实和充分可靠的证据基础之上。不能凭主观臆想、猜想,更不能歪曲事实,捏造事实。对于事实不清的案件,要深入调查研究,客观、全面、科学地收集证据,防止主观臆断和片面性。

当然,整个司法活动应尽可能地忠实于客观事实,律师业务也不例外,但由于人类认知能力的限制,在实践中律师同其他司法人员一样,需要追求的是法律真实。客观真实是人们认为自己的主观思维可以再现客观事物运动和发展的原状,在日常生活中许多职业都是以发现客观真实为目的的,比如考古、勘探等。而法律真实是指根据当事人举证证明的情况作为认定案件的根据。事实上,不管是民事案件,还是刑事案件、行政案件,案件一旦发生,就会随着时间的延续而使得一些能够证明这些事件发生的证据消灭,一些证据的目击者的记忆也会变得比较模糊。由于人类自身认知能力的限制,想要完全再现案件发生的全过程是不可能的,因此司法活动只能通过证据规则的制定及适用来追求法律真实,比如民事诉讼中"谁主张,谁举证,主张者不能举证证明的,应承担举证不能的不利后果"的证据规则,英美法系国家刑事诉讼适用"排除一切合理怀疑"的证明标准等。大陆法系国家在刑事诉讼中的证明标准可以概括为"内心确信",即案件事实是否证明的衡量标准是裁判者是否形成对待证事实真相的内心确信。"内心确信"实际上是"排除一切合理怀疑"的正面界定,两者具有明显的同一性。律师应知道如何适用相关证据规则,从而以有证据证明的法律真实为依据,在此基础上再正确适用法律。

以法律为准绳,是指律师进行业务活动,必须严格遵循国家法律、法规的规定,准确地适用法律,以法律作为判断是非、罪与非罪的标准。律师既要遵守实体法,又要遵守程序法,既要严格适用法律条文,又要尊重立法原意,把"维护法律的正确实施"作为自己的根本任务和崇高目标,绝不允许随心所欲,规避法

律,曲解法律,甚至公然违反法律,破坏法律的尊严。

律师必须严格依法办事,维护法律的尊严。律师要坚持学习,科学地分析和理解法律条文的内涵,准确地领会立法的精神,对法律规定作出正确的解释。对于在执行职务中遇到的干扰,要坚持真理,据法力争。以事实为根据,以法律为准绳,二者是相互联系,不可分割的。从客观事实出发,是正确适用法律的前提;正确适用法律又是查明事实、解决案件的结果。

二、以事实为根据,以法律为准绳原则的意义

第一,有利于维护当事人的合法权益,保障法律的正确实施。律师的任务是维护当事人的合法权益,维护法律的正确实施。一般情况下二者应当是一致的,但在律师实务中,也可能出现矛盾的情形。律师只要坚持以事实为根据,以法律为准绳的原则,就能使二者协调,在维护法律尊严的同时,也就维护了当事人的合法权益。

第二,有利于提高律师的素质,维护律师职业的社会信誉。以事实为根据,以法律为准绳的原则,有利于树立律师的社会威信,得到人民群众的尊重和信赖。我国的律师与资本主义国家的律师不同。资本主义国家的律师遵循的是对当事人负责的原则,他们在金钱的支配下,不惜歪曲事实,曲解法律,拖延诉讼,甚至伪造证据,为当事人谋取非法的利益。我国的律师坚持以事实为根据,以法律为准绳的原则,尊重事实,遵循法律,树立了良好的形象。

第四节 维护委托人合法权益原则

一、维护委托人合法权益原则的含义

维护委托人合法权益,是法律赋予律师的神圣职责,是律师最重要的、最有实际意义的价值体现,也是律师的天职和律师职业存在的前提。如果律师不维护委托人的合法权益,就没有存在的必要和意义。律师应当通过维护委托人合法权益的方式,达到维护法律的正确实施,维护社会正义的目的。其含义主要有以下两个方面:

第一,律师所维护的是委托人的合法权益。合法权益的维护方式有:帮助委托人获得正当合法的权益,如审查合同条款,起草法律文书等;维护其合法权益不受侵犯等。

我国律师与委托人之间是一种服务与被服务的关系,并不是简单的雇用与被雇用关系。因此,律师不能为委托人的私利而损害国家、社会公共利益。对于委托人的非法利益,不能不顾原则地为之效力。个别律师为了个人利益竭力维

护委托人的非法利益,是与律师的职责极不相称的,将受到法律的否定性评价。必须注意的是,有时委托人的行为是违法的,但不表示他的合法权益就不需维护。如刑事案件被告人虽然犯罪,但其合法的权益仍受法律的保护。

第二,律师要敢于、善于维护委托人的合法权益。凡是委托人的合法利益,要据理力争,最大限度地予以维护。同时要讲究方式方法,利用自己高超的专业技能、专业水平,为委托人争得最大的利益。绝不能屈从于少数人而牺牲委托人的合法权益,牺牲法律的尊严,牺牲国家和社会利益。

二、要处理好维护委托人合法权益与维护国家利益和社会利益的关系

首先,从根本上说,维护委托人合法权益与维护国家利益和社会利益是不矛盾的。律师在微观上依照事实和法律,积极维护委托人合法权益的活动,宏观上恰恰是维护了国家法律的正确实施,维护了国家利益和社会的长远利益。

其次,某些情况下,维护委托人合法权益与维护国家利益和社会利益也会产生冲突。在这种情况下,应当首先维护委托人的合法利益,在不损害委托人利益的前提下,兼顾国家利益和社会利益,这才能体现律师的社会职能作用。我国《律师法》第38条规定:"律师应当保守在执业活动中知悉的国家秘密、商业秘密,不得泄露当事人的隐私。律师对在执业活动中知悉的委托人和其他人不愿泄露的情况和信息,应当予以保密。但是,委托人或者其他人准备或者正在实施的危害国家安全、公共安全以及其他严重危害他人人身、财产安全的犯罪事实和信息除外。"由此可见,律师在办案过程中了解到被告人未被司法机关所掌握的犯罪事实时,除法律规定的情形外,可予以保密。这极大地增强了律师与委托人之间的信任关系,维护了委托人的利益,有利于律师业的长远发展。否则,如果法律规定,律师掌握犯罪嫌疑人的罪行后,应予揭发和举报,律师无疑就成为控诉人,一则与律师辩护人的法律地位相矛盾,二则也破坏了律师与被告人之间的信任关系。从长远来看,不利于律师行业的发展。

第五节 依法执业受法律保护原则

一、依法执业受法律保护原则的含义

依法执业受法律保护原则是指律师依法执业由律师本人根据事实和法律独立、自主地进行,不受当事人意志控制,也不受行政机关、社会团体和个人的非法干涉。国家法律保护律师依法执业。我国《律师法》第3条第4款规定:"律师依法执业受法律保护,任何组织和个人不得侵害律师的合法权益";第36条规定:"律师担任诉讼代理人或者辩护人的,其辩论或者辩护的权利依法受到保

障";第 37 条规定:"律师在执业活动中的人身权利不受侵犯"。

根据相关法律规定,律师依法执业受法律保护这一原则包含以下三层含义:第一,律师依法执业不受非法干涉;第二,律师依法进行的业务活动不受法律追究;第三,律师在执业活动中的人身权利不受侵犯。

二、依法执业受法律保护原则的意义

依法执业受法律保护原则为律师创造了良好的执业环境,有利于律师根据事实和法律提高服务质量。针对律师的人身权益屡屡遭到侵犯的情况,规定这一原则意味着,对公民而言,任何人不得侵犯、干涉律师依法执业;对国家机关而言,一方面,要保障律师依法执业,对侵犯律师权益的行为予以法律制裁;另一方面,不得超越法律界限阻挠、干扰律师的执业行为。

依法执业受法律保护原则有利于保障律师依法执业,促进律师事业的健康发展。律师对侵犯其人身权利的不法侵害、干涉,有权请求司法机关、国家行政机关制止,直至追究侵害人的法律责任;如果侵害是来自国家机关,律师有权提出申诉、控告、检举,通过司法机关内部及相互间的监督制约机制来保障其合法权益。

依法执业受法律保护原则有利于更好地维护当事人的合法权益。保护律师依法执业,实际上是保护维护公民、法人和其他组织的合法权益的活动。律师在执业中调查取证等权利不受干涉,律师的正确意见被采纳,实际上就是维护了当事人的合法权益。

第六节 接受国家、社会和当事人监督原则

我国《律师法》第 3 条第 3 款规定:"律师执业应当接受国家、社会和当事人的监督。"律师执业接受各个方面的监督,是提高律师队伍素质,促进律师依法执业的重要保障。

一、律师执业应当接受国家有关机关的监督

国家监督是指国家机关对律师、律师事务所及其执业活动的监督。按监督机关的不同,可分为主管部门的监督和有关机关的监督。

首先,律师要接受司法行政机关的管理和监督。如申请律师执业,应当向设区的市级或者直辖市的区人民政府司法行政部门提出申请,由司法行政部门进行审查后,作出是否准予执业的决定。

其次,律师要接受税务机关、审计部门的监督。如《律师法》第 25 条规定:"律师承办业务,由律师事务所统一接受委托,与委托人签订书面委托合同,按

照国家规定统一收取费用并如实入账。律师事务所和律师应当依法纳税。"

最后,律师还要接受司法机关的监督,即接受人民法院、人民检察院的监督。如我国《刑法》第306条规定了辩护人、代理人的伪证罪。在刑事诉讼中,司法机关在办案过程中发现辩护人、诉讼代理人毁灭、伪造证据,帮助当事人毁灭、伪造证据,威胁、引诱证人违背事实改变证言或者作伪证的行为,可以揭发检举。

二、律师执业应当接受社会的监督

社会监督包括社会团体的监督和社会舆论的监督。任何单位和个人对律师违反律师职业道德和执业纪律的行为,都可以提出批评,予以谴责。通过社会的舆论监督,让律师约束自己,树立良好的社会形象,提高律师的声誉。

三、律师执业应当接受当事人的监督

当事人对律师的监督也是律师监督机制的重要组成部分。律师接受当事人的委托,为其提供法律服务,维护其合法权益。当事人与律师的关系最为紧密,律师在职务活动中,要尽职尽责,切实维护好当事人的合法权益。如果律师不遵守职业道德和执业纪律,损害了当事人的合法权益,当事人有权向律师事务所、律师协会或者司法行政机关提出控告,律师因违法执业或者因过错给当事人造成损失的,律师应当给予赔偿。

第八章 律师执业权利与义务[①]

律师的权利义务,从根本上而言,与律师的性质、法律地位有着密切的关系。律师的性质、法律地位决定了律师享有怎样的权利,负有怎样的义务。律师的权利义务构成了律师制度的核心。正当而充分的权利赋予,适当的义务负担,是律师执行其职务,实现其使命,完成其任务的必要保证。我国《律师法》第四章专门规定了律师的权利和义务。此外,《刑事诉讼法》《民事诉讼法》《行政诉讼法》以及最高人民法院、最高人民检察院、公安部、司法部等机关发布的相关规范性文件中,也有关于律师权利义务的规定。

第一节 律师执业权利

一、律师的执业权利

(一)律师依法执业人身受保障的权利

《律师法》第3条第4款规定:"律师依法执业受法律保护"。这是律师履行职责的一项根本性权利,保障这一权利的行使,是律师行使职务上其他权利的前提条件。

1. 刑事辩护豁免权

刑事辩护豁免权是指律师依法执行职务,为刑事案件的被告人进行辩护时,所发表的辩护言论享有不受法律追究的权利。即司法机关不得因律师在法庭上的辩护言论而拘捕律师、判决律师有罪,或以其他方式打击、迫害律师。应该明确,刑事辩护豁免并不是律师的特权,而是对应于律师辩护职责风险的保障,是律师履行辩护职责的需要。《律师法》规定,辩护律师的职责就是维护被告人的合法权益;《刑事诉讼法》具体地规定了辩护律师的职责,是根据事实和法律,提出证明被告人无罪、罪轻或者减轻、免除其刑事责任的材料和意见,维护被告人的合法权益。可见,律师为被告人辩护是依法履行其职责,即使是在没有充分证据的情况下依据事实和法律为被告人作罪轻、无罪辩护,也属于依法执行职务。律师在法庭上的辩护言论不仅不应受法律的追究,相反,应受法律的保护,这就

[①] 本章参考谭世贵主编:《律师法学》,法律出版社2005年版;陈卫东主编:《中国律师学》,中国人民大学出版社2008年版;田文昌主编:《律师制度》,中国政法大学出版社2007年版;肖胜喜主编:《律师与公证制度及实务》,中国政法大学出版社1999年版。

是律师刑事辩护豁免权。在我国,从立法上确认律师刑事辩护豁免权更有其现实意义,将能消除律师的执业风险,可以使律师解除思想负担,大胆履行自己的职责,提出辩护意见,以保护当事人的合法权益,维护国家法律的正确实施。当然,律师刑事辩护豁免权也不是无限制的,任何权利都不能被滥用。律师只有因为执业才享有豁免权,在依法执行职务之外,律师仍然是一个普通公民,而不享有豁免权。

2. 拒绝作证权

拒绝作证权是指律师对因执行职务而获知的当事人的秘密(职业秘密),有权拒绝作证。律师在依法执业中,为更好地履行其职责,维护当事人的合法权益,有必要详细、全面、真实地了解、掌握案情,其中往往会涉及当事人的一些秘密。这些秘密可能是国家秘密、个人隐私、商业秘密(包括技术秘密),也可能是被告人未被发现的犯罪事实。在一些国家,律师应对委托人建立委托关系过程中所有信息均应保密,不得作任何披露,除非当事人明示或默示授权或法律上要求,或当事人已明示或默示放弃保密义务;保密的主体不仅限于律师,而且包括律师事务所的雇员,即使没有律师资格,也负保密义务;律师有义务明确告知委托人其保密义务及其具体内容;与委托人交往中,律师不得提及或披露其曾为他人提供过的法律服务,不论其目的是善意还是恶意;保密义务在委托关系终止后仍然持续存在;违反保密义务的律师应受到纪律处分等。律师应该严格保守这些秘密,首先,这是律师的职责所在,律师的天职在于维护当事人的利益;其次,这也是保护律师职业以及全体律师利益之必需,律师业的基础在于律师与当事人间忠实的信任关系,律师如不保守秘密而破坏了这种信任关系,则律师业及律师制度的存在和发展都丧失了基础。

律师保守职业秘密,同样伴随着风险。因为法律规定"公民有作证和揭露犯罪的义务",律师保守职业秘密而拒绝作证可能遭受法律追究,另外还会受到来自社会的谴责和压力,甚至遭受对律师人身、人格的侵犯。完善的立法应是将律师保守职业秘密既规定为义务,又规定为权利,确立律师的拒绝作证权,以消除法律规定间的矛盾,切实保障律师依法执行职务。国外的大部分立法都是如此规定的,如美国法律规定,律师应当保守当事人的秘密和隐私,同时确认,除了当事人的严重危及国家安全的行为之外,律师享有拒绝作证的权利,即豁免作证义务。日本《律师法》规定:"律师或曾任律师的人,有权利和义务保守由其职务上所得知的秘密。"日本《刑法》规定,对律师无故泄露秘密的,处以惩役或罚款。与其相较,我国《律师法》第38条之规定,还需要在以下两个方面加以完善,第一应确认保守秘密既是律师的义务,又是律师的权利,即拒绝作证权;第二是扩大律师保守职业秘密、拒绝作证权的范围,不仅仅局限于国家秘密和个人隐私,还应包含当事人的商业秘密(包括技术秘密)和其他秘密,这是商品经济发展和完善法制的必然趋势和要求；对于所获知刑事案件被告人未被发现的犯罪事实，律师也应享有拒绝作证的权利(除了例外情况)，否则是与律师的身份和职责不相符的。揭露与证实犯罪是司法机关的职责，律师显然不能以其特殊职业身份所获知的秘密为与其相反的职责服务。美国律师严格遵循"客户保密"制度，如果联邦调查局威胁律师说出某个客户的秘密，律师可以起诉联邦调查局，律师本人的"顶撞"行为完全受到法律的保护。

对律师拒绝作证权的限制有以下两种情况：一是律师只有对在依法执业中获知的当事人秘密才能行使拒绝作证权，对执业外获知的秘密则不能拒绝作证；二是律师对执业时获知的被告人的未被发现的犯罪事实行使拒绝作证权的例外，即当该犯罪事实可能危及国家安全、社会安定及人民群众生命安全时，律师不仅不能享有拒绝作证的豁免权，还应当及时向司法机关检举揭发，以防重大损害后果的发生。

3. 拒绝辩护权

拒绝辩护权指辩护律师在特定情况下有拒绝为被告人继续辩护的权利。所谓特定情况，其他国家的法律一般是指被告人有严重侮辱律师人格、侵害律师人身权之行为的发生。人格尊严是人身权的重要内容，律师人格尊严是律师正常执业所必须具备的基本条件。

我国《律师法》第32条规定：委托人可以拒绝已委托的律师为其继续辩护或者代理，同时可以另行委托律师担任辩护人或者代理人。律师接受委托后，无正当理由的，不得拒绝辩护或者代理。但是，委托事项违法、委托人利用律师提供的服务从事违法活动或者委托人故意隐瞒与案件有关的重要事实的，律师有权拒绝辩护或者代理。

(二) 查阅案卷权

查阅案卷材料是律师全面、详细地了解案情的手段，因而是律师享有的一项不可或缺的基本权利。我国《律师法》第34条规定："受委托的律师自案件审查起诉之日起，有权查阅、摘抄和复制与案件有关的诉讼文书及案卷材料。受委托的律师自案件被人民法院受理之日起，有权查阅、摘抄和复制与案件有关的所有材料。"

1. 律师查阅卷宗材料的范围

律师只能查阅所承办案件的卷宗材料。另外，律师可以查阅的案件卷宗材料，不包括审判委员会和合议庭的记录以及事关他案的线索材料。我国2012年《刑事诉讼法》规定，辩护律师自人民检察院对案件审查起诉之日起，可以查阅、摘抄、复制本案的案卷材料。

2. 律师阅卷的方式

律师不仅可以查阅卷宗材料，而且还可以摘抄、复制卷宗材料。摘录和复制的材料应存入律师事务所档案。

3. 律师阅卷权行使的保障

律师行使阅卷权时,司法机关应给予其必要的方便,并提供必要的场所。要强调的是:(1)检察院、法院应提供全面、完整的案卷材料,包括法院自行调查的重要证据材料;(2)检察院、法院要给律师合理长的时间。

4. 律师阅卷权的限制

律师对于阅卷中接触到的国家机密、商业秘密和个人隐私,应当严格保守秘密,这是对律师阅卷权的限制。阅卷材料应保持完整,阅卷完毕应及时交还有关司法机关保管,不得损毁或带出。

(三)调查取证权

2012年《刑事诉讼法》第39条规定:"辩护人认为在侦查、审查起诉期间公安机关、人民检察院收集的证明犯罪嫌疑人、被告人无罪或者罪轻的证据材料未提交的,有权申请人民检察院、人民法院调取。"第41条规定:"辩护律师经证人或者其他有关单位和个人同意,可以向他们收集与本案有关的材料,也可以申请人民检察院、人民法院收集、调取证据,或者申请人民法院通知证人出庭作证。辩护律师经人民检察院或者人民法院许可,并且经被害人或者其近亲属、被害人提供的证人同意,可以向他们收集与本案有关的材料。"

《律师法》第35条规定:"受委托的律师根据案情的需要,可以申请人民检察院、人民法院收集、调取证据或者申请人民法院通知证人出庭作证。律师自行调查取证的,凭律师执业证书和律师事务所证明,可以向有关单位或者个人调查与承办法律事务有关的情况。"

(四)同在押犯罪嫌疑人或被告人会见和通信权

从世界各国刑事法律来看,律师同被限制人身自由的人会见和通信的权利,是各国立法都赋予律师行使的一项重要的权利。《律师法》第33条规定,犯罪嫌疑人被侦查机关第一次讯问或者采取强制措施之日起,律师凭"三证"有权会见犯罪嫌疑人、被告人并了解有关案件情况。律师会见犯罪嫌疑人、被告人,不被监听。2012年《刑事诉讼法》吸收了《律师法》的相关规定,其第37条明确规定:辩护律师可以同在押的犯罪嫌疑人、被告人会见和通信。其他辩护人经人民法院、人民检察院许可,也可以同在押的犯罪嫌疑人、被告人会见和通信。辩护律师持律师执业证书、律师事务所证明和委托书或者法律援助公函要求会见在押的犯罪嫌疑人、被告人的,看守所应当及时安排会见,至迟不得超过48小时。危害国家安全犯罪、恐怖活动犯罪、特别重大贿赂犯罪案件,在侦查期间辩护律师会见在押的犯罪嫌疑人,应当经侦查机关许可。对于这些案件,侦查机关应当事先通知看守所。辩护律师会见在押的犯罪嫌疑人、被告人,可以了解案件有关情况,提供法律咨询等;自案件移送审查起诉之日起,可以向犯罪嫌疑人、被告核实有关证据。辩护律师会见犯罪嫌疑人、被告人时不被监听。

（五）出席法庭、参与诉讼的权利

律师在诉讼中须有充足的时间为出庭作准备。人民法院应当用通知书通知律师到庭履行职务，不得使用传票传唤律师；人民法院的开庭通知书至迟应在开庭三日前送达辩护律师手中。根据我国诉讼法律规定，在诉讼中，当事人有权委托律师进行代理和辩护。为适应律师在不同诉讼阶段的要求，权利的设置也不尽相同。法庭审理是整个诉讼活动的中心阶段，这一阶段律师的权利主要包括：

（1）发问权。在法庭审理过程中，律师经审判长许可，有权直接向证人、鉴定人、勘验人或者被告人发问。我国《民事诉讼法》规定，只要律师发问的内容正当、程序合法，法庭应当准许，不应任意限制或制止。被发问的人有义务对律师提出的询问据实回答。但是，审判长认为律师发问的内容与案件无关的，应当制止。法庭对于律师发问的情况应当记录在卷。

（2）对法庭出示或宣读的证据提出异议权。根据《刑事诉讼法》第190条，辩护律师对法庭出示的物证、宣读的未到庭证人的证言笔录、鉴定人的鉴定意见、勘验笔录和其他作为证据的文书有发表意见，提出异议的权利。审判人员应在程序上给予保证。

（3）提出新证据的权利。根据《刑事诉讼法》第192条，法庭审理过程中，辩护律师有权申请通知新的证人到庭，调取新的物证，申请重新鉴定或者勘验，是否准许，由法庭作出决定。民诉法也有相类似的规定。

（4）参加法庭辩论的权利。律师有权同公诉人平等地进行辩论，这一点值得强调。《律师法》第36条规定：律师担任诉讼代理人或者辩护人的，其辩论或者辩护的权利依法受到保障。我国的诉讼法对于辩论原则和辩护原则也都分别作了相关规定。

（5）对法庭的不当询问有拒绝回答权。

（六）代行上诉权

律师提起上诉的权利并非由法律直接规定，而是由当事人的上诉权派生、继受而来，须基于当事人的同意或授权。《刑事诉讼法》规定，辩护人经被告人同意，可以提起上诉。《民事诉讼法》第59条规定，诉讼代理人提起上诉，必须有委托人的特别授权。对此，有论者建议可以确立律师的复议权，即律师担任辩护人或者代理人，对已生效的判决、裁定，认为认定事实或者适用法律有错误或是严重违反诉讼程序时，有权通过当地律师协会向作出判决、裁定的人民法院或上一级人民法院提出书面意见，申请复议，有关人民法院应当认真研究，并在规定期限内作出书面答复。

（七）获取本案各种法律文书副本的权利

律师承办诉讼案件，有权得到法院判决书、裁定书、调解书的副本和检察院公诉书、抗诉书的副本。此外,凡有律师参加的仲裁案件,仲裁机构的裁决书副本也应转送承办律师或律师机构。

(八)为被告人申请变更强制措施的权利

这是《律师法》和《刑事诉讼法》共同规定的一项权利。其理论和现实基础是:司法机关采取不当的强制措施最容易对被告人的权利造成侵害,律师接受委托参加刑事诉讼,首要的目的即为维护被告人的合法权益,赋予律师为被告人申请变更强制措施的权利实属必要。例如,犯罪嫌疑人、被告人委托的律师及其他辩护人对于人民法院、人民检察院或者公安机关采取强制措施超过法定期限的,有权要求解除强制措施。人民法院、人民检察院或者公安机关对于被采取强制措施超过法定期限的犯罪嫌疑人、被告人应当予以释放、解除取保候审、监视居住或者依法变更强制措施。

第二节 律师执业义务

律师的义务,是指法律确定的律师在执业中依法应为或不为一定行为的范围和限度。明确律师应当履行的法定义务,对保证律师依法执业,维护委托人的合法权益,宣传社会主义法制,树立律师的良好形象,具有十分重要的作用。关于律师义务的理解,需要明确:(1)义务相对于权利而存在,义务和权利不可分,以义务约束律师行为,防止律师滥用权利,规范律师正确执行职务。(2)义务与纪律相互交叉又相区别,义务属基本法调整范畴,通常与义务对应的是法律制裁,制裁由执法机关实施。纪律是受行业组织规章调整,与纪律对应的是处分、惩戒,对违纪律师的惩戒由行业组织(律师惩戒委员会)实施。律师义务与律师纪律在很多方面交叉重合,一些律师行为规则既是义务,同时又是纪律。

根据我国《律师法》和其他诉讼法律及相关的规范性法律文件的规定,律师在执业活动中主要应当履行以下义务:

1. 依法维护当事人的合法权益

这是律师首要的义务,是由律师职责,乃至律师制度决定的,律师的一切活动,办理诉讼或非诉讼法律事务都应以"有利于当事人"为原则。依照法律规定和律师职业道德与执业纪律的规定,律师在开展业务活动中必须热情勤勉、诚实信用、尽职尽责地为当事人提供法律帮助。法定的律师职责和义务的规定,能够保障律师切实、合法、有效地维护当事人的合法权益。

2. 不得在同一案件中担任对方当事人的代理人

律师不得在未征得委托人同意的情况下接受对方当事人办理其他法律事务的委托,或在与委托人依法解除委托关系后在同一案件中担任对方当事人的代理人,具体在律师执业纪律中有明确规定。如果律师接受委托担任同一案件中原被告双方当事人,或者与本人及其近亲属有利益冲突的法律事务的代理人,参加诉讼或者非诉讼活动,由于双方当事人之间在利益上存在着矛盾冲突,代理律师在履行职责的时候,为了维护一方的利益,就有可能会损害另一方的利益,反之亦然。法庭辩论中就会出现代理律师自己同自己辩论的情况,使律师处于自相矛盾的地位。因此《律师法》第39条规定:"律师不得在同一案件中为双方当事人担任代理人,不得代理与本人或者其近亲属有利益冲突的法律事务。"《律师职业道德和执业纪律规范》对此作出了进一步的规定,即律师不得在与委托人依法解除委托关系后,在同一案件中担任双方当事人的代理人;不得在未征得委托人同意的情况下接受双方当事人办理其他事务的委托;不得接受与已代理案件有相反利害关系的案件的当事人的委托。以上法律规定,为律师取信于委托人,依法开展业务活动,维护委托人的合法权益提供了保障。

3．不得私自接受委托、收取钱物

《律师法》第25条规定:"律师承办业务,由律师事务所统一接受委托,与委托人签订书面委托合同,按照国家规定统一收取费用并如实入账。律师事务所和律师应当依法纳税。"根据上述法律规定,律师事务所受理案件应当指派专人负责,接待当事人,问明案件的基本情况后,符合收案条件的,应当向律师事务所主任汇报,经审查批准,由律师事务所主任指派律师承办。案件一经受理,即应与委托人签订书面委托合同,办理委托手续,立案登记,填写收案卡片,并且统一收取费用。对于指名委托律师的,律师事务所应当根据实际条件,尽量满足委托人的要求。如果允许律师私下接受委托从事执业活动,私下向委托人收取费用,或者收受委托人的财物,不仅会妨碍律师事务所对律师的管理,影响律师事务所的声誉,减少律师事务所的收入,而且会因委托关系不合法、不稳定或容易发生乱收费而给委托人带来损害,还会影响到国家的税收收入。法律作出这样的规定,主要是为了加强行业管理,避免乱收案和乱收费所导致不正当竞争行为的出现,避免委托人的利益受到损害。

4．不得同时在两个或两个以上律师事务所执业

为了有效地管理律师的执业活动,我国《律师法》规定,律师事务所是律师的基本执业组织,每个律师只能在一个律师事务所执业。

5．按照国家规定承担法律援助的义务

《刑事诉讼法》第34条规定:"犯罪嫌疑人、被告人因经济困难或者其他原因没有委托辩护人的,本人及其近亲属可以向法律援助机构提出申请。对符合法律援助条件的,法律援助机构应当指派律师为其提供辩护。犯罪嫌疑人、被告人是盲、聋、哑人,或者是尚未完全丧失辨认或者控制自己行为能力的精神病人,没有委托辩护人的,人民法院、人民检察院和公安机关应当通知法律援助机构指派律师为其提供辩护。犯罪嫌疑人、被告人可能被判处无期徒刑、死刑,没有委

托辩护人的,人民法院、人民检察院和公安机关应当通知法律援助机构指派律师为其提供辩护。"在我国,律师有接受指定担任辩护人的义务,无正当理由不得拒绝。

6. 遵守诉讼程序和秩序的义务

律师依法出庭执行职务,应严格遵守法庭的规则和程序,严格遵守和执行法律规定的诉讼程序,不得扰乱法庭、仲裁庭秩序,不得干扰诉讼、仲裁活动的正常进行。在我国,人民法院代表国家行使审判权,主持和指挥诉讼进行。一个案件通常由承办案件的合议庭主持、指挥诉讼的进行和继续,整个诉讼过程,都必须依据法律的规定,有序地进行。尤其在开庭阶段,审判人员要宣布法庭纪律,要求每个参与诉讼的人和旁听群众遵守。

7. 保守职业秘密的义务

我国《律师法》第 38 条规定:"律师应当保守在执业活动中知悉的国家秘密、商业秘密,不得泄露当事人的隐私。律师对在执业活动中知悉的委托人和其他人不愿泄露的情况和信息,应当予以保密。但是,委托人或者其他人准备或者正在实施的危害国家安全、公共安全以及其他严重危害他人人身、财产安全的犯罪事实和信息除外。"

律师保守职业秘密的强制性义务规定,是由律师的职业特点决定的。律师和当事人的关系是一种合同关系,这种合同关系建立的基础是双方之间相互信赖。如果律师将委托人的秘密告诉别人,必然使委托人处于困境,而且委托人也会对律师产生不信任感,律师和当事人之间委托合同存在的基础就会丧失。因此,无论出于维护国家秘密的需要,还是出于维护当事人权利的需要,律师都必须保守其在执业活动中知悉的秘密。这对于增强当事人对律师的信任,维护律师的声誉都是十分必要的。

8. 曾任法官、检察官的律师,从人民法院、人民检察院离任后两年内,不得担任诉讼代理人或者辩护人

曾经担任过法官、检察官,在离任后从事律师职业的人员,如果很快地担任诉讼代理人或者辩护人,很容易接触到自己工作过的部门及其人员,不利于保证执法的公正性,也难以消除对方当事人的思想疑虑。如果允许这种情况存在,将不利于律师制度的发展,因为找该律师办案的人,可能考虑的主要是这种特殊关系,才委托律师进行代理或辩护。在具体代理案件过程中,委托人就会对律师有不正当的要求和期望,可能就会导致实际办案过程中,律师违法违纪的行为发生。法律这样规定,就是为了避免关系案、人情案的发生,为了维护律师队伍的声誉。因此,《律师法》第 41 条规定:"曾经担任法官、检察官的律师,从人民法院、人民检察院离任后二年内,不得担任诉讼代理人或者辩护人。"

9. 不得故意提供虚假证据的义务

《律师法》第 40 条第 6 项规定，律师在执业活动中不得"故意提供虚假证据或者威胁、利诱他人提供虚假证据，妨碍对方当事人合法取得证据"。

证据是指能够证明案件真实情况的一切事实。我国《刑事诉讼法》规定，对一切案件的判处都要求证据确实、充分，要重证据，重调查研究，不轻信口供。只有被告人供述，没有其他证据的，不能认定被告人有罪和处以刑罚；没有被告人供述，证据充分、确实的，也可以认定被告人有罪和处以刑罚。《民事诉讼法》也规定，当事人对自己提出的主张，有责任提供证据。在现代生活中，证据通常被认为是决定案件胜诉与败诉的关键因素。在实践中，有的律师为了达到胜诉的目的，不惜向有关机关和部门提供虚假证据，隐瞒事实，例如，帮助当事人伪造对己方有利的收据，向注册登记机关隐瞒当事人的资金状况等。有的律师威胁、利诱他人提供虚假证明，隐瞒事实，如要求会计事务所出具虚假证明。律师的这种出具伪证或者隐瞒重要事实，可能导致错误裁判的行为，是不正确、违法的，也是有害社会的。因此，我国《律师法》和《律师职业道德和执业纪律规范》都明确规定，禁止施行上述行为，并且进一步规定律师从事违法行为，构成犯罪的，应依法追究刑事责任。

10. 不得违反规定会见法官、检察官、仲裁员；不得向法官、检察官、仲裁员和其他相关人员请客送礼、行贿或者指使、诱导当事人行贿

律师在开展业务活动过程中，无论是接受当事人的委托，还是受人民法院的指派，为当事人提供法律帮助，都应当凭借自身的法律知识和技能，以及维护国家法律正确实施的责任感，为当事人提供法律帮助，维护当事人的合法权益。不能把"打官司"变成"打关系"，采取不正当手段，接触法官、检察官、仲裁员和其他相关工作人员；或者指使、诱导当事人采取请客送礼、行贿等不正当手段，对法官、检察官、仲裁员和其他相关人员等进行拉拢腐蚀。

为保证司法公正，律师在执行职务过程中应负有忠实诚信的义务。具体来说，律师不得采用歪曲事实、曲解法律、伪造证据等手段影响和妨碍司法机关依法办案；不得诱使委托人、证人和其他人在诉讼和仲裁活动中制造、提供伪证，作虚假陈述或者改变、毁坏、隐匿证据；不得向司法机关工作人员行贿或者指使、诱导委托人向上述人员行贿。

11. 不得以诋毁其他律师事务所、律师或者支付介绍费等不正当手段承揽业务

《律师法》第 26 条规定："律师事务所和律师不得以诋毁其他律师事务所、律师或者支付介绍费等不正当手段承揽业务。"实践中，有些律师通过一些不正当的手段，如给予回扣、贬低其他律师事务所或律师的办案水平，以拉拢案源。这既损害了其他律师事务所、律师的利益，违背了律师的职业道德，也不利于律

师之间的公平竞争,进而有害于律师业的健康发展。

12. 加入所在地的地方律师协会,履行律师协会章程规定的义务

我国实行"两结合"的管理体制,即司法行政管理和律师协会行业管理相结合的管理体制。实务中,律师往往被称为"个体户",是由于其缺乏组织性。为实现对律师的有效管理,我国《律师法》第45条规定:"律师、律师事务所应当加入所在地的地方律师协会。加入地方律师协会的律师、律师事务所,同时是全国律师协会的会员。律师协会会员享有律师协会章程规定的权利,履行律师协会章程规定的义务。"

13. 无正当理由,不得拒绝辩护或代理的义务

我国《律师法》第32条规定:"委托人可以拒绝已委托的律师为其继续辩护或者代理,同时可以另行委托律师担任辩护人或者代理人。律师接受委托后,无正当理由的,不得拒绝辩护或者代理。但是,委托事项违法、委托人利用律师提供的服务从事违法活动或者委托人故意隐瞒与案件有关的重要事实的,律师有权拒绝辩护或者代理。"律师与委托人之间的关系是一种合同关系,律师作为合同当事人一方,除法律规定的情形外,不得任意解除委托合同。这样规定,有利于保障委托人的利益,避免因律师任意解除委托合同而带来许多不便。

第九章 律师职业道德[①]

第一节 律师职业道德概述

一、律师职业道德的概念

道德是一定时期一个社会用以调整个人与个人之间以及个人与社会之间关系的一种行为规范。随着社会的发展,由于社会分工又形成了不同的职业,从而也就产生了不同职业所特有的道德观念。职业道德是指从事一定职业的人们在其特定的工作中应当遵守的行为规范的总和。它与一般的社会道德相比,具有具体、明确、针对性强的特点。违背职业道德不仅会受到社会舆论的谴责,还要受到职业内部的惩戒。由此可见,职业道德与法律类似,具有可操作性和强制性。就其内容上的差别以及实施的强制程度来讲,职业道德可谓是介于法律与社会道德之间的一种社会规范。

律师职业道德,是指从事律师职业的人在执行职务、履行职责时所应恪守的道德准则。律师职业道德是与律师职业的本质特点和律师对社会所承担的特殊责任相联系的,对律师职业具有十分重要的意义,甚至可以说是维持律师职业存在和发展的至关重要的因素。在一定意义上,律师职业道德是律师执业活动的一个缩影,是研究律师职业的基本视角。

律师职业固有的内在属性决定了律师不仅仅应当成为法律之师,同时还应当成为道德之师、文明之师。我国古代的讼师不能称为律师,其中一个重要的原因就是讼师没有严格的职业道德观念。

二、律师应当具有高尚的职业道德

律师在维护法律正确实施和保障公民合法权益方面担负着重大的责任,这就要求律师必须具有高尚的品德,良好的素养。我国《律师法》明确规定,品行不良是申请成为律师的消极条件,如不能有故意犯罪记录等;在每年的律师注册时还把律师在执业中的品行作为一项重要的指标予以考察。《律师执业行为规

[①] 本章主要参考肖胜喜主编:《律师与公证制度教程》,中国政法大学出版社2003年版;田文昌主编:《律师制度》,中国政法大学出版社2007年版;陈卫东主编:《中国律师学》,中国人民大学出版社2008年版;刘金华、俞兆平:《公证与律师制度》,厦门大学出版社2007年版;宋朝武、张力:《律师与公证》,高等教育出版社2007年版。

范》更是集中对律师的职业道德要求作出规定,如果律师品行不端,查证属实后要受到严厉的纪律惩戒。

为了强化律师的职业道德意识,世界各国普遍实施了律师宣誓制度,规定律师在执业前必须进行庄严的宣誓,作为取得律师资格的必要条件。通常誓言中就包括恪守职业道德的内容,以强化律师职业自律,使律师自始即建立律师职业的社会责任感、使命感。如我国律师宣誓誓词:"我志愿加入律师队伍,成为中华人民共和国律师和中华全国律师协会的会员,严格执行《律师法》,遵守《律师协会章程》,履行律师义务,恪守律师职业道德,勤勉敬业,为维护法律的正确实施,捍卫法律的尊严而努力奋斗。"

三、律师职业道德的意义

尽管每一种职业都有自己的执业纪律和职业道德的法典,但与其他的职业相比,也许律师的职业法典是最丰富、最详尽的一部。

首先,这是由律师对社会所负的特殊责任决定的。律师在维护法律的正确实施和保障公民的基本人权方面都肩负着重要的社会职责。在律师职业非常发达的国家,当事人信赖律师,甚至把自己的家庭幸福、事业成败、商业秘密、个人隐私乃至生命、财产都托付给他们。在诉讼中,律师的一言一行都可能决定当事人的官司的输赢,决定着当事人的财产归属,甚至身家性命,一句话可能直接决定着当事人的命运。同时,律师在执业中不但掌握他人的秘密,而且保管他人的财产。由于多是进行左右他人财产的判断,所以,律师既有受诱惑的可能,又有堕落的危险。律师的这些重要职责相互冲突时,律师的职业道德和行为规范为律师处理这些冲突提供了可行的依据。

其次,律师拥有比一般职业人员强大得多的影响社会的现实力量或潜在力量。律师拥有丰富的法律知识和技能。在实施依法治国战略的历史条件下,法律内在的强制力量与丰富的知识中蕴藏的力量的有机结合产生出非同一般的社会力量。社会普遍对律师具有强烈的"爱"与"恨"的情感,这实际上也表明人们深切感受到并且认可这一事实:律师职业拥有巨大的社会影响力。尽管与发达国家相比,目前我国律师职业的力量还远称不上强大,但已经使社会感受到它正在逐渐增强。这种力量按其制度设计来说应当是为善的,但也可能发生异化,存在作恶的可能。客观上无法完全排除律师滥用职业权利危害社会、谋取私利的危险。所以,律师必须保持其应有的品格,相比其他职业要更加严格自律。

最后,律师执业活动的方式也决定了律师职业道德的特殊性。(1)律师执业行为具有不受他人干涉的独立性、专业性强等特点。律师的执业活动往往采取"单兵作战""独行侠"式的方式。当事人通常只聘请一名律师,律师的实际工作情况他人不清楚。律师通常出于保密等原因,既不与同事商量案情,也不把案件交事务所全体人员讨论。同时,律师的有些活动其当事人也往往不了解。实际上,除了办案律师自己,其他任何人,包括其家庭成员都不清楚其工作的详细情况,律师的某些工作可谓"神不知,鬼不觉"。在这种相对封闭、半明半暗的环境中,"慎独"就显得非常重要。(2)律师的工作具有开放性。律师要处理纷繁复杂的各种案件,接触形形色色的各种社会人员。他们不仅会感受社会中光明的一面,同时甚至是更多地感受其中黑暗的一面。近朱者赤,近墨者黑。律师要保持出淤泥而不染的品格,也必须加强自身的道德修养。

此外,尽管法律服务也是一种商品,但这种商品本身不可预先展示,在严格意义上讲也无法如企业生产产品那样进行标准化生产,其制造过程也很难清晰地观察到。欲对律师的法律服务活动进行严格的外在控制、检查、审核和监督,无论是事前监督,还是事中监督、事后监督,从技术上讲都存在无法克服的现实困难。这进一步强化了律师严格遵守职业道德的必要性。律师职业道德是具有强制力的道德规范。恪守律师职业道德,对于维护律师职业声誉,提高律师职业素养,规范律师职业行为,从而实现社会赋予律师职业的特殊使命具有重要的意义。

第二节 律师职业道德的内容

律师职业道德主要包括非强制性的道德要求和具有强制性的纪律要求。非强制性的道德要求是对律师职业的一些原则性的、总体上的规定,一般比较抽象,缺乏明晰的外在标准衡量,不适宜采取外在惩戒的方式来保障实施,其实现主要取决于律师个人的认识与努力。违反它,律师个人应感到内疚,同时也会遭受舆论的批评,从而使律师个人的信誉降低。具有强制性的律师执业纪律是对律师行为的具体规定,一旦违反将受到职业惩戒。

根据《律师执业行为规范》,律师的职业道德包括基本准则和执业职责。

一、律师职业道德的基本准则

律师职业道德的基本准则是律师职业道德的核心,它规定了律师作为职业群体必须坚持的职业理念、职业精神、职业修养等律师在执业活动中应遵循的基本道德规范,对律师所有行为都产生约束作用。

1. 律师必须忠于宪法、法律。社会主义的律师制度和律师的社会主义法律工作者的本质属性,必然要求律师坚持社会主义法制,律师的一切执业活动都必须在国家法律范围内进行。律师必须维护宪法权威,维护国家利益,维护人民利益,维护社会主义法制,做到对国家负责,对人民负责,对宪法和法律负责。

2. 律师必须诚实守信,勤勉尽责,依照事实和法律,维护委托人利益,维护法律尊严,维护社会公平正义。诚实守信是律师执业活动的最基本要求,律师的工作性质与内容要求律师应该是全社会诚信要求最高的行业之一。律师应本着公平、真诚与恪守信用的精神,为当事人提供优质的法律服务,并贯穿于法律服务的全过程。勤勉尽责是律师应有的工作精神和态度。律师必须代表委托人的利益,全力处理所委托的法律事务,采取一切合法的手段维护委托人的利益,勇于为维护委托人的合法权益而斗争。律师履行职务时,必须尊重客观事实,使自己的全部意见和材料都建立在充分可靠的客观证据基础之上,全部执业活动都依照法律规定来进行。只有这样才能正确适用法律,才能维护法律的实施,才能维护社会的公平与正义,这是律师的神圣职责。

3. 律师应当注重职业修养,珍视和维护律师职业声誉,以法律法规以及社会公认的道德规范约束自己的业内外言行,以影响、加强公众对于法律权威的信服与遵守。律师的职业修养是律师职业道德的深层次体现。律师应尊重自己的职业,时刻注意维护自己的职业形象和声誉,做到讲公德,明廉耻,品行高尚,珍惜职业声誉,既要遵守职业道德,也要遵守社会公德和家庭美德,做到职务内外行为一致,精神面貌与行为修养统一,切实加强品格陶冶和道德修养,提升社会公信力,树立律师良好形象,带动全社会法制观念的提高和对法律的严格遵守。

4. 律师必须保守国家机密、委托人的商业秘密及个人隐私。律师对在执行职务过程中了解到的国家秘密、商业秘密、技术秘密、个人隐私和其他秘密负有保密义务,未经委托人许可,不得以任何方式和理由泄露。在一定条件下,律师仍有对保密事项拒绝作证的权利与义务。

5. 律师应当努力钻研业务,不断提高执业水平。律师是运用自己的知识和技能为社会提供法律服务的专门人才,为了适应法律服务的需要,必须不断学习,更新知识,除具有扎实的法学功底外,还必须了解和掌握有关科学知识,具备科学的思维方式,提高应变能力,为社会提供优质高效的法律服务。

6. 律师必须尊重同行,公平竞争,同业互助。律师工作的根本目标是一致的,尊重同行是同业互助的基础和前提。律师之间应建立一种互相理解、互相尊重、互相帮助的良好关系,律师之间的竞争要在遵守诚信的原则下,公开、平等地进行,坚决反对不正当竞争。

7. 律师应当关注、积极参加社会公益事业。律师参加各类社会公益事业,是服务和奉献于社会、具有崇高社会责任感的直接体现。律师要积极参加社会公益事业,自觉履行所担负的社会责任和义务。

8. 律师必须遵守律师协会章程,履行会员义务。律师协会章程是律师行业自律的"根本大法",律师和律师事务所作为律师协会的个人和团体会员,都应自觉遵守律师协会章程,切实履行章程规定的各项会员义务。

二、律师职业道德的执业职责

律师职业道德的执业职责是律师职业道德的具体化,它规定了律师在执业中应该坚持的基本原则和禁止性规定,是律师在执业中必须履行的工作职责。

1. 律师不得在两个或两个以上律师事务所执业。同时在一个律师事务所和一个其他法律服务机构执业的视同在两个律师事务所执业。因涉及专业领域问题而邀请另一律师事务所参与办理,且该律师所在的律师事务所与被邀请的律师事务所之间以书面形式约定法律后果由前者承担并告知委托人的,不违背上述规定。

2. 律师提供法律服务时,应当进行独立的职业思考与判断,做到认真、负责。

3. 律师不得向委托人就某一案件的判决结果作出承诺。律师在依据事实和法律对某一案件作出某种判断时,应向委托人表明作出的判断仅是个人意见。

4. 律师提供法律服务时,不仅应当考虑法律,还可以以适当方式考虑道德、经济、社会、政治以及其他与委托人的状况相关的因素。

5. 律师提供法律服务时,应当庄重、耐心、有礼貌地对待委托人、证人、司法人员和相关人员。

6. 律师在执业活动中不得从事或者协助、诱使他人从事以下行为:(1)具有恶劣社会影响的行为;(2)欺骗、欺诈的行为;(3)妨碍国家司法、行政机关依法行使权力的行为;(4)明示或暗示具有某种能力,可能不恰当地影响国家司法、行政机关改变既定意见的行为;(5)协助或怂恿司法、行政人员或仲裁人员进行违反法律的行为。

7. 律师不得私自接受委托承办法律事务,不得私自向委托人收取费用、额外报酬、财物或可能产生的其他利益。

8. 曾任法官、检察官的律师,离任后未满两年,不得担任诉讼代理人或者辩护人。

9. 律师事务所不得指派非律师人员以律师身份或以其他变相方式提供法律服务。律师事务所不得为本所非律师人员以律师身份或以其他变相方式提供法律服务提供任何便利。

第十章 律师执业纪律[①]

第一节 律师执业纪律概述

一、律师执业纪律的概念

纪律,一般是指机关、团体、企事业单位和行业制定的要求其工作人员或成员共同遵守的内部规则。律师执业纪律,是指律师在执业活动中必须遵守的行为规范。

律师职业道德与律师执业纪律同属于律师从事业务活动的行为规范,二者既有联系又有区别。律师职业道德是确立律师执业纪律的依据,是对于律师在履行职责活动中的原则性和概括性要求,而律师执业纪律是律师职业道德被系统总结成若干的行为规则,是律师职业道德的具体化。二者相互渗透融合,相辅相成,共同对律师执业活动进行约束和指导。

二、律师执业纪律的特征

律师执业纪律是约束律师执业行为的重要准则,它体现了对律师执业行为的基本规范,具有以下特征:

第一,律师执业纪律不仅以律师最高行业自律组织——中华全国律师协会制定的行业规则形式出现,而且还以最高律师行政管理部门——国家司法部制定的行业规章形式出现;

第二,律师执业纪律规定一般明确具体,具有很强的操作性,是律师执业时必须遵守的法定义务;

第三,任何律师如有违反律师执业纪律的行为,不仅会受到律师协会实施的律师惩戒,还可能被追究行政、民事或刑事责任;

第四,律师执业纪律约束的是与律师执业行为有关的活动,律师的其他活动不受其约束。

[①] 本章主要参考肖胜喜主编:《律师与公证制度教程》,中国政法大学出版社2003年版;田文昌主编:《律师制度》,中国政法大学出版社2007年版;陈卫东主编:《中国律师学》,中国人民大学出版社2008年版;刘金华、俞兆平:《公证与律师制度》,厦门大学出版社2007年版。

第二节 律师执业纪律的内容

根据《律师法》第四章、2008 年《律师执业管理办法》、2009 年《律师执业行为规范》及 2001 年《律师职业道德和执业纪律规范》等法律法规及相关解释,律师执业纪律主要体现在五个方面:一是规范律师与其他法律职业主体之间关系的执业纪律;二是规范律师与执业机构之间关系的执业纪律;三是规范律师与行业协会之间关系的执业纪律;四是规范律师与同行之间关系的执业纪律;五是规范律师与当事人之间关系的执业纪律。

一、规范律师与其他法律职业主体之间关系的执业纪律

律师在诉讼与仲裁业务中,与司法机构、仲裁机构及其人员之间将产生复杂的法律关系。双方之间的关系是否符合法律规定,将会影响司法公正能否实现;同时,规范双方之间关系,对于降低律师执业风险,维护律师权益也有重大意义。

1. 律师不得为有利于自己承办的案件而与其他法律职业主体进行非正常接触。即,律师不得以影响案件的审理和裁决为目的,与经办案件的审判人员、检察人员、仲裁员等在非办公场所接触,不得向上述人员馈赠财物,也不得以许诺、回报或提供其他便利等方式,与承办案件的执法人员进行交易。如,不得借其他法律职业主体或者其近亲属婚丧喜庆事宜馈赠礼品、金钱、有价证券等;不得向其请客送礼、行贿或者指使、诱导当事人送礼、行贿;不得为其装修住宅、购买商品或者出资邀请其进行娱乐、旅游活动;不得为其报销任何费用;不得向其出借交通工具、通讯工具等其他物品等等。

清正廉洁,是司法追求的目标。律师作为维护当事人合法权益和法律正确实施力量的一方,必须通过正常手段和途径依法执业。此规定不仅有利于加强司法工作人员廉政建设,也有利于维护整个律师队伍的尊严和威信。

2. 律师不得向当事人宣传自己与有管辖权的执法机关及有关执法人员有特殊关系,也不能利用这种关系招揽业务。其中,特殊关系包括具有亲朋、同学、师生、曾经同事等亲密的关系。此项纪律规定,一方面禁止律师滥用与其他法律职业人员之间的社会关系;另一方面,也要求律师与当事人之间应建立起诚信关系。否则,既损害了司法权威,也亵渎了律师这一职业。

3. 律师不得故意提供虚假证据,不得威胁、利诱他人提供虚假证据,也不得妨碍对方当事人合法取得证据。证据是证明的基本要素,在案件处理中自始至终处于核心的地位。无论是司法机关还是仲裁机构,对案件的处理必须重证据,重调查研究。律师进行业务活动,必须忠于宪法和法律,坚持以事实为根据,以法律为准绳,严格依法执业。因此,律师在接受委托后,不得提供虚假证据、隐瞒事实,或者威胁、利诱他人提供虚假证据、隐瞒事实真相,以及妨碍对方当事人合法取得证据;同时不得在明知的情况下,为委托人非法的、不道德的或者具有欺诈性的要求和行为提供法律服务和帮助等。

4. 律师应遵守法庭、仲裁庭纪律,尊重法官和仲裁员。应当按照规定着装,遵守出庭时间、提交法律文书期限及其他与履行职务有关的程序规定。律师与公安机关、检察机关、人民法院和仲裁机关等国家执法机关,虽然在职能上存在差异,但都属于一个法律职业共同体,都肩负维护法律和实现正义的使命。因此,各方在履行职责时,都应以事实为根据,以法律为准绳,互相尊重。对于律师而言,遵守司法礼仪、保持良好的仪表、举止文明需要注意以下方面:首先,律师应遵守审判庭和仲裁庭纪律,不得扰乱审判庭和仲裁庭秩序或采用其他不正当手段拖延诉讼和仲裁;其次,出庭时,着装得体,注重律师的职业形象;再次,在发言时,律师应沉着、冷静,采取摆事实、讲道理的方式说服对方,禁止使用诽谤中伤、尖酸刻薄甚至污辱性的语言,也要避免过激的动作行为。

5. 律师必须遵守会见在押犯罪嫌疑人、被告人的规定。刑事案件中,律师的职能是根据事实和法律,提出证明被告人无罪、罪轻、减轻或免除刑事处罚的意见和材料,维护被告人的合法权益。为使律师充分了解有关案情,法律赋予了律师会见在押犯罪嫌疑人或被告人的权利。对此权利,律师不得滥用。如果律师违反规定携带刑事犯罪嫌疑人或被告人的亲属或者其他人会见在押犯罪嫌疑人或被告人,或利用职务之便为犯罪嫌疑人或被告人传递信件、钱物或与案情有关的信息,就可能导致串供、翻供的情况发生,从而妨害司法机关的审判工作。

二、规范律师与执业机构之间关系的执业纪律

律师事务所是律师的执业机构,肩负着教育、管理和监督本所执业律师的职责。律师应当遵守律师事务所的规定,并服从其监督管理。

1. 律师不得同时在两个或两个以上的律师事务所执业。律师事务所是律师的执业机构,律师必须在相应的组织机构里执业。法律禁止律师同时在两个或两个以上的律师事务所执业的原因主要有:第一,律师精力有限,在两个事务所内挂职,在增加案源给律师带来的经济利益的同时,将影响办案质量,危及甚至侵害当事人的利益。第二,有利于规范律师的管理。如果一名律师同时在两个或两个以上的律师事务所执业,律师事务所与律师之间形成多方领导关系,就会加大管理难度。第三,律师同时在两个或两个以上律师事务所执业,在律师与委托人之间发生纠纷时,会产生不利于委托人的后果。由于律师执业中的过失而给委托人造成损害的,先由律师事务所赔偿,然后由律师事务所向律师追偿。当受害人面对两个或者两个以上的事务所,既增加了受害人的追诉困难,也可能因律师事务所对赔偿责任的相互推诿导致利益损害。

2. 律师不得拒绝或怠于履行指派承担的法律援助义务和其他公益性法律服务。法律援助制度的本质是保障法律关系主体能够平等行使法定权利，实现法律面前人人平等的原则。我国现有情况下，法律援助主要由律师承担。援助范围主要是公民在赡养、工伤、刑事诉讼、请求国家赔偿和请求依法发给抚恤金等方面。律师承担法律援助义务，通常是指律师在为当事人提供法律服务时，按照有关规定不收费、少收费或延缓收费的制度。因此，在律师的执业纪律中，专门强调律师不得因为影响收入、增加麻烦等原因而拒绝履行法律援助等公益性法律服务，或者违反规定照常收费。同时也不得利用法律援助制度，将不符合援助规定的案件上报为法律援助案件，从而减免收费。

3. 律师不得私自接受当事人的委托，不得私自向委托人收取报酬或者其他费用。按照相关规定，律师承办业务，由律师事务所统一收案、统一收费，律师不得私自向委托人收取报酬或其他费用，不得在律师事务所正常收费之外索要或者收受委托人或者其他利害关系人给予的额外报酬或报酬性质的实物礼品。此规定的目的在于：第一，有利于防止乱收费现象的发生，维护当事人的利益，维护整个律师服务行业的规范；第二，可以防止偷税、逃税、漏税的行为发生；第三，有利于防止律师利用少收费等方式进行不正当竞争行为。

4. 律师不得违反律师事务所收费制度和财务纪律，不得挪用、私分、侵占业务收费。随着改革开放的进一步深化，司法部对律师事务所的改革进行了许多摸索和尝试。在经费管理方面，现在许多律师事务所都实行"自收自支"的经费管理办法，以调动律师的工作积极性，增强律师事务所的生机和活力。对此，律师事务所应当严格遵守律师事务所经费管理的有关规定，实事求是地核算收支，合理安排支出，按规定编报年度收支预决算，并受司法行政部门和有关财政、审计的检查和监督，不得违反有关规定，非法挪用、私分、侵占业务收费款项。

5. 律师变更执业机构的，应当按规定办理转所手续，并遵守相应规定。在市场经济体制下，律师制度进入市场化，必然大大提高律师执业的自由度和自主性。各律师事务所在经营理念、经营方式和经营效果等各方面差别很大。在追求更多的经济回报、赢得更大的发展空间等因素的推动下，律师的流动性是无法避免的。因此，在处理律师与律师事务所的关系时，要求律师在主动离所之前应当提前30日以书面方式告知所在的律师事务所，并办理相关手续。

同时，要求转所后的律师，不得损害原所属律师事务所的利益，应当信守对其作出的保守商业秘密的承诺；不得为原所属律师事务所正在提供法律服务的委托人提供法律服务。

三、规范律师与行业协会之间关系的执业纪律

律师协会是实现律师行业管理的自律性组织。律师与律师协会之间的关系

非常紧密。

1. 律师应当参加、完成律师协会组织的律师业务学习及考核。律师协会担负着总结、交流律师工作经验,组织会员进行业务培训和提高会员执业水准的职责。律师协会可通过各种方式加强对律师执业能力和素质的培养,如岗前培训、专家讲座、专业研讨等。律师也必须积极参加相关活动,从而了解最新立法资讯,巩固专业理论知识,增强业务技能。

2. 律师因执业行为成为刑、民事被告,或者受到行政机关调查、处罚的,应当向律师协会书面报告。律师协会负责律师职业道德和执业纪律的教育、检查和监督。律师涉嫌民事、刑事案件或者受到行政机关的查处,规定其向律师协会报告,一方面有利于维护律师的合法权益;另一方面便于律师协会履行管理会员的职责。

3. 律师应当积极参加律师协会组织的律师业务研究活动,完成律师协会布置的业务研究任务,参加律师协会组织的公益活动。律师协会作为律师行业的代表组织,担负着宣传律师工作,总结、交流律师工作经验方面的职责。而配合律师协会积极开展各项活动,尤其是完成法律援助义务的规定,则是会员律师不可推卸的责任。

4. 律师应当履行经律师协会调解达成的调解协议或作出的处理决定。律师协会负有监督实施律师执业规范和会员奖惩办法的职责,而这些职责是依托所有会员的自觉服从和遵守而实现的。因此,在执业过程中,律师与其他法律执业机构、律师事务所、律师、当事人之间发生纠纷时,若律师协会介入进行调解,那么,对于调解协议,律师必须遵照执行;若律师协会依照法律、法规、规章及律师协会章程、规则对律师作出了相关的处分决定,律师也应当履行。

5. 律师应当按时缴纳会费。律师协会收取的会费主要用于维持律师协会履行相关的职责,如召开律师代表大会、理事会以及工作会议、业务研讨会、交流等活动时的支出;维护会员合法权益时的费用支出;对会员奖惩工作、为会员提供学习资料和培训时的支出;律师协会执行机构的各项支出等等。因此,作为律师协会的会员,律师必须向各地方律师协会缴纳会费,各地方律师协会再向全国律师协会缴纳。

四、规范律师与同行之间关系的执业纪律

律师与同行之间存在着业务竞争关系,这种竞争是市场经济优胜劣汰规律的体现,良好的竞争关系将成为激励律师提高自身业务水平的动力。因此,维护良好的竞争秩序成为规范律师与同行之间关系的核心。

1. 律师应当遵守行业竞争规范,自觉维护执业秩序,维护律师行业的荣誉和社会形象。首先,律师不得损害其他律师的威信和名誉。律师的职责是以法律为武器,维护当事人的合法权益,维护法律的正确实施。因此,律师在执业过程中就应率先垂范,严格依法办案,做遵纪守法的榜样,以自身行动赢得当事人的尊重,而不应以贬低同行、损害其他律师的威信和名誉的方式来抬高自己。其次,加强行业共同体的凝聚力。在争取执业权利、保障合法权益不受侵犯的重大问题上,应当互相帮助,加强合作,共同维护自身的合法权益。作为律师协会的会员,律师之间还应加强经验和信息的交流,相互学习,提高执业水平。

2. 律师不得阻挠或者拒绝委托人再委托其他律师参与法律服务。相关法律规定当事人可以委托一至两名律师提供法律服务。因此,为确实维护当事人合法权益,保证诉讼顺利进行,应有两名律师共同提供服务时,相互之间应明确分工、相互尊重、密切协作,在意见不一致时应当及时通报委托人,由委托人亲自作出决定。

3. 禁止律师进行不正当竞争。律师执业不正当竞争行为,是指律师和律师事务所为了推广律师业务,违反自愿、平等、诚信原则和律师执业行为规范,违反法律服务市场及律师行业公认的行业准则,采用不正当手段与同行进行业务竞争,损害其他律师及律师事务所合法权益的行为。

随着市场经济的发展和律师管理体制的改革,我国律师队伍迅速发展,律师之间的竞争也日益激烈。不正当的竞争会给律师行业带来打击,不仅危害委托人的权益保障,还损害国家整体的司法形象。因此,律师及律师事务所的竞争必须遵循相应的法律规范。

第一,律师在与委托人及其他人员接触中,不得采用下列不正当手段与同行进行业务竞争:(1)故意诋毁、诽谤其他律师或律师事务所的信誉、声誉;(2)无正当理由,以在同行业收费水平以下收费为条件吸引客户,或采用承诺给予客户、中介人、推荐人回扣,馈赠金钱、财物方式争揽业务;(3)故意在委托人与其代理律师之间制造纠纷;(4)向委托人明示或暗示律师或律师事务所与司法机关、政府机关、社会团体及其工作人员具有特殊关系,排斥其他律师或律师事务所;(5)就法律服务结果或司法诉讼的结果作出任何没有事实及法律根据的承诺;(6)明示或暗示可以帮助委托人达到不正当目的,或以不正当的方式、手段达到委托人的目的。

第二,律师在与行政机关或行业管理部门接触中,不得采用下列不正当手段与同行进行业务竞争:(1)借助行政机关或行业管理部门的权力,或通过与某机关、某部门、某行业对某一类的法律服务事务进行垄断的方式争揽业务;(2)没有法律依据地要求行政机关超越行政职权,限定委托人接受其指定的律师或律师事务所提供的法律服务,限制其他律师正当的业务竞争。

第三,律师与司法机关及司法人员接触中,不得采用下列不正当手段与同行进行业务竞争:(1)利用律师兼有的其他身份影响所承办业务的正常处理和审理;(2)在司法机关内及附近200米范围内设立律师广告牌和其他宣传媒介;(3)向司法机关和司法人员散发附带律师广告内容的物品。

第四,依照有关规定取得从事特定范围法律服务的执业律师不得采取下列不正当竞争的行为:(1)限制委托人接受经过法定机构认可的其他律师或律师事务所提供法律服务;(2)强制委托人接受其提供的或者由其指定的其他律师提供的法律服务;(3)对抵制上述行为的委托人拒绝、中断、拖延、削减必要的法律服务或者滥收费用。

第五,律师相互之间不得采用下列手段排挤竞争对手的公平竞争,损害委托人的利益或者社会公共利益:(1)串通抬高或者压低收费;(2)为争揽业务,不正当获取其他律师和律师事务所收费报价或者其他提供法律服务的条件;(3)非法泄露收费报价或者其他提供法律服务的条件等暂未公开的信息,损害所属律师事务所的合法权益。

第六,律师不得擅自或非法使用社会特有名称或知名度较高的名称以及代表其名称的标志、图形文字、代号以混淆、误导委托人。包括:(1)有关政党、国家行政机关、行业协会名称;(2)具有较高社会知名度的高等法学院校名称;(3)为社会公众共知、具有较高知名度的非律师公众人物名称;(4)知名律师以及律师事务所名称。另外,律师也不得伪造、冒用或变造法律服务荣誉称号,在使用已获得的律师以及律师事务所法律服务荣誉称号时,应当注明获得时间和期限。同时,不得自我声明或者暗示其被公认或者证明为某一专业领域的权威或专家,不得进行律师之间或者律师事务所之间的比较宣传。

五、规范律师与当事人之间关系的执业纪律

律师与当事人之间的关系是律师执业行为规范的核心。律师与当事人之间通过委托代理合同建立和确定服务关系,律师在履行职责的同时,必须在符合法律规定的条件下,忠实于委托人,不得损害委托人的利益,并得谨慎从事委托事项。律师在处理与当事人之间关系时应当遵循的执业纪律包括两个方面的内容:一是合法接受委托的纪律;二是合法履行职责的纪律。

(一)合法接受委托的纪律

1. 律师不应接受自己不能办理的法律事务。通常,律师都有自己的专业范围,如民事、刑事、国际贸易等。对于不擅长或者不熟悉的专业领域,律师不仅难以利用自己的专业知识来保障当事人的权益,甚至可能导致不应有的损失。因此,律师对于自己不能办理的业务,不能因为经济诱惑而擅自接受,更不能以欺骗、瞒哄的方式接受。同时,律师还应将不能接受委托的原因,或者接受业务之后可能面临的风险,如实告知当事人。

2. 律师不得在同一案件中为双方当事人担任代理人,也不得代理与本人或者其近亲属有利益冲突的法律事务。同一案件的双方当事人,必然存在着一定的利益冲突。律师如果接受同一案件中的双方当事人的委托,面对当事人利益上的冲突,律师必然处于矛盾境地,必然要牺牲一方委托人的利益,从而影响法律公正与法律权威。为了避免这种情况的出现,要求律师不得同时接受同一案件双方当事人的委托。同样,当律师本人或者其近亲属在委托事务中存在利益冲突,也无法保障律师能够不为私利地依法办理业务,因此,律师不能承接该类业务。

3. 律师不得为谋取代理或辩护业务而作虚假承诺。市场化的律师行业,竞争是必然存在的。律师应当以能力培养、质量保障等方面的优势来宣传和竞争业务,同时,律师提供法律服务,必须以事实为依据,以法律为准绳,不能以不恰当的手段为当事人谋取利益。同样,为争抢案源而对当事人作出"包打赢"等虚假承诺,也是根本违反律师职业道德和纪律的行为。需要注意的是,律师的辩护、代理意见未被采纳,不属于虚假承诺。

4. 律师在未征得委托人同意的情况下,不得接受对方当事人办理其他法律事务的委托,但办结委托事项后除外。由于案件双方当事人之间存在着利益上的对抗性,律师受一方当事人委托后,必然立足于如何维护委托人的权益来考虑问题,从而与对方当事人处于相对的地位。如果律师又接受对方当事人委托为其处理其他法律事务,那么该律师很难在业务活动中公正合理地处理双方的关系,也增加了原委托人的思想顾虑,影响其对律师的信任。

5. 律师不得在与委托人依法解除委托关系后在同一案件中担任有利益冲突的对方当事人的代理人。律师在担任一方当事人代理人的过程中,委托人出于对代理律师的信赖,会将自身的真实情况向自己的律师陈述,以求取得利己的处理结果。如果律师与之解除委托关系后,在同一案件中担任对方当事人的代理人,必然会使原委托人处于劣势。为增强委托人对律师的信任感,维护律师行业的良性发展,律师执业纪律明确作出此条规定。

(二)合法履行委托职责的纪律

1. 律师应当充分运用专业知识和技能,尽职尽责地依法完成委托事项,最大限度地维护当事人的合法权益。当事人将自己的生命、自由、财产等权利委托于律师,律师应当勤勉、正直、诚实、尽职尽责地为当事人提供法律服务,努力满足当事人的合法、正当的要求,不得对当事人授权代理的法律事务懈怠、疏忽、无故拖延和草率处理。因此,律师在接受委托后,应当严格按照法律规定的期间、时效以及与委托人约定的时间办理委托事项。对委托人了解委托事项办理情况的要求,应当及时给予答复。对于委托人或当事人提供的证据原件、原物、音像资料底版以及其他材料应当谨慎保管。

2. 律师不得利用提供法律服务的便利谋取当事人争议的权益;不得从对方

当事人处接受利益或向其要求或约定利益,更不得与对方当事人或者第三人恶意串通,侵害委托人的权益。律师在执业过程中,侵害委托人的利益是违背律师最基本的工作职责和职业道德的。律师从业必须清廉,否则,律师在履行委托事务中,便可以利用自身的专业知识侵犯当事人的权益,甚至与对方当事人或者第三人恶意串通侵害当事人的权益。冲突的双方当事人之间利益处于尖锐的对抗状态,律师职业道德要求律师要从事实和法律两个角度来维护当事人的利益,因此,律师不能以危害己方当事人利益为代价,从对方当事人处接受利益或者向其要求、约定利益。也不能唯利是图,在当事人委托的法律事务中谋取双方争议的权益。

3. 律师应当为当事人保守秘密。目前,律师保守秘密义务已成为各国法律中一项基本的、重要的规定。早在1990年联合国通过的《关于律师作用的基本原则》第22条就规定:"各国政府应确认和尊重律师及委托人之间在其专业关系内所有联络和磋商均属保密的。"律师在从业过程中,可能知悉当事人的商业秘密、个人隐私等,如果不禁止律师泄漏此类秘密,将给当事人带来重大损失,同时,也让律师行业陷入不可信赖的境地。因此,各国法律规定了律师必须为当事人保守秘密的义务,同时,其他机关、组织、团体不得通过各种方式来予以限制。但是,委托人或者其他人准备或者正在实施的危害国家安全、公共安全以及其他严重危害他人人身、财产安全的犯罪事实和信息除外。

4. 律师不得在明知的情况下为当事人非法的、不道德的或具有欺诈性的要求或行为提供服务和帮助。我国要求律师的业务活动,并非纯粹为当事人谋取私利,而是从维护当事人合法权益的直接任务出发,同时维护法律的正确实施。因此,律师不得在明知委托人的动机和行为是非法的、不道德的或具有欺诈性的情况下,仍然接受委托为其提供帮助;不得无原则迁就委托人的个人利益,或者故意曲解法律以迎合委托人的不正当要求,或者授意委托人规避法律,而损害国家利益、社会公共利益和其他公民的合法权益。

5. 律师接受当事人委托后,不得擅自转委托他人代理;无正当理由,不得拒绝辩护或代理。当事人委托律师提供法律服务,是基于双方的信任。律师行业要取得社会的普遍信任,就必须在从业过程中,认真履行职责。实践中,存在名律师接受案源,而由其他律师进行办理的情况,或者律师由于所接受业务复杂繁琐而收费低廉、涉及其他利害关系等原因拒绝辩护或代理的情形。因此,我国相关法律规定,律师一旦接受业务,就禁止擅自转委托他人代理,或无正当理由而拒绝辩护或代理。

6. 律师不得超越委托权限,不得利用委托关系从事与委托代理的法律事务无关的活动。律师受当事人的委托,受律师事务所指派担任代理人或辩护人,其诉讼权利由两部分组成,一是律师依法直接享有的权利;二是依委托关系取得的权利。律师依委托关系取得的权利,在不同案件中因当事人授权范围不同而不同。律师只能在委托范围内行使权利,不许超越委托权限范围。《民法通则》第 66 条规定,没有代理权、超越代理权或代理权终止后的行为,非经被代理人追认,由代理人承担民事责任。因此,未经委托人同意,律师超越受托权限或者利用委托关系从事与委托代理的法律事务无关的活动,其后果由律师承担。

7. 律师不得非法阻止和干预对方当事人及其委托人进行的活动。无论是原告代理律师还是被告代理律师、被告人的辩护人,都是为了维护自己当事人的合法权益,从而维护整个社会法律的正确实施。因此,律师在业务活动中应当实事求是,光明磊落,为纠纷的顺利解决创造条件,不应当阻止和干涉对方当事人及其委托人依法进行的正常活动。

8. 律师应当合理开支办案费用。当事人除需要支付律师费外,还要承担各种办案费用,如办案的交通费,律师赴外地调查、出庭的食宿费用,复印材料的费用等。律师在从事辩护或代理业务时,也应当为当事人考虑,尽量节约各项开支,减少当事人的经济负担,提高自己的声誉。

第十一章 律师的法律责任

律师的法律责任是指律师及律师事务所在进行法律执业过程中,因违反各种法律规定以及各项合同规定所引起的法律责任。通常按照所违反法律规定的性质,可分为律师的行政、民事和刑事法律责任。

第一节 律师行政法律责任

律师行政法律责任主要体现为司法行政机关对于律师及律师事务所的惩戒。为保障律师事业的健康发展,规范律师执业活动,早在1992年10月22日司法部就颁布了《律师惩戒规则》,并于1993年3月1日起实施。该法规对律师和律师事务所违反职业规范的各种情形及应受的惩戒处分作了初步规定。随着社会的发展以及律师行业的繁荣,2001年《律师法》、2001年《律师职业道德和执业纪律规范》、2004年《律师执业行为规定(试行)》、2004年《律师和律师事务所违法行为处罚办法》相继颁行,这些法律法规为规范律师执业活动作了新的尝试。而2008年6月1日起实施的《律师法》及司法部于2010年6月1日起实施的《律师和律师事务所违法行为处罚办法》则对律师惩戒方面作了更为系统的规定。

一、行政处罚的方式

根据相关法律法规,关于律师的行政处罚有两个方面,即对律师的惩戒和对律师事务所的惩戒。由于律师与律师事务所之间关系紧密,二者间可能出现共同承担责任或者承担连带责任的情形。

对律师的行政处罚方式主要有:(1)警告;(2)罚款;(3)没收违法所得;(4)停止执业;(5)吊销律师执业证书。

对律师事务所的惩戒方式主要有:(1)警告;(2)停业整顿;(3)没收违法所得;(4)吊销律师事务所执业证书。

二、行政处罚的事由

(一)对律师的行政处罚事由

根据《律师法》第47条至第49条及《律师与律师事务所违法行为处罚办法》第5条到第22条,律师违反执业规定的行政处罚事由主要包括以下三种情况：

1. 律师有下列行为之一的，由设区的市级或者直辖市的区人民政府司法行政部门给予警告，可以处五千元以下的罚款；有违法所得的，没收违法所得；情节严重的，给予停止执业三个月以下的处罚：（1）同时在两个或两个以上律师事务所执业的。（2）以不正当手段承揽业务的。（3）在同一案件中为双方当事人担任代理人，或者代理与本人及其近亲属有利益冲突的法律事务的。（4）从人民法院、人民检察院离任后二年内担任诉讼代理人或者辩护人的。（5）拒绝履行法律援助义务的。

2. 律师有下列行为之一的，由设区的市级或者直辖市的区人民政府司法行政部门给予警告，可以处一万元以下的罚款；有违法所得的，没收违法所得；情节严重的，给予停止执业三个月以上六个月以下的处罚：（1）私自接受委托、收取费用，接受委托人财物或者其他利益的。（2）接受委托后，无正当理由，拒绝辩护或者代理，不按时出庭参加诉讼或者仲裁的。（3）利用提供法律服务的便利谋取当事人争议的权益的。（4）泄露商业秘密或者个人隐私的。

3. 律师有下列行为之一的，由设区的市级或者直辖市的区人民政府司法行政部门给予停止执业六个月以上一年以下的处罚，可以处五万元以下的罚款；有违法所得的，没收违法所得；情节严重的，由省、自治区、直辖市人民政府司法行政部门吊销其律师执业证书；构成犯罪的，依法追究刑事责任：（1）违反规定会见法官、检察官、仲裁员以及其他有关工作人员，或者以其他不正当方式影响依法办理案件的。（2）向法官、检察官、仲裁员以及其他有关工作人员行贿，介绍贿赂或者指使、诱导当事人行贿的。（3）向司法行政部门提供虚假材料或者有其他弄虚作假行为的。（4）故意提供虚假证据或者威胁、利诱他人提供虚假证据，妨碍对方当事人合法取得证据的。（5）接受对方当事人财物或者其他利益，与对方当事人或者第三人恶意串通，侵害委托人权益的。（6）扰乱法庭、仲裁庭秩序，干扰诉讼、仲裁活动的正常进行的。（7）煽动、教唆当事人采取扰乱公共秩序、危害公共安全等非法手段解决争议的。（8）发表危害国家安全、恶意诽谤他人、严重扰乱法庭秩序的言论的。（9）泄露国家秘密的。

（二）对律师事务所的行政处罚事由

《律师法》第50条具体规定了对律师事务所的行政处罚事由。律师事务所有下列行为之一的，由设区的市级或者直辖市的区人民政府司法行政部门视其情节给予警告、停业整顿一个月以上六个月以下的处罚，可以处十万元以下的罚款；有违法所得的，没收违法所得；情节特别严重的，由省、自治区、直辖市人民政府司法行政部门吊销律师事务所执业证书：（1）违反规定接受委托、收取费用的。（2）违反法定程序办理变更名称、负责人、章程、合伙协议、住所、合伙人等重大事项的。（3）从事法律服务以外的经营活动的。（4）以诋毁其他律师事务所、律师或者支付介绍费等不正当手段承揽业务的。(5) 违反规定接受有利益冲突的案件的。(6) 拒绝履行法律援助义务的。(7) 向司法行政部门提供虚假材料或者有其他弄虚作假行为的。(8) 对本所律师疏于管理,造成严重后果的。

律师事务所因前款违法行为受到处罚的,对其负责人视情节轻重,给予警告或者处二万元以下的罚款。

三、实施行政处罚的机关

《律师法》规定,司法行政部门对于做出违反执业纪律行为的律师以及律师事务所享有惩戒权。由于违纪程度不同,处罚方式也不同,作出处罚决定的司法机关的级别也不尽相同。

应当由设区的市级或者直辖市的区人民政府司法行政部门作出的处罚决定有:(1) 对律师处以五千元以下的罚款、停止执业三个月以下的处罚以及没收违法所得的处罚决定;(2) 对律师处以一万元以下的罚款、停止执业三个月以上六个月以下的处罚以及没收违法所得的处罚决定;(3) 对律师处以停止执业六个月以上一年以下的处罚,处五万元以下的罚款;(4) 对律师事务所给予警告、停业整顿一个月以上六个月以下的处罚,处十万元以下的罚款;有违法所得的,没收违法所得的处罚决定。

应当由省、自治区、直辖市人民政府司法行政部门作出的处罚决定有:(1) 吊销律师执业证书;(2) 吊销律师事务所执业证书。

四、行政处罚的程序

司法行政机关对于律师及律师事务所的违法行为实施行政处罚,应当根据《行政处罚法》《律师法》和司法部关于行政处罚程序的规定以及《律师和律师事务所违法行为处罚办法》的规定进行。

1. 投诉

对律师及律师事务所违反法律、法规和规章的行为,任何公民组织都有权向律师惩戒委员会投诉并要求实施处罚。律师惩戒委员会应当对投诉的事实进行认真审查。

2. 调查取证

司法行政机关受理案件后,应当对律师或者律师事务所的违法行为进行调查,全面、客观、公正地收集证据,查明事实。既可以要求律师说明情况、提交有关材料;也可以调阅律师事务所有关业务案卷和档案材料,还可以向有关单位、个人调查核实情况、收集证据;对可能灭失或者以后难以取得的证据,可以先行登记保存。司法行政机关可以委托下一级司法行政机关或者违法行为发生地的司法行政机关进行调查,也可以委托律师协会协助进行调查。案件调查结束后,业务工作部门应根据案件情况作出不同的处理决定。按照规定需要举行听证会的,提出处罚意见后,送法制工作部门,由法制工作部门举行听证会。①

3. 行政处罚决定

司法行政机关实施行政处罚,应当经机关负责人审批,并依照《行政处罚法》的要求制作行政处罚决定书。正式的决定书应当记载以下事项:(1) 被处罚人的姓名、性别、年龄、籍贯和所在律师事务所;(2) 处罚事由;(3) 处罚事实和理由;(4) 处罚决定;(5) 惩戒委员会主任签名;(6) 决定的年、月、日。对情节复杂或者重大违法行为给予较重的行政处罚的,司法行政机关的负责人应当集体讨论决定;集体讨论决定时,可以邀请律师协会派员列席。

《律师惩戒规则》第19条规定,惩戒委员会成员应当自行回避或者当事人有权申请他们回避的事由有:(1) 是本案当事人或当事人的近亲属;(2) 与本案的处理结果有利害关系;(3) 与本案当事人有其他关系,可能影响惩戒公正的。

五、复议与行政诉讼

《律师惩戒规则》第24、25条及《律师和律师事务所违法行为处罚办法》第35条规定:被处罚的律师或被处罚的律师事务所对惩戒委员会所作处罚决定不服的,可在接到处罚决定书之日起15日内书面向上一级律师惩戒委员会申请复议。上一级律师惩戒委员会应当于接到复议申请之日起两个月内作出复议决定,报同级司法行政机关批准。对取消律师资格和撤销律师事务所的处罚决定或复议决定不服的,可在接到决定书之日起15日内,向人民法院提起行政诉讼。如果因司法行政机关违法给予行政处罚受到损害的,有权依法提出赔偿要求。

六、执行

处罚决定由直接管理该被处罚的律师或者律师事务所的司法行政机关执行。对于司法行政机关实施的行政处罚,可以根据需要,采用适当方式,将有关行政处罚决定在律师行业内予以通报或者向社会公告。被处罚的律师或律师事务所应当自觉、按时、全面地履行行政处罚决定,并向司法行政机关如实报告履行情况。司法行政机关应当对律师、律师事务所履行行政处罚决定的情况实施监督,发现问题及时责令纠正或者依法采取相应的措施。

律师受到停止执业处罚期限未满的,不得申请变更执业机构;受到六个月以上停止执业处罚的,执行处罚的期间以及期满未愈三年的,不得担任合伙人。律师事务所受到停业整顿处罚期限未满的,不得自行决定解散,不得申请变更名称,不得申请分立、合并,不得申请设立分所;该所负责人、合伙人和对律师事务

---

① 参见刘金华、俞兆平:《公正与律师制度》,厦门大学出版社2007年版,第142页。

所受到停业整顿处罚负有直接责任的律师不得申请变更执业机构。

第二节 律师民事法律责任①

一、律师民事法律责任的概念

律师民事法律责任,是指律师在执业过程中,因违法或过错行为使当事人的合法权益受到损害,应承担的民事赔偿责任。

律师基于当事人的委托或聘请,帮助当事人办理有关法律事务,以维护当事人的合法权益。这种委托关系属于代理关系(当然也有指定的刑事辩护)。当事人授予律师一定范围内的代理权并付给律师一定数额的酬金,律师则根据授权或法律规定为当事人提供有效的法律帮助,以维护当事人的合法权益。我国《民法通则》第66条第2款规定:"代理人不履行职责而给被代理人造成损害的,应当承担民事责任。"第106条第2款规定:"公民、法人由于过错侵害国家的、集体的财产,侵害他人财产、人身的,应当承担民事责任。"根据民事权利义务对等的原则,由于律师在执行职务的过程中,即在行使代理权的过程中,因主观过错使被代理人的合法权益受到不应有的损害,律师就应当承担相应的民事法律责任,包括向当事人赔偿经济损失。

《律师法》第54条规定,律师违法执业或者因过错给当事人造成损失的,由其所在的律师事务所承担赔偿责任。律师事务所赔偿后,可以向有故意或者重大过失行为的律师追偿。这一规定进一步将律师民事责任法定化。并且,律师民事责任是由律师事务所首先承担的,然后再由其向责任人追偿。

确定律师民事赔偿责任制度,对于促进律师自觉遵守职业规范,正确对待与委托人的权利义务关系,强化律师的责任心,提高律师服务质量和律师的社会信誉都具有重要意义。同时,它还有利于促进律师工作的管理和监督,有利于最大限度地减少或避免工作中的失误,有利于拓展律师业务,吸引更多的客户委托律师办理法律事务,有利于律师与公众建立新型的信任关系,有利于社会主义民主法制的顺利进行。

二、律师民事法律责任的构成要件②

(一)律师有违法执业行为或过错行为

律师民事赔偿责任的前提与其他一般民事赔偿责任一样,也是责任人具有过错行为的法律事实。这种行为可以是作为,例如律师泄露当事人商业秘密或

---

① 本节主要参考陈卫东主编:《中国律师学》,中国人民大学出版社2008年版。
② 参见宋朝武、张力:《律师与公证》,高等教育出版社2007年版,第78页。

个人隐私,超越当事人授予的代理权限等;也可以是不作为,例如律师接受委托后,无正当理由拒绝辩护或者代理等。无论作为还是不作为的行为,都要求律师具有过错。

同时,律师的这些行为还必须发生在执业的过程中,并且与所处理的法律事务相关联。律师在执业以外的个人行为不属于律师民事法律责任的范畴,属于个人民事责任。

(二)律师的违法执业或过错行为过当事人造成损失

律师违法执业或过错行为给当事人所造成的损失主要是指物质方面的损失。如果没有给当事人造成损失,律师事务所不应承担民事赔偿责任,而仅仅由律师个人承担行政处罚或纪律处分的结果即可。

(三)律师违法执业或过错行为与当事人的损失之间存在因果关系

律师事务所承担损害赔偿责任,实质上是赔偿因律师的违法执业或过错的行为给当事人造成的损失。因此,当事人要求律师事务所承担损害赔偿责任,必须证明自己的损失是由律师违法执业或过错的行为造成的。如果两者之间不存在因果关系,律师事务所不承担相应法律责任。

(四)律师主观上有过错

律师在实施违法执业或过错行为时,主观上要有一定的过错。无过错,则不负责任。过错包括故意和过失两种。故意,是指律师明知自己的行为会给当事人造成损失,并且希望或者放任这种后果的发生;过失,是指律师应当预见自己的行为有可能会给当事人造成损失,但由于疏忽大意而导致损害结果的发生。

三、律师民事法律责任的主体与责任范围

(一)责任主体

《律师法》第 54 条规定,律师违法执业或者因过错给当事人造成损失的,由其所在的律师事务所承担赔偿责任。律师事务所赔偿后,可以向有故意或者重大过失行为的律师追偿。

可见,律师违法执业或者因过错给当事人造成损失的,承担赔偿责任的主体是律师所在的律师事务所。这是因为,委托协议是由律师事务所与当事人签订的,当事人的律师费用也是向律师事务所交纳,即当事人与律师事务所存在委托合同关系。而律师与当事人之间并没有直接的合同关系,从合同的角度看,律师只是根据律师事务所的委派承办案件。因此,当事人只能向律师事务所要求赔偿。

与此相适应,由于损失是律师的行为造成的,律师事务所在赔偿之后,可以向责任律师追偿,这种追偿关系是基于律师事务所和律师之间的关系而产生的,与当事人无关。

（二）责任范围

结合具体实践，律师事务所应当赔偿的损失主要包括：（1）违反委托人的意愿所造成的损失；（2）侵害作为委托人的合法权益；（3）故意违反执业规范所造成的损失；（4）执业中因过失所造成的损失；（5）其他违法执业或因过错行为所造成的损失。

第三节　律师刑事法律责任[①]

一、律师刑事法律责任的概念

律师刑事法律责任是指律师或者律师事务所在执业过程中，违反《律师法》和《刑法》的有关规定违法执业，情节严重，构成犯罪，依法应承担的法律后果。可以从三个方面对律师刑事法律责任作进一步理解：第一，律师刑事法律责任的主体，既包括律师，也包括律师事务所。第二，律师和律师事务所要承担刑事法律责任的行为必须违反了刑事法律法规的规定，已经构成犯罪并应受到相应的刑事惩罚。一般的违法行为不构成刑事犯罪的，不承担刑事责任。第三，律师和律师事务所违反刑事法律规定的行为必须发生在执业过程中，与执业行为有关。

二、律师、律师事务所的犯罪行为及其刑事责任

结合《刑法》部分法条，律师、律师事务因其违法行为所承担的刑事责任主要涉及以下几种罪名：

（一）辩护人、诉讼代理人毁灭证据、伪造证据、妨害作证罪

《刑法》第306条规定："在刑事诉讼中，辩护人、诉讼代理人毁灭、伪造证据，帮助当事人毁灭、伪造证据，威胁、引诱证人违背事实改变证言或者作伪证的，处三年以下有期徒刑或者拘役；情节严重的，处三年以上七年以下有期徒刑。辩护人、诉讼代理人提供、出示、引用的证人证言或者其他证据失实，不是有意伪造的，不属于伪造证据。"律师构成该罪必须具备以下要件：第一，客观上有以下行为：（1）毁灭、伪造证据；（2）帮助当事人毁灭、伪造证据；（3）威胁、引诱证人违背事实改变证言或者作伪证。第二，主观上只能是故意。

（二）行贿罪

《刑法》第389条规定："为谋取不正当利益，给予国家工作人员以财物的，是行贿罪。"律师实施构成行贿罪的行为，必须具备以下要件：（1）行贿对象必须是国家工作人员；（2）有给予国家工作人员财物的行为；（3）主观上存在

[①] 本节主要参考肖胜喜主编：《律师与公证制度及实务》，中国政法大学出版社1999年版；宣善德主编：《律师、公证与仲裁制度》，中国政法大学出版社2008年版。

故意。

(三) 介绍贿赂罪

《刑法》第392条规定:"向国家工作人员介绍贿赂,情节严重的,处三年以下有期徒刑或者拘役。介绍贿赂人在被追诉前主动交待介绍贿赂行为的,可以减轻处罚或者免除处罚。"律师构成介绍贿赂罪,必须具备以下要件:(1) 介绍行贿对象必须是国家工作人员;(2) 有向国家工作人员介绍贿赂的行为;(3) 主观上只能是故意。

(四) 单位行贿罪

《刑法》第393条规定:"单位为谋取不正当利益而行贿,或者违反国家规定,给予国家工作人员以回扣、手续费,情节严重的,对单位判处罚金,并对其直接负责的主管人员和其他直接责任人员,处五年以下有期徒刑或者拘役。"律师事务所构成单位行贿罪的行为构成要件包括:(1) 行贿对象必须是国家工作人员;(2) 必须是为了谋取不正当利益而给予国家工作人员财物,或者违反国家规定,给予回扣、手续费且情形严重。

(五) 泄露国家秘密罪

《刑法》第398条规定:"国家机关工作人员违反保守国家秘密法的规定,故意或者过失泄露国家秘密,情节严重的,处三年以下有期徒刑或者拘役;情节特别严重的,处三年以上七年以下有期徒刑。非国家机关工作人员犯前款罪的,依照前款的规定酌情处罚。"律师作为非国家机关工作人员,在其执业活动中很有可能利用职务的便利接触到一般人无法获知的国家秘密,其职业的特殊性,决定了他负有保守职务秘密的强制义务。因此,律师有可能成为泄露国家秘密罪的犯罪主体,承担刑事责任。

第十二章 刑事诉讼中的律师辩护

第一节 刑事辩护概述

一、概念

刑事辩护是指犯罪嫌疑人、被告人及其辩护人根据事实和法律,针对指控进行反驳,提出犯罪嫌疑人、被告人无罪、罪轻或者减轻、免除其刑事责任的材料和意见,以维护犯罪嫌疑人、被告人的诉讼权利和其他合法权益的一项诉讼活动。辩护是针对控诉而提出,是同控诉相对立的诉讼活动。只有当犯罪嫌疑人、被告人被控犯罪后,犯罪嫌疑人、被告人及其辩护人才能进行辩护。

刑事辩护制度是刑事诉讼的重要组成部分,是司法制度中的一项重要内容。刑事辩护制度,就是指在刑事诉讼中确保犯罪嫌疑人、被告人行使辩护权的制度。具体地说,即是在刑事诉讼中为了保证犯罪嫌疑人、被告人的辩护权得以实现,而由法律规定的关于辩护权的内容、原则、方式及其体系的法律制度。

二、辩护权

辩护权,是指法律赋予犯罪嫌疑人、被告人针对指控内容进行辩解、反驳,以维护其自身合法权益的权利,是犯罪嫌疑人、被告人各项诉讼权利的核心。辩护权具有以下特征:(1)辩护权专属于刑事诉讼中的犯罪嫌疑人、被告人;(2)辩护权以被指控犯罪为存在前提;(3)辩护权的行使以辩解和反驳为基本手段;(4)辩护权是司法民主的标志。

根据《刑事诉讼法》的有关规定,辩护权主要包括以下内容:(1)针对指控进行辩解和反驳;(2)有权要求有关人员回避;(3)有权对司法机关的处理决定提出异议。

根据《刑事诉讼法》和《律师法》的有关规定,辩护权行使的方式主要有以下几种:(1)自行辩护。法律规定,犯罪嫌疑人、被告人在整个刑事诉讼过程中都可以行使辩护权,为自己进行辩护。(2)委托辩护。即犯罪嫌疑人、被告人通过订立委托协议的形式,委托辩护人为其辩护。(3)指定辩护。在出现法律规定的情况下,司法机关为没有委托辩护人的被告人指定承担法律援助义务的律师为其提供辩护。

三、辩护人的范围

辩护人，是指接受犯罪嫌疑人、被告人的委托或者司法机关的指定，帮助犯罪嫌疑人、被告人行使辩护权以维护其合法权益的人。根据《刑事诉讼法》的规定，可以担任辩护人的人员有：(1) 律师，包括专职和兼职律师；(2) 人民团体或者犯罪嫌疑人、被告人所在单位推荐的人；(3) 犯罪嫌疑人、被告人的监护人、亲友。

在上述人员中，律师是最佳的辩护人。正在被执行刑罚或者依法被剥夺人身自由的人，不得担任辩护人。

四、律师辩护的特点

律师刑事辩护是律师法规定的执业律师的主要业务之一。律师的辩护是辩护制度的主要内容，也是律师制度的重要组成部分。律师辩护的特点，是指在整个刑事辩护制度中，律师辩护与其他辩护人相比较而言所具有的独特之处。

(1) 专业性。律师作为专业的法律工作者，履行辩护职能。维护犯罪嫌疑人、被告人的合法权益，是其法律职责，维护国家法律的正确实施，是其法律义务。

(2) 独立性。律师作为法律专业工作者，是站在国家和人民的立场上，为维护法律的正确实施和维护犯罪嫌疑人、被告人的合法权益而辩护。律师依照事实和法律，独立进行诉讼活动。其辩护观点不受犯罪嫌疑人、被告人意志的约束，也不是犯罪嫌疑人、被告人的代言人。

(3) 组织性。与一般辩护人不同，律师作为辩护人出庭辩护，必须履行法律手续，要由律师所在的事务所统一接受委托、统一收费，订立委托合同。这有利于律师把为犯罪嫌疑人、被告人依法辩护视为履行社会职责。做到既对委托人负责，也对律师组织负责。

(4) 一致性。律师参与刑事诉讼，依法担任辩护人的目的与司法机关进行诉讼的目的是一致的，即保证准确、及时地查明犯罪事实，正确应用法律，惩罚犯罪分子，保障无罪的人不受刑事追究。

五、刑事辩护的意义

刑事辩护制度是社会主义法律制度的重要组成部分，它是社会主义司法民主的重要标志。律师担任辩护人参与刑事诉讼，有利于提高办案质量，对加强社会主义民主法制具有重要意义。

首先，刑事辩护有利于公安、司法机关提高办案质量。律师作为辩护人履行辩护职能，能够对案件事实的认定、证据的采用、法律的适用等提出充分的材料和意见,并进行反驳和申辩。这有利于公安、司法机关客观全面地了解案情,正确适用法律,防止主观片面性,以提高办案质量。

其次,刑事辩护有利于弥补犯罪嫌疑人、被告人法律知识的不足,切实维护其合法权益。在刑事诉讼中,由于犯罪嫌疑人、被告人自身的特定性,决定了其自行辩护必然具有较大的局限性,无法真正、有效地维护自己的合法权益。律师作为熟悉法律的专业工作者,能够弥补犯罪嫌疑人、被告人法律知识的不足,充分提出证明无罪、罪轻或者减轻、免除其刑事责任的材料和意见。防止冤枉无辜或轻罪重罚、无罪判为有罪,以切实有效地帮助犯罪嫌疑人、被告人依法维护其合法权益。

最后,刑事辩护有利于维护法律的正确实施。律师作为辩护人,虽然在刑事诉讼中执行着与审判、检察人员不同的职能,但目的是一样的,都是为了维护国家法律的尊严。以事实为根据,以法律为准绳,是司法人员和律师进行刑事诉讼活动时应遵循的基本原则。律师通过诉讼活动维持法律的正确实施,主要体现在认定事实和适用法律上,有利于查清案件事实,帮助司法机关作出正确的判决。

六、辩护律师的诉讼地位

律师具有特定身份和职责,享有被告人和其他辩护人所不享有的特殊权利,其辩护意见不受被告人意志约束。因此,律师在刑事诉讼中具有独立的诉讼地位。当然,这种独立的诉讼地位是相对的,不是绝对的。"独立"是依据事实和法律而独立。

(1) 从律师在刑事诉讼中享有的权利看,律师享有特殊的权利。根据《刑事诉讼法》的有关规定,其他辩护人须经人民检察院或人民法院的许可,才能享有这些权利。

(2) 从律师与犯罪嫌疑人、被告人的关系看,律师是接受委托或由法院指定辩护的人。在帮助被告人行使辩护权的过程中,律师只根据事实和法律独立形成辩护意见,不受被告人的意志所左右,不是被告人的代言人。

(3) 从律师与公诉人的关系看,律师行使辩护职能与公诉人行使控诉职能,诉讼地位平等。律师在诉讼中,针对控诉而提出有利于被告人的材料和意见,以维护被告人的合法权益,不受公诉人的意见约束。

七、评判律师辩护成功的标准

如同其他工作一样,律师辩护也存在着成功与失败的可能性,并有一个衡量的标准。衡量评判辩护成功的标准,应从主观和客观两方面评判。从主观方面看,律师要尽责尽职,接受委托或指定后,应及时通过阅卷、会见犯罪嫌疑人或被告人、调查访问等途径了解案情。通过这些量化劳动把握案件的实质,根据事实和法律,提出正确的辩护意见。从客观方面看,通过辩护使犯罪嫌疑人或被告人得到了从轻、减轻或免除刑罚的结果,这固然可以说是律师辩护起了作用,同时也实现了犯罪嫌疑人、被告人或其家属委托律师担任辩护人的目的。但是,不能笼统地说凡是取得上述结果的辩护都是成功的。评判辩护成功除了从主客观方面考察外,还须注意辩护是否从事实和法律角度出发,依法辩护。如果为了片面追求效果而脱离事实和法律而强辩、狡辩或诡辩,甚至利用不正当关系而取得某种预期的结果,这种辩护不能算是成功的。如果把这样的结果也称为成功,就会把辩护制度引向邪路。

当然,在司法实践中,有时也会出现律师依据事实和法律提出的正确的辩护意见没有得到采纳的情况。这就需要具体分析:如果是因为审判人员的业务素质、能力等原因而没有得到采纳,那么作为律师是问心无愧的;如果是案件受到非法律因素的干扰而使律师的正确辩护意见没有得到采纳,这已经超出律师辩护成功评判问题的本身,需要放到执法大环境问题中讨论。

总之,评判律师辩护是否成功的标准应从律师是否敢于坚持原则,敢于争辩;是否把握认定事实关、对案件的定性,以及对被告人的量刑关,是否帮助犯罪嫌疑人、被告人充分行使辩护权,促使司法机关作出公正处理。

八、辩护律师享有的权利

律师的权利,是指法律赋予或当事人授予律师在依法执业时所享有的一定权能。我国的刑事辩护律师依法享有以下权利:

(1) 阅卷权。律师介入刑事诉讼后,在审查起诉阶段可以查阅、摘抄和复制与本案有关的诉讼文书及案卷材料。在审判阶段可以查阅、摘抄和复制与案件有关的所有材料。[①]

(2) 会见和通信权。从刑事诉讼的侦查阶段开始,律师就可以同在押的犯罪嫌疑人、被告人会见与通信。律师会见犯罪嫌疑人、被告人,不被监听。[②]

(3) 调查权。律师参加刑事诉讼,可以凭律师的执业证书和律师事务所证明,调查、收集与本案有关的材料。[③]

(4) 获取本案开庭通知和诉讼文书副本的权利。

(5) 出席法庭,参与诉讼的权利。包括发问、对证据的异议、辩论等。

(6) 拒绝辩护权。对符合法律规定的情形,如委托事项违法、委托人利用律

---

① 参见新《律师法》第 34 条和新《刑事诉讼法》第 38 条。
② 参见新《律师法》第 33 条和新《刑事诉讼法》第 37 条第 1 款。
③ 参见新《律师法》第 35 条第 2 款和新《刑事诉讼法》第 41 条。

师提供的服务从事违法活动或者委托人故意隐瞒与案件有关的重要事实的,律师有权拒绝辩护。①

(7) 言词豁免权。律师在法庭上发表的辩护意见不受法律追究。但是,发表危害国家安全、恶意诽谤他人、严重扰乱法庭秩序的言论除外。②

(8) 代行上诉权。在地方各级人民法院作出一审裁判时,经被告人同意或授权,律师可以代行向上一级人民法院提起上诉。

九、辩护律师应承担的义务

律师的义务,是指律师在依法执业活动中所必须履行的职责。律师在享有权利的同时,必须承担以下相应的义务:

(1) 律师根据事实和法律,提出有利于犯罪嫌疑人、被告人的材料和意见,以维护他们的合法权益;

(2) 对于法律规定的应当减、免交纳费用的被告人和法院指定辩护的案件,律师有责任接受委托或法院的指定,出庭辩护,为被告人提供法律援助;

(3) 律师对于在业务活动中接触、了解到的国家秘密、当事人的隐私,以及商业秘密,有保守秘密的义务;

(4) 律师依法出庭执行职务,应严格遵守法庭的规则和秩序,严格遵守和执行法律规定的程序,尊重公诉人员和审判人员;

(5) 律师接受委托必须通过律师事务所履行手续,不得私自接受委托,私自收取报酬或财物;

(6) 不得为影响案件的判决而与公、检、法等机关的办案人员进行不正当的接触和交涉;

(7) 不得向承办案件的法官、检察官或有关工作人员请客送礼或者行贿,或者指使、诱导当事人行贿;

(8) 不得提供虚假证据,隐瞒事实或者威胁、利诱他人提供虚假证据,隐瞒事实及妨碍对方当事人合法取得证据;

(9) 不得无故拒绝辩护;

(10) 不得扰乱法庭秩序,干扰诉讼活动的正常进行等。

---

① 参见新《律师法》第32条第2款。
② 参见新《律师法》第37条第1款和新《刑事诉讼法》第46条。

第二节 律师辩护的工作程序及方法

一、刑事侦查阶段的律师法律帮助

（一）概念

刑事侦查阶段的律师法律帮助,是指在刑事公诉案件的侦查阶段,律师接受犯罪嫌疑人的委托为其提供法律咨询、代理申诉、控告,申请取保候审等活动。《律师法》第28条规定,律师的业务之一是"接受刑事案件犯罪嫌疑人的聘请,为其提供法律咨询、代理申诉、控告,为被逮捕的犯罪嫌疑人申请取保候审"。《刑事诉讼法》第36条也对律师在刑事侦查阶段为犯罪嫌疑人提供法律咨询的内容作了规定。

（二）工作内容

律师在刑事侦查阶段提供法律帮助的内容有:[①]（1）向侦查机关了解犯罪嫌疑人涉嫌的罪名；（2）会见犯罪嫌疑人了解有关案件情况,为犯罪嫌疑人提供法律咨询；（3）保护犯罪嫌疑人的合法权益,对侵犯犯罪嫌疑人合法权益的行为进行控告；（4）如果发现犯罪嫌疑人被错误拘留或逮捕,可以向侦查机关提出申诉意见；（5）为被逮捕的犯罪嫌疑人申请取保候审；（6）对于侦查机关采取强制措施超过法定期限的,有权要求解除强制措施；（7）在出现法定条件的情况下,公安机关应当通知法律援助机构指派律师为犯罪嫌疑人提供辩护。（具体的法定条件可参见一审阶段的内容）

（三）对律师在刑事侦查阶段诉讼地位的认识

自刑事犯罪嫌疑人被侦查机关（公安局、国家安全局和反贪污贿赂局等）立案侦查起,至案件侦查结束被移送到检察院审查起诉止,这段期间,法律上称"刑事侦查阶段"。在此阶段被拘留、逮捕的人被称为"犯罪嫌疑人",俗称"疑犯"。根据新修正的《刑事诉讼法》第33条的规定,犯罪嫌疑人自被侦查机关第一次讯问或采取强制措施之日起,有权委托辩护人；在侦查期间,只能委托律师作为辩护人。该法第36条又规定,辩护律师在侦查期间可以为犯罪嫌疑人提供法律帮助；代理申诉、控告,申请变更强制措施；向侦查机关了解犯罪嫌疑人涉嫌的罪名和案件有关情况,提出意见。这些活动明显带有辩护性质,属于辩护活动。此时犯罪嫌疑人面对着拥有各种侦查手段和侦查权的机关,其人身自由又因侦查机关采取必要的强制措施而受到很大限制,所以律师的法律帮助是十分珍贵的,可以或多或少地起到某种制衡作用。目前在许多发达国家的立法中,犯

---

① 参见新《刑事诉讼法》第33条、第36条、第95条和第97条规定。

罪嫌疑人自被侦查时起就有权请律师辩护的规定已十分普遍。我国也加入了保护刑事被追诉人合法权益的相关的国际公约。在这样的历史背景和现实氛围下,我国新《刑事诉讼法》允许律师以辩护人的身份在侦查过程中为犯罪嫌疑人提供法律帮助无疑是历史的进步。应该认识到,律师只要接受被追诉人的委托介入刑事诉讼,无论是在侦查、起诉和审判的哪个阶段介入,其在本质上都是辩护人。因此,在侦查过程中,律师是以辩护人的身份介入诉讼的。当然,如何确保律师在侦查阶段行使辩护人的权利和职责,还有待作进一步的探讨。

二、审查起诉阶段的律师辩护

(一) 工作内容

侦查机关经侦查终结,认为需要追究犯罪嫌疑人刑事责任的,侦查机关需制作起诉意见书并将案件移送人民检察院审查起诉。根据新《刑事诉讼法》第33条"公诉案件自案件移送审查起诉之日起,犯罪嫌疑人有权委托辩护人","人民检察院自收到移送审查起诉的案件材料之日起三日以内,应当告知犯罪嫌疑人有权委托辩护人"的规定,律师在此阶段为犯罪嫌疑人提供法律服务的形式是刑事辩护。律师在审查起诉阶段的辩护工作内容有:

1. 阅卷

从审查起诉之日起,律师可以到人民检察院查阅、摘抄、复制本案的案卷材料。人民检察院应当提供必要的方便,并提供阅卷场所。①

2. 会见和通信

律师有权会见在押或未被关押的犯罪嫌疑人。律师会见在押的犯罪嫌疑人,可持律师执业证书、律师事务所证明和委托书或法律援助公函到有关的羁押场所会见犯罪嫌疑人。

3. 调查取证

根据辩护的需要,律师可以对与本案有关的情况进行调查访问和收集证据。

4. 提出辩护意见

根据新《刑事诉讼法》第170条的规定,人民检察院审查案件,应当听取辩护人的意见。因此,律师在该阶段介入后,应当从案件事实和适用的法律等问题向人民检察院提出自己的辩护意见。

5. 协助申诉

根据新《刑事诉讼法》第177条的规定,对于人民检察院以犯罪嫌疑人犯罪情节轻微,依照刑法规定不需要判处刑罚或者免除刑罚的不起诉决定,被不起诉人如果不服的,可以自收到决定书后7日以内向人民检察院申诉。人民检察院

---

① 参见新《律师法》第34条和新《刑事诉讼法》第38条的规定。

应当作出复查决定,通知被不起诉人。如果律师认为不起诉理由不当的,应当积极协助当事人提出申诉,要求人民检察院纠正错误的决定,以体现辩护权对公诉权的制约,维护犯罪嫌疑人的合法权益。

(二) 应注意的事项

(1) 律师接受委托后,应将委托书和公函及时函告人民检察院。

(2) 律师会见在押的犯罪嫌疑人时,不得有律师以外的人员在场,会见不被监听。

(3) 律师会见时,应制作会见笔录,会见笔录应有犯罪嫌疑人确认记录属实的签名。

(4) 律师根据案情需要,可以申请人民检察院收集、调取证据。自行调查取证的,凭律师执业证书和律师事务所证明,可以向有关单位或者个人调查与案件有关的情况。①

(5) 在出现法定条件的情况下,人民检察院应当通知法律援助机构指派律师为犯罪嫌疑人、被告人提供辩护。(具体的法定条件可参见一审阶段的内容。)

三、一审阶段的律师辩护

(一) 接受委托或指派

根据《刑事诉讼法》的规定②,人民法院决定开庭审判后,应当告知被告人可以委托辩护人。自诉案件的被告人有权随时委托辩护人。人民法院受理人民检察院提起公诉的案件或自诉案件后,这段期间法律上称为一审阶段。被提起公诉的人或刑事自诉被指控的人称为刑事被告人,律师在一审阶段为被告人提供法律服务的形式是一审辩护。

律师在这个阶段介入诉讼的途径是被告人的委托或法律援助机构的指派。律师可以接受公诉案件的被告人或自诉案件的被告人的委托担任辩护人介入诉讼。同时,在出现法定条件的情况下,人民法院应当通知法律援助机构指派律师为被告人提供辩护。根据《刑事诉讼法》第 34 条的规定,被告人因经济困难或者其他原因没有委托辩护人的,由被告人本人及其近亲属向法律援助机构提出申请。对符合法律援助条件的,法律援助机构应当指派律师为被告人提供辩护。被告人是盲、聋、哑人,及尚未完全丧失辨认或者控制自己行为能力的精神病人而没有委托辩护人的;被告人是未成年人而没有委托辩护人的;被告人可能被判无期徒刑、死刑而没有委托辩护人的,人民法院应当通知法律援助机构指派律师

---

① 参见新《律师法》第 35 和新《刑事诉讼法》第 182 条的规定。
② 参见新《刑事诉讼法》第 34 条、第 267 条的规定。

为被告人提供辩护。

(二) 开庭前的准备工作

开庭前的准备工作有:(1) 到人民法院查阅、摘抄、复制案卷材料;(2) 会见在押或未被关押的被告人;(3) 调查访问,收集所需要的证据材料;(4) 研究归纳辩护意见,撰写辩护词。

基本的流程是:受理—审阅起诉书—查阅案卷材料—会见被告人—调查取证—准备辩护词。即查清事实,确定相应的法律关系并明确所适用的法律。依据以事实为根据,以法律为准绳的基本原则,律师可以从以下方面提出辩护观点:认为控方所指控的事实不存在或不是被告人实施的;认为现有的证据材料不足以认定被告人就是实施犯罪行为的人,也不能肯定被告人并未实施犯罪行为;事实虽存在但认为被告人的行为不构成犯罪;认为对被告人不应追究刑事责任;认为被告人所实施的犯罪行为轻于人民检察院起诉书中所指控的罪名;认为被告人具有法律规定或其他应当或者可以从轻、减轻、免除处罚的情节;提出在侦查、起诉过程中,有刑讯逼供和以威胁、引诱、欺骗或其他非法方法收集证据,或者存在其他违反诉讼程序的情形,可能直接影响到作出正确的判决等。

(三) 参加第一审法庭的审判活动

第一阶段是人民法院决定开庭前的证据展示等工作。

根据新《刑事诉讼法》第182条的规定,在开庭以前,审判人员可以召集公诉人、当事人和辩护人、诉讼代理人,对回避、出庭证人名单、非法证据排除等与审判相关的问题,了解情况,听取意见。辩护人在此阶段可以通过证据的展示来提出非法证据排除等问题,供审判人员审查。

第二阶段是法庭调查阶段的辩护工作,核实证据,查清事实。

法庭调查即在公诉人、当事人以及其他诉讼参与人的参加下,对案件的事实情节进行全面的调查核实。一切证据材料都必须在这一阶段审查核实以后,才能作为定案的根据。在这一阶段,辩护律师主要是辩驳公诉人提供的证据,可以从证据的真实性、合法性、与本案的关联性、证据的证明力及证据是否具有排他性等方面进行辩驳,也可以提出自己所掌握的证据,从而证明被告人无罪、罪轻、减轻或免除刑事责任。

首先,律师应认真听取审判人员、公诉人的发问。

其次,律师发问。巧妙的发问可以使辩护律师在辩论中掌握主动。律师发问的方式、方法,依据不同的案件情况而有所不同。

(1) 某些情节的弄清有利于维护被告人的合法权益,而审判人员、公诉人发问笼统,被问者回答含糊。律师应直截了当地问,让被问者作出明确的回答,从而弄清被告人、证人没有说清楚的问题,将审判人员疏漏的情节查明。

(2) 共同犯罪案件的被告人对涉及定罪量刑的重要情节互相推诿和证人作

虚假陈述的情形下,律师可采取迂回的方式发问,问一些表面看与案件事实关系不大、无关紧要,但却为后来问及的关键性事实埋下伏笔的问题,使被问者在心理上放松甚至解除戒备,然后步步追问,涉及核心问题。待被问者明白律师发问的真正意图,再想补救,为时已晚,势必前后矛盾,最后不得不作真实的回答。

(3)对某些被告人、证人陈述时逻辑混乱、表达不清,使审判人员无法听清其所陈述的有利于被告人的事实情节的情形,律师应将有利于被告人的情节加以整理,使之条理化。然后再对归纳后的情节进行发问,要求被问者明确回答。使被问者的回答构成逻辑清晰、表达清楚的陈述。

(4)遇有被问者对法律的实质性含义不清楚,甚至产生曲解,以及被问者的陈述中有些带有含糊甚至曲解,以及被问者的陈述中有些带有区域性、行业性的话语,若不加解释就可能产生歧义的情形,辩护律师有必要通过解释性的发问,将不普遍、难懂、生涩的话,用通俗易懂的语言表达出来。

最后,律师参加法庭对其他证据的审查。对法庭出示的物证、当庭宣读的未到庭的证人证言笔录、鉴定结论、勘验检查笔录和其他作为证据的文书发表意见和质疑。

第三阶段是法庭辩论阶段的辩护工作,明确事实和法律关系并提出法律适用依据。

这一阶段,辩护律师的任务是:依据法庭调查中查证核实的证据和查明的案件事实,对被告人是否构成犯罪、犯罪的性质和情节,提出全面的见解;对有罪的被告人应该适用的法律条款,向法庭提出建议。

四、二审阶段的律师辩护

一审法院判决宣判后,如果被告人对判决不服;或者刑事自诉案件的被告人不服一审法院的判决,可以向上一级法院提起上诉。从上一级人民法院受理被告人的上诉之日起至上一级法院终审判决止,这段期间法律上称为二审阶段。在这一阶段,被关押人或刑事自诉被告人仍称为刑事被告人,律师在上诉阶段为刑事被告人提供法律服务的形式是二审辩护。第二审案件中的律师辩护主要针对原审判决事实认定是否错误、法律适用是否错误、程序是否违法进行辩护。

律师在第二审辩护中的工作内容是:(1)会见被告人,听取被告人对第一审判决的意见。(2)研究制作上诉状。除了原审起诉书指控的罪名与事实外,主要针对的是第一审法院认定的事实、适用的法律、判处的刑罚和程序等内容。如果二审是抗诉提起的,还要针对检察机关的抗诉发表意见。(3)查阅、摘抄、复制有关案件材料。(4)需要收集证据材料的,依照法律程序调查访问。(5)研究制作第二审的辩护材料。辩护不受上诉范围或抗诉理由的限制,如果二审法院不开庭审理,律师更要注重辩护词的撰写,通过辩护词充分全面地表达辩护意见。(6)参加第二审法院的审判活动。

五、再审程序的律师辩护

新《律师法》第 28 条规定,律师可以接受委托,代理各类诉讼案件的申诉。第一审或者第二审的判决生效后,被告人不服已生效的刑事判决,可以依法向原审法院或第二审法院或高级人民法院及最高人民法院提起再审申请。律师为申诉人提供刑事法律服务的形式是代为申诉。当申诉引起审判监督程序后,律师可以接受委托在再审程序中担任辩护人。

律师代为申诉的工作内容有:(1)与委托人谈话,了解情况;(2)查阅卷宗、调查访问、收集与审查证据;(3)与相关的审判机关联系交涉;(4)撰写申诉状。

律师在再审程序中的工作方法,需要根据再审是第一审程序还是第二审程序而有所区别。由于律师在再审程序中的出庭辩护、步骤与参与一审或二审的基本相同,故省略。

第十三章 民事诉讼中的律师代理

第一节 律师民事诉讼代理概述

一、律师民事诉讼代理的概念及分类

律师民事诉讼代理,是指律师接受民事诉讼当事人或其代理人委托,受律师事务所的指派,为维护被代理人的合法权益,以被代理人名义,在授权范围内,代理被代理人进行民事诉讼活动,并直接对被代理人产生诉讼法律后果的行为。[①] 律师的民事诉讼代理实际是民事代理的一种类型,是民事代理制度在民事诉讼领域中的具体体现。其特点主要有:

(1) 被代理人符合法定条件。根据我国《民事诉讼法》的有关规定,被代理人只能是具有民事诉讼当事人资格的原告、被告、共同诉讼人、第三人、法定代理人和第三人的法定代表人。

(2) 代理权的产生基于被代理人的授权,律师必须是以被代理人的名义进行诉讼活动。有诉讼行为能力的当事人可以亲自授权,无诉讼行为能力的当事人可以由其法定代理人授权,法人当事人由其法定代表人授权,非法人组织由其主要负责人授权。

(3) 代理律师必须在授权范围内进行活动,被代理人对代理律师的代理行为承担法律后果。[②]

(一) 一般律师代理和有特别授权的律师代理

《民事诉讼法》第 59 条第 2 款规定:"授权委托书必须记明委托事项和权限。诉讼代理人代为承认、放弃、变更诉讼请求,进行和解,提起反诉或者上诉,必须有委托人的特别授权。"根据这一规定,学理上把当事人的诉讼权利分解为不直接涉及实体权利的诉讼权利和处分实体权利的诉讼权利。一般律师代理,当事人只把那些"不直接涉及实体权利"的诉讼权利,如申请回避的权利、质证的权利等程序性权利授权代理律师行使。这种代理,律师不能对案件的实体问题作出决策,授权书只写明"一般代理"即可。而有特别授权的律师代理,则当事人不仅将上述程序性权利授权律师行使,而且把处分实体权利的诉讼权利,如起诉权、反诉权、上诉权、和解权等全部或部分授权律师行使,在授权书中应明确

[①] 参见刘金华、俞兆平:《公证与律师制度》,厦门大学出版社 2007 年版,第 314 页。
[②] 参见肖胜喜主编:《律师与公证制度及实务》,中国政法大学出版社 1999 年版,第 126 页。

写明具体授予哪些权利,律师仅能在授权范围内处理相关事务。

(二) 第一审程序、第二审程序、再审程序和执行程序的律师代理

第一审程序、第二审程序、再审程序和执行程序是人民法院处理民事案件的四个不同阶段。律师在第一审程序中的工作重点是帮助委托人举证,提出合理的诉讼请求,帮助委托人行使各项诉讼权利,争取人民法院的公正裁决。律师在第二审程序中的工作重点是根据《民事诉讼法》第168条之规定,审查第一审判决裁定在认定事实、适用法律和诉讼程序方面是否有错误,然后根据委托人(上诉人或被上诉人)的意见,向第二审法院提出合理的诉讼请求。再审程序是纠正人民法院已发生法律效力的裁判时所适用的程序,律师代理委托人提出再审请求时,要严格依据《民事诉讼法》规定的条件,提出纠正原裁决所依据的事实和法律根据。执行程序是民事诉讼的最后一个程序,人民法院裁判所确定的实体权益需要通过执行程序来实现。在该程序中律师的代理以行使实体权利为主,如申请执行、进行执行和解、表示延期执行和撤销执行申请等。

二、民事诉讼代理与相关概念的辨析[①]

(一) 民事诉讼代理与民事代理

民事代理是代理人接受被代理人的委托,在授权范围内代理被代理人从事一定的民事行为,其结果由被代理人承担的一种法律制度。它是一种实体代理制度。民事诉讼代理与民事代理主要有以下几个方面的不同:

(1) 代理人主体资格的不同。律师必须依法取得律师执业资格并隶属于律师事务所,才能接受委托成为民事诉讼代理人,并且被代理人必须与律师所在的律师事务所签订委托合同,律师本人不是委托合同的当事人。而民事代理除律师之外,其他公民也可称为代理人,委托人与代理人签订委托合同,双方就是合同的当事人。

(2) 代理所依据的法律不同。民事代理仅依据民法等实体法,而民事诉讼代理除依据民法等实体法之外,还依据《民事诉讼法》等程序法的规定。

(3) 代理的内容不同。民事代理是民事法律行为,故以意思表示为内容,而民事诉讼代理除此之外,还有调查取证、提供法律咨询等活动。

(二) 民事诉讼代理与刑事诉讼代理

律师刑事诉讼代理是指在刑事诉讼中,律师接受自诉人、被害人、附带民事诉讼当事人以及上述法定代理人的委托,代理他们参加维护其合法权益的诉讼活动。律师刑事诉讼代理与律师民事诉讼代理有相似之处,但两者同样存在以下几个方面的不同:

---

① 参见陈卫东主编:《中国律师学》,中国人民大学出版社2008年版,第284—305页。

（1）性质不同。律师刑事诉讼是以刑事案件的存在为前提，是以犯罪嫌疑人、被告人的行为是否构成犯罪为先决条件，维护委托人的合法权益，其代理活动的内容、期限和步骤都适用《刑事诉讼法》的规范。律师民事诉讼代理是在民事诉讼活动中，维护委托人的合法权益，其代理活动都适用《民事诉讼法》的规范。

（2）委托人不同。民事诉讼中的委托人主要是当事人、第三人以及他们的法定代理人。而在刑事诉讼中，只有自诉案件的自诉人、公诉案件的被害人、附带民事诉讼的当事人以及上述人员的法定代理人，才能委托律师进行代理活动。

（3）代理的内容不同。民事诉讼中，律师代理的主要内容是确定当事人有无争议的权利义务。而刑事诉讼中，律师代理的主要内容包括：代理自诉人控告被告人犯罪事实；代理被害人、附带民事诉讼当事人证明因犯罪所造成的经济损害大小等。

（三）民事诉讼代理与刑事辩护

民事诉讼代理与刑事辩护的目的和律师的诉讼地位不同。前者的目的在于帮助当事人向法院提出有利的证据，以便依法确定民事诉讼当事人之间的权利义务关系，维护己方当事人合法的民事权益；但代理律师在民事诉讼中不是独立的诉讼主体，没有独立的诉讼地位。后者的目的是通过运用自己的法律知识和诉讼技巧，根据事实和法律，维护犯罪嫌疑人、被告人的合法权益，避免其受非法的刑事追究；辩护律师在刑事诉讼中是独立的诉讼主体，具有独立的诉讼地位，以个人的名义发表辩护意见。

第二节 民事诉讼代理律师的职责和权限[①]

一、民事诉讼代理律师的职责

1. 律师在处理与委托人关系时所负的职责

代理律师在民事诉讼中应当维护委托人的合法权益。代理律师因代理关系的性质而具有从属性，不是独立性的诉讼主体，其所进行的诉讼行为受委托人意志的约束，其代理意见也不能有悖于委托人的意见。这也符合代理事务的认识规律，民事诉讼当事人由于利益关系不同，对同一法律关系、同一法律事实和同一法律依据自然持有不同的看法和主张。代理律师受一方当事人的委托，理所当然应站在委托人的立场上观察问题，以事实为依据，以法律为准绳，维护当事人的合法权益。

---

① 本节主要参考程荣斌主编：《中国律师制度原理》，中国人民大学出版社1998年版。

2. 律师在处理与人民法院之间关系时所负的职责

向法院提供证据，配合审判，协助法官查明事实，从而正确适用法律，同时也制约不当审判行为，提高审判质量，从而维护法律的正确统一实施。

二、代理律师的权限

(一) 代理律师的诉讼权利

代理律师的诉讼权利可分解为两个部分：

(1) 律师依法所直接享有的职业性权利，律师只要以律师身份参加诉讼，就当然享有这些权利，称为律师的职业性权利或法定权利。包括调查取证权、阅卷权、出庭执行职务权、质证权、申请补证权等。

(2) 依代理关系而取得的诉讼权利，称为律师的继受性权利或依委托产生的权利。律师的继受性权利，是指律师因被代理人的委托授权而产生的诉讼权利，这种继受性诉讼权利既可能是当事人所享有的全部诉讼权利，也可能是其所享有的部分诉讼权利，代理律师只能在授权范围内行使代理权。比如，当事人委托代理人参加诉讼的，代理人的承认视为当事人的承认，但未经特别授权的代理人对事实的承认直接导致承认对方诉讼请求的除外；当事人在场，但对其代理人的承认不作否认表示的，视为当事人的承认。代理律师除享有一般授权委托事项外，比如享有调查、出庭等权利，有的还享有特别授权，如代为和解、上诉、申诉等权利。

(二) 代理律师的义务

根据《律师法》和《民事诉讼法》的规定，代理律师在民事诉讼中，既享有一定权利，又必须履行一定的义务，具体即所涉律师职业道德和执业纪律规范。主要诉讼义务包括：不得在同一案件中，为双方当事人担任代理人；保守执业过程中获悉的国家秘密和当事人的商业秘密，不得泄露当事人的隐私；忠于法律和事实真相等义务。

(三) 民事诉讼中律师的代理权限

1. 民事诉讼代理权的形成过程

第一，当事人的授权。当事人同律师事务所签订委托合同之后，应当出具授权委托书。授权委托书是委托人单方出具的说明与证明代理律师代理权限的法律文件。

第二，法律的确认。在特殊情况下，授权委托书的成立还必须履行严格的证明手续。《民事诉讼法》第59条第3款规定："侨居在国外的中华人民共和国公民从国外寄交或者托交的授权委托书，必须经中华人民共和国驻该国的使领馆证明；没有使领馆的，由与中华人民共和国有外交关系的第三国驻该国的使领馆证明，再转由中华人民共和国驻该第三国使领馆证明，或者由当地的爱国华侨团体证明。"港澳地区居民向内地提交授权委托书,依有关规定,由我国认可的香港和澳门的有关机构和律师办理有关证明手续。《民事诉讼法》第263条规定:"外国人、无国籍人、外国企业和组织在人民法院起诉、应诉,需要委托律师代理诉讼的,必须委托中华人民共和国的律师。"该法第264条规定:"在中华人民共和国领域内没有住所的外国人、无国籍人、外国企业和组织委托中华人民共和国律师或者其他人代理诉讼,从中华人民共和国领域外寄交或者托交的授权委托书,应当经所在国公证机关证明,并经中华人民共和国驻该国使领馆认证,或者履行中华人民共和国与该所在国订立的有关条约中规定的证明手续后,才具有效力。"这些特殊的民事主体,必须严格依照法律的规定办理委托手续,其委托合同才能成立,否则不具有法律效力。

2. 民事诉讼代理律师的权限[1]

代理权限是指代理律师行使代理权的范围,即代理律师对哪些事项有资格进行代理。根据《民事诉讼法》的有关规定,法学界将代理律师的权限划分为两大类,即一般代理和特别代理。一般代理又称一般授权代理,是特别代理的对称。一般代理的权限与诉讼程序密切相关,并无须对案件的实体问题进行处分。一般代理的权限包括辩论权、质证权、举证权、陈述权、申请发问权、申请回避权、申请补证权、申请延期审理权、管辖异议权、追加当事人申请权等。特别代理,即律师有权对涉及实体权利的重大诉讼行为作出明确表示的代理。特别代理的权限包括起诉权、答辩权、撤诉权、诉讼保全申请权、诉讼请求变更权、反诉权、和解权、上诉权、申请执行权等,这些权限与委托人的实体权利关系密切。

第三节 民事诉讼代理律师的工作方法和步骤[2]

一、接受委托

当事人与律师事务所订立委托代理合同,并由当事人签署授权委托书,明确是一般代理还是特别代理,属特殊情况的,应履行相应程序,委托书应提交给法院。同一律师不能同时代理双方当事人,但同一案件的双方当事人是否应当分别委托不同律师事务所的律师,法律无明文禁止,实践中有不同的看法。当事人为维护自己的合法权益,最好不要委托同一律师事务所的律师。委托代理合同是律师代理民事诉讼的依据。

---

[1] 参见宋朝武、张力:《律师与公证》,高等教育出版社2007年版,第91页。
[2] 本节主要参考胡志民主编:《律师制度与律师实务》,立信会计出版社2006年版,第134—150页。

二、准备起诉或应诉

首先,应掌握案件事实,获取证据,可通过以下方式进行:(1)听取委托人对案情的陈述,要求其提交掌握的有关证据或证据线索。(2)查阅案卷有关材料,可以查阅、摘抄、复印。(3)向对方当事人了解有关情况。(4)向有关单位和个人调查取证。律师办理业务,有权向有关单位和个人进行调查,获取证据,有关单位和个人应当协助。调查时,应持有律师事务所介绍信和工作证。《律师法》第35条规定:"受委托的律师根据案情的需要,可以申请人民检察院、人民法院收集、调取证据或者申请人民法院通知证人出庭作证。律师自行调查取证的,凭律师执业证书和律师事务所证明,可以向有关单位或者个人调查与承办法律事务有关的情况。"

三、庭前和解

庭前和解,是指代理律师在接受民事诉讼委托后,在调查取证的基础上,如认为双方当事人的民事纠纷有和解的可能,在征得委托人同意后,与对方当事人交涉,促进双方达成和解协议。此种情况下达成的和解协议书仅是一份民事协议书,不具有像判决书一样的强制执行力。

律师代理和解与律师主持调解及人民法院调解是不同的。律师调解是指由律师作为中立的第三方主持、协调,通过讨论协商、排解疏导,帮助发生纠纷的双方当事人自愿达成协议,从而解决纠纷的一种活动。而法院调解又称诉讼中调解,是指在法院审判人员的主持下,双方当事人就民事权益争议自愿、平等地进行协商,达成协议,解决纠纷的诉讼活动和结案方式。它是当事人用于协商解决纠纷,结束诉讼,维护自己的合法权益,审结民事纠纷案件、经济纠纷案件的制度。法院调解是人民法院和当事人进行的诉讼行为,其调解协议经法院确认,即具有法律上的效力。[①]

四、撰写有关法律文书

代理律师在掌握了有关事实和证据之后,即应根据实际情况,撰写有关法律文书,这些法律文书包括起诉状、答辩状、代理词和和解协议。

1. 撰写起诉状

起诉状是向人民法院指明控告对象、表述诉讼请求和事实根据的书状,应当简明扼要、通俗易懂。

---

① 参见肖胜喜主编:《律师与公证制度及实务》,中国政法大学出版社1999年版,第137页。

2. 撰写答辩状

答辩状是被告针对原告提出的诉讼请求及事实理由进行辩解的书状,要求具有针对性,即针对原告起诉状的内容进行反驳和辩解。在答辩时还可以提出如下意见:(1)提出管辖权异议,认为受诉法院无管辖权,要求驳回或移送。(2)进行反诉,即提出与本诉有牵连的以原告为被告的反诉,如承包人诉开发商拖欠工程款,开发商反诉承包人工程质量不合格的案件。

3. 撰写代理词

代理词是代理律师在诉讼中依据事实和法律,在法庭辩论阶段发表的,以维护委托人合法权益为目的的,表明代理人对案件处理意见的司法文书,要求有事实证据和法律适用依据。代理词应当做到观点鲜明、逻辑性强、语言文字简练、用词准确和论证有力。

4. 撰写和解协议

庭审前,除以上几种法律文书外,律师还可能撰写诉讼保全申请书、先行给付申请书等法律文书。撰写这些法律文书一定要紧扣有关法律、法规规定,声明申请事项所必须具备的各种条件及其必要性。

五、参加法庭审理

法庭审理一般包括审理前的准备、审理开始、法庭调查、法庭辩论、合议和宣判几个阶段。

(一)律师在审理前的准备工作中的代理

1. 申请不公开审理

《民事诉讼法》第134条规定:"人民法院审理民事案件,除涉及国家秘密、个人隐私或者法律另有规定的以外,应当公开进行。离婚案件,涉及商业秘密的案件,当事人申请不公开审理的,可以不公开审理。"律师代理当事人参加诉讼,如果发现有不应公开审理的情形,应当及时征得委托人的同意,向人民法院申请不公开审理,以避免当事人的权益受到损害。

2. 申请追加当事人

如果发现有与案件有直接利害关系的人没有参加诉讼,如继承遗产纠纷的共同继承人、共同侵权引起损害赔偿纠纷的共同侵权人、共有财产分割纠纷的共有人,如果没有这些人参加诉讼,就不利于查清案件事实,不利于维护委托人的合法权益,代理律师可以向人民法院申请,追加有共同权利、义务的人参加诉讼。

(二)律师在审理开始阶段的代理

1. 申请延期审理

《民事诉讼法》第146条规定:"有下列情形之一的,可以延期开庭审理:(1)必须到庭的当事人和其他诉讼参与人有正当理由没有到庭的;(2)当事人临时提出回避申请的;(3)需要通知新的证人到庭,调取新的证据,重新鉴定、勘验,或者需要补充调查的;(4)其他应当延期的情形。"如果存在上述情形,律师可以代理原告向法院申请延期审理。

2. 申请有关人员回避

《民事诉讼法》第44条规定:"审判人员有下列情形之一的,应当自行回避,当事人有权用口头或者书面方式申请他们回避:(1)是本案当事人或者当事人、诉讼代理人近亲属的;(2)与本案有利害关系的;(3)与本案当事人、诉讼代理人有其他关系,可能影响对案件公正审理的。审判人员接受当事人、诉讼代理人请客送礼,或者违反规定会见当事人、诉讼代理人的,当事人有权要求他们回避。审判人员有前款规定的行为的,应当依法追究法律责任。前三款规定,适用于书记员、翻译人员、鉴定人、勘验人。"如果存在上述情形,律师可以代理原告向法院申请有关人员回避。另外,依据《民事诉讼法》第47条之规定,如果当事人对人民法院针对回避申请作出的决定不服,律师还可以在接到决定时,帮助代理人申请复议一次。

(三)律师在法庭调查阶段的代理

1. 协助当事人陈述案情

由具有法律知识和出庭经验的代理律师陈述有关案情,并准确地回答审判人员的提问,有利于查清事实。

2. 审查核实证据

审查核实证据是法庭调查的主要活动,对认定事实有极为重要的作用。对证据的审查核实活动是律师的基本功,因此,代理律师必须重视对证据的审查核实工作。实践中,代理律师应做好以下几方面的代理工作:

(1)引导审判。民事案件的审判权虽由人民法院行使,但代理律师可以通过诉讼技巧对审判加以适当引导。引导的最主要途径是质证,通过直接询问和交叉询问,强调案件中的重点问题,暴露证人证言中的致命矛盾,引起审判人员的高度重视,从而达到引导审判的目的。此外,适时地展示有关证据、适当安排证据顺序、适当的措辞及语气都有利于引导审判人员的注意力。

(2)提出新的证据。根据《民事诉讼法》第65条的规定,当事人应当在人民法院指定的举证期限内向人民法院提交证据材料,当事人在举证期限内不提交的,视为放弃举证权利。对于当事人逾期提交的证据材料,人民法院审理时不组织质证,但对方当事人同意质证的除外。因此,在一审开庭前或者开庭审理时能提出的新的证据包括:当事人在一审举证期限届满后新发现的证据;当事人确因客观原因无法在举证期限内提供,经人民法院准许,在延长的期限内仍无法提供的证据。

(3)申请重新勘验、鉴定和调查。代理律师在法庭调查中应当注意有关勘验、鉴定和调查结论是否全面,是否有充分可靠的事实根据、有无违法情形等情况,如发现有不当情况可能影响有关勘验、鉴定、调查结论真实性的,应当及时向法庭提出重新勘验、鉴定、调查的申请。最高人民法院《关于民事诉讼证据的若干规定》规定,当事人申请鉴定,应当在举证期限内提出。当事人申请重新鉴定的,可以不受举证时限的限制,但必须提出证据,证明存在下列情形之一的,人民法院才可能准许:① 鉴定机构或者鉴定人员不具备相关的鉴定资格;② 鉴定程序严重违法;③ 鉴定结论明显依据不足;④ 经过质证认定不能作为证据使用的其他情形。

（4）申请财产保全或先予执行。根据《民事诉讼法》第100条、第106条之规定,律师在法庭调查阶段,依据新发现的有关情况,可以申请财产保全和先予执行。

（5）申请撤诉。根据法庭调查,原告及其代理律师可以在宣判前申请撤诉。申请撤诉是放弃诉讼请求的方式,代理律师申请撤诉时,必须符合法律的规定,不得规避法律,不得损害国家、集体和其他公民的合法权益。凡是合法的撤诉,人民法院应当准许。撤诉是当事人处分诉讼权利的行为,而不是放弃诉讼权利,只要原告没有处分实体权利,仍可再行起诉。这一点,代理律师必须对当事人加以说明。

根据《民事诉讼法》的有关规定,代理律师根据法庭的调查,仍可以提出回避及延期审理的申请。

（四）律师在法庭辩论阶段的代理

在这一阶段,律师发表代理词,就认定案件事实和适用法律方面进行辩驳论证,从而使案件事实更加清晰,适用法律更加准确。律师在发表代理词时应注意以下几个问题:（1）注意代理词的系统性、总结性;（2）注意代理词的针对性;（3）注意用语文明,尊重有关当事人;（4）注意表达清楚,语气适当;（5）注意不得泄露国家秘密、个人隐私和有关的商业秘密。

（五）律师在法庭辩论后的代理

1. 参加法庭调解

法院制作的调解书一经送达,即与生效判决同具法律效力,当事人不得反悔,否则将予以强制执行。

2. 对法庭笔录申请补正

根据《民事诉讼法》第147条规定,当事人和其他诉讼参与人认为法庭对自己的陈述记录有遗漏或差错,有权申请补正。

（六）评议宣判

宣判后,律师应当向当事人实事求是地进行解释,并就是否上诉等问题向委托人提供参考意见。如果裁判在认定事实和适用法律上确有错误,经当事人特别授权,律师可以代理上诉。

六、律师在执行阶段的代理

律师在执行中的代理,应注意以下几个问题:(1)接受委托必须有生效的执行根据,即据以执行的法律文书必须是生效的民事判决书、裁定书、调解书。(2)作为执行根据的法律文书必须具有给付内容。(3)委托人应是执行标的权利人。(4)对方当事人有故意拖延、逃避或拒绝履行义务的行为。(5)代理执行事项在法律规定的执行期限内。申请执行的期间为两年。申请执行时效的中止、中断,适用法律有关诉讼时效中止、中断的规定。上述规定的期限,从法律文书规定履行期间的最后一日起计算;法律文书规定分期履行的,从规定的每次履行期间的最后一日起计算;法律文书未规定履行期间的,从法律文书生效之日起计算。

律师在民事诉讼执行程序中主要进行下列代理工作:

(1)调查取证。主要为获取财产线索。

(2)申请执行。执行申请书应当阐述被执行人不履行生效法律文书的事实。

(3)进行执行和解。执行和解是指在执行程序开始后,执行程序尚未终结之前,双方当事人经自愿协商,就彼此的权利义务关系达成协议,从而结束执行程序的诉讼行为。和解协议成立之后,如果一方当事人反悔,另一方当事人可向人民法院申请,恢复对原生效法律文书的执行。

(4)表示延期执行。代理律师可根据对方当事人的实际情况,在征得申请人的同意后,向对方当事人和人民法院作出延期执行的表示。

(5)处理执行异议。执行异议,是指没有参加执行程序的案外人认为执行工作侵犯了或将要侵犯其合法权益,因而对执行标的主张权利。

(6)撤回执行申请。申请人可根据自己与对方当事人的关系来决定是否撤回执行申请。申请人自愿撤回申请,是其对自己实体权利的处分。律师经申请人特别授权,可以代理撤回执行申请。

第四节　二审、再审案件的律师代理[①]

一、二审案件的律师代理

(一)律师在代理当事人行使上诉权时必须注意审查的问题

1. 审查上诉人是否享有上诉权或依法可行使上诉权

根据《民事诉讼法》的规定,第一审案件中的原告、被告、共同诉讼人、有独

---

① 本节主要参考宋朝武、张力:《律师与公证》,高等教育出版社2007年版,第98—102页。

立请求权的第三人、第一审判决确定其承担义务的无独立请求权的第三人享有上诉权。

2. 审查上诉对象是否为依法允许上诉的判决或裁定

根据《民事诉讼法》的有关规定,可依法上诉的判决或裁定包括:(1)地方各级人民法院第一审未生效的判决和关于不予受理、对管辖权有争议和驳回起诉的裁定。(2)地方各级人民法院对重审案件所作出的第一审未生效的判决和关于不予受理、对管辖权有争议和驳回起诉的裁定。对地方各级人民法院制作的调解书和依特别程序审理案件的判决书、裁定书以及最高人民法院的判决书、裁定书和调解书等均不得上诉。

3. 审查上诉是否超过法定期限

《民事诉讼法》第164条规定,对判决提起上诉的期限为15日,对裁定提起上诉的期限为10日,自当事人接到第一审判决或裁定的次日起计算。当事人在上诉期限内没有上诉,第一审判决或裁定即发生法律效力。如果当事人因不可抗拒的事由或其他正当理由耽误了期限,依《民事诉讼法》第83条的规定,当事人可在障碍消除后的10日内,向人民法院申请顺延期限。

4. 审查第一审判决或裁定是否有错误

根据《民事诉讼法》第170条之规定,第一审判决或裁定有以下错误,才能予以撤销或变更:(1)原判决、裁定认定事实错误或者适用法律错误;(2)原判决认定基本事实不清;(3)原判决遗漏当事人或者违法缺席判决等严重违反法定程序的。

(二)撰写上诉状

上诉状应当包括以下三个方面的内容:(1)当事人的姓名、法人的名称及其法定代表人的姓名或其他组织的名称及其主要负责人的姓名。(2)原审人民法院名称、案件的编号和案由。(3)上诉的请求和理由(重点)。根据《民事诉讼法》第166条的规定,上诉状原则上应当通过原审人民法院提出,并按照对方当事人或者代表人的人数提出副本。

(三)第二审审理中的律师代理

第二审律师应当围绕以下三个方面或其中的某一方面进行全面的阐述或辩驳:(1)原判决适用法律错误。(2)原判决认定事实错误,或者原判决认定基本事实不清。如果要提交新证据,则第二审程序中的新证据仅包括:第一审庭审结束后新发现的证据;当事人在第一审举证期限届满前,申请人民法院调查取证未获准许,第二审法院经审查认为应当准许并依当事人申请调取的证据。新的证据应当在第二审开庭前或者开庭审理时提出;第二审不需要开庭审理的,应当在人民法院指定的期限内提出。(3)原判决遗漏当事人或者违法缺席判决等严重违反法定程序。

二、再审案件的律师代理

再审程序,即审判监督程序,是指人民法院对已发生法律效力的判决、裁定和调解书,发现确有错误,依法再次审判时所适用的程序。再审程序是一种补救程序。

(一) 律师在代理当事人制作再审申请书时应注意的问题

1. 判决或裁定是否允许申请再审

对确有错误的生效判决及裁定,或对有证据证明违反自愿原则或者调解协议的内容违反法律的生效调解书,可以申请再审。

《民事诉讼法》第199条规定:"当事人对已经发生法律效力的判决、裁定,认为有错误的,可以向上一级人民法院申请再审;当事人一方人数众多或者当事人双方为公民的案件,也可以向原审人民法院申请再审。当事人申请再审的,不停止判决、裁定的执行。"第201条规定:"当事人对已经发生法律效力的调解书,提出证据证明调解违反自愿原则或者调解协议的内容违反法律的,可以申请再审。经人民法院审查属实的,应当再审。"第202条规定:"当事人对已经发生法律效力的解除婚姻关系的判决、调解书,不得申请再审。"

2. 判决或裁定是否有法定错误

《民事诉讼法》第200条规定,当事人的申请符合下列情形之一的,人民法院应当再审:

(1) 有新的证据,足以推翻原判决、裁定的;

(2) 原判决、裁定认定的基本事实缺乏证据证明的;

(3) 原判决、裁定认定事实的主要证据是伪造的;

(4) 原判决、裁定认定事实的主要证据未经质证的;

(5) 对审理案件需要的主要证据,当事人因客观原因不能自行收集,书面申请人民法院调查收集,人民法院未调查收集的;

(6) 原判决、裁定适用法律确有错误的;

(7) 审判组织的组成不合法或者依法应当回避的审判人员没有回避的;

(8) 无诉讼行为能力人未经法定代理人代为诉讼或者应当参加诉讼的当事人,因不能归责于本人或者其诉讼代理人的事由,未参加诉讼的;

(9) 违反法律规定,剥夺当事人辩论权利的;

(10) 未经传票传唤,缺席判决的;

(11) 原判决、裁定遗漏或者超出诉讼请求的;

(12) 据以作出原判决、裁定的法律文书被撤销或者变更的;

(13) 审判人员在审理该案件时有贪污受贿,徇私舞弊,枉法裁判行为的。

3. 调解是否违反自愿原则或调解协议是否内容违法

4. 申请再审是否逾越法定期限

再审应自判决或裁定发生法律效力后两年内提出。

(二) 再审程序中的律师代理

律师可以接受当事人的委托,代理当事人提出再审申请。《律师办理民事诉讼案件规范》第 134 条规定,申诉和申请再审的范围包括已经生效的判决书、调解书和不予受理、驳回起诉的裁定书。

律师查阅有关材料,可着重审查是否具备以下几方面申诉理由:(1) 发现了新的重要证据,使原判决、裁定的基础丧失;(2) 原判决、裁定认定事实的重要证据不足或是伪造的,或者有充足理由说明主要证据不能成立;(3) 原判决、裁定适用法律确有错误,或适用的法律与认定的事实之间缺乏必然的逻辑联系;(4) 原审违反法定程序,或者审判人员有贪污受贿,徇私舞弊,枉法裁判等行为,已经影响或可能影响案件公正审理的;(5) 有足够的证据证明调解违反自愿原则和调解协议内容违法。

再审案件如系第一审人民法院再审,适用第一审程序,对再审的判决、裁定,当事人可以特别授权律师上诉。如果系第二审人民法院再审,则适用第二审程序,再审所作判决、裁定为发生法律效力的判决、裁定,当事人不得上诉。

第五节 涉外民事诉讼律师代理[①]

一、概述

涉外民事诉讼即具有涉外因素的民事诉讼,其法律关系的主体、客体或引起法律关系发生、变更或消灭的法律事实具有涉外因素,因而在受理、审判、执行等方面不同于一般民事诉讼。涉外民事诉讼律师代理,是指律师代理涉外民事诉讼的当事人进行诉讼活动,提供法律服务,维护当事人的合法权益的行为。根据《民事诉讼法》第四编的规定,涉外民事诉讼除了一般民事诉讼的特点之外,还包含以下特殊原则,这也是涉外民事诉讼律师代理所必须遵行的基本原则。

(一) 优先适用特别规定的原则

《民事诉讼法》第 259 条规定:"在中华人民共和国领域内进行涉外民事诉讼,适用本编规定。本编没有规定的,适用本法其他有关规定。"因此,律师在涉外民事诉讼中应当首先适用《民事诉讼法》第四编关于涉外民事诉讼的特别规定。可见,涉外民事诉讼程序不是一种完整的民事诉讼程序,严格地说,只能称做"涉外民事诉讼程序的特别规定"。只是在法律适用上,涉外程序有规定,应

[①] 本节主要参考石茂生主编:《律师法学》,郑州大学出版社 2004 年版;陈卫东主编:《中国律师学》,中国人民大学出版社 2008 年版。

当首先适用规范部分的规定而已。

（二）诉讼权利义务同等和对等原则

《民事诉讼法》第 5 条第 1 款规定："外国人、无国籍人、外国企业和组织在人民法院起诉、应诉,同中华人民共和国公民、法人和其他组织有同等的诉讼权利义务。"但是,根据《民事诉讼法》第 5 条第 2 款的规定,外国法院对中华人民共和国公民、法人和其他组织的民事诉讼权利加以限制的,中华人民共和国人民法院对该国公民、企业和组织的民事诉讼权利,实行对等原则。因此,如果我国律师代理外国人和无国籍人参加涉外民事诉讼,同我国公民委托其代理律师有同等的诉讼权利和义务,并且应当注意保护被代理人与我国公民法人和其他组织同等的权利。如果代理律师作为涉外民事诉讼中我国的公民、企业或其他组织一方的代理人,发现参加诉讼的外国人所属国对中国人在该国进行诉讼的权利加以限制的,应当向人民法院提出,对该外国人进行同等的限制。

（三）委托中国律师代理的原则

《民事诉讼法》第 263 条规定："外国人、无国籍人、外国企业和组织在人民法院起诉、应诉,需要委托律师代理诉讼的,必须委托中华人民共和国的律师。"这一原则也是从国家主权的角度出发的。外国当事人需要委托律师的,必须委托中国律师,外国的律师不得在我国代理诉讼和出庭。

（四）优先适用我国缔结或参加的国际条约原则

《民事诉讼法》第 260 条规定："中华人民共和国缔结或者参加的国际条约同本法有不同规定的,适用该国际条约的规定,但中华人民共和国声明保留的条款除外。"

（五）使用我国通用的语言、文字原则

审理涉外民事诉讼案件使用哪国的语言、文字,牵涉到国家主权问题。我国《民事诉讼法》的规定,符合世界通行的准则。外国人、外国企业和组织,或者无国籍人,在我国起诉、应诉时,必须使用中国通用的语言文字。当事人要求提供翻译的,可以提供,费用由当事人承担。

（六）坚持我国法院管辖权的原则

我国人民法院专属管辖的案件,任何国家的法院都无权管辖。但是,双方共同参加或者缔结的国际条约另有规定的除外。

（七）司法豁免原则

司法豁免原则是指一个国家或者国际组织派驻他国的外交代表领事官员等可免受驻在国民事司法管辖的原则。依照我国《民事诉讼法》的规定,在被提起诉讼的外国人、外国组织所属国或国际组织与我国有国际条约关系时,适用有关国际条约的规定解决民事司法豁免的问题;在被提起诉讼的外交代表所属国与我国无条约关系时,则根据我国的外交领事特权与豁免条例的规定办理。

二、律师代理涉外民事诉讼应注意的问题

律师代理涉外民事诉讼,既可能是一审程序,也可能是二审程序,因此可以相应参照一审程序代理或者二审程序代理的内容。除此之外,还应当注意以下问题:

(一)授权委托书的成立

根据《民事诉讼法》第264条之规定,在中华人民共和国领域内没有住所的外国人、无国籍人、外国企业和组织委托中华人民共和国律师代理诉讼,可通过两种途径办理委托:(1)与我国未缔结有关条约的国家的当事人从国外寄交或托交的授权委托书,应当经所在国公证机关证明,并经中华人民共和国驻该国使领馆认证,办完以上手续后,当事人才可将授权委托书及有关公证、认证文件寄交或托交给我国律师;(2)与我国缔结有关条约的国家的当事人委托我国律师代理诉讼,其授权委托书的证明手续按有关条约的规定办理。

(二)期间

《民事诉讼法》第268条规定:"被告在中华人民共和国领域内没有住所的,人民法院应当将起诉状副本送达被告,并通知被告在收到起诉状副本后三十日内提出答辩状。被告申请延期的,是否准许,由人民法院决定。"该法第269条规定:"在中华人民共和国领域内没有住所的当事人,不服第一审人民法院判决、裁定的,有权在判决书、裁定书送达之日起三十日内提起上诉。被上诉人在收到上诉状副本后,应当在三十日内提出答辩状。当事人不能在法定期间提起上诉或者提出答辩状,申请延期的,是否准许,由人民法院决定。"涉外民事诉讼的期间具有以下特点:(1)时间较长,都是30日;(2)当事人在规定期间内未完成诉讼行为的,可向人民法院申请延长期间。代理律师应当充分利用上述有利条件。

(三)送达

涉外诉讼法律文书的送达,如果当事人在我国领域内有住所,则适用民事诉讼的一般规定,如果当事人在我国领域内没有住所,则应根据实际情况,分别适用下列送达方式:(1)依送达人所在国与我国缔结或共同参加的国际条约规定的方式送达;(2)通过外交途径送达;(3)对有我国国籍的受送达人,可以委托我国驻受送达人所在国的使领馆代为送达;(4)向受送达人委托的有权代其接受送达的诉讼代理人送达;(5)向受送达人在我国领域内设立的代表机构或有权接受送达的分支机构、业务代办人送达;(6)邮寄送达;(7)公告送达。代理律师也可依委托接受送达,律师一经接受送达即视为人民法院送达完成,并对委托人产生法律上的效力。

(四) 申请财产保全

代理律师在授权范围内可依《民事诉讼法》第 100 条、第 101 条的规定向人民法院申请财产保全。人民法院裁定准许诉前保全的,代理律师应在 30 日内提起诉讼,否则,人民法院将解除财产保全,且因此造成的被申请人的损失及有关费用由申请方承担。

第十四章　刑事诉讼中的律师代理

刑事诉讼中的律师代理是指律师接受自诉案件自诉人及其法定代理人或公诉案件被害人及其法定代理人或近亲属、附带民事诉讼当事人及其法定代理人的委托,为被代理人提供法律帮助,参加诉讼活动,维护被代理人的合法权益,保证国家法律正确实施的制度。① 刑事诉讼中律师代理的特征是:这种代理只能发生在刑事诉讼过程中;律师参与诉讼的基础是有关人员的委托,需办理委托手续;代理律师只能在委托人委托的权限内进行代理活动,代理人是律师;如果是受被告人委托为被告人辩护的,是辩护人,而不是代理人。②

第一节　公诉案件中的律师代理

一、公诉案件律师代理概述

（一）公诉案件中律师代理的概念

公诉案件中的律师代理主要是指律师接受公诉案件被害人或法定代理人、近亲属的委托,担任被害人或者已经死亡的被害人的近亲属的代理人,为维护被代理人的合法权益而进行的诉讼活动。

根据《刑事诉讼法》的规定,刑事诉讼当事人包括被害人、自诉人、犯罪嫌疑人、被告人、附带民事诉讼的原告人和被告人。律师可以接受公诉案件被害人或法定代理人、近亲属的委托,担任代理人参加诉讼,从被害人的角度,提出代理意见,维护被害人的合法权益。在公诉案件中,人民检察院代表国家,就被告人的犯罪行为向人民法院提起公诉,支持公诉,行使控诉职能。公诉案件的被害人直接遭受到犯罪行为侵害,其合法权益受到损害,这决定了被害人不仅强烈要求控诉犯罪、惩罚犯罪,而且对案件的处理结果十分关心。检察机关代表国家行使控诉职能,其立足点是维护国家、集体的整体利益和公民个人的合法权益,但这三者的利益并不总是一致的。检察机关在诉讼中的行为及作出的决定,不一定能充分代表被害人的利益和意志。再者,并不是所有的公诉案件都有公诉人出庭。被害人要充分行使《刑事诉讼法》赋予他的诉讼权利,切实保障自己的合法权益,就需要委托有法律知识、专门技巧的人代理诉讼。律师可以接受被害人或其

---

① 参见刘金华、俞兆平:《公证与律师制度》,厦门大学出版社 2007 年版,第 293 页。
② 参见肖胜喜主编:《律师与公证制度及实务》,中国政法大学出版社 1999 年版,第 118 页。

家属的委托,代理其参加各个阶段的诉讼活动,一则可以维护受害人的合法权益,二则可以对诉讼活动进行监督,发现和防止个别犯罪嫌疑人或者刑事被告人及其家属、朋友贿赂买通个别执法、司法官员枉法裁判,从而维护司法公正。

（二）被害人律师代理的特征

（1）委托时间。公诉案件的被害人及其法定代理人或者近亲属,自案件移送审查起诉之日起,有权委托诉讼代理人。人民检察院自收到移送审查起诉的案件材料之日起三日以内,应当告知被害人及其法定代理人或其近亲属有权委托诉讼代理人。

（2）代理存在于刑事诉讼过程中。

（3）这种代理不是一种诉讼主体的代理,不能对诉讼的前途和结局产生直接的影响。因为公诉案件的被害人只是作为控诉一方的诉讼参与人参加诉讼,并非诉讼的主体,法律赋予被害人的诉讼权利是非常有限的,所以这种诉讼权利不能对诉讼的结果产生直接的影响。

（4）被害人的代理律师以被害人的名义进行诉讼活动,没有独立的诉讼地位。但代理律师并不是被害人的传声筒,他有自己独立的意志,根据事实和法律,独立地提出维护被害人合法权益的意见,帮助被害人行使诉讼权利,不受被害人意志的约束。

二、律师代理被害人参加诉讼的几种情况[①]

一般来说,公诉案件的被害人都有权委托律师代理,但在实践中,以下几种情况,律师代理诉讼显得尤为重要：（1）检察机关不派员出庭的案件；（2）公诉案件被害人与检察机关意见不一致的案件；（3）被害人担心公诉人控诉不力的案件；（4）被害人不能出庭或不便出庭的案件；（5）自诉转为公诉的案件；（6）提起附带民事诉讼的案件。

三、根据被害人的诉讼权利确定律师的工作范围

代理律师在刑事公诉案件中代理被害人参加诉讼,根据《刑事诉讼法》和《律师法》等法律规定,享有律师执业所具有的人身权利和财产权利,享有执行职务所必要的诉讼权利。除此之外,律师在诉讼中的诉讼权利是由被害人所享有的诉讼权利以及被害人的授权决定的。也就是说,代理律师根据被害人的授权可以行使或帮助被害人行使下列属于被害人的诉讼权利:

（1）对侵犯被害人权利的犯罪行为,有权提出申诉或者控告。

（2）对于有被害人的案件,决定不起诉的,人民检察院应当将不起诉决定书

---

① 参见徐新跃主编:《公证与律师制度》,法律出版社2002年版,第278页。

送达被害人。被害人如果不服,可以自收到决定书后七日以内向上一级人民检察院申诉,请求提起公诉。人民检察院应当将复查决定告知被害人。对人民检察院维持不起诉决定的,被害人可以向人民法院起诉。被害人也可以不经申诉,直接向人民法院起诉。人民法院受理案件后,人民检察院应当将有关案件材料移送人民法院。

(3) 在庭审过程中,被害人的代理律师经许可可以向被告人、证人、鉴定人发问,可以对有关证据发表意见,可以申请通知新的证人到庭,调取新的物证,申请重新鉴定或者勘验,可以对案件发表意见并进行互相辩论。《刑事诉讼法》的具体规定如下:① 公诉人在法庭上宣读起诉书后,被告人、被害人可以就起诉书指控的犯罪进行陈述,公诉人可以讯问被告人、被害人、附带民事诉讼的原告人和辩护人、诉讼代理人,经审判长许可,可以向被告人发问。② 公诉人、当事人和辩护人、诉讼代理人经审判长许可,可以对证人、鉴定人发问。③ 公诉人、辩护人应当向法庭出示物证,让当事人辨认,对未到庭的证人的证言笔录、鉴定人的鉴定结论、勘验笔录和其他作为证据的文书,应当当庭宣读。审判人员应当听取公诉人、当事人和辩护人、诉讼代理人的意见。④ 法庭审理过程中,当事人和辩护人、诉讼代理人有权申请通知新的证人到庭,调取新的物证,申请重新鉴定或者勘验。法庭对于上述申请,应当作出是否同意的决定。⑤ 经审判长许可,公诉人、当事人和辩护人、诉讼代理人可以对证据和案件情况发表意见并且可以互相辩论。审判长在宣布辩论终结后,被告人有最后陈述的权利。

(4) 被害人及其法定代理人不服地方各级人民法院第一审的判决的,自收到判决书后五日以内,有权请求人民检察院提出抗诉。人民检察院自收到被害人及其法定代理人的请求后五日以内,应当作出是否抗诉的决定并且答复请求人。

(5) 有权申请回避,参加法庭调查,进行质证活动,有权进行法庭辩论。

(6) 其他属于被害人的诉讼权利。

第二节 自诉案件中的律师代理[①]

一、自诉案件律师代理应注意的事项

自诉案件的律师代理是指律师接受自诉案件自诉人的委托担任代理人,在代理权限内进行的诉讼活动。

(一) 自诉案件的范围

(1) 告诉才处理的案件:包括侮辱、诽谤案(严重危害社会秩序和国家利益

---

① 本节主要参考宋朝武、张力:《律师与公证》,高等教育出版社 2007 年版,第 121 页。

的除外)、暴力干涉婚姻自由案、虐待案、侵占案。

（2）被害人有证据证明的轻微刑事案件：包括故意伤害案（轻伤）；重婚案；遗弃案；妨害通信自由案；非法侵入他人住宅案；生产、销售伪劣商品案件（严重危害社会秩序和国家利益的除外）；侵犯知识产权案件（严重危害社会秩序和国家利益的除外）；属于《刑法》分则第四章侵犯公民人身权利、民主权利罪和第五章侵犯财产罪规定的，对被告人可以判处三年有期徒刑以下刑罚的其他轻微刑事案件。

上述所列八项案件中，被害人直接向人民法院起诉的，人民法院应当依法受理，对于其中证据不足、可由公安机关受理的，应当移送公安机关立案侦查。被害人向公安机关控告的，公安机关应当受理。

（3）被害人有证据证明对被告人侵犯自己人身、财产权利的行为应当依法追究刑事责任，而公安机关或者人民检察院不予追究被告人刑事责任的案件。

（二）自诉人

自诉案件的被害人为自诉人。被害人死亡或者丧失行为能力的，被害人的法定代理人、近亲属有权向人民法院起诉，人民法院应当依法受理。

（三）委托时间

自诉案件的自诉人及其法定代理人，有权随时委托诉讼代理人。

（四）自诉案件中代理律师的职责

自诉案件中代理律师的职责基本上是代理控诉，提出对方已经构成犯罪的事实材料和意见，要求法院追究对方的刑事责任。自诉案件中，自诉人负有证明被告人有罪的举证责任，因此作为代理律师应访问委托人，全面了解案情，请委托人就其控告被告人的犯罪事实提出有关证据，或者通过访问、调查，帮助委托人搜集有关的证据，在此基础上帮助委托人撰写自诉状，向有管辖权的人民法院提出控告。

根据《刑事诉讼法》第 204 条规定和最高人民法院《关于执行〈刑事诉讼法〉若干问题的解释》第 1 条第 1、2 项规定，刑事犯罪受害人及其家属或受害单位，可以对涉嫌五十余种刑事犯罪行为、对被告人可能判处三年有期徒刑以下的案件，直接向人民法院提起刑事自诉，请求人民法院依法追究犯罪分子的刑事责任并请求损失赔偿。律师在刑事自诉活动中的职责是：(1) 调查搜集犯罪证据材料；(2) 审查核实犯罪证据材料；(3) 向人民法院提起刑事自诉；(4) 参加法庭的审判活动，控告证明被告人的犯罪事实。

（五）调解与撤回自诉

除第三类自诉案件外，人民法院对自诉案件可以进行调解；自诉人在宣告判决前，可以同被告人自行和解或者撤回自诉。

（六）反诉

此外，根据《刑事诉讼法》第 207 条的规定，自诉案件的被告人在诉讼过程中可以对自诉人提起反诉。反诉是独立之诉，在反诉过程中，反诉人也可以委托律师代理。

二、律师代理自诉案件的工作程序①

（一）接受委托并做好出庭前的准备工作

在自诉案件中，自诉人负有证明被告人有罪的举证责任，因此应搜集相应证据，准备代理意见，分析诉讼中可能遇到的问题，考虑应当采取的诉讼策略。这也是律师开庭前准备工作的重点。

（二）参加庭审

在法庭审理中，自诉人的代理律师行使的是指控职能，其工作方法基本与公诉案件中公诉人的工作方法相同。但要根据当事人的授权依法进行代理。

（三）提起上诉

一审判决后，若当事人不服判决，经自诉人同意，律师可以协助或代理自诉人提起上诉。如果自诉人对正确的一审裁判不服的，律师应当详细说明情况及上诉可能的后果，但不得阻止自诉人上诉。

第三节　附带民事诉讼中的律师代理

附带民事诉讼，是指人民法院、人民检察院、公安机关在刑事诉讼过程中，在解决被告人刑事责任的同时，附带解决因被告人的犯罪行为所造成的物质损失而进行的诉讼活动。依据《刑事诉讼法》第 99 条规定："被害人由于被告人的犯罪行为而遭受物质损失的，在刑事诉讼过程中，有权提起附带民事诉讼。"

附带民事诉讼代理人的诉讼权利来自于刑事附带民事诉讼当事人享有的诉讼权利及他们的授权。但诉讼代理人在完成某些重要的、涉及委托人实体利益的诉讼行为时，如代理当事人承认、放弃、变更诉讼请求，进行和解，提起反诉或者上诉等，仍需作特别授权。在特别授权的情况下，代理人主要有以下诉讼权利：(1) 原告方代理人有权在刑事诉讼过程中，以口头或书面的方式提起诉讼；(2) 对于审判人员、检察人员、侦查人员以及鉴定人员、翻译人员、书记员有《刑事诉讼法》规定的回避情形的，有权申请他们回避；对驳回回避申请的决定，有权申请复议一次；(3) 原告方代理人有权申请诉讼保全或先行给付；(4) 要求民事诉讼同刑事案件一并审判，及时处理；(5) 参加法庭调查；(6) 参加法庭辩论；

---

① 参见徐新跃主编：《公证与律师制度》，法律出版社 2002 年版，第 348 页。

(7)可以要求人民法院进行调解,也可以自行和解;(8)可以撤诉,也可以提起反诉;(9)对地方各级人民法院作出的一审判决不服的,可以对附带民事诉讼部分向上级人民法院提起上诉;(10)对已发生法律效力的判决、裁定,向人民法院或人民检察院提起申诉等。附带民事诉讼的律师代理是存在于刑事诉讼过程中的特殊律师代理。附带民事诉讼的律师代理分为附带民事诉讼原告的律师代理和附带民事诉讼被告的律师代理。[①]

一、附带民事诉讼原告的律师代理

附带民事诉讼的原告有:(1)遭受犯罪行为直接侵害的人。(2)被害人的近亲属(被害人死亡或属于无诉讼行为能力的人,包括被害人的夫、妻、父、母、子、女、同胞兄弟姊妹)。(3)为已死亡的被害人支付了医疗或丧葬费用的人,且被害人无近亲属的。(4)受死亡的被害人赡养或扶养的其他公民。(5)法人或其他非法人组织。如果是国家财产、集体财产遭受损失的,人民检察院在提起公诉的时候,可以提起附带民事诉讼。多数情况下,原告是自诉案件的自诉人、公诉案件的被害人。

二、附带民事诉讼被告的律师代理

附带民事诉讼的被告是指对犯罪行为造成的经济损失负有赔偿责任的公民或法人。根据案件情况不同,附带民事诉讼被告确定情形如下:(1)一般情况下,刑事被告人就是附带民事诉讼的被告,但当刑事被告人是无民事行为能力人或限制民事行为能力人时,附带民事诉讼的被告则是刑事被告人的法定代理人。(2)在数人共同造成被害人经济损害的案件中,有的侵害人因情节显著轻微或其他原因没有被提起公诉,而被有关机关作了其他处理,也应作为附带民事诉讼的被告。(3)法人或非法人组织的工作人员在执行职务中犯罪的,该法人或非法人组织对犯罪行为造成的经济损失负有赔偿义务,应作为附带民事诉讼案件的被告。

[①] 参见宣善德主编:《律师、公证与仲裁制度》,中国人民大学出版社2008年版,第132页。

第十五章　行政诉讼中的律师代理

第一节　行政诉讼律师代理概述

一、行政诉讼律师代理的概念和特征

（一）行政诉讼律师代理的概念

所谓行政诉讼律师代理，是指律师接受行政诉讼当事人及其法定代理人的委托，以被代理人的名义，在其受委托的权限范围内依法进行诉讼活动，维护其代理人的合法权益的制度。行政诉讼中的律师代理作为律师代理诉讼的一种，与民事诉讼、刑事诉讼中的律师代理有某些共同的属性，但是由于行政诉讼解决的是行政相对人与行政机关之间的行政争议，而行政争议本身具有特殊性，律师代理行政诉讼有许多自己的特征。[①]

（二）行政诉讼律师代理的特征

1. 被代理主体的差异性

行政诉讼的双方当事人中，被告是做出具体行政行为的行政机关，且被告在行政诉讼中是恒定的。原告是国家行政机关行使管理权的对象，即管理相对人，只能够是公民、法人或者其他组织。双方在行政法律关系中，处于管理与被管理的不平等地位。当这种关系发生纠纷而诉诸人民法院时，律师既可以代理原告，也可以代理被告。由于被代理主体的差异性，在行政诉讼中，律师代理的方式方法也有所不同。

2. 代理人权限的差异性

律师代理行政诉讼，由于其代理对象的不同决定了其代理权限的差异性。在行政管理活动中，行政机关相对于管理者而言处于相对的优势地位，因此为了更好地维护行政相对人的合法权益，真正地实现双方法律地位的平等，行政诉讼法对行政机关的诉讼权利作了某些限制。因此，作为原告方的代理律师，享有律师代理的全部诉讼权利，而被告方代理律师则不享有起诉权、反诉权、自行收集证据权、提请和解权等。[②]

3. 代理事务和程序的特殊性

律师在行政诉讼代理中，因代理对象的不同而在工作内容和程序上有很大

[①] 参见陈卫东主编：《中国律师学》，中国人民大学出版社2006年版，第298页。
[②] 参见谭世贵主编：《律师法学》，法律出版社2005年版，第203页。

差别。如举证责任,在民事诉讼中实行"谁主张,谁举证"的原则。在行政诉讼中,作为原告方,只要举出具体行政行为和侵害事实存在的证据即可,而作为被告方,则必须就该行政行为的合法性、适当性加以举证,否则将承担败诉的责任。这与民事诉讼中双方当事人在诉讼活动中权利义务基本相同的特点是有差异的。因此,律师应当注意这些特殊性,在代理中履行相应的代理职责,更好地实现被代理人的合法权益。

4. 代理行政诉讼涉及法律、法规的广泛性

行政机关做出具体行政行为的依据既有法律和行政法规,又有行政规章,涉及各个领域。因此,法院审理、裁判行政诉讼案件除了必须适用的有关法律法规外,也应适用或参照国务院各部、委以及省、自治区、直辖市和省、自治区的人民政府所在地的市和经国务院批准的较大的市的人民政府制定、发布的规章。随着行政管理法制化程度的提高,今后行政管理方面的法规、规章会不断增加,律师要做好行政诉讼代理工作,必须掌握丰富的行政法规、规章,才能有效地维护当事人的合法权益。

二、律师代理行政诉讼的范围和种类

(一)律师代理行政诉讼的范围——可诉具体行政行为

具体行政行为是指国家行政机关及其工作人员、法律法规授权的组织、行政机关委托的组织或者个人在行政管理活动中行使行政职权,针对特定的公民、法人或者其他组织,就特定的具体事项,做出的有关该公民、法人及其他组织权利义务的单方行为。其所具备的要件是:(1) 行政机关和其他依法或基于委托而享有行政权力的行政主体的行为;(2) 行使行政职权的行为,行政主体参与民事等其他活动不是具体行政行为;(3) 针对特定的公民、法人及其他组织,并针对特定的具体事项的行为;(4) 直接影响到公民、法人及其他组织合法权益的外部行政行为,是针对行政机关以外的管理相对人的行为;(5) 行政机关的单方行为。

律师代理行政诉讼的案件范围,除了包括《行政诉讼法》关于人民法院受理公民、法人和其他组织对具体行政行为不服而提起行政诉讼的受案范围外,还包括其他法律、法规中规定的可诉行政案件。此外,《行政诉讼法》规定的人民法院不予受理的诉讼事项律师不能代理,这就从另一个角度划定了律师可代理的行政诉讼的案件范围。

1. 《行政诉讼法》规定人民法院可以受理的行政案件

(1) 不服行政处罚的案件。行政处罚是指行政机关依据法律、法规、规章的规定,对于有一般违法行为的管理相对人实施制裁的具体行政行为,其中主要包括行政拘留、劳动教养、罚款、暂扣或者吊销许可证和执照、责令停产停业、通报、

警告、罚款等。管理相对人如对于上述行政处罚不服的,有权向人民法院提起行政诉讼。

(2) 不服行政强制措施的案件。行政强制措施是指国家行政机关为了查明情况或者有效地控制违法、危害状况,根据需要依法限制公民的人身自由或限制公民、法人或其他组织的财产的具体行政行为,如收容审查、强制戒毒、冻结或扣押财产等。对上述行政措施不服的,公民、法人和其他组织有权依法向人民法院起诉。

(3) 认为行政机关侵犯法定的经营自主权和合法承包经营权的案件。在市场经济条件下,管理相对人依法享有组织生产经营的自主权,则权利统归于享有经营自主权的经济主体,任何机关和个人不得侵犯。行政机关必须依法对管理相对人的生产经营活动进行监督和管理。如果行政机关的具体行政行为侵犯了管理相对人法定的经营自主权和合法的承包经营权,管理相对人可依法向人民法院起诉,律师可受委托参加诉讼。

(4) 认为符合法定条件申请颁发许可证或执照,行政机关拒绝颁发或不予答复的案件。许可证和执照是国家行政机关依法对管理相对人进行管理的一种手段。通过审查决定是否赋予相对人从事某种活动的权利和资格,是行政机关经常性的具体行政行为。行政机关必须严格按法定条件、法定程序予以审核,并在法定期限内予以答复,依法核发许可证是行政机关的职责。若行政管理相对人认为其完全具备应予颁发的条件而行政机关予以拒绝颁发或在法定期限内不予答复,管理相对人有权依法向人民法院提起行政诉讼,律师可作为代理人参加诉讼。

(5) 申请行政机关履行保护人身权、财产权的法定职责,行政机关拒绝履行或不予答复的案件。根据我国有关法律、法规的规定,许多行政机关都有保护公民、法人或者其他组织人身权、财产权的法定职责,如公安机关有保护人民群众和企事业单位生命财产安全的职责。因此,如果管理相对人的人身权、财产权受到不法侵害,而负有保护职责的行政机关拒绝履行或不予答复时,管理相对人可依法提起行政诉讼,律师可代理此类案件。

(6) 认为行政机关没有依法发给抚恤金的案件。国家对于革命军人、职工因伤亡或病故而向其家属或伤残者发放一定的金钱作为抚慰性补偿,以维护其正常生活。国家法律严格规定了发放抚恤金的条件,管理相对人如果认为行政机关未依法发放抚恤金,或者对于依法应发放的数额行政机关作了扣减的,或者应当依法按期发放而行政机关无故拖欠的,可依法向人民法院提起行政诉讼,律师可代理此类案件。

(7) 认为行政机关违法要求履行义务的案件。行政机关为了有效地进行行政管理,有权要求相对人履行法律、法规范围内的各项义务,但必须依照法律、法规规定的程序进行。行政机关对管理相对人履行法律、法规规定以外的义务的要求,如乱收费、重复要求履行义务等,则是对管理相对人合法权益的一种侵犯,对此,管理相对人有权依法提起行政诉讼,律师可代理此类案件。

(8)认为行政机关侵犯其他人身权、财产权的行政案件。因行政机关执法领域十分广泛,为对管理相对人人身、财产权予以充分保障,法律作了上述弹性规定,以概括式的立法形式赋予了相对人广泛的诉权。因此,对于行政机关其他侵犯人身权、财产权的行为,管理相对人有权依法向人民法院起诉,律师可代理此类案件。①

2. 其他法律、法规规定可以提起行政诉讼的案件

《行政诉讼法》第11条第2款规定:"除前款规定外,人民法院受理法律、法规规定可以提起诉讼的其他行政案件。"根据现行法律、法规规定,下列案件可提起行政诉讼,律师可以代理:

(1)根据《土地管理法》、《森林法》、《草原法》等法律、法规,不服行政机关确认土地、山岭、滩涂、荒地、草原、森林等所有权和使用权归属的处理决定的案件。

(2)根据《专利法》不服确认专利权等处理决定的案件。

(3)根据《律师惩戒规则》对律师惩戒委员会关于取消律师资格和撤销律师事务所的惩戒决定或复议决定不服的案件等。

(4)根据最高人民法院《关于执行〈行政诉讼法〉若干问题的解释》第13条,有下列情形之一的,公民、法人或者其他组织可以依法提起行政诉讼:① 被诉的具体行政行为涉及其相邻权或者公平竞争权的;② 与被诉的行政复议决定有法律上利害关系或者在复议程序中被追加为第三人的;③ 要求主管行政机关依法追究加害人法律责任的;④ 与撤销或者变更具体行政行为有法律上利害关系的。

3. 律师不能代理的行政诉讼案件

根据《行政诉讼法》第12条及其他相关规定,管理相对人就以下事项向人民法院提起行政诉讼,人民法院不予受理,律师亦不能代理:

(1)国防、外交等国家行为引起的争议;

(2)行政法规、规章或行政机关制定、发布的具有普遍约束力的决定、命令;

(3)行政机关对内部工作人员的奖惩、任免等决定;

(4)法律规定由行政机关最终裁决的具体行政行为;

(5)公安、国家安全机关等机关依照刑事诉讼法的明确授权实施的行为;

(6)调解行为以及法律规定的仲裁行为;

---

① 参见贾海洋主编:《律师法学》,高等教育出版社2007年版,第217—218页。

(7) 不具有强制力的行政指导行为;
(8) 驳回当事人对行政行为提起申诉的重复处理行为;
(9) 对公民、法人或者其他组织权利义务不产生实际影响的行为。①

(二) 律师代理行政诉讼的程序范围

《行政诉讼法》规定的四种程序,律师均可作为代理人参与,律师可担任第一审、第二审、再审及强制执行程序中的诉讼代理人。

(三) 律师代理对象的范围

根据《行政诉讼法》第 29 条,当事人、法定代理人可以委托律师为代理人参加诉讼。行政诉讼当事人指广义当事人,包括原告、被告、共同诉讼人和第三人。

1. 原告

即认为行政机关和行政机关工作人员的具体行政行为侵害了其合法权益,依法向人民法院提起诉讼的公民、法人或其他组织。原告一般是具体行政行为的相对人。

2. 被告

即因原告不服其作出的具体行政行为而提起行政诉讼,由人民法院通知应诉的行政机关或者法律、法规授权的组织。由行政机关委托的组织所做的具体行政行为,委托的行政机关为被告。

3. 共同诉讼人

即当事人一方或者双方为两人以上的,分别为共同原告或者共同被告。《行政诉讼法》第 26 条规定:"当事人一方或双方为二人以上,因同一具体行政行为发生的行政案件,或者因同样的具体行政行为发生的行政案件、人民法院认为可以合并审理的,为共同诉讼。"共同诉讼人可以各自委托律师代为诉讼。

4. 第三人

即同被提起行政诉讼的具体行政行为有利害关系而申请参加诉讼或者由人民法院通知参加诉讼的公民、法人或者其他组织。第三人同本诉讼存在法律上的利害关系,可以委托律师代其参加行政诉讼。

三、律师代理行政诉讼的地位

(一) 律师代理行政诉讼的法律地位

一方面,律师参加诉讼是基于当事人的委托授权,同民事诉讼一样具有从属性。因此,律师在行政诉讼中从属于被代理人。律师代理当事人为诉讼行为,必须在受委托的权限内实施,否则其代理行为无效,因此造成的法律后果应当由超越权限的律师承担。如果律师与当事人在某一问题上所作的陈述不一致,法院

---

① 参见官玉琴、张禄兴编著:《律师法学》,福建教育出版社 2006 年版,第 333—334 页。

将以本人的意见为准。在诉讼过程中,当事人可以随时撤销对律师的委托。另一方面,律师作为专业的法律工作者,又有相对独立的一面,律师在其授权的范围内有权独立地进行意思表示,有权自由地选择其表达方式。对于当事人的主张要求,律师必须以事实为依据,以法律为准绳,不能够一味地让位于当事人的无理主张。同时,律师还享有《律师法》中对其赋予的广泛的权利,如查阅案卷、调查取证、参加庭审等。①

(二) 律师在行政诉讼代理中的权利与义务

1. 律师在行政诉讼代理中的权利

律师在行政诉讼代理中的权利与义务与律师在民事诉讼代理中的权利与义务基本相同,但对被告律师有些特殊要求。

行政机关的具体行政行为具有预决效力,在为人民法院判定为违法、不当之前,均推定为合法,故在诉讼中为保护相对人一方的合法权益,对行政机关一方的诉讼权利给予了一定限制,其代理律师的权利亦受相应限制:

(1) 无起诉权。行政机关在诉讼中只能够处于被告的诉讼地位,所以作为行政机关的代理律师不享有起诉权。

(2) 无反诉权。由于在原告起诉之前,具体行政行为一般已经执行,所以他不可能提出与本诉有牵连的反诉请求。

(3) 收集证据权受到限制。行政机关做出具体行政行为,理应有确实、充分的证据,否则即为违法。故进入诉讼后,司法审查的对象之一即证据的确实、充分性。为防止"事后取证"来证明具体行政行为的合法性、适当性,在诉讼中不允许被告自行向原告和证人收集证据。作为被告的代理律师,同样不得向原告和证人收集证据。

(4) 无和解权。行政法律关系中的权利义务,是国家法律明确规定的,带有一定的公益性,被告行政机关不得任意放弃国家权力或免除对方义务。②

2. 律师在行政诉讼代理中的义务

(1) 依法行使各项诉讼权利,不得滥用诉讼权利。

(2) 遵守诉讼程序,服从法庭指挥,不得故意捏造或歪曲案件事实。

(3) 尊重对方当事人和其他诉讼参与人的诉讼权利。

(4) 对于涉及国家机密和个人隐私的材料,依照法律规定保守秘密。

(5) 不得复制、查阅法律禁止复制、查阅的案卷材料。

---

① 参见贾海洋主编:《律师法学》,高等教育出版社2007年版,第217—218页。
② 参见谭世贵主编:《律师法学》,法律出版社2005年版,第203页。

第二节　行政诉讼律师代理的工作方法和步骤

一、审查了解案情，确定是否代理

（一）审查案件是否属人民法院管辖范围内的行政诉讼案件

首先，应审查是否属于具体行政行为。

其次，审查所争议的具体行政行为是否属法院司法审查的范围。我国《行政诉讼法》第11条、第12条采取列举式、概括式规定了人民法院管理行政案件的范围。对于第12条规定的四类案件，人民法院不予受理，律师也不能代理。律师的审查要把握两个原则：（1）凡属涉及人身权、财产权的具体行政行为，律师方可代为诉讼；（2）其他法律、法规规定的人民法院应受理的，律师可代理诉讼。

在审查中，律师应特别注意区分行政仲裁和行政调解后的案件，这两种行为是准司法行为，当事人之间的民事纠纷并不因为行政机关的调解、仲裁而改变性质，应属当事人之间的民事纠纷。

（二）审查当事人是否具备诉讼主体资格

1. 审查原告资格

行政诉讼的原告是认为行政机关及其工作人员的具体行政行为侵犯其合法权益的公民、法人及其他组织，包括行政处理决定的对象和行政处理对象的被侵害人。行政处理决定直接影响了处理对象的权利、义务，处理对象就具有原告资格。而对于行政处理对象的被侵害人，行政机关如何处理侵害人，关系到对他的权益的承认，关系到他的实体权利义务，包括：（1）被侵害人不服行政机关关于赔偿的裁决；（2）限于治安管理处罚领域，被侵害人不服行政机关对侵害人的处罚决定。如果委托人属这两种人，则具有行政诉讼的原告资格。

2. 审查被告资格

行政机关的被告是指被告知其所做的具体行政行为侵犯了原告的合法权益，而被人民法院通知应诉的行政机关。作为行政诉讼的被告，应当具备两个方面的条件：（1）被告只能是做出具体行政行为的行政机关，且行政机关做的具体行政行为与原告所认为的侵犯其合法权益之间存在因果关系；（2）被告地位的确定是基于人民法院的受理。

《行政诉讼法》第25条规定按下列五种情况确定具体被告人：（1）公民、法人及其他组织直接向人民法院起诉的，做出具体行政行为的行政机关是被告。包括：当事人不服经上级行政机关批准的具体行政行为，向人民法院提起诉讼的，应当以在对外发生法律效力的文书上署名的机关为被告；行政机关组建并赋予行政管理职能但不具有独立承担法律责任能力的机构，以自己的名义做出具体行政行为，当事人不服提起诉讼的，应当以组建该机构的行政机关为被告；行政机关的内设机构或者派出机构在没有法律、法规或者规章授权的情况下，以自己的名义做出具体行政行为，当事人不服提起诉讼的，应当以该行政机关为被告。(2)经行政复议的案件，复议机关决定维持原具体行政行为的，做出原具体行政行为的行政机关是被告；复议机关改变原行政行为的，复议机关为被告。复议机关在法定期间内不作复议决定，当事人对原具体行政行为不服提起诉讼的，应当以做出原具体行政行为的行政机关为被告；当事人对复议机关不作为不服提起诉讼的，应当以复议机关为被告。(3)两个以上行政机关做出同一具体行政行为的，共同做出该具体行政行为的行政机关为共同被告。应当追加被告而原告不同意追加的，人民法院应当通知其以第三人的身份参加诉讼。(4)由法律、法规授权的组织做出具体行政行为的，该组织是被告。由行政机关委托的组织所做的具体行政行为，委托的行政机关是被告。包括：法律、法规或者规章授权行使行政职权的行政机关内设机构、派出机构或者其他组织，超出法定授权范围实施行政行为，当事人不服提起诉讼的，应当以实施该行为的机构或者组织为被告；行政机关在没有法律、法规或者规章规定的情况下，授权其内设机构、派出机构或者其他组织行使行政职权的，应当视为委托。当事人不服提起诉讼的，应当以该行政机关为被告。(5)行政机关在做出具体行政行为之后被撤销的，由继续行使其职权的行政机关作为被告；没有继续行使其职权的机关，作出撤销的行政机关是被告。①

3. 审查第三人资格

行政诉讼中的第三人是指广义上的第三人，即同起诉的具体行政行为有利害关系，为了维护自己的合法权益而参加诉讼的公民、法人和其他组织。因此，行政诉讼的第三人要具备两个基本要件：(1)同被诉的具体行政行为有直接的利害关系。(2)其参加诉讼的时间是行政诉讼已经开始、尚未裁决之前。第三人参加诉讼的目的是为了维护自身的合法权益，可以申请参加或被人民法院通知参加；在诉讼过程中有权提出与本案有关的诉讼请求；对人民法院的一审判决不服，有权提出上诉。因此，律师应审查第三人资格，以全面了解案件，也可以接受第三人委托代理诉讼。

4. 审查法定代理人的资格

对于未成年人、精神病患者等无诉讼行为能力的公民不能参加诉讼的，应由其法定代理人代为诉讼，委托律师也只能通过法定代理人进行。法定代理人必须符合两个条件：一是代理权基于法律规定产生；二是被代理人必须无诉讼行为

---

① 参见陈卫东主编：《中国律师学》，中国人民大学出版社2006年版，第298页。

能力。律师应审查法定代理人的身份和资格，方可接受委托。

（三）审查案件是否属于法律、法规规定必须先行复议的案件

行政机关的先行复议，是指行政争议在进入诉讼程序以前，按照有关的法律、法规的规定，必须先经过行政机关复议。对于此类案件，律师审查后，如果是属于必须先行复议的，则应告知当事人向行政机关申请复议，不服复议决定再起诉；但是对于有些法律、法规规定，当事人对于行政机关的具体行政行为不服，既可以向上一级行政机关申请复议，也可以直接向人民法院起诉的，则律师可与当事人共同商定是先行复议还是直接起诉；律师还应注意，有些行政复议决定是终局裁决，对其不服当事人也不能向人民法院起诉。①

（四）审查该案是否在诉讼时效内

《行政诉讼法》及相关司法解释对行政诉讼的诉讼时效作了如下规定：

（1）依照法律、法规规定应当先向行政机关申请复议，申请人不服复议决定的，应当在收到复议决定书之日起15日内向人民法院起诉。

（2）复议机关在收到行政复议申请书之日起两个月内不作决定的，申请人应当在复议期满之日起15日内向人民法院起诉。

（3）公民、法人或其他组织直接向人民法院起诉的，应当在知道做出具体行政行为之日起三个月内起诉。行政机关做出具体行政行为时，未告知公民、法人或者其他组织诉权或者起诉期限的，起诉期限从公民、法人或者其他组织知道或者应当知道诉权或者起诉期限之日起计算，但从知道或者应当知道具体行政行为内容之日起最长不得超过两年。复议决定未告知公民、法人或者其他组织诉权或者法定起诉期限的，适用以上规定。公民、法人或者其他组织不知道行政机关做出的具体行政行为内容的，其起诉期限从知道或者应当知道该具体行政行为内容之日起计算。对涉及不动产的具体行政行为从做出之日起超过二十年、其他具体行政行为从做出之日起超过五年提起诉讼的，人民法院不予受理。

（4）公民、法人或者其他组织因不可抗力或者其他特殊情况耽误法定期限的，在障碍消除后的10日内，可以申请延长期限，由人民法院决定。由于不属于起诉人自身的原因超过起诉期限的，被耽误的时间不计算在起诉期间内。因人身自由受到限制而不能提起诉讼的，被限制人身自由的时间不计算在起诉期间内。

（5）其他法律另有规定的，适用其他法律规定。

---

① 参见谭世贵主编：《律师法学》，法律出版社2005年版，第203页。

二、做好开庭前的准备工作

(一) 原告代理律师的庭前准备工作

1. 调查取证,全面掌握案情

行政诉讼中所实行的是举证责任倒置的原则,如果原告及其代理律师能够提出有利于管理相对人的材料和意见,则将会有利于该具体行政行为被撤销。实践中可通过下列途径来搜集证据:(1) 听取被代理人对案情的详细叙述;(2) 查阅与案情有关的材料,向有关人员调查取证。原告对下列事项承担举证责任:证明起诉符合法定条件,但被告认为原告起诉超过起诉期限的除外;在起诉被告不作为的案件中,证明其提出申请的事实;在一并提起的行政赔偿诉讼中,证明因受被诉行为侵害而造成损失的事实;其他应当由原告承担举证责任的事项。律师在全面掌握案情的前提之下,要确定具体的诉讼请求,因为诉讼请求的确定是否适当对诉讼有很大的关系。

2. 确定管辖法院

确定管辖法律,要注意以下问题:一是级别管辖问题。基层人民法院管辖第一审行政案件。中级人民法院管辖下列第一审行政案件:(1) 确认发明专利权的案件、海关处理的案件。(2) 对国务院各部门或者省、自治区、直辖市人民政府所做的具体行政行为提起诉讼的案件。(3) 本辖区内重大、复杂的案件,具体指:① 被告为县级以上人民政府,且基层人民法院不适宜审理的案件;② 社会影响重大的共同诉讼、集团诉讼案件;③ 重大涉外或者涉及香港特别行政区、澳门特别行政区、台湾地区的案件;④ 其他重大、复杂案件。高级人民法院管辖本辖区内重大、复杂的第一审行政案件。最高人民法院管辖全国范围内重大、复杂的第一审行政案件。

二是地域管辖问题。行政案件由最初做出具体行政行为的行政机关所在地人民法院管辖。经复议的案件,复议机关改变原具体行政行为的,也可以由复议机关所在地人民法院管辖。对限制人身自由的行政强制措施不服提起的诉讼,由被告所在地或者原告所在地(包括原告的户籍所在地、经常居住地和被限制人身自由地)人民法院管辖。因不动产提起的行政诉讼,由不动产所在地人民法院管辖。两个以上人民法院都有管辖权的案件,原告可以选择其中一个人民法院提起诉讼。原告向两个以上有管辖权的人民法院提起诉讼的,由最先收到起诉状的人民法院管辖。①

3. 认真撰写起诉状并向法院递交

律师通过认真审阅行政机关做出具体行政行为所依据的规范性文件及有关

---

① 参见石茂生主编:《律师法学》,郑州大学出版社 2004 年版,第 225—226 页。

文字材料，对案件进行分析和对证据进行核实。律师在全面了解案情的基础之上撰写起诉状。起诉状的内容包括原被告基本情况、诉讼请求、事实和理由等。其中事实和理由部分主要说明行政机关具体行政行为的违法性或不当性及法律依据、证据。律师撰写起诉状是建立在对案件正确分析的基础上，在语言的运用上应当言简意赅。

(二) 被告代理律师的庭前准备工作

(1) 认真研究原告的起诉状，分析原告的诉讼请求是否能够成立。整理并审查有关具体行政行为的各项材料。特别要强调，被告代理律师不得进行调查取证。

(2) 撰写答辩状并按时递交。被告应当在收到起诉状副本之日起10日内提交答辩状，并提供做出具体行政行为时的证据、依据；被告不提供或者无正当理由逾期提供的，应当认定该具体行政行为没有证据、依据。被告经人民法院准许可以补充相关的证据：① 被告在作出具体行政行为时已经收集证据，但因不可抗力等正当事由不能提供的；② 原告或者第三人在诉讼过程中，提出了其在被告实施行政行为过程中没有提出的反驳理由或者证据的。

三、参加法庭审理

(一) 协助委托人行使某些程序性权利

如申请回避、申请延期审理、中止诉讼、终止诉讼、申请财产保全、先予执行等，律师应视情况需要协助委托人行使好这些权利，以保证诉讼的公正和顺利进行。

根据规定，人民法院对于因一方当事人的行为或者其他原因，可能使具体行政行为或者人民法院生效裁判不能或者难以执行的案件，可以根据对方当事人的申请作出财产保全的裁定；当事人没有提出申请的，人民法院在必要时也可以依法采取财产保全措施。人民法院审理起诉行政机关没有依法发给抚恤金、社会保险金、最低生活保障费等案件，可以根据原告的申请，依法书面裁定先予执行。

(二) 参与法庭调查

在参与法庭调查过程中，代理律师应重点审查以下几个方面：

(1) 行政机关据以做出具体行政行为的事实是否存在，该事实与此行政行为是否相适应；

(2) 行政机关做出该行政行为所依据的证据是否确实、充分，证据的收集是否依法定程序；

(3) 行政机关做出该行政行为所依据的法律、法规是否正确、适当；

(4) 行政机关做出该行政行为是否属违反法定职责、超越职权或滥用职权的情况；

（5）行政机关做出该行政行为是否符合法定程序；

（6）行政处罚是否显失公正，如果显失公正可以要求法院直接予以变更。

原被告双方可适时地举证，及时地申请传唤新证人，申请勘验、重新鉴定或提供新证据线索。在法庭调查中，代理律师应当注意通过发问，将对委托人有利的案件事实弄清楚，以便更好地维护委托人的合法权益。

（三）参与法庭辩论

代理律师在这一阶段的主要工作是根据法庭调查查明的事实和经过法庭审查、质证所认可的证据，就行政机关该不该做出具体行政行为和所做具体行政行为适用的法律、法规正确与否进行综合性评述。主要围绕事实和法律两个方面展开论辩：

（1）与事实有关的问题。关于某项具体行政行为是否合法，应论证：做出行政行为的主体是否为合法主体，是否有此项行政权力，做出程序是否合法，行政行为与依据的事实是否适当，相对人是否为完全责任能力人。做出具体行政行为的证据是否确凿、充分，是当时取得，还是事后补得。

（2）适用法律的问题。论证行政机关做出的具体行政行为有无法律依据：主要论证该行为适用的法律条款是否适当，不但要论证行政机关针对某一特定的事与人适用某个法律、法规或规章是否适合，还要进一步论证对某一特定对象适用该法的某一条款是否适当。

在第一审判决后，代理律师还要协助委托人做好上诉、申诉和执行等工作。

第十六章 法律顾问

第一节 法律顾问概述

一、法律顾问的概念与特征

（一）法律顾问的概念

法律顾问是聘请方为了维护自身的合法权益，在一定期限内聘任具有法律专业知识和技能的从业人员，就其在约定的法律领域提供法律帮助的一种法律业务。从事这项特定的法律业务工作的专业人员的特定职务称谓就是"法律顾问"。法律顾问有专职和聘任两种：专职法律顾问一般是指机关、企事业单位及社会团体组织内部所设立的法律顾问机构的专职从业人员，与任职单位领导之间是上下级的隶属关系。聘任法律顾问一般是指机关、企事业单位及社会团体组织向社会通过聘任合同聘请的专门从事法律顾问业务的人员。聘任法律顾问的来源有两方面：一方面是社会的法律中介服务机构的从业人员，比如律师；另一方面则是非法律中介服务机构的从业人员，但却具有法律专业知识和技能，比如法学教学或科研机构的教师。以下我们主要介绍律师担任法律顾问的情况。[1]

（二）律师担任法律顾问的特征

1. 服务对象的广泛性

律师应聘担任法律顾问，其服务对象范围是广泛的，其职责范围是全方位的。他不仅可以为政府机关的行政管理活动提供法律服务，而且可以为企事业单位、社会团体和公民个人的生产经营管理和对外活动提供法律服务。他既可以作为聘方的代理人，在其授权的范围内参与诉讼活动，也可以进行各种非诉讼活动。[2]

2. 平等的法律关系

律师应聘担任法律顾问，双方是一种地位平等、权利义务对等的委托关系，双方享有各自的权利与义务。顾问律师受其所在的律所领导、指派和监督，与聘方并没有法律上的隶属关系，双方是一种平等的法律关系。

---

[1] 参见谭世贵主编：《律师法学》，法律出版社 2005 年版，第 243 页。
[2] 参见贾海洋主编：《律师法学》，高等教育出版社 2007 年版，第 244 页。

3. 独立的法律地位

律师应聘担任法律顾问，独立地以自己的法律知识依法执业，受国家法律的保护，任何单位和个人都不得非法干涉。法律顾问进行业务活动，应当坚持以事实为依据，以法律为准绳，依法保护聘方的合法权益，不受聘方意志的制约。对于聘方的无理要求和违法行为，应当予以说服、劝阻或纠正，以维护国家与社会的公共利益。①

二、律师担任法律顾问的分类

根据法律顾问在理论上的不同分类标准，可以对律师所从事的法律顾问业务作如下分类：

1. 根据担任期限分类

根据律师担任法律顾问期限的长短，可以分为常年法律顾问和临时法律法律顾问。从时间上看，一般固定在半年以上的即可视为常年法律顾问。一般以一年为限，然后根据双方约定，可以延长时间。临时法律顾问的合同服务期限往往因某项业务活动的期限而确定，该项法律事务结束，法律顾问关系即终止。在律师的业务实践中，律师所提供的法律顾问一般以常年服务形式为主。

2. 根据业务范围分类

根据律师担任法律顾问的业务范围的大小，可以分为专项法律顾问和非专项法律顾问。专项法律顾问的服务范围一般由律师和服务对象特别约定，往往是某一项业务活动所涉及的专项法律事务问题。非专项法律顾问的服务范围一般是不受限制的，只要是服务对象所提出的除诉讼服务以外的法律问题，律师都可以通过非诉讼服务方式向服务对象提供法律服务。

3. 根据服务对象分类

根据律师提供法律顾问服务对象的不同，可以分为政府机关法律顾问、企事业单位法律顾问、社会团体法律顾问、公民个人法律顾问等。

（1）企事业单位法律顾问

律师担任企业法律顾问，是指律师接受企业的聘请，按照合同约定的期限、方式和工作范围，为聘请企业提供法律服务的活动。律师担任企事业单位法律顾问的主要工作：一是协助企事业单位依法建立一套科学的生产、行政、经营管理制度，提高工作效率和工作效益，不断地提高企事业单位职工的素质和竞争能力；二是协助企事业单位建立、健全各种规章制度，加强合同管理工作，预防纠纷；三是代理企事业单位参与经济纠纷的调解、仲裁和诉讼活动，维护聘请方的合法权益，使企事业单位正常发展；四是要求企事业单位领导认真学习法律知

---

① 参见陈卫东主编：《中国律师学》，中国人民大学出版社 2006 年版，第 318 页。

识,培养运用法律的观念观察和处理问题的习惯,把依法办事贯彻到各项业务活动中去;五是协助企事业单位做好法制宣传工作,增强企事业单位职工的法制观念,提高干部职工遵纪守法的自觉性,使企事业职工都知道该做什么,不该做什么,赞扬什么,惩罚什么,使人人懂得合法行使权利,合理承担义务。律师担任企事业单位法律顾问,提供法律服务,保证企事业单位的经济、文化、教育、科技等活动纳入法制轨道,使其合法权益受法律保障,最终取得更大的社会效益和经济效益。[1]

(2) 一般社会团体的法律顾问

随着社会主义经济的不断发展与法制的不断健全,工会、妇联、侨联、作协、记协等社会团体会不断地遇到一些法律问题。律师担任这些社会团体的法律顾问,可以通过日常的法律咨询和进行法制宣传教育解决这些社会团体在运作时遇到的诸多问题。顾问律师可以帮助这些社会团体将日常的工作逐步地纳入法制轨道,运用法律手段防止和排除非法侵害,维护聘请方机构本身和其所属成员的合法权益。

(3) 公民个人的法律顾问

律师可担任个体工商户、农村承包经营户、专家、学者、文艺、体育等各界的知名人士和其他一般公民聘请的法律顾问。随着社会主义市场经济的发展和公民法律意识的不断提升,越来越多的公民运用法律手段解决纠纷,从而有效地保护自己的合法权益。律师担任公民个人法律顾问的主要任务和侧重点是:协助聘方不断地提高法律意识,指导履行合同,解决和防止纠纷,代理起诉、应诉,搞好合法、正当经营,维护企业合法权益。[2]

(4) 公民家庭的法律顾问

随着时代的不断发展进步,以家庭名义聘请法律顾问的情形不断发生。公民家庭法律顾问的主要任务包括:一是依法为民,运用法律武器保护公民的合法权益不受侵害,为聘方排忧解难;二是防微杜渐,将家庭中存在的矛盾扼杀在萌芽状态,防止矛盾激化;三是讲法入户,举案说法,使公民不断增强法律意识,提高守法、执法的自觉性,促进社会安定团结。

律师法律顾问服务对象的扩大,是《律师法》对《律师暂行条例》所限定的律师法律顾问服务对象范围的改革。在当前的律师业务实践中,已经出现了律师接受家庭为单位的聘请主体的委托,担任家庭法律顾问。虽然这是一种尝试,但为律师进一步扩大法律顾问的服务对象提供了有益的经验。

---

[1] 参见贾海洋主编:《律师法学》,高等教育出版社 2007 年版,第 244 页。
[2] 参见刘金华、俞兆平:《公证与律师制度》,厦门大学出版社 2007 年版,第 354 页。

三、律师担任法律顾问的作用

和律师的其他业务一样,律师担任法律顾问对实现维护聘请人合法权益及最终实现维护法律正确实施的职责有着积极的作用。由于律师在该项业务中的服务渠道是非诉讼途径,故法律顾问的各项积极的服务功能所能作用的法律领域比律师的诉讼服务领域更广泛。在社会生活各个层面,各个领域所涉及的法律问题,在聘请人需要的时候,律师均可以提供顾问服务。具体地说,法律顾问的作用主要表现在以下几个方面:

1. 预防作用

这是律师担任法律顾问最核心的作用。防患于未然,帮助服务对象依法办事,运用法律武器保护自身的合法权益,使聘请人在越来越复杂的法律关系中得到法律的充分保护,避免侵犯他人或被人侵犯。虽然律师可通过其各项诉讼业务活动的开展来实现对当事人合法权益的保障作用,但诉讼业务活动的前提往往是纠纷已经形成,矛盾已经产生,损失已成事实,关系已趋僵化。律师的法律保护作用往往能使当事人的合法权益在纠纷的处理过程中最大限度地得到保障。但是暂且不论纠纷的处理是否圆满,当事人的权益是否完全充分实现,单就投入大量的人力、物力来应付诉讼,实际上已经使当事人颇感疲劳。因此,经历过因不懂法律、缺乏事先征询环节而导致在诉讼中吃亏的当事人,几乎都渴望得到律师的法律顾问服务所体现的预防作用。社会的这种客观需要造就了律师的法律顾问业务从律师的一般业务中脱离出来而形成律师的一项专门业务。《律师法》将律师的法律顾问业务列为各项业务中的首项,在某种意义上体现出法律预防作用比法律保护作用更重要的法律价值。目前,越来越多的机关、企事业单位、公民个人加入了聘请律师担任法律顾问的行列,这就使我国法制建设的步伐在我国律师的法律顾问服务所产生的普通预防作用中进一步加快。

2. 规范作用

律师在担任法律顾问的过程中,不断地给聘请人提供各种规范的法律顾问服务,而这种服务本身又在不断地影响着聘请人的言行举止,使聘请人的各项业务活动更趋于规范化。例如,律师为企事业单位编制各种规章制度,从而强化了企事业单位内部矛盾的管理机制,提高了单位内部职员规范操作各项业务的意识,并进而增强其规范执业的素质;再如,律师为聘方草拟、审查、代签合同,可以起到健全合同管理制度,规范合同业务的操作程序,预防合同纠纷发生的积极作用。

3. 保护作用

律师担任法律顾问的过程中,遇到聘方权益受到不合法的干扰甚至受损害的情况,就必须采用必要的法律手段保护聘方的合法权益,积极排除不合法的干扰,追索加害方的法律责任。虽然律师在法律顾问业务中不能直接提供诉讼代理服务,但律师仍可以在接受聘方诉讼委托的前提下采取诉讼手段保护作为当事人的聘方的合法权益。此外,律师还可以采用属于法律顾问服务范畴的一些非诉讼法律手段保护聘方的合法权益,如律师参与非诉讼调解或主持非诉讼调解,又如律师代表聘方与越权对聘方的正常业务开展进行非法干扰的一级主管单位或有关行政管理机关进行交涉,以理顺这些纵向关系;再如律师可以通过非诉讼调查活动,向聘方及时提供有利于聘方或不利于聘方的事实情况,从而为聘方及时地排除不利情形和积极利用有利情形创造正确判断和抉择的条件。①

第二节 法律顾问的职能与工作范围

一、律师担任法律顾问的主要工作范围

（一）企业法律顾问的业务范围

1. 解答法律询问

解答法律询问的主要内容有:(1)项目法律解释。顾问律师对需要进行经营决策的项目,提供法律解释,以论证拟进行项目的法律依据,如发行股票的法律依据等。（2）可行性分析。顾问律师对经营决策的项目进行全方位的调查研究,收集各方面的资料,论证拟进行项目的必要性和可能性。着重就法律方面进行论证,确定该项目是否为现行法律所允许,是限制还是鼓励,鼓励的有哪些优惠政策。（3）风险预测。

2. 为企业的经营决策提供法律依据和法律建议

随着市场经济体制的改革,我国的企业,尤其是国有企业要转换经营机制,建立现代企业制度,因此在生产、经营、管理方面会有一些改革措施。企业的法律顾问应当对企业的经营决策从法律的角度加以论证,为企业的发展提出改革意见,更好地促进企业经营机制的转换。②

3. 起草、准备或审查修改合同及其他法律文书

随着市场经济的发展,企业在生产、经营、管理等方面的对外活动日益广泛,为了规范这些活动,企业的法律顾问应当积极地参与草拟合同,使企业的经营活动更加规范化、法制化。

4. 参与重大经济合同的谈判

律师作为企业的法律顾问,应当积极地参加经济项目的谈判,对经济项目的设立提供法律帮助,并对谈判中所涉及的法律问题提供解决方案。

---

① 参见官玉琴、张禄兴编著:《律师法学》,福建教育出版社2006年版,第357页。
② 参见肖胜喜主编:《律师与公证制度教程》,中国政法大学出版社1996年版,第239—240页。

5. 代理参加调解、仲裁和诉讼活动

在企业深化改革的背景之下,企业间的经济交往日益频繁,势必会出现一些矛盾。企业一旦出现矛盾,企业法律顾问应当及时运用调解、仲裁、诉讼三种手段,维护企业的合法权益。

6. 协助企业建立、健全各种规章制度

7. 协助企业建立法律事务机构,进行法律培训,积累法律资料

律师作为企业的法律顾问,应当协助企业进行法制宣传教育和法律培训,使企业的各项活动都能够依法进行。

8. 受托办理其他经济法律事务

随着市场经济的发展,企业直接的交流在范围与方式上在不断扩大,因此企业的法律顾问应当认真地受托办理其他法律事务,更好地促进企业的发展。

(二) 政府法律顾问的业务范围

律师受聘担任政府法律顾问,是为政府机关及其领导人提供法律服务和法律帮助,以促进政府工作法律化、制度化,并维护政府合法权益,保障政府在法律规定的权限内依法行政。司法部《关于律师担任政府法律顾问的若干规定》规定了顾问律师的如下工作职责:

1. 为政府宏观决策提供法律依据和法律建议

政府法律顾问参与决策,就是对政府的重大决策提供法律依据,提出法律意见和建议,以避免政府决策在法律上出现依据不足或缺乏法律依据,促进政府决策的民主化、科学化、规范化。顾问律师这一法律专家的意见和建议是不可或缺的。

2. 协助政府依法管理经济

顾问律师的主要工作是参与重大经济项目的谈判,审查修改重大经济合同。顾问律师要从法律方面协助谈判的进行,为谈判提供法律依据,对谈判结果从法律上把关;对重大经济合同从形式和实质两方面审查,检查合同的格式、手续、条款和内容等是否齐备、合法,写出法律意见书论证对合同的修改完善。

3. 协助政府草拟、审查、修改规范性法律文件

政府机关往往通过制定规范性法律文件,如规定、管理办法的形式进行行政管理。顾问律师参与其中的工作是要审查、把握这些规范性文件是否符合法律、法规的规定,是否具有充分的法律依据。因为低层次规范性文件只能是高层次规范性文件的延伸和具体化,而不能违背。

4. 参与处理涉及政府的尚未形成诉讼的民事纠纷、经济纠纷、行政纠纷和其他重大纠纷

将政府在行政管理中可能出现的这些纠纷解决在萌芽阶段,防止矛盾的激化,保证行政活动的正常运行。

5. 促进政府法制建设

包括为政府机关领导、工作人员讲授法律知识、提供有关法律信息等,增强政府机关的法制意识和依法行政的能力。

6. 办理政府委托办理的其他法律事务

随着政府职能的转变,法律顾问应当为政府机关提供全方位的法律服务,随着经济的不断发展,政府法律顾问接受政府委托办理的事项会不断地增加。因此,政府法律顾问应当适应形势的不断变化,更好地为政府服务。[1]

二、律师担任法律顾问的工作职能

法律顾问的工作职能,是指法律顾问的工作内容,也就是法律顾问应做哪些工作。

(一)企业法律顾问参与经济项目的谈判活动

这里所说的谈判是指经济合同谈判或者投资项目的谈判。在经济活动中,任何一宗交易都需要通过谈判才能实现。因此,从经济活动的角度讲,谈判是经济合同或者投资项目能否成功的关键。重大经济合同或者经济项目的谈判程序一般应经过三个阶段,即确定谈判目标、商定基本条款的准备阶段;对合同进行实质性谈判阶段;合同的签订和正式文本制定、签订阶段。企业法律顾问参加谈判,通常是作为谈判班子的成员而开展工作的。企业法律顾问在谈判的不同阶段主要有以下几项工作:

1. 准备阶段

企业法律顾问一般从谈判的准备阶段介入工作,以便及时、全面地了解和掌握情况,适时地为谈判工作提供法律服务,保证谈判工作合法、有效地进行。在这一阶段的主要工作有:

(1)了解谈判的项目和委托人的意图,明确具体的工作目标。

(2)根据谈判项目的实际需要,收集有关的技术资料、情报、国家的有关法律法规和政策,弄清谈判对手的经济状况、经营状况、信誉好坏和对此项谈判的态度。

(3)根据掌握的资料和情况,明确谈判项目在双方经营中的位置,分析己方和对方进行这个项目合作的优劣条件。从法律的角度分析谈判项目的可行性,以保证不越出法律许可的范围。同时,与经济、技术顾问进行配合,对该项目各方面进行考察,使其形成一个整体。

(4)制定我方的谈判目标、方式和策略,分析双方谈判目标的差异和主要分歧,制定解决每个差异和分歧的具体方案。

---

[1] 参见胡志民主编:《律师制度与律师实务》,立信会计出版社2006年版,第123页。

（5）与委托人商定法律顾问在谈判中的位置,是主谈还是辅谈,在哪些问题上需要法律顾问直接与对方交换意见。

（6）根据委托人的意图,有意识地与对方进行意见接触,进一步了解情况,探明双方的目标、计划和动机。

（7）与委托人商定合同的基本条款,拟订合同草案。

法律顾问对于以上工作做得是否充分,直接关系到谈判能否顺利进行。

2. 实质性谈判阶段

在进行实质性谈判时,企业法律顾问的主要任务是:

（1）力争提出谈判的方案和委托方草拟的合同,掌握谈判的主动权;

（2）法律顾问须充分发挥熟悉法律、了解项目等优势,对谈判中涉及或谈判对方提出的有关法律问题,法律顾问应作出准确回答并加以说明解释;

（3）当对方提出的条件不符合法律规定时,及时向委托方主谈提供要求对方纠正的对策和法律依据;

（4）根据谈判的实际需要,及时向主谈提出变换或修订原谈判方略的建议,并提供相应的新方案、新对策;

（5）采取有效措施,选择适当时机,弥补主谈出现的偏差和失误;

（6）在谈判中,对于涉及我方合法权益的原则性条款,在对方表示接受有可能发生僵局的情况下,法律顾问要在不损害委托人利益的原则下,提出折中条款或"暂挂",以备在新的一轮谈判中继续磋商;

（7）谈判取得一致意见,而且内容对我方有利时,应及时制作合同条款加以确认。

3. 合同的签订阶段

在此阶段,企业法律顾问综合谈判双方的意见,制作正式合同。主要职责是:

（1）在双方达成统一意见之后,归纳双方的意见,起草正式合同。通过起草、修改审查等工作,保证合同的内容和形式符合我国法律的规定,并能准确客观地反映谈判结果。

（2）正式合同起草后,交对方认可。对方认可后按规定由法定代表人签名盖章。法律顾问在此之前要严格审查对方代理人、代表人的资格,防止出现代理人越权或代表人无资格的情况。

（3）法律规定需要经上级主管机关批准才能生效的合同或合同规定须公证的,应协助有关部门办理审批或公证手续。

（4）对一些需要备案的合同,法律顾问也要协助备案,防止履行中发生问题。①

总之,对于经济项目的谈判,法律顾问应严肃、认真,切实维护委托人的合法权益。

(二) 协助聘方建立、健全各项规章制度

企业内部规章制度,是指企业根据国家法律及有关规定,结合企业实际情况,对本企业职工在劳动中应当执行的工作职责、工作方法和工作纪律所作的规定。它具有一定的强制性,要求职工严格遵守执行。

建立、健全企业内部的规章制度,不仅是企业正常进行生产经营活动的保证,同时也是企业实现依法管理的需要。建立一套能反映客观规律的科学的规章制度,使员工有规可循,做到人人有专责,工作有程序,办事有标准,这样才能保证企业的生产经营活动正常有序地进行,并取得良好的经济效益,使得国家的法律在企业贯彻执行有可靠的保证。

法律顾问应协助聘方,在内部管理过程中把经济的、行政的手段最大限度地上升为法律手段,从而提高管理水平,促进聘方工作秩序化、规范化、合理化。为此,应协助聘方建立、健全各项规章制度,主要包括管理制度和工作秩序。协助企事业单位建立经济合同管理制度;专利和技术管理制度;商标和广告管理制度;税收、环境保护、劳动保险、资金信贷、外汇和奖惩等管理制度。协助行政管理机关在日常行政管理中,建立生产管理、计划管理、劳动管理、物资管理、财务管理等章程和规则等。协助承包经营户、个体工商户建立劳动规则、合法经营条例等。企业内部规章制度种类繁多,概括起来主要是:

(1) 基本制度。是指企业的根本性制度,如职工代表大会制度、厂长(经理)工作制度及各项民主管理制度等。

(2) 专项工作制度。是指企业有关生产技术、经营管理及思想政治工作等专项工作制度。主要包括:计划管理制度、市场经营工作制度、生产管理制度、技术工作和技术管理制度、劳动人事管理制度、物资供应管理制度、经济核算和财产管理制度、生活福利事业管理制度、政治工作制度等。

(3) 责任制度。是指规定企业内部各组织及各类人员的工作范围、应负的责任以及拥有的权利的制度。责任制度已经发展成为企业内部以承包为主的多种形式的经济责任。企业内部规章制度的起草审查工作,应由企业有关专业管理部门与企业法律顾问分工配合进行。一般情况下,可以由有关管理部门负责草拟本专业方面的规章制度,由企业法律顾问负责对该规章制度合法性的审查。

(三) 协助聘方建立法律事务机构,培养从事法律事务的人才

随着改革开放的深入发展,国家机关、企事业单位有了更多的行政管理权和

---

① 参见石茂生主编:《律师法学》,郑州大学出版社2004年版,第290页。

经营权,企事业单位之间的经济来往频繁,越来越多地需要运用法律手段进行管理,在行政管理、生产经营和工作中,必然会发生更多的法律关系。一个单位只能聘请一两名律师,显然是不够的。因此,律师可以协助大中型企事业单位建立起法律事务机构,制定该机构的规章,建立起职责范围,选择适当的人员,制定各项工作制度,培养自己的法律人才,积极同法律事务机构互相配合,共同把聘方单位的法律事务工作做好。

(四)开展法制宣传和法律培训,提高聘方人员的法律意识和法律知识水平

法制宣传应在聘方统一安排下进行,定期或不定期给干部职工讲解刑法、民法、婚姻法、诉讼法等法律课,提高干部职工的法制观念。在法律培训中,还要给有关人员讲解合同法、企业法、劳动法等法律知识。提高聘方人员素质,从根本上减少和预防违法行为、各种纠纷的发生,促进聘方管理法制化。

(五)进行资信调查

资信调查主要是指企业法律顾问对另一方当事人的资格、信用和信誉进行了解、核实,并以此避免聘用方因无法准确掌握有关对方资信的信息导致的经济纠纷,将纠纷避免在合同签订以前。

(六)法律顾问的其他工作职能

(1)为聘方提供咨询服务。就聘方在业务上提出的各种法律问题,提供法律意见。包括对聘方工作上、业务上涉及的法律问题或者可以运用法律手段解决的问题,提供解决的具体方案,供聘方决策问题时参考。

(2)为聘方草拟、审查或修改法律文书和其他法律文件。如合同、协议、决定、声明、命令、规则、章程、诉状、答辩状等,使之符合国家法律和有关政策的规定。

(3)代理聘方参加诉讼活动、调解、仲裁或非诉讼活动,以维护聘方的合法权益。

(4)为聘方在经营管理或其他方面作出的重大决策,从法律上进行论证,并找出依据。[①]

综上所述,律师作为法律顾问的工作职能中,除代理聘方进行诉讼活动外,大多属于非诉讼业务。律师作为法律顾问,以非诉讼的服务方式,运用专业的法律知识,帮助当事人办理非诉讼法律业务,同时保证办理法律事务的准确性、真实性与合法性,从而达到预防纠纷、减少诉讼的目的;有利于预防纠纷的发生、减少诉讼以及在纠纷发生后能够及时合法地维护委托人的合法权益。

---

① 参见谭世贵主编:《律师法学》,法律出版社2005年版,第243页。

第十七章　律师非诉讼法律事务

律师业务由两大部分组成：一是诉讼法律事务；二是非诉讼法律事务。《律师法》第 29 条规定，"律师担任法律顾问的，应当按照约定为委托人就有关法律问题提供意见，草拟、审查法律文书，代理参加诉讼、调解或者仲裁活动，办理委托的其他法律事务，维护委托人的合法权益。"这是律师从事非诉讼业务的法律依据。近年来，律师依法承办非诉讼法律业务进展迅速，且业务范围越来越广泛，已经涉及社会生活的方方面面。

第一节　律师非诉讼法律事务概述

一、非诉讼法律事务的概念

非诉讼法律事务，是指不含有纠纷，无须进行诉讼的事务；或者虽已形成纠纷，但不到法院诉讼，仅仅在当事人之间，通过调解或仲裁予以解决的事务。简而言之，就是无须或者不用诉讼程序加以解决的法律事务。[①] 律师办理非诉讼法律事务，是指律师接受公民、法人和其他组织的委托，通过诉讼外途径办理法律事务的一种业务活动。

二、律师办理非诉讼法律事务的法律特征[②]

律师办理非诉讼法律事务具有以下特征：
（1）律师办理的非诉讼法律事务必须是真实、合法、具有法律意义的。
（2）律师办理非诉讼法律事务，必须有当事人的授权委托，而且在授权法律范围内开展法律活动。
（3）律师办理非诉讼法律事务，其身份具有多样性。律师在非诉讼法律事务中，有时是代理人，有时是调解人，有时是见证人；而在诉讼法律事务中，律师只能是代理人或辩护人。
（4）律师办理非诉讼法律事务，是在诉讼程序外进行，不受诉讼程序和期限的约束。

---

① 参见胡锡庆主编：《中国律师法学》，华东理工大学出版社 1997 年版，第 305 页。
② 参见徐新跃主编：《公证与律师制度》，法律出版社 2002 年版，第 360—361 页。

三、律师办理非诉讼法律事务的业务范围及工作方式

根据法律的规定和律师的业务实践,律师可以承办以下非诉讼法律事务:

(1) 依照当事人的委托和授权,以代理人的身份,代为实施单项法律行为或受托办理特定的法律事务。其工作内容主要是要求律师为当事人实施的某项法律行为或具有法律意义的事实代为办理行政手续、法律手续,或代为履行一定的法律义务。该项法律事务的特点是当事人的权利义务关系明确,没有争议,可以一次完成,如进行资信调查、申请营业执照、申办法人登记、申请专利、商标注册、代为招标投标、代办公证、出具法律意见书等。

(2) 律师接受当事人的委托,以代理人的身份与对方协商,参加调解、仲裁或者参加对不服行政裁决的申诉或申请复议。该项法律事务的特点是,当事人因与他人就民事、经济、贸易、海事、行政等方面发生纠纷,而委托律师通过非诉讼方式帮助解决。

(3) 依照当事人的委托,以代表人的身份参加协商谈判活动或者订立法律文书。在该项法律事务中,律师一般是作为法律专门人员参加谈判,提供法律咨询,向委托人提出法律意见,与委托人共同研究谈判的策略和方案,并为委托人草拟、审查有关法律文书。对于谈判中涉及的法律问题,律师应准确地予以解答。在谈判结束时,律师即应起草有关法律文书、办理公证手续等。

(4) 接受双方或多方当事人的邀请,以中间人身份,主持调解或进行见证。

(5) 解答当事人提出的法律咨询,代写法律文书等。

四、律师办理非诉讼法律事务的意义

1. 有利于避免和及时解决各种纠纷,维护社会秩序的稳定

律师通过办理没有争议的非诉讼法律事务,通过为当事人提供咨询,从而避免纠纷的发生;对于已经出现的纠纷,也可以通过协商、谈判、调解等手段,及时妥善解决,因此对维护社会的稳定具有重要作用。

2. 可以防止和减少诉讼的形成,减轻司法机关的压力

律师代理非诉讼法律事务,通过调解、仲裁等方式解决纠纷,形成分流,节约了司法资源,使有限的资源能够用到重大疑难的案件的解决上,从而提高了效率。

3. 有利于各种社会关系的正常发展,维护社会的安定团结

有很多轻微刑事案件和一般的民事、经济纠纷,当事人如果能疏通思想、消除隔阂,就有可能达成谅解。非诉讼解决既可以维护自身的合法权益,又有利于当事人之间乃至整个社会的团结。

4. 有利于宣传社会主义法律,维护法律的尊严

律师在办理非诉讼法律事务中,必然会同进行诉讼活动中一样,对法律进行

适用。当事人参与非诉讼法律事务活动的过程,就是当事人学法、知法、守法的过程。① 在非诉讼法律事务中,律师与当事人的接触是更直接的,因此在这个过程中就起到了宣传法律的作用。

5. 可以为社会主义市场经济体制的建立和完善提供直接的法律服务

律师通过代理非诉讼法律事务,把法律服务直接送到生产、分配、交换和消费等经济活动的各个层面,帮助公民和法人依法经营和管理,避免发生纠纷和依法解决纠纷,从而保障社会主义市场经济体制健康、有序地运行。②

第二节 律师参与调解

调解是解决民事纠纷的一种重要途径,是指根据国家政策、法律,双方当事人在自愿合法的基础上通过平等协商、互谅互让解决纠纷。调解分为两种:一种是诉讼中的调解,即法院调解,另一种是诉讼外的调解,即非诉讼调解。本节主要阐述律师办理非诉讼法律事务中的调解业务。根据法律规定和业务实践,律师非诉讼调解业务的方式可分为三类:其一是律师代理当事人参与调解;其二是律师代理当事人直接与对方进行调解;其三是律师主持调解。三种参与调解的方式中律师的身份地位各不一样。

一、律师代理当事人参与调解

律师代理当事人参与非诉讼法律事务的调解,是指律师接受当事人的委托和授权,以代理人的身份,在代理权限内参与由有关主管机关或行政管理部门主持的调解。③ 其方式有三种:(1) 参与人民调解委员会的调解;(2) 参与行政主管机关主持的调解;(3) 参与仲裁机关主持的调解。

二、律师代理当事人直接与对方进行调解

律师代理当事人直接与对方进行调解,即直接调解,是指律师接受当事人的委托,直接与对方和解、协商,解决纠纷。

(一) 律师直接参与调解的特征

(1) 没有第三者主持,双方当事人自愿自行协商。

(2) 双方充分交换意见,达成解决纠纷、处理实体权利的协议。

(3) 属于人民调解的性质,协议靠自愿履行,无强制执行的法律效力。

---

① 参见胡锡庆主编:《中国律师法学》,华东理工大学出版社1997年版,第316页。
② 参见朱立恒、彭海青主编:《律师法教程》,中国人民公安大学出版社2008年版,第251页。
③ 参见肖胜喜主编:《律师与公证制度及实务》,中国政法大学出版社2003年版。

（二）律师参与调解活动的注意事项

1. 应与委托人订立委托代理合同，明确代理权限

代理权是律师代理当事人参加非诉讼调解活动的根据。尤其在涉及委托人实体权利的处分问题上，代理律师与委托人之间必须有明确的约定。

2. 应在弄清案件事实、明确是非界限的基础上代理参加调解活动

非诉讼调解协议作为当事人之间所达成的一种协议，具有法律意义，能够引起双方当事人之间某种实体法律关系的设立、变更或终止，所以必须弄清双方当事人争议的事实和双方的是非、责任界限，才能妥善解决双方当事人的纠纷。

3. 应在代理权限范围内，尽力维护委托人的合法权益

律师不能因为代理的是非诉讼调解，就随意超越、滥用代理权，做出损害委托人利益的行为。

4. 应注重时效

律师应十分注重时效，防止有的当事人利用非诉讼调解拖延时间，超过时效，使一方陷入丧失赔偿权的境地。

三、律师主持调解

律师主持调解，主要是律师接受双方或多方当事人的委托或邀请，利用其专业知识和技能，从中间人的角度，主持调解工作。律师主持调解时的调解权，来源于双方或多方当事人的自愿委托，不带有任何强制性，调解必须是当事人自愿的，律师不能借助其身份强制当事人调解，更不能在调解中利用自身的法律知识袒护一方当事人。

（一）律师主持调解的原则

（1）真实、合法的原则。

（2）自愿的原则。

（3）不干涉诉讼权利的原则。

（二）律师主持调解的范围

律师主持调解的范围相当广泛，只要是非诉讼法律事务纠纷，律师都可以主持调解。从地域看，不受管辖范围限制，可跨省、市、区乃至包括涉外纠纷。从纠纷性质看，律师可以主持调解普通民事纠纷和轻微的刑事案件、民商事合同纠纷和其他民商事纠纷以及劳动争议纠纷。

（三）律师主持调解的程序

1. 调解前的准备

（1）办理委托手续。律师接受双方或多方当事人委托，要与委托人签订委托合同，使各方当事人明确其权利义务关系，明确当事人和律师之间的法律关系。

（2）分别与当事人谈话，了解事实，分清争议焦点及各自的主张。

（3）审查各方当事人提供的证据，以事实为依据，根据法律和政策对各方当事人进行咨询、教育。

（4）拟定调解方案。

2．进行调解阶段

（1）律师说明自己的身份，宣传调解原则。

（2）由双方当事人分别介绍纠纷的原因、经过和后果，并提出各自的主张。

（3）律师向各方当事人阐述有关法律对处理此纠纷的规定及各自应承担的法律责任。双方交换意见，律师可提出调解意见，引导双方达成协议，一次不成可再次协商调解。

（4）制作调解协议书。协议书既可以由律师起草，征求当事人意见后定稿，也可以由当事人一方起草后，交律师及各方修改定稿。其格式大致包括以下几个方面：第一，双方当事人自然概况。第二，事由（双方纠纷发生的主要事实，各自应负的责任）。第三，律师主持调解的时间、地点，参与协助调解的相关人员。第四，达成协议的具体事项。这是调解协议书的核心部分，要具体、明确。第五，协议生效期限和双方履行完毕的最后期限。在当事人签名盖章后，由律师签名盖章。有协助调解人的，应在协议上签名盖章。

3．协议书的效力与执行

协议书属于民间协议，没有强制执行的效力。但是该协议具有合同的法律效力，是当事人之间的一种法律行为，能够引起当事人之间某种实体法律关系的设立、变更或终止。当事人一方反悔，可以参照最高人民法院《关于审理涉及人民调解协议的民事案件的若干规定》第2条，向人民法院起诉请求变更、撤销协议或确认协议无效，一方拒不履行的，另一方有权按上述法律规定向法院起诉。

第三节 律师参与仲裁

一、律师仲裁业务概述

仲裁是解决争议的一种重要方式。所谓仲裁，是指双方当事人在争议发生之前或者争议发生后达成协议，自愿将争议交给第三方作出裁决，争议双方有义务执行该裁决，从而解决争议的一种非诉讼活动。仲裁具有自愿性、民间性、自治性、终局性和可执行性等特点。由于仲裁存在着不同于其他纠纷解决方式的特点，律师代理仲裁业务也有区别于诉讼代理和其他非诉讼法律事务代理的特点。

1. 律师仲裁业务的内容

律师仲裁业务主要体现在两个方面:第一是律师受聘担任仲裁员参与仲裁活动;第二是律师担任仲裁申请人或被申请人的代理人进行代理仲裁活动。本节主要介绍律师仲裁代理业务。

2. 仲裁代理不同于诉讼代理的特点

仲裁代理不同于诉讼代理的特点主要有:第一,代理事项的法律属性不同。仲裁代理中,律师代理当事人进行的是仲裁活动;而诉讼代理中,律师代理当事人进行的是诉讼活动。第二,应遵循的法律规范不同。律师代理仲裁,应当遵守仲裁法律及仲裁规则的规定,而律师代理诉讼则应当遵守有关诉讼法的规定,这就决定了两者的活动方式、方法、步骤等方面存在着明显的区别。

3. 仲裁代理区别于其他非诉讼法律事务代理的特点

仲裁代理区别于其他非诉讼法律事务代理的特点是:第一,代理律师在代理中的权限不同。在仲裁中律师进行代理活动,并不限于委托人的授权范围。如律师代理进行仲裁活动时,有权查阅有关卷宗材料等,均不是委托人的授权,而是律师在行使其他非当事人授权范围内的执行职务的权利;而律师在进行其他非诉讼法律事务代理活动时,必须在委托人的授权范围内。第二,代理事项的法律属性不同。律师在代理进行仲裁活动时,必须遵守仲裁法及仲裁规则的规定,在活动方式、方法、步骤上有专门的程序规范;而律师在进行其他非诉讼法律事务代理活动时,并无专门程序性规范,其代理活动只要符合国家法律规定并且不损害委托人的利益即可。[①]

二、律师代理国内经济合同仲裁

我国目前主要的仲裁形式是国内经济合同仲裁、涉外仲裁和劳动争议仲裁。

(一)仲裁范围

国内经济合同仲裁的法律依据是 1994 年 7 月颁布的《仲裁法》,该法明确规定,平等主体的公民、法人和其他组织之间发生的合同纠纷和其他财产权益纠纷,可以仲裁。劳动争议和农村集体经济组织内部的农业承包合同纠纷不在此列。婚姻、收养、监护、扶养、继承纠纷和依法应当由行政机关处理的行政争议等纠纷也不能仲裁。

(二)国内仲裁的特征

国内仲裁按照国际上通行的做法,依据当事人在争议发生前或者发生后,以合同中的仲裁条款或者书面形式达成的仲裁协议,进行裁决或调解解决。仲裁实行一裁终局制,仲裁裁决一经作出即发生法律效力,不允许对仲裁裁决事项再

---

① 参见田平安主编:《律师、公证与仲裁教程》,法律出版社 2002 年版。

行仲裁或诉讼。国内仲裁在我国仲裁体系中占主导地位。

国内仲裁与涉外仲裁、劳动仲裁相比,具有以下特征:

(1)仲裁机构是国内各地依法设立的仲裁委员会。在直辖市和省、自治区人民政府所在地的市设立独立的仲裁委员会,也可以根据需要在其他设区的市设立,不按行政区划层层设立。

(2)当事人双方是我国平等的公民、法人或其他组织。这是区别于涉外仲裁的一个显著特征。

(3)提请仲裁必须有仲裁协议。仲裁协议包括合同中订立的仲裁条款和以其他书面方式在纠纷发生前或者纠纷发生后达成的请求仲裁的协议,仲裁协议应当具有三项基本内容:请求仲裁的意思表示、仲裁事项和选定的仲裁委员会。

(4)实行"一裁终局"原则。仲裁裁决作出后,当事人不能再申请仲裁或者向人民法院起诉;裁决作出后即具强制执行力,一方当事人不履行的,另一方当事人可向人民法院申请执行,受申请的人民法院应当执行。

(三)律师代理国内仲裁的程序和工作内容

1.审查收案,接受委托办理手续

(1)审查案件是否属于仲裁的管辖案件范围。

(2)审查纠纷当事人之间的仲裁协议。首先要审查当事人之间有无仲裁协议;其次应当审查仲裁协议的形式是否合法,是否具备法律规定的必备内容;最后还应审查仲裁协议是否具有法定无效情形。

(3)对于审查符合法定条件的办理委托代理人协议,办理授权委托书。

2.仲裁前准备工作

(1)进行必要的调查取证工作,并对已有的证据材料进行审查分析,使之确实、充分。

(2)向仲裁委员会提交仲裁协议、仲裁申请书及其副本、证据和证据目录、授权委托书。按照《仲裁法》第23条的规定,仲裁申请书应当写明下列事项:申请人和被申请人的姓名、性别、年龄、职业、工作单位和住所,法人或者其他组织的名称、住所和法定代表人,或者主要负责人的姓名、职务;仲裁请求和所依据的事实、理由;证据和证据来源,证人姓名和住所。律师应当将仲裁申请书及副本和有关的证据材料一并提交仲裁机构。

(3)代理律师代理当事人及时选定或委托仲裁委员会主任指定一名仲裁员,并及时与对方当事人约定第三名仲裁员担任首席仲裁员以组成仲裁庭。

(4)代理申请保全措施。根据案件需要,代理律师还可以申请财产保全和证据保全,由仲裁委员会将申请提交有关人民法院,由人民法院依法作出裁决,采取必要的保全措施。

作为被申请人的代理律师,应当在仲裁规则规定期限内向仲裁委员会提交答辩状或申明双方无仲裁协议或仲裁协议无效；愿意接受仲裁审理的，应向仲裁委员会提交有利于本方的证据材料；有权提出反请求；如果申请人的保全申请有错误，被申请人有权要求申请人赔偿因保全所遭受的损失；在代理选定仲裁员上同上。

3. 代理参与仲裁庭审理

（1）代理律师应帮助委托人依法行使申请回避的权利。根据《仲裁法》第33、34、35条的规定，在仲裁庭组成后至首次开庭前，若仲裁员是本案对方当事人或者当事人、代理人的近亲属；仲裁员与本案有利害关系；仲裁员与本案对方当事人、代理人有其他关系，可能影响本案公正仲裁的；仲裁员私自会见对方当事人、代理人或者接受对方当事人、代理人的请客送礼的，律师有权代理当事人申请该仲裁员回避。回避的事由是在首次开庭后才知道的，可以在最后一次开庭终结前提出。

（2）代理当事人确定仲裁庭审方式。根据《仲裁法》第39条的规定，"仲裁应当开庭进行。当事人协议不开庭的，仲裁庭可以根据仲裁申请书、答辩书以及其他材料作出裁决。"

（3）代理当事人参加仲裁庭调查。在仲裁庭开庭审查中，应帮助委托人举证、质证，经仲裁庭许可，向有关人员提问，对庭审笔录有权查阅，认为对自己陈述的记录有遗漏或者差错的，有权申请补正。

（4）代理当事人参加仲裁庭辩论。代理律师应当根据事实和法律，提出有利于委托人一方的意见，努力维护委托人的意见。

（5）参加调解或自行和解。根据《仲裁法》第49条、第50条、第51条、第52条的规定，当事人可以自行和解。达成和解协议的，可以申请仲裁庭根据和解协议制作裁决书，也可以撤回仲裁申请。撤回后又反悔的，可以根据仲裁协议申请仲裁。仲裁庭调解达成协议的，应当制作调解书或者根据调解协议制作裁决书。调解书经双方签收后，即发生法律效力，在调解书签收前当事人反悔的，仲裁庭应及时作出裁决。

4. 律师在裁决作出后的工作

（1）代理申请撤销裁决。仲裁庭作出裁决以后，当事人有证据证明裁决有下列情形之一的，可以委托律师代理申请撤销裁决：（1）没有仲裁协议的；（2）裁决的事项不属于仲裁协议的范围或者仲裁委员会无权仲裁的；（3）仲裁庭的组成或者仲裁的程序违反法定程序的；（4）裁决所根据的证据是伪造的；（5）对方当事人隐瞒了足以影响公正裁决的证据的；（6）仲裁员在仲裁该案时有索贿受贿、徇私舞弊、枉法裁判行为的。代理律师申请撤销仲裁裁决，应自收到裁决书之日起六个月内，向仲裁委员会所在地的中级人民法院提出，人民法院组成合议庭审查核实裁决有前述情形之一的，或者认定该裁决违背社会公共利益的，应当裁决撤销。

（2）代理申请执行仲裁裁决。《仲裁法》第 62 条规定,一方不履行裁决的,另一方当事人可以依据《民事诉讼法》的有关规定向人民法院申请执行。

（3）代理申请不予执行裁决。如果被申请执行人认为仲裁裁决符合《仲裁法》第 63 条和《民事诉讼法》第 237 条规定的情形之一的,可以委托律师向人民法院申请不予执行,人民法院受理后,经组成合议庭审查核实,符合法定条件的,裁定不予执行。

三、律师代理涉外仲裁

涉外仲裁是指双方当事人将在国际经济、贸易、运输及海事等合作事件中发生的争议,按照协议,自愿交给某国或第三国涉外仲裁机构进行仲裁。

（一）涉外仲裁的特点

涉外仲裁具有三个特点：(1) 申请仲裁的既可以是一方或双方为外国法人或自然人,也可以是一方或双方为中国法人或自然人；(2) 提请仲裁的只能是上述人等产生于国际或涉外的契约性或非契约的经济贸易等争议和海事争议及运输发生的争议；(3) 争议是由我国涉外仲裁机构进行审理和裁决。

（二）涉外仲裁机构的管辖范围

我国的涉外仲裁机构是设在中国国际贸易促进委员会内的国际经济贸易仲裁委员会和海事仲裁委员会。

国际经济贸易仲裁委员会管辖的范围是：(1) 有关中外合资企业、外国来华投资建厂、中外银行相互信贷等各种对外经济合作方面所发生的争议；(2) 有关对外贸易合同中所发生的争议,包括补偿贸易、来料加工、来件装配、委托买卖合同等；(3) 有关商品的运输、保险、保管、发送等方面发生的争议；(4) 其他对外经济贸易业务中所发生的争议。

海事仲裁委员会管辖的范围是：(1) 关于海上船舶互相救助、海上船舶和内河船舶互相救助的报酬的争议；(2) 关于海上船舶碰撞、海上船舶和内河船舶碰撞或者海上船舶损坏港口建筑或设备所发生的争议；(3) 关于海上船舶租赁业务、海上船舶代理业务和根据运输合同、提单或者其他运输文件而办理的海上运输业务以及海上保险等所发生的争议；(4) 对方当事人协议要求仲裁的其他海事案件。

（三）涉外仲裁的法律适用

（1）仲裁条款中已约定适用哪国法律的。

（2）仲裁条款中没有约定适用哪国法律的,往往在谈判中主张适用第三国法律。但第三国法律往往对我方不利。

（3）根据国际私法原则,应考虑适用契约缔结地法或契约履行地法。契约大多在我国订立或履行,所以预先订立仲裁条款时,应选适用我国法律为宜。我国法律有《中国国际经济贸易仲裁委员会仲裁规则》、《中国海事仲裁委员会仲裁规则》以及《民事诉讼法》中的有关条款。

(四) 律师代理涉外仲裁中应注意的问题

律师代理涉外仲裁的工作步骤与方法和律师参与国内经济合同仲裁大致相同。下面仅就涉外仲裁的特点着重说明律师需要注意的几个问题：

1. 帮助委托人与对方协商签订仲裁协议

如果当事人之间没有仲裁条款或协议，律师就要按照委托人的授权，努力与对方协商签订仲裁协议。当双方无法就仲裁协议达成一致时，律师应及时建议委托人按照国际上的法院管辖原则和我国《民事诉讼法》的规定向我国法院起诉，请求司法保护。律师在与对方谈判仲裁协议时，需要特别关注适用哪个国家的实体法解决争议的问题，因为它会直接影响到当事人的切身利益，律师须在熟练掌握有关国家法律和国际惯例的基础上，针对具体案件适用合适的实体法。

2. 注意"放弃异议"条款

《中国国际经济贸易仲裁委员会仲裁规则》第8条规定："一方当事人知道或者理应知道本规则或仲裁协议中规定的任何条款或情事未被遵守，但仍参加仲裁程序或继续进行仲裁程序而且不对此不遵守情况及时地、明示地提出书面异议的，视为放弃其提出异议的权利。"该条款是维护当事人尤其是胜诉方的合法权益的，比如当事人在仲裁程序中享有对管辖权提出异议、对仲裁申请提出反诉和要求仲裁员回避等权利，在规定期限内没有及时行使或提出反对意见，而继续进行仲裁程序，即视为已放弃这些权利，事后败诉方当事人不得以上述权利未行使为理由而拒绝执行仲裁裁决。律师应关注这一条款，帮助委托人及时行使应该行使的权利，以免疏忽而给委托人造成不利。

3. 注意"简易程序"

《中国国际经济贸易仲裁委员会仲裁规则》第50条规定：除非当事人另有约定，凡争议金额不超过人民币50万元的，或争议金额超过人民币50万元，经一方当事人书面申请并征得另一方当事人书面同意的，适用简易程序。简易程序的仲裁庭组成、审理方式、裁决期限等都与普通程序不同，律师应协助当事人严格按照仲裁规则关于简易程序的规定进行仲裁。

4. 申请财产保全和申请强制执行

在涉外仲裁中，由于一方或双方当事人是外国法人或自然人，他们的主要财产在国外，所以律师为确保被代理人合法权益的实现，要更为经常地注意及时申请财产保全和申请强制执行。当事人申请财产保全，必须提供相应价额的担保，仲裁委员会应当将当事人的申请提交被申请人住所地或其财产所在地的人民法院作出裁定。裁决后，一方当事人不履行的，如果其及其财产在中国领域内的，另一方当事人可以根据中国法律的规定，向中国法院申请执行；或者被申请人或其财产不在中国领域内,则另一方当事人可以根据1958年《承认及执行外国仲裁裁决公约》或者中国缔结或参加的其他国际条约,向外国有管辖权的法院申请执行。①

四、律师代理劳动争议仲裁

（一）劳动争议仲裁的概念和特征

劳动争议仲裁,是企业职工与企业之间发生劳动争议,并将该争议交由专门设立的劳动争议仲裁委员会裁决,从而解决双方争议的活动。

根据2007年《劳动争议调解仲裁法》和国务院颁布的《企业劳动争议处理条例》的规定,劳动争议仲裁与一般国内仲裁相比较,除了在案件的管辖范围、仲裁机构的设置方面具有一些特点外,还具有以下特征：

（1）劳动争议仲裁是劳动争议解决的必经程序,也就是说是诉讼的前置程序。

（2）劳动争议仲裁不是以仲裁协议为前提。无论当事人在争议发生前还是发生后是否达成书面仲裁协议,均可向劳动争议仲裁委员会申请仲裁,而一般国内仲裁的前提是双方在争议前或争议后达成书面仲裁协议。

（3）劳动争议仲裁并不是完全一裁终局的。一般情况下,劳动争议仲裁委员会对劳动争议所作出的裁决不是终局裁决,当事人对裁决不服的,可以在规定的期限内向人民法院起诉;期满不起诉的,裁决书才发生效力。但《劳动争议调解仲裁法》第47条规定,下列劳动争议,除本法另有规定的外,仲裁裁决为终局裁决,裁决书自作出之日起发生法律效力：追索劳动报酬、工伤医疗费、经济补偿或者赔偿金,不超过当地月最低工资标准十二个月金额的争议;因执行国家的劳动标准在工作时间、休息休假、社会保险等方面发生的争议。

（4）劳动仲裁与国内仲裁当事人双方法律地位不同。劳动仲裁中,虽然争议的内容也涉及财产权益,但是作为争议的主体的劳动者与劳动的使用者之间的法律地位并不平等,他们彼此之间具有特定的身份隶属关系。

（二）劳动争议仲裁的律师代理

劳动争议仲裁律师代理,是指律师接受当事人的委托,以代理人的身份参加劳动争议仲裁,以维护委托人的合法权益的一种法律活动。

按照规定,当事人可以委托1—2名律师或者其他人代理参加劳动争议仲裁活动。律师代理劳动争议仲裁,向劳动争议仲裁委员会提交申诉书,应在当事人知道或应当知道其权利被侵害之日起一年内提出。仲裁委员会将在收到申诉书之日起5日内作出受理或不受理的决定。被诉人应当自收到申诉书副本之日起

---

① 参见窦希琨主编:《律师非诉讼实务》,中国人民公安大学出版社1997年版。

10 日内提交答辩书和有关证据。律师参与仲裁庭调查证据,查明事实,进行调解。调解达成协议的,调解书送达当事人后即具有法律效力。调解不成的,仲裁庭开庭审理。仲裁庭裁决劳动争议案件,应当自劳动争议仲裁委员会受理仲裁申请之日起 45 日内结束。案情复杂需要延期的,经劳动争议仲裁委员会主任批准,可以延期并书面通知当事人,但是延长期限不得超过 15 日。逾期未作出仲裁裁决的,当事人可以就该劳动争议事项向人民法院提起诉讼。当事人对仲裁不服的,律师应代理其在收到仲裁决定书 15 日内向人民法院起诉,一方当事人期满不起诉又不执行的,律师可代理另一方当事人向人民法院申请强制执行。

第四节 其他非诉讼法律事务

一、律师进行资信调查

律师资信调查,是指当事人为预防风险,保障其投资、贸易经营的安全,委托律师代理其对他方的资产状况和商业信誉,通过一定手段进行考察和了解的业务活动。[①] 律师在资信调查中,除了解对方当事人的资产状况外,还必须对与资产有密切联系的公司组织形式、生产能力、对外债务等内容进行调查,因为这些都是影响合同能否顺利履行的资产方面的重要因素。良好的商业信誉,在同等条件下能够获得高于同行业一般利润水平的商业利润,也是当事人履行合同的重要保证。律师进行资信调查一般包括以下内容:

(1) 被调查者的民事主体资格。如果是经济组织,应了解其是否具有法人资格,有否进行工商登记、注册的法人名称、注册地址、主管机关批准的经营范围以及注册登记机关国籍,如果是自然人,则应了解其是否具有民事行为能力。

(2) 被调查者的经济状况。如注册资本、实有资本、资产负债情况、收支情况、经营内容和经营水平,包括产销情况、产品设备、技术力量、生产能力等内容。

(3) 被调查者的商业信誉。包括对方当事人的日常履约情况、产品质量或服务质量情况、产品的声誉情况、产品的销售服务情况等,这些均是构成良好商业信誉的重要条件。

律师进行资信调查,可以通过被调查者所在地的商务机构、金融机构、咨询机构或我国驻外使领馆,也可以通过当地的律师事务所,还可以通过与被调查者有过经济往来的第三人进行调查,必要时,还可直接要求对方当事人提供有关证明文件,如银行开具的资金证明等。调查外商的资信情况,可以通过中国银行或西方国家的工商团体及专业性的资信机构调查;对港澳台商的资信情况,可以通

[①] 参见胡锡庆主编:《中国律师法学》,华东理工大学出版社 1997 年版,第 326 页。

过我国政府部门授权的该地律师查询。

律师完成调查后,应将被调查者的资信情况汇总,制作成书面的调查报告,要求材料翔实、数据准确,送交委托人,供其签约时参考。

二、律师出具法律意见书

律师出具法律意见书,是指律师应当事人的请求,针对某些非诉讼法律事务,包括法律行为、法律事实或是法律文件,根据掌握的事实和材料,正确运用法律进行阐述与分析,作出肯定或否定结论,出具给当事人的书面意见。[①] 法律意见书的作用在于就投资者的某些法律问题给予书面解答,以便作为他们确定投资意向和行动的法律依据。律师意见书最早出现于国际金融活动中,是国际银团贷款、项目融资、发行债券等交易使用的配套借贷法律文件之一。近年来,随着国内企业参与国际金融贸易活动、外国投资者来华投资、国内法人到国外投资或是异地联营等的日益频繁,律师受托出具法律意见书的业务不断扩大。

实践中,律师出具的法律意见书主要包括以下几项内容:

(1)有关国家和地区对于投资的法律规定,并具体说明对外商投资的优惠政策和限制性规定。

(2)投资项目的合法性、可行性。

(3)投资合作者的资信情况,诸如主体资格、注册资本、负债情况、经营能力和水平、履约能力等。

(4)投资的申报、立项、审批程序和手续及其主管机关,提出应当注意的问题。

(5)应着重说明,参与涉外经济活动的中国国有企业是独立的法人组织,其从事的经济活动属于一般商业活动,而并非国家行为。其财产是不享有国际法规定的国家财产豁免权的,因此不会使外国投资者遭受不应有的损失。

律师出具法律意见书的具体内容,则依委托人所委托的内容来确定。以律师为公司股票发行、上市出具的法律意见书为例,其内容应具备:引言,包括出具法律意见书的依据、范围、律师应当声明的事项;正文,包括发行人发行股票的主体资格,发行人的章程,本次发行、上市的授权和批准,本次发行、上市的实质条件,发行人的招股说明书,发行人所有或者授权使用、经营的主要财产,发行人的重大债权债务关系,发行人的环境保护和产品技术标准,发行人涉及的诉讼、仲裁或行政处罚,发行人的税务问题,发行人募股资金的运用,本次发行所涉及的其他中介机构,律师认为需要说明的其他问题和结论意见。

---

① 参见徐新跃主编:《公证与律师制度》,法律出版社 2002 年版,第 364 页。

三、律师见证

(一) 律师见证的概念

律师见证,是指双方或多方当事人为设立某种实体权利、义务关系而实施特定的法律行为时,邀请律师到场,对该项法律事实的真实性给予证明的活动。[①] 例如,外商在与我国公司、企业签订重大经济合同时,双方当事人常常要求律师见证。

(二) 律师见证应坚持的原则

(1) 真实性与合法性原则。这是律师见证必须遵循的最重要的基本原则。此原则要求当事人提交的一切证据材料必须真实,当事人的法律行为和意思表示必须真实,并符合法律。律师见证时应当对这些事项进行审查,如有用欺诈、伪造证件等不正当手段骗取律师见证的现象,要慎重审核,拒绝见证。

(2) 当事人自愿原则。委托律师见证,应完全出于当事人的自愿。

(3) 直接见证原则。律师见证受到时间和空间的严格限制,律师仅能就自己视线所及范围内所发生的法律行为进行证明,既不能由别人代替自己观察,也不能对已经发生的事实追认见证,或对将要发生的行为预先见证。

(4) 公平公正原则。律师见证要站在公正的立场上就自己亲眼所见、亲耳所闻见证。

(5) 便民和保密原则。律师见证要从有利于当事人、方便当事人的角度出发,及时、准确、迅速地作出见证,并对在见证过程中了解到的当事人有关情况予以保密。

(6) 回避原则。为确保律师见证的真实可靠,律师对与自己有利害关系的案件,应当自行回避,当事人也有权申请律师回避。

(三) 律师见证在实践中的一般做法

审查见证事项和有关证据材料,包括审查当事人的主体资格(特别在双方当事人达成协议的签字仪式上或者会议上,律师应审查签字人的法人代表资格),审查见证事项的可行性,查明见证事项有否违反法律政策的规定,查明见证所需材料、文件是否完整齐备,当事人意思表示是否真实、清楚。经过审查,对于当事人所提供材料不完备者,律师应要求其补充;对见证事项有疑问者,应要求其作出说明,务必使其符合见证要求。律师应在见证现场进行见证,出具见证书,或者在双方当事人所签订的法律文书中,写上律师的法律评语,由见证律师签名并加盖律师事务所的公章。

[①] 参见徐新跃主编:《公证与律师制度》,法律出版社 2002 年版,第 364 页。

（四）律师见证要承担相应的法律责任

律师见证是一项具有较强法律效力的证明活动，势必会产生相应的法律后果。律师必须认真地按照规定的见证制度办事，如果双方当事人因合同或协议产生纠纷，见证律师负有出庭作证的义务，律师或律师事务所拒绝作证的，应承担法律责任；律师如果违反法律规定或有明显的失误，或对不属于律师见证范围的事项予以见证，而给委托见证人、对方当事人或第三人造成损失的，应承担赔偿责任。

（五）律师见证的意义

能够促使当事人认真、严肃地对待他所实施的法律行为，增强其责任感，从而保证双方建立的法律关系的合法性、有序性，且有利于执行。如果事后发生纠纷，则经过律师见证的法律事实和具有法律意义的文书就可以为人民法院提供真实可靠的证据。

四、律师法律咨询业务

法律咨询，即解答关于法律问题的询问，是指律师对于国家机关、企事业单位、社会团体或公民个人就有关法律问题的询问进行解释、说明，以及提供解决该问题的意见、方案、建议的一项业务活动。[1] 由此可见，律师的法律咨询工作主要包括两个方面，一是就来访者提出的一般法律问题，采用口头或书面的形式从法律方面予以解答；二是律师接受社会组织或公民的委托，参加各类经济业务的洽谈磋商，对委托人提出的问题，从法律方面提供意见或建议。[2]

（一）律师法律咨询业务的特点

律师法律咨询业务具有以下几个特点：

1. 提供法律咨询服务的主体具有特定性

在实践中，只要具有法律方面的知识，都可以为他人解答法律问题、提供咨询服务等，而且许多政府机关、群众团体等都成立有专门的法律机构，它们可以为社会提供一些法律咨询服务。但本书所探讨的律师法律咨询业务，只能由国家批准设立的律师工作机构即律师事务所向社会提供，因此律师提供法律服务的主体具有特定性。

2. 律师法律咨询具有广泛性

一是咨询服务对象的广泛性，可以是我国的公民、法人或其他组织，也可以是外国的公民、法人和其他经济组织、群众团体。二是咨询服务内容的广泛性，从国内法律问题到涉外法律问题，从一般的法律问题到婚姻家庭等社会生活领

---

[1] 参见谭世贵主编：《律师法学》，法律出版社2008年版，第270页。
[2] 参见杨春福编著：《律师与公证实务》，南京大学出版社1999年版，第239页。

域的方方面面。三是咨询问题所涉及法律的广泛性,从宪法、刑法、民法等实体法到诉讼法、行政复议法等程序性法律,还涉及国家的政策、司法机关的司法解释以及一些国际条约和惯例等。四是法律咨询服务手段的多样性,不仅靠法律知识,还要靠其他社会科学和自然科学的知识与技能,而且要凭借相当的社会经验与阅历,在服务方式上,可以即席解答,也可视情况书面解答。

3. 律师法律咨询具有专业性

律师解答法律咨询是一项专门的法律服务业务,律师作为被咨询的一方,有义务回答咨询者的法律方面的问题,不同于技术咨询、决策咨询等。这就要求律师不仅要具有过硬的法律专业知识,还要具有相当的社会阅历和实践经验,才能适应法律咨询工作的需要。

此外,律师法律咨询服务还具有经常性、普遍性,以及具有较强的针对性等特点,并且律师法律咨询的意见和建议不具有法律约束力,但正确的咨询意见和建议对询问者的问题处理无疑具有很大的影响力。

(二)律师提供法律咨询时的注意事项

在解答法律咨询时,律师要注意以下事项:(1)要树立群众观点,具有关心群众、热心为人民群众提供法律服务的思想和对工作高度负责的责任感。(2)在解答法律咨询时,应当有针对性地作出回答,回答问题要准确清楚,并提出解决问题的建议。(3)由于普通公民缺少法律知识或者对法言法语不甚了解,律师解答咨询时要使用通俗易懂的语言。(4)解答法律咨询要依法解答,忠于事实和法律,本着息讼解纷、维护稳定的原则,在弄清事实、辨明是非的基础上,对咨询者进行说服教育、劝解调停工作,促成纠纷解决,防止矛盾激化,不能一味地怂恿当事人提起诉讼。

五、律师代书业务

律师代书是律师依据委托人的合法要求,以委托人的名义,代为书写诉状及其他法律文书的一项专业性活动。根据《律师法》的规定,为委托人代写诉讼文书和有关法律事务的其他文书,是律师的主要业务活动之一。律师代书不像一般的代写人只是机械地录事,更不是代笔,因为律师要了解案情和证据,分析证据的可靠性、关联性及合法性,并且要根据法律规定提出诉讼请求。对于无理或违法的事项,律师应当拒绝代书。

根据法律规定和律师的业务实践,律师代书的范围包括以下几个方面:(1)代写诉讼文书,常见的主要有起诉状、答辩状、上诉状、申诉状等,以及在诉讼过程中使用的有关申请书,如回避申请书、申请撤诉书等。(2)代写有关法律事务的其他文书,又称非诉讼法律事务文书,主要是指除诉讼文书以外的其他与法律事务有关的并可以引起法律后果的法律事务文书,包括各种协议书、委托书、遗嘱等非诉讼法律事务文书。(3) 代写其他文书,主要是指与社会生活有关、具有一定法律意义的文书,包括收养子女申请书、社会救济申请书、公证申请书、声明书、举报信等。律师代书的业务范围,应以上述三类法律事务文书为限,除此之外的文稿函件,如思想汇报、决心书、工作总结等,均不属于代书的范围。违法犯罪分子的改过书、检讨书、坦白书、保证书等,尽管有可能涉及法律内容,但由于这种文书表示的是违法犯罪者本人对自己违法犯罪行为的主观认识和态度,因而应由本人书写。即使本人确无书写能力,请求律师给予"帮助",那也只能是"代笔"而不能是"代书",因为律师只能记录他的口述内容,而不能加以修饰润色。

律师开展代书业务,与从事其他法律事务一样,都必须坚持以事实为根据,以法律为准绳的原则,以维护法律的公正和当事人的合法权益为宗旨。同时,律师代书应当符合以下基本要求:(1) 格式统一,事项齐全。律师代书的不同文书,多有其统一、固定的格式,并有其特定的事项要求。律师代书应当注重格式和事项的要求,对于法定的以及形成惯例的格式必须严格遵守,不得随意更改。(2) 叙事全面,客观真实。律师代书应当尊重客观事实,无论是文书中表述的内容还是文书所引用的内容,都必须客观地反映现实,不允许有半点虚假,更不能胡编乱造、夸大或缩小;同时,论述事实应当全面,不能随意取舍、断章取义。(3) 观点明确,以法服人。律师代书应当准确地表达委托人的观点和主张,文字表述应当高度准确、解释单一。同时,文书中的观点和主张都应当符合法律的规定。(4) 文字简练,语言朴实。律师代书应当注重文风朴素,语言表达准确,文字力求简洁、精炼又不失原意,语言通俗易懂又不失庄重。语言干瘪、文意不清或者叙事啰嗦、文书冗长,都是与代书的要求相违背的。①

六、其他非诉讼法律事务

随着经济发展水平的提高,律师在经济活动中发挥着越来越重要的作用。律师除了参与上述非诉讼法律事务外,还参与知识产权、房地产、证券、金融、公司法律事务、企业设立或变更登记等其他非诉讼法律事务。

---

① 参见戴群策主编:《律师制度与律师实务》,群众出版社 2003 年版,第 224—225 页。

第十八章 我国律师的法律援助制度

第一节 律师法律援助概述

一、律师法律援助的含义

(一) 律师法律援助制度的概念

法律援助是由政府设立的法律援助机构组织法律援助人员,依法为经济困难或特殊案件的当事人减、免收费提供法律帮助的制度。法律援助机构是各级政府出资、面向社会开办的公益性的司法救助部门,由各级司法行政机关领导,代表国家行使管理法律援助的职能。法律援助制度是我国贯彻"公民在法律面前一律平等"的宪法原则、保障公民享受平等公正的法律保护、完善社会保障制度、健全人权保障机制的一项重要法律制度。

律师法律援助,是指律师在政府设立的法律援助机构的组织下,对某些经济困难或特殊案件的当事人给予减、免收费提供法律帮助的一项制度。

我国的法律援助制度规定,律师应当履行法律援助义务。这是从我国国情出发,借鉴先进发达国家法律援助的经验做法所作出的法律规定。所以,律师作为法律援助参与者的重要主体,是承办法律援助案件的主力军,在法律援助服务构建和谐社会中具有重要的地位,应该发挥积极的作用。

(二) 律师法律援助的依据

律师是法律援助义务的主体。虽然法律也规定,社会团体、事业单位等社会组织可以向受援人提供法律援助,但这不是其法律义务。法律援助的体制在实践中被诠释为"政府责任、律师义务、社会参与"。律师履行法律援助的义务,是基于法律的规定,也是由我国国情和律师职业责任的要求所决定的,其中法律的强制规定是律师履行法律援助义务的主要依据。

1. 律师履行法律援助义务的法律依据

我国《刑事诉讼法》《律师法》、国务院《法律援助条例》以及各省级法律援助条例等都作了明确的规定。《法律援助条例》第6条规定:"律师应当依照律师法和本条例的规定履行法律援助义务,为受援人提供符合标准的法律服务,依法维护受援人的合法权益,接受律师协会和司法行政部门的监督。"《律师法》第42条规定:"律师、律师事务所应当按照国家规定履行法律援助义务,为受援人提供符合标准的法律服务,维护受援人的合法权益。"

此外，法律还对律师不履行法律援助义务规定了相应的处罚措施。《法律援助条例》第 27 条规定："律师事务所拒绝法律援助机构的指派，不安排本所律师办理法律援助案件的，由司法行政部门给予警告、责令改正；情节严重的，给予 1 个月以上 3 个月以下停业整顿的处罚"。第 28 条第 1 款规定："律师有下列情形之一的，由司法行政部门给予警告、责令改正；情节严重的，给予 1 个月以上 3 个月以下停止执业的处罚：（1）无正当理由拒绝接受、擅自终止法律援助案件的；（2）办理法律援助案件收取财物的。"《律师法》第 47 条规定，律师拒绝履行法律援助义务将受到"警告"，并可以处"五千元以下的罚款""停止执业三个月以下"等处罚。

2. 律师履行法律援助义务是我国国情的要求

我国法律强制规定律师必须履行法律援助的义务适合我国的国情。（1）在现阶段，我国经济与发达国家相比，还比较落后，东西部地区经济发展很不平衡，从而使法律援助的开展缺少物质上的保障。（2）我国的历史文化渊源与欧美发达国家有着较大差异。封建社会形成的人治观念还深深影响着人们的观念，民众还没有完全意识到运用法律武器来保护自己的合法权益。如近几年出现的拖欠农民工工资的现象，许多农民工在讨要拖欠工资时由于法制观念淡薄，不知道运用法律武器来保护自己的合法权益，结果无法保护自己的正当利益，有的还因为过激行为导致违法现象的出现。（3）我国法律援助的需求与法律援助的资源有着较大的差距。从以上我国实施法律援助的国情可以看出，现阶段我国通过法律强制律师履行法律援助义务不失为解决法律服务供求关系失衡的一种方法。

3. 律师履行法律援助义务是律师职业责任的要求

《律师法》将律师界定为"为当事人提供法律服务的执业人员"，"律师应当维护当事人合法权益，维护法律正确实施，维护社会公平和正义"。律师的职业责任可以概括为维护民权、完善法制和实现社会正义。法律援助的目标正是维护社会弱势群体的合法权益，追求社会的公平正义。律师不仅要代表买得起法律服务的富人，更应扶助那些买不起法律服务的穷人，从而促进实现社会的公平正义。律师履行法律援助的义务，是法律服务向基层、社区、贫弱群体的延伸，是律师职业责任的根本要求。

二、法律援助制度的产生与发展

法律援助制度的萌芽，最早可以追溯到五百多年前的英国。早在 15 世纪，英国的有关法律中就有了给予贫困者帮助以使他们能够享受法律权利的规定。随着资本主义的发展，新兴资产阶级为了争得平等的社会地位而提出了"天赋人权""法律面前人人平等"等口号，并积极支持在有关法律制度中规定向贫困者提供法律援助的内容,从而极大地促进了法律援助制度的建立和发展。

就资本主义社会法律援助制度发展的历程来看,法律援助大致经历了三个阶段,呈现出三种截然不同的特征。

第一阶段是法律援助制度的形成时期。这一时期的法律援助主要是民间行为,即私人行为,是由分散的各自为政的民间组织和宗教团体基于良心或者道义对贫困者实施法律帮助。这一时期的法律援助属于民间的慈善性行为。

第二阶段是法律援助制度的发展时期。这一时期的法律援助由民间的帮助行为逐渐向政府的救助行为转化,也由民间的个别行为向社会化、规模化发展。法律援助不再被视为慈善性行为,而获得法律援助开始被认为是公民的一种权利。同时,保证社会的贫困者获得法律援助被视为国家的一种责任。这一时期的法律援助成为了一种公民权利和国家责任。

第三阶段是法律援助制度的成熟时期。第二次世界大战以后,在民权运动的推动下,西方发达国家进入了社会福利化时期。民权运动对社会平等权利包括寻求法律保障平等权利的追求,促使法律援助进一步向社会化发展,加之西方国家律师制度的快速发展和社会保障体系的完善,法律援助逐渐被纳入了社会福利保障体系。这一阶段的法律援助与以前的不同之处在于,它已具有法律保障的功能,成为社会福利保障体系的重要内容。

目前,世界上已有一百四十多个国家建立了法律援助制度。不仅如此,法律援助制度日趋国际化,法律援助的精神广泛地体现在一些国际文件中,有的直接成为国际法律文件所规定的内容。[①]

法律援助制度是世界各国通行的一项重要法律制度。为了保障经济困难的公民获得必要的法律服务,我国从1994年初开始提出和试点此项制度,并于1996年起在全国范围内正式推广和逐步建立。随着国务院公布的《法律援助条例》等相关规章制度的颁布实施,我国法律援助工作已经从制度创立阶段进入到了加快发展的新的历史时期。从2003年9月国务院《法律援助条例》实施以来,全国律师等法律服务人员积极参与法律援助服务,至2011年底,全国共有3600多个法律援助机构,1.4万名专职法律援助人员、21.5万名律师和7.3万名基层法律服务工作者。2011年全国律师办理法律援助案件84.5万件。近年来各级政府对法律援助的财政拨款逐年增加,2009年以来,全国法律援助经费年均增幅为26.8%,2011年达12.8亿元人民币。[②]但随着依法治国进程的加快,法律援助的社会需求不断上升,这些措施仍不能满足广大群众对法律援助的需求。《法律援助条例》从立法上鼓励社会提供法律援助,鼓励和支持社会组织

---

① 参见田平安主编:《律师、公证与仲裁教程》,法律出版社2002年版,第125—126页。
② 参见国务院新闻办公室:《中国的司法改革》白皮书,2012年10月。

利用自身资源为经济困难的公民提供法律援助。让困难群众能够享有平等的法律保护,这是我国正在全面推行的法律援助制度追求的目标。

第二节　我国律师法律援助的内容

一、律师法律援助的对象和范围

(一)法律援助的对象

法律援助的对象,是指具备法定条件可以获得法律援助的人。从各国有关法律援助的立法和实践来看,多数国家将法律援助的对象限定为自然人,而且是本国公民。外国人享受法律援助必须具备特殊条件,限制在一定范围内。

根据我国法律的有关规定,我国法律援助的对象应当符合下述条件:(1)因经济困难无能力支付法律服务费用的公民;(2)盲、聋、哑人,尚未完全丧失辨认或者控制自己行为能力的精神病人,未成年人,可能被判处无期徒刑、死刑的犯罪嫌疑人、被告人;(3)申请人申请的事项必须符合法律援助范围。

经济困难标准由省、自治区、直辖市人民政府根据本行政区域经济发展状况制定。

2012年《刑事诉讼法》扩大了指定辩护的对象范围。根据《刑事诉讼法》第34条和第267条的规定,人民法院、人民检察院和公安机关在下列情形下应当通知法律援助机构指派律师为犯罪嫌疑人、被告人提供辩护:(1)犯罪嫌疑人、被告人系盲、聋、哑人,没有委托辩护人的;(2)犯罪嫌疑人、被告人系尚未完全丧失辨认或者控制自己行为能力的精神病人,没有委托辩护人的;(3)犯罪嫌疑人、被告人可能被判处无期徒刑、死刑,没有委托辩护人的;(4)未成年犯罪嫌疑人、被告人没有委托辩护人的。

(二)法律援助的范围

法律援助的范围,是指提供法律援助的案件和事项的具体领域,即根据法律规定,对哪些案件和事项可以提供法律援助。

1. 民事、行政案件的法律援助范围

《法律援助条例》第10条规定,公民对下列需要代理的事项,因经济困难没有委托代理人的,可以向法律援助机构申请法律援助:(1)依法请求国家赔偿的;(2)请求给予社会保险待遇或者最低生活保障待遇的;(3)请求发给抚恤金、救济金的;(4)请求给付赡养费、抚养费、扶养费的;(5)请求支付劳动报酬的;(6)主张因见义勇为行为产生的民事权益的。

2. 刑事案件的法律援助范围

《法律援助条例》第11条规定,刑事诉讼中有下列情形之一的,公民可以向法律援助机构申请法律援助:(1)犯罪嫌疑人在被侦查机关第一次讯问后或者采取强制措施之日起,因经济困难没有聘请律师的;(2)公诉案件中的被害人及其法定代理人或者近亲属,自案件移送审查起诉之日起,因经济困难没有委托诉讼代理人的;(3)自诉案件的自诉人及其法定代理人,自案件被人民法院受理之日起,因经济困难没有委托诉讼代理人的。

根据2012年《刑事诉讼法》第34条的规定,刑事法律援助不仅适用于审判阶段,而且适用于审前程序。侦查阶段、审查起诉阶段和审判阶段的犯罪嫌疑人、被告人因经济困难或者其他原因没有委托辩护人的,其本人及其近亲属有权向法律援助机构提出申请,请求法律援助。对于符合法律援助条件的,法律援助机构应当指派律师为其提供辩护。对于符合指定辩护条件的,公、检、法机关无须经过经济审查,直接通知法律援助机构指派律师进行法律援助。

根据最高人民法院《关于适用〈刑事诉讼法〉的解释》第43条的规定,具有下列情形之一,被告人没有委托辩护人的,人民法院可以通知法律援助机构指派律师为其提供辩护:(1)共同犯罪案件中,其他被告人已经委托辩护人的;(2)有重大社会影响的案件;(3)人民检察院抗诉的案件;(4)被告人的行为可能不构成犯罪;(5)有必要指派律师提供辩护的其他情形。

法律和司法解释的修改,进一步扩大了刑事法律援助的范围,对于切实保障审前程序中犯罪嫌疑人、被告人行使辩护权,维护犯罪嫌疑人、被告人的合法权益无疑起到重要作用。

二、律师法律援助工作

(一)律师在法律援助中的权利、义务

法律援助中律师基于委托和授权以及法定的义务,拥有与其他案件相同的权利和义务。律师在执行法律援助时,权利和义务主要表现在以下四个方面:(1)律师不得无故推脱,应当接受法律援助机构的指派承办无偿法律援助事项;(2)律师接受指派后,不得疏于应履行的职责,无正当理由不得拒绝、延迟或终止承办的法律援助事项;(3)律师拒不履行法律援助义务,或疏于履行法律援助职责致使受援人遭受重大损失的,法律援助机构可以建议司法行政机关不予年审注册或给予相应的处罚;(4)受援人不遵守法律规定以及不按法律援助协议的规定予以必要合作,经法律援助机构批准,承办律师可以拒绝或终止提供法律援助。

受援人以欺骗方式获得法律援助的,法律援助机构应当撤销其受援资格,并责令其支付已获得服务的全部费用。[①]

[①] 参见徐家力主编:《律师实务(第三版)》,法律出版社2007年版,第65页。

(二) 律师法律援助的程序

律师提供法律援助,根据委托人的要求不同,其工作内容和服务对象相应的也不一样。律师主要通过以下四种方式提供法律援助:(1)法律咨询、代拟法律文书;(2)刑事辩护和刑事代理;(3)民事、行政诉讼代理;(4)其他无偿法律服务。

法律援助在程序上包括申请、审查、决定三个阶段和步骤。在这些阶段和步骤中,因申请而获得法律援助和强制指定法律援助的程序是有所不同的。

1. 因申请而获得法律援助的程序

(1) 法律援助的申请

根据《法律援助条例》第 14 条,公民申请法律援助应按照下列规定提出:请求国家赔偿的,向赔偿义务机关所在地的法律援助机构提出申请;请求给予社会保险待遇、最低生活保障待遇或者请求发给抚恤金、救济金的,向提供社会保险待遇、最低生活保障待遇或者发给抚恤金、救济金的义务机关所在地的法律援助机构提出申请;请求给付赡养费、抚养费、扶养费的,向给付赡养费、抚养费、扶养费的义务人住所地的法律援助机构提出申请;请求支付劳动报酬的,向支付劳动报酬的义务人住所地的法律援助机构提出申请;主张因见义勇为行为产生的民事权益的,向被请求人住所地的法律援助机构提出申请。

根据《法律援助条例》第 15 条和《刑事诉讼法》第 34 条第 1 款,犯罪嫌疑人、被告人因经济困难或者其他原因没有委托辩护人的,本人及其近亲属可以向法律援助机构提出申请。被羁押的犯罪嫌疑人的申请由看守所在 24 小时内转交法律援助机构。申请法律援助所需提交的有关证件、证明材料由看守所通知申请人的法定代理人或者近亲属协助提供。

申请应当以书面形式提出,以书面形式提出确有困难的,可以口头申请,由法律援助机构工作人员或者代为转交申请的有关机构工作人员作书面记录。同时,提交相应的材料,这些材料包括:身份证或者其他有效的身份证明,代理申请人还应当提交有代理权的证明;经济困难的证明;与所申请法律援助事项有关的案件材料。

(2) 法律援助的审查

法律援助机构收到法律援助申请后,应当进行审查;认为申请人提交的证件、证明材料不齐全的,可以要求申请人作出必要的补充或者说明,申请人未按要求作出补充或者说明的,视为撤销申请;认为申请人提交的证件、证明材料需要查证的,由法律援助机构向有关机关、单位查证。

(3) 法律援助申请的决定

对符合法律援助条件的,法律援助机构决定提供法律援助,并于决定之日起 3 日内指派律师并函告公安机关、人民检察院、人民法院;对不符合法律援助条件的,作出不予援助的决定,并于决定之日起3日内书面告知申请人理由,并函告公安机关、人民检察院、人民法院。申请人对法律援助机构作出的不符合法律援助条件的通知有异议的,可以向确定该法律援助机构的司法行政部门提出,司法行政部门应当在收到异议之日起5个工作日内进行审查,经审查认为申请人符合法律援助条件的,应当以书面形式责令法律援助机构及时对该申请人提供法律援助。

2. 指定辩护的法律援助程序

根据《法律援助条例》及相关司法解释的规定,对于符合指定辩护条件的案件,人民法院、人民检察院、公安机关通知法律援助机构指派律师提供辩护或者法律帮助的,法律援助机构应当在接到通知后3日以内指派律师,并将律师的姓名、单位、联系方式书面通知人民法院、人民检察院、公安机关。承办律师应当在接受指派之日起3日内,将法律援助手续提交人民法院、人民检察院、公安机关。

人民法院通知法律援助机构指派律师提供辩护的,应当将法律援助通知书、起诉书副本或者判决书送达法律援助机构;决定开庭审理的,除适用简易程序审理的以外,应当在开庭十五日前将上述材料送达法律援助机构。法律援助通知书应当写明案由、被告人姓名、提供法律援助的理由、审判人员的姓名和联系方式;已确定开庭审理的,应当写明开庭的时间、地点。

犯罪嫌疑人、被告人拒绝法律援助机构指派的律师为其辩护,坚持自己行使辩护权的,人民检察院和人民法院应当准许。属于应当提供法律援助的情形,犯罪嫌疑人、被告人拒绝指派的律师为其辩护的,人民检察院和人民法院应当查明原因。理由正当的,应当准许,但犯罪嫌疑人、被告人须另行委托辩护人;被告人未另行委托辩护人的,人民检察院和人民法院应当在3日内书面通知法律援助机构另行指派律师为其提供辩护。

(三)律师法律援助资金及相关费用

律师提供法律援助时,也必须有资金和相关费用的开支,因此就涉及了资金的来源问题。我国目前无法做到全面由政府承担这部分费用,因此根据惯例,我国的律师法律援助的资金来源,主要有政府财政拨款、社会捐赠等途径。同时,国家支持和鼓励社会团体、事业单位等社会组织利用自身资源为经济困难的公民提供法律援助。

法律援助律师办理法律援助案件所需的费用归纳起来一般包括差旅费、文印费、交通通讯费、调查取证费、鉴定费等,它属于律师办案的必要开支。目前这些费用的最终支付一般有以下几种情况:

(1)政府补贴。即由法律援助机构对法律援助律师支付办案费用。《法律援助条例》规定,法律援助办案补贴的标准由省、自治区、直辖市人民政府司法行政部门会同同级财政部门,根据当地经济发展水平,参考法律援助机构办理各类法律援助案件的平均成本等因素核定,并可以根据需要调整。

(2) 法院支付刑事指定辩护补贴和民事诉讼费用的减免。一些法院支付刑事指定辩护律师办案补贴,从100元至1400元不等。对民事受援人提出缓、减、免交诉讼费的申请,人民法院应当先行对受援人作出缓收案件受理费及其他诉讼费的决定,待案件审结后再根据案件的具体情况决定诉讼费的支付。

(3) 政府有关部门和社会组织的减免。法律援助案件承办人利用国土资源、建设、卫生、工商、档案管理等部门档案时,这些部门作相应的费用减免;属于司法行政部门管理的面向社会服务的司法鉴定机构,应缓收或免收鉴定费,对受援人败诉且缴纳鉴定费用确有困难的予以减免。

(4) 非受援败诉方承担。《关于民事法律援助若干问题的联合通知》规定,法律援助人员办理法律援助所需差旅费、文印费、交通通讯费、调查取证费等办案必要开支,受援方列入诉讼请求的,人民法院可以根据具体情况判由非受援的败诉方承担。

第十九章 外国律师制度与我国港澳台地区律师制度简介[①]

第一节 西方国家律师制度的产生和发展

一、西方国家律师制度的萌芽

现代律师制度的萌芽最早可追溯至古希腊。据史料记载,早在公元前5至4世纪的古希腊雅典已有了现代律师的雏形——"雄辩家"的活动。当时古希腊雅典的诉讼仅分为侦查与庭审两个阶段。其中的庭审阶段已类似于今天英美法系的抗辩制模式,即庭审开始时,法庭先宣读原告的起诉书和被告的反驳书,然后双方当事人进行辩论,法官听取辩论,并检验双方提出的证据后,作出裁决。

"雄辩家"对法官的影响是显而易见的。当时的法庭允许当事人委托别人代写发言稿,并可代替当事人在法庭上宣读。法官听证裁决的庭审特点,使得法官的裁决往往取决于双方当事人的辩论结果。为此,当时很多财力许可的当事人往往尽一切可能,甚至不惜重金雇请精通法律又口齿伶俐的人为自己在法庭上辩论,以影响法官作出有利于自己的裁判。"雄辩家"群体由此产生。他们受当事人委托为其撰写法庭上的发言稿,并在法庭上为其辩论。"雄辩家"从事的活动有点类似现代的诉讼代理人,但当时并没有形成一种职业,也没有形成一个阶层,因此只能看做律师制度的萌芽。

二、西方国家律师制度的雏形

通常认为,律师制度的雏形最早出现在古罗马奴隶制时期。古罗马人发展了复杂的成文法典以及诉讼制度,包括辩护律师制度,都为近代英美法系所继承。由于城邦社会重视法治及程序保障的缘故,古罗马时代的律师享有相当崇高的地位,常代表当事人与对方或政府进行诉讼,并且讲求来自希腊地区一脉相承的修辞学及辩术训练。在古罗马时代,甚至许多元老院的议员都曾操此业,其中最著名者当推古罗马著名政治家西塞罗(Cicero)。今天我们可以在著名的古罗马法律文献《十二铜表法》中看到当时辩护人是怎样进行辩护活动的。古罗马的这种律师制度通常被认为是世界各国律师制度的雏形。

[①] 本章主要参考关今华主编:《律师与公证》,厦门大学出版社2007年版;陈宜、王进喜主编:《律师公证制度与实务》,中国政法大学出版社2008年版。

古罗马之所以能产生律师制度，也与当时社会的物质经济发展有关。当时的古罗马社会经济比较发达，人们在经济生活的频繁交往中，财产上的争议和冲突日益突出。同时，随着商业的发展和罗马征服地区的扩大，罗马公民与异邦人以及被征服地区广大居民间的矛盾越来越突出。为此，统治阶级颁布了大量法律、法规、规定，用法律来调整日益复杂的财产关系，以求适应古罗马奴隶制经济的发展和统治阶级利益的要求。

古罗马刑事、民事案件大都实行公开审理，与公开审理相适应的诉讼形式是辩论式，当事人双方在诉讼中地位平等，享有相同的诉讼权利：他们在法庭上可以充分陈述自己的意见，反驳对方的诉讼请求，提出证人证据，或委托他人代理诉讼向法庭提供意见，反驳对方的指控。法官本身不调查取证，只是根据辩论的结果作出裁判。这种情况日渐增多，相沿成习，出现了 advocatus 一词。这个词的意思是陪同被告人到法庭，在开庭审理时给被告人提供意见的亲戚或朋友。最初的 advocatus 只能在法庭上对被告人提供意见，并不在法庭上发言，后来发展成为代替被告人向法庭表达意见，反驳对方当事人的种种指控。在辩论式的诉讼结构下，一方面，当事人被允许委托他人代理诉讼，另一方面，法官的裁判取决于双方辩论的结果，善辩对法官的影响显而易见，当事人为了获得有利于己方的裁判，也愿意花钱委托精通法律又善辩的人代理诉讼，从而使职业律师的出现有了可能。

同时，由于社会矛盾日益尖锐，古罗马统治阶级为维护其统治秩序，制定了许多法律、法令和规定。社会上出现了学习、研究法律的法学家阶层。他们研究法律、著书立说、参与诉讼、编撰合法文书、解答法律问题。他们时常就如何执法等问题向司法、行政官员提供意见，同时他们的研究成果和著述有些也被统治者认可为法律。在社会上，他们向平民百姓解答法律问题，为诉讼当事人提供咨询意见。有些诉讼当事人开始专门聘请他们代理参加诉讼。这些被后人称为"罗马法学家"的人在当时承担解答法律问题和指导办案的角色，使得律师制度的产生具有了一种历史的必然性。

由于这些人的活动有利于统治秩序的稳定，公元前3世纪，古罗马皇帝以诏令的形式确定了"大教侣"从事"以供平民咨询法律事项"的职业。同时，还允许委托他人代理诉讼行为，而且国家还通过考试制度遴选具有法律知识的善辩之人担任诉讼代理人，规定诉讼代理人代理诉讼可以获得相当数额的报酬。于是，"职业律师"阶层正式出现了，律师制度得以确立。

综上所述，律师制度的产生与任何其他社会现象的产生一样，都有深刻的社会根源，与当时古罗马存在的一系列政治、经济及法律条件密切相关，如律师的活动有利于维护统治阶级的统治秩序，辩论式的诉讼结构使职业律师的出现有了可能，市场贸易的参与者需要通晓法律的人帮助。

三、西方律师制度的稳固和发展：以西欧为代表

（一）西欧封建制时期律师制度的衰落与复兴

公元5世纪，欧洲大陆进入封建社会。诉讼制度上废除了辩论式的诉讼形式，改为与封建政治统治相适应的纠问式诉讼形式，法官主动询问当事人和证人，以查清事实，为判决提供根据。当时盛行刑讯逼供，强迫被告人作出有罪的供认，并不准被告人抗辩，诉讼当事人完全是被审讯、拷问的对象，毫无诉讼权利可言，职业律师没有存在的可能。律师制度几乎失去了赖以生存的社会条件，走向衰落。同时，中世纪的西欧宗教盛行，政治和法律都掌握在僧侣手中，一切活动按照神学中通行的原则处理。比如在13世纪以前的法国，有资格担任律师的是僧侣阶层，他们主要在宗教法院执行职务。在世俗法院的诉讼中，虽然也允许请律师辩护，但只有僧侣阶层的人才能充当辩护人和代理人。

律师制度在西欧的复兴依赖于政治体制的改革。以法国为例，13世纪末，法国国王腓力四世因向教会领地征收土地税而与教皇卜尼法斯八世发生冲突，开始了王室与教会的争斗。结果教会权力被大大削弱，僧侣在世俗法院执行律师职务被禁止，取而代之的是受过封建法律教育、经封建统治者严格挑选、受国会严密监督的律师。这些律师站在国王一边，尽力帮助国王维护国家集权和统一，同时也受到王权的保护。至此，律师制度成为维护王权和巩固统治不可缺少的一个工具，得以进一步发展壮大。类似的情况同样发生在德国、意大利等西欧国家。

在远离西欧大陆的英国，12世纪以前虽然任何公民只要在诉讼当事人申请到专门的"国王许可证"并到法庭证明其有代理权时，都可以作为代理人参加诉讼，但在教会法逐渐渗入世俗法院后，诉讼代理权也转到了僧侣手中。当时规定，不是僧侣不得被委托为诉讼代理人。12世纪，英国国王亨利二世进行了司法和军事方面的改革以及限制教会权力的斗争，大大加强了王权，僧侣被禁止在世俗法院执行律师职务。13世纪中叶，羊毛加工业的发展使英国的社会经济逐步从农业社会向商品经济过渡。新生的社会阶层开始要求自己的政治主张，并由此诞生了国会。1265年，国会正式成立。此后，国会权力日益扩大，逐渐取得有限制的立法权，立法的范围涉及民法、刑法和诉讼制度等众多领域。经济的发展导致人们在交往中发生矛盾和冲突的机会增多，而繁琐的法律使得普通人无法用普通的常识维护自己的权益。当时英国的诉讼结构主要是辩论式，诉讼当事人地位平等，并享有一定的诉讼权利，在诉讼中采取直接言词原则，当事人的诉讼请求必须面对法庭陈述。这一系列政治、经济、法律条件的出现，使得社会上出现了专门学习、研究法律的职业阶层。他们代理当事人出庭诉讼，使英国的律师制度兴旺起来。

(二) 西欧律师制度在资本主义时期的巩固和发展

封建社会末期,一些资产阶级启蒙家和思想家,如洛克、里尔本、孟德斯鸠等,无情地抨击了封建社会的政治制度和法律制度,提出"天赋人权""主权在民""平等、自由、博爱"等新思想,主张在诉讼中必须用辩论式代替纠问式,当事人(尤其是被告人)有权为自己辩护,有权请律师或其他公民为自己辩护。之后又有很多思想家和法学家或党派提出了新兴的司法体制和诉讼理念。例如,法国著名思想家伏尔泰提出了在审判中广泛实行辩护的主张;意大利法学家贝卡利亚在《论犯罪与刑罚》中强烈反对纠问式诉讼,认为应该给被告人以辩护权;17世纪英国小资产阶级政党平均主义派在其《人民约法》的宣言中提出了"被告有亲自辩护或者请人辩护的权利"的主张。

资产阶级革命成功后,资本主义各国都用宪法和法律肯定了上述资产阶级启蒙家、思想家和法学家的政治、法律理念与主张,并落实在制度的建设与保障上。律师制度就是其中之一。例如,1679年《英国人身保护法》首次明文确立了诉讼中的辩护原则,承认被告人有权获得辩护;1808年法国《刑事诉讼法典》又将其律师制度系统化。

资本主义社会具备适合律师制度发展的政治、经济、法律条件,因此律师制度一经法律确认便得到迅速的发展。时至今日,律师制度在西欧乃至世界各国都有了空前的发展。今天的律师业务已不再局限于在法院参加刑事、民事诉讼,而是发展到社会生活的各个领域,渗透到社会的各个方面。律师在社会生活中的地位越来越高。

美国哈佛大学法学院院长罗伯特·C.克拉克将造成一个国家律师业大发展的原因总结为四条:(1)律师业务的国际化;(2)社会的富裕程度与律师人数成正比;(3)规模经济需要更多的律师;(4)社会向多元化发展时对律师的需求增加。上述西欧律师制度的兴衰及发展史不同程度地印证了这一点。[①]

第二节 英美法系律师制度:以英国和美国为例

一、英国的律师制度[②]

(一)英国二元律师制度

公元11世纪,诺曼底人对大不列颠的征服将古罗马的律师制度传到英国,并对英国律师制度的建立产生了影响。12到13世纪,英国开始出现职业律师。

---

① 参见[美]罗伯特·C.克拉克:《21世纪律师业展望:我们需要多少律师》,徐月芬、王尔泉译,载《中国律师》1998年第10期。
② 限于英格兰和威尔士的法律制度。

从一开始,英国就存在着法律辩护人(narrators)和法律代理人(attorneys)两种不同的法律职业者。所谓法律辩护人,是指协助当事人进行法庭陈述和辩论的法律职业者。对于辩护人在法庭上的所言所行,当事人可以承认代表自己,也可加以纠正或补充,甚至予以否认。辩护人职业就是专门律师的雏形。所谓法律代理人,是代表当事人完成整个诉讼过程的全权法律"代表",其在法庭上所说所做的一切,均代表当事人的意志,具有完全的法律效力。

由于法律代理人一旦在诉讼中出现失误往往导致败诉,而法律辩护人出现失误时当事人还有补救的机会,所以法律辩护人受到当事人的普遍欢迎。14至15世纪时,英国形成了具有庞大规模的法律职业团体。据史料记载,14世纪时,随着法庭辩护权越来越集中于法律辩护人手中,一套专门培养法庭法律辩护人才的法律教育制度开始成形。伦敦建立了四大律师会馆,会馆学员称做"法律学徒"(apprentices of the law),由称做"主管委员"(benchers)的开业资深律师负责管理和教学。法律学徒至少在学习七年后,经主管委员批准,才能获得出庭辩护资格,成为出庭律师(barrister)。不过,普通出庭律师只能代表普通当事人在巡回法庭、各郡季审法庭或城市法庭提起诉讼和出庭辩护,三大中央法庭的出庭辩护权垄断在御用状师(serjeant-at-law)手中。御用状师是律师界的精英和法官的后备力量,人数极少,常年保持在十人上下。他们由国王从执业满十年以上的优秀出庭律师中封授,大约十年左右封授一次,每次约封授六至八人,以补充因死亡或有人晋升为法官造成的空缺。

相对于出庭律师的发展壮大而言,法律代理人发展较缓慢。随着各级各类法庭的出庭辩护权逐渐被法律辩护人所垄断,法律代理人只能从事庭审之外的某些事务性工作,如申请司法令状、收集证据、制作法律文件等。法律代理人必须在某一特定法庭上经法官认可后,遵照规定的程序和仪式由当事人正式任命,而且只能在授予其代理权资格的法庭上开业。所以,从很早的时候起,普通诉讼法庭和王座法庭就各有自己的一批固定的法律代理人。法律代理人不受律师会馆管辖,法庭直接负责对他们的管理。中世纪后期,三大中央法庭不时发布命令,规范法律代理人的资格申请条件和职业行为。

早期的法律辩护人和法律代理人是当今英国大律师和事务律师的萌芽。从16世纪起,英国开始从中世纪向近代过渡,社会政治和经济结构出现了巨大的变化。随着社会政治制度和经济的发展,御用律师逐渐退出历史舞台,法律代理人普遍被排斥于律师会馆和法庭辩护席之外,最终退出历史舞台,事务律师异军突起,与法律代理人融为一体,构成当代英国律师行业的第二大分支。

通过几个世纪的分化与改组,当代英国的二元律师制度为大律师制度(又称出庭律师)和事务律师制度(又称非诉讼律师)。两类律师在知识结构、教育方式、任职条件、资格授予和业务范围上各不相同,在组织上彼此分立,二者之间不能自由流动,更不能兼而为之。通常认为,大律师的资质条件和社会地位相对较高,组织性较强。他们可以在任何法院出庭辩护,而且有资格出任法官,但他们不能与当事人直接接触。事务律师无权在中央法庭出庭辩护,只能从事诉讼前的一般性法律事务,如提供法律咨询、制作法律文书、准备诉讼材料等。有关材料准备完毕后,便交由大律师继续完成以后的庭审辩护工作。就诉讼案件而言,事务律师是大律师与当事人之间的桥梁与纽带。就总的业务范围而言,事务律师涉及的领域和业务范围要远远广于大律师。

二元律师制度在近代英国社会不断受到批评。批评者认为,首先,二元制造成了诉讼费用昂贵,因为一个当事人必须同时负担一名事务律师和一名大律师的费用,从而加重当事人的经济负担;其次,二元制导致诉讼时间的浪费;最后,二元制带来择业机会的不平等和社会不公。同时,批评声还来自事务律师。一些事务律师认为,在一些大律师的心目中,事务律师总是被视为"下等人"。对二元律师制度的改革力量主要来自事务律师团体的推动。1969 年,英国事务律师协会在一份报告中要求大法官授予事务律师在皇家刑事法院出庭辩护的权利。这一要求在 1972 年得到大法官的部分同意。此后,事务律师获得了有限范围内的出庭辩护权:如果案件是由治安法院预审、皇家刑事法院判决的话,事务律师可以在皇家刑事法院出庭辩护。在以后的近二十年内,事务律师协会为打破二元分立制继续努力,但在大律师公会的抵制下成效甚微。1979 年,一个皇家委员会在对律师制度进行了为期三年的调查后,虽然承认旧制度存在弊端,但最终结论还是维持现状,理由是二元制有利于保证法庭辩护和审判质量。

1990 年,英国律师制度改革终于迈出了关键性的一步。这一年,议会颁布了《法院和法律服务法》(The Court and Legal Services Act)。它规定:(1) 大律师可以直接接触某些当事人,可以与当事人直接订立法律服务合同;(2) 合格的事务律师可以被任命为高级法院的法官;(3) 允许一切"合格者"在所有法院出庭辩护,而不一定非是大律师不可;(4) 允许大律师和事务律师之间建立合伙关系。《法院和法律服务法》初步打破了两类律师在业务分工上的隔绝状态,但仅此而已,在行为规范、职业培训、资格审查等管理事务上,两类律师仍然分别由各自的行业组织负责。1999 年,英国议会颁布《接近正义法》(Access to Justice Act),将改革又推进了一步。该法案规定,大法官在取得议会同意的条件下,可以改变那些不恰当地限制出庭辩护权的规则,这就简化了出庭辩护资格的批准程序。另外,该法案授予大律师完全的庭审前诉讼准备权利,包括会见当事人、证人和核实证据等,但前提是必须经过必要的培训,并已经在事务律师协会注册。

虽然实践中阻力依然存在,但从整体上说,最近十几年的改革还是颇受各界欢迎的,尤其是当事人和事务律师,因为改革降低了诉讼费用,打开了两类律师之间相互流动的通道。

应注意的是,英国的二元律师制度是在长期的司法实践中自发形成的,有着悠久的历史;同时,这种分工也是促进专业化与提高工作质量和效率的必由之路。因此,还没有任何迹象显示英国未来会彻底合并两类律师,实现一体化。就目前而言,这是不可能的,也是没有必要的。

(二)律师资格的取得

担任大律师的资格条件有:(1)获得法律学位或非法律专业毕业但经过一年法律培训课后通过了普通职业考试;(2)必须进入一家律师学院学习,作为该院的学生,完成学术与职业训练;(3)必须提交品格良好的证明书;(4)律师学院学习期满后,在有经验的大律师指导下,实习一年,签署入会誓言。

根据1974年颁布的《小律师法》(The Solicitors Act 1974)规定,取得小律师资格必须具备以下条件:(1)为英国公民,性别、民族不限;(2)满21周岁;(3)必须经法律社议会按照《资格规则》(Qualifying Regulations)吸收为法律社的学生,经过一年时间的学习,通过最后专业考试;(4)在律师事务所实习两年。具备以上四个条件后,在向法律社交纳了印花费、常年执照费、准备赔偿当事人损失的费用后,即由法律社汇录于小律师名册,取得小律师资格。

(三)律师的业务范围

大律师一般是刑事法院和高等法院的出席法庭律师,享有广泛的诉讼权利,他们从事所有法庭上涉及的法律程序和有关法律适用方面的工作,如写法律文书、庭审中交叉询问和出示证据等。但是,大律师并不直接接受当事人的委托,他们通常在事务所内准备案件。

事务律师从事的业务范围通常要比大律师广泛。除符合法律规定条件的事务律师可以在高等法院从事代理业务外,大多数事务律师只能在低级法院代理当事人出庭参加诉讼。事务律师是大多数公司和老百姓在日常工作、生活中遇到法律问题时所依赖的法律代理人,如签署合同或协议、订立遗嘱等。

二、美国的律师制度

(一)美国律师制度概述

美国的律师制度渊源于英国,但它并未继承英国二元律师制度,而是实行"一元制"。由于历史原因,17世纪末,英国的律师开始在北美开业,他们运用英国的法律,遵循英国的诉讼程序和方式。这就造成在殖民地时期,美国的诉讼制度因袭英国的普通法的历史现实。同时,他们也积极参加了本土的政治运动,尤其是在美国独立战争中,一些主张独立的律师积极反对英国殖民统治,主张建立有美国本土特色的法律体制。在其后的一系列司法运动中,美国的律师制度伴随美国政治、经济和社会的发展,开辟了独特的、有别于英国的发展模式。

美国的法律制度是"双轨制",即联邦法和州法共存。美国也没有统一的律师法。有关律师制度的法规,散见于宪法、判例法以及律师协会制定的《律师守则》中。在美国,律师的开业形式是随着市场的发展而不断变化的。早期律师的执业形式都是单独开业。19世纪后期,随着经济的发展,非诉讼法律业务量不断增加,很多情况下律师个人很难承担,这促进了律师组合的诞生。在一些大城市开始出现由多名甚至数十名律师共同开办的合伙律师事务所。到20世纪70年代,普通合伙一直是美国律师事务所的主要组织形式。20世纪70年代以后,经济全球化导致法律的商业化需求不断增强,传统的普通合伙制使得合伙人责任重大,限制了律师事务所的规模拓展。美国先后出现了有限责任公司律师事务所、有限责任合伙律师事务所以及有限责任有限合伙律师事务所等多样化的组织形式。现今美国的律师组织形式,有个人开业、普通合伙、普通公司、专业公司、有限合伙、有限责任公司和有限责任合伙。大的律师公司已如商业公司一样呈现全球化发展的趋势,在世界主要城市开设分支机构。

实践中,美国律师协会担当着组织、管理和保护律师的角色。律师协会建立在各个层面上:联邦有联邦的律师协会(成立于1878年),州有州的律师协会,市有市的律师协会。联邦和州的律师协会没有隶属关系。在大多数州,参加律师协会是自愿的,律师有选择加入或不加入的自由,而在个别州,加入律师协会是强制性的,如在加利福尼亚州,律师必须加入律师协会。

律师协会通常负责制定本辖区的《律师守则》,对律师进行道德和纪律教育;负责组织本辖区律师的进修和法律研究;担负辖区内对社会进行法律宣传教育的公共责任。律师协会在管理和监督辖区内律师的从业操守上和监督律师执行《律师守则》上有很重要的权力,如受理公民对律师的控告。如果律师协会认为律师所犯错误严重,可向辖区内的法院提起纪律制裁的诉讼。但律师协会本身没有权力对律师直接作出惩戒、停止执业或开除律师资格的处分,这些权力由辖区内的法院行使。

(二)美国律师资格的取得

根据美国律师协会的规定,申请参加律师考试,是取得执业律师资格的唯一正式手段。在美国,没有统一的律师资格取得条件。虽然美国律师协会规定,申请从业律师资格,除了必须具有相应的学历(应考者必须是美国法学院毕业,具有法学学士学位的人)并且通过资格考试外,还需要具有良好的道德品质。但事实上,各州有各州的具体规定。每年各州定期组织本州内从业律师的资格考试。通常这类考试由各州最高法院任命的主考人组成的考试委员会负责主持,主考人一般是本州具有权威的法官或律师,考试内容包括联邦法律和州法律。考试通过后,由考试委员会发给律师资格证书。

取得律师资格的人并不都从事传统的开办律师事务所或进入律师事务所的

律师职业,如有的人到政府部门工作或成为政府机关雇用的律师,有的到企业去成为企业公司雇用的律师,有的到司法部门工作,还有的到法学院当教授。对于那些成为政府或企业公司的雇员的,他们仅处理本政府机关、本公司企业的法律事务,并不接受社会上当事人的委托。而对那些在社会上执行律师职务的,如要开业则须领取营业执照当"挂牌律师",即需要辖区内的最高法院批准。各州掌握本州律师开业执照的核准与颁发,一般都要求申请人必须具有良好的道德品质,至少受过两年专业法律教育,或者是法律院校的毕业生,并必须通过州的律师考试且成绩合格。在联邦法院办案,还需向联邦法院申请,经批准后方可。

在一个州取得律师资格,并不等于可以在其他州从事律师职业。如要在另一州从事律师工作,还需要通过另一州的律师资格考试或符合可以免考的州际互惠情况。

(三)美国律师的业务范围

美国是一个法治程度非常高的社会,人们要处理政治生活、经济生活和社会生活的各种问题,都离不开与法律打交道。同时,美国又是判例法的国家,法律非常复杂,非专业人士很难全面掌握。无论是个人还是一些政府机关、企业、社会团体,作出重大决策时不得不依赖于律师的帮助或在慎重地考虑他们的意见后才作出决策,否则寸步难行。如总统竞选、租赁房屋、买卖住房、订立遗嘱、处理财产、设立公司等,都离不开律师的参与。因此,美国律师的活动范围和业务是很广泛的,在社会的各个领域都有律师活动。律师的业务从早期的刑事辩护早已发展到兼任法律顾问、提供咨询、代理诉讼、办理非诉讼法律事务等。

近几十年来,美国出现了一些专门研究某门法律、专门办理某类案件的律师,律师分工的倾向越来越明显。目前,美国已出现了一批专利律师、合同律师、税法律师等专业律师。

第三节 大陆法系国家的律师制度:以法国、德国为例

一、法国的律师制度

(一)法国的二元律师制度

受罗马法的影响,法国的律师制度类似于英国采用的传统的二元制,也有律师和代诉师之分。二者的资格、活动及组织机构都不相同。律师可以在所有法庭进行代理和辩护,以及在非诉讼事件中为社会提供法律服务。代诉师是由法务大臣任命在其附属的一个特定法院内执行职务的律师,它的前身是法国革命前旧王朝的王室参事院律师。这种律师除在最高法院执行职务外,还在最高行政法院执行职务,他们的地位较高。

法国没有律师法,律师是制衡公权力的民间代表。律师业是特定的行业,实行行业自治。法国律师的管理,也是司法行政和律师公会"两结合"的管理机制。法国的司法部主要负责制定出台相关的法规和规定,律师公会是法国律师的管理机关,承担对律师事务所和律师的日常管理。它属于公共团体的性质,设于各法院所在地。法国的律师都是律师公会的会员,律师公会有与行政区域划分相对应的一套完整的金字塔机构。各律师公会设有评议会和律师会会长,并定期召开全体会,同时每年都要组织律师进行一定时间的培训学习,提高业务能力。对不参加培训学习或培训学习时间不足的,律师公会可以采取处罚措施。律师公会的职责是制定并监督律师遵守内部规章,决定对律师的惩戒等。具体程序由律师公会里的纪律惩戒委员会执行,如对于违反律师职业道德和执业纪律的,包括有损律师形象的行为作出处罚;发现或投诉查实律师有酒后驾车行为的,也有权要求该律师交纳一定数量的公益金以示惩罚,严重的甚至可以吊销其律师执照。代诉师的组织则有代诉师协会,其职责主要是制定内部规则及决定对代诉师的惩戒。

(二) 法国律师资格的取得

在法国,要想成为一名律师,法律有着非常严格的规定。通常要求申请人经过四至五年的大学本科学习取得法学学士学位;然后参加律师学校的招生考试。法国的律师资格考试,一般是由普通大学法律系主任主持进行的。考试委员是由法律系主任指定的法律教授和法官、检察官、律师、诉讼师等组成。考试分两次,第一次是许可资格考试,第二次是许可考试。在最高法院执行职务的律师,则要经最高法院评议会特别考试。对于考试合格者,还要参加培训,培训合格后,才能在律师名册上登记,取得律师资格证。

除了上述条件外,通常申请人还需要符合下列条件:(1)年满25岁以上的有民事能力的法国公民,禁治产人及准禁治产人不在此列;(2)品行端正,且未受妨害风化罪的刑事判决。在授予律师资格前,律师公会要对申请人的个人品行进行严格的审查,尤其是要调查有没有受过行政处罚或刑事处罚。

在经过以上程序后,新注册的律师还要参加由各地律师公会主持的宣誓仪式,保证在今后的执业过程中,要做到没有歧视,以自己的良知,公正地履行自己的工作职责。近几年,法律有了一些新的变化,如企业中的法律工作者在达到一定的年限后,也可以申请律师资格;同时外国律师也有可能成为法国律师,条件是必须熟习法国的法律和熟练掌握法语。

代诉师虽由法务大臣任命,但也必须具备一定的条件:(1)年满25岁以上;(2)服完兵役;(3)有法国国籍;(4)有一定的法学学历;(5)考试合格;(6)未受违法惩戒或有罪判决;(7)未受过破产宣告等;(8)由一定法院承认;(9)取得代诉师身份委员会的证明书;(10)不得违反禁止兼职规定。

(三) 法国律师的业务范围

在法国,律师主要的业务是代理诉讼和为社会提供非诉讼方面的法律服务。在法庭诉讼中,他们所享有的权利有:(1) 在任何诉讼阶段都可接受委托为被告人辩护;(2) 可以作为特定审判的代理人;(3) 记录和鉴定;(4) 身着法衣;(5) 可以补充地方法院和上诉法院中法官之空缺。

代诉师的职责主要是为当事人提供庭外服务,为诉讼当事人办理各种诉讼手续和按照诉讼当事人的意图撰写诉状。

二、德国的律师制度[①]

(一) 德国律师制度概述

德国的律师事务所分为两种:一种是普通律师事务所,规模较小,绝大多数是单独开业或小型合伙。在德国,这类律师事务所一般是三四名律师合伙组成的小型律师事务所,二十名律师以上的律师事务所很少。合伙律师事务所通常是以主要合伙人的名字命名,合伙人全都是律师,合伙条件由合伙人共同商定,在事务所内可以雇用其他律师和秘书。近几年因为全球化的影响,在一些大城市某些律师事务所合并,产生了一些拥有五十到九十名律师的中型律师事务所。另一种是专门律师事务所,按业务划分,专业化明显,如税法专门律师事务所、行政法专门律师事务所等。

德国的律师组织为州律师协会,由所有在州高等法院注册登记的律师组成,设在本州高等法院内。各州律师协会共同组成联邦最高律师协会。律师协会属于公法社团,受联邦司法部长的指导和监督。律师协会主席团主席每年必须向司法部长作一次书面工作报告。已取得执业资格的律师有权开业,进行执业活动,任何人不得剥夺律师从事执业的权利。律师间争端和对律师的惩戒等都由律师法院裁决。律师法院分地区律师名誉法院、州律师名誉法院和联邦律师名誉法院三个审级。惩戒的起诉权由检察官行使,检察官根据情况分别起诉到地方律师名誉法院、州律师名誉法院和联邦律师名誉法院。对律师的惩戒种类有:警告、谴责、罚款、1—5年内禁止执业、撤销律师资格等。

(二) 德国律师资格的取得

在德国,要取得律师资格首先须具备德国《法官法》规定的法官资格,德国国籍不是必要条件。

---

① 本节主要参考邵建东编(译):《德国法学教育的改革与律师职业》,中国政法大学出版社2004年版;韦之:《德国的律师》,载《中国律师报》1995年11月11日;邹云:《管窥德国民事诉讼和律师制度》,http://www.gxfzw.com.cn/fzwy/news_show.asp?id=25900,2013年2月17日访问。

要取得法官资格必须通过两次国家考试。德国规定,报考第一次国家法律考试的须是法学院的学生而且至少在校三年半以上,完成高等教育所要求的各项课程,并参加大学所组织的与第一次国家考试有关的课程学习和教学活动。第一次国家法律考试的主要目的在于检测考生"是否达到作为预备法律工作者的资格"。在考试中,考生应该展现自己对法律的理解和应用能力。第一次考试的考试形式采用书面和口头两种方式进行,通过书面考试之后,才能申请口头考试。合格后,就能取得第一次国家法律考试合格证书。

获得第一次国家法律考试合格证书的考生需要进行为期两年的实习。实习单位包括:普通法院(民事法院)、检察院或刑事法院、地方政府部门或行政法院、律师事务所。在每一个实习环节结束后,指导者都要出具一个载明学生实践成绩、能力、品行以及学习状态的证明。实习合格后才可以参加第二次国家法律考试。第二次国家法律考试的主要目的在于考核综合能力,即考核这些"准法律职业者"是否具备作为律师所要求的综合知识水准、综合能力和个人品行。考试的形式也是笔试和口试两种。考试合格后,可取得"候补文职官员"的资格,申请法官、检察官、律师、公证人等法律职业。整个过程至少达六年之久。具有上述资格的人必须向所在州司法行政机关申请律师许可证,只有取得该证书的人才有权利称为律师。当律师兼任法官后,其律师资格将自行消失。

为了履行欧共体的义务,德国从1991年1月开始举办律师资格考试,为欧共体成员国公民成为德国律师提供了一条变通的渠道。

(三) 德国律师的业务范围

德国律师从业实行"本地化原则",即一个律师在受理民事案件时,只能到给予他出庭许可证的某个法院出庭。但在刑事案件中,任何律师都可在联邦地区内,在任何德国法庭上辩护。实践中律师分为两类:一类是一般律师,其业务范围传统上限于法律行为的认证和官方记录。一类是实践律师,他们的工作在两个领域:提供法律建议和代理诉讼。他们可以是独立法律顾问,可以是各种法律事务的代理人,也可以是刑事案件中的辩护律师。

德国实行强制律师代理诉讼制度,即在德国打官司必须请律师,但小额民商事案件除外。对于刑事案件,法庭可为没有经济能力的被告人指定律师,为被告人提供辩护服务。这使得律师在德国社会中担当重要的角色。

第四节　我国香港地区、澳门地区和台湾地区的律师制度

一、我国香港地区律师制度[①]

(一) 我国香港地区律师制度概况

我国香港地区律师制度的发展，至今已有一百多年的历史。香港的律师制度很大程度上承袭了英国的体制和习惯。自1844年建立第一间最高法院开始，香港便有了执业律师。1858年颁布的《律师执业条例》(Legal Practitioners Ordinance)是我国香港地区最早的规范律师行为的法例。

香港的律师有很大的自治权，这种自我管理的权利也在1997年的《香港特别行政区基本法》中保留。香港的律师体制沿袭了英国的二元律师体制，即大律师和事务律师。在其中一个法律专业分流执业的法律专业人士，不得同时在另一分流执业。虽然大部分法律专业人士都是私人执业，但也有很多法律专业人士是在政府法律部门(例如律政司或法律援助署)工作，或受聘于公共机构或私人公司担任法律顾问，或在香港大专院校从事教学及研究工作。

1. 大律师

大律师又称为讼务律师或出庭律师，专门从事法庭的诉讼辩护，在法庭上代表当事人进行诉讼工作，享有充分的发言权。大律师被视为专门深入法理研究诉讼的专家。大律师在所有准许有法律代表的法院及审裁处都享有出庭讼辩权，更独享原讼法庭、上诉法庭及终审法院公开聆讯的出庭讼辩权。我国香港地区目前约有一千名执业大律师，全部都是香港大律师公会(以下简称"公会")的会员。公会的执行委员会每年改选一次，是大律师的管治组织。

大律师制度的一大特点是，执业大律师必须个人执业，不能与大律师同行、事务律师或其他人合伙经营。虽然大律师们通常会共用一所大律师事务所，但他们的法律、财务和专业责任，都与其他共用该事务所的大律师分开，彼此互不相干。一名大律师是无须为同一事务所另一名大律师的行为操守负任何责任的。这有助于维持大律师的独立性，并确保香港市民能聘用客观专业、不偏不倚的法律代表。

大律师如执业不少于十年，且表现出色和成就获得公认，便可申请当资深大律师(这程序通常称为"披上丝袍"，因为资深大律师出庭时会身穿丝质长袍，香港回归前被称为"御用大律师")。资深大律师通常处理一些较为复杂的案件。每年，首席法官会委任少数执业十年以上，能力、专业知识、讼辩技巧、品格及其

[①] 本部分参考我国香港地区律政司2008年出版的《香港的法律制度》。

大律师专业服务和社会贡献都值得表扬的大律师为资深大律师。

大律师的行为操守和礼仪，受不时修订的《大律师公会专业守则》约束。每一名大律师，不论执业与否，都必须维持大律师的应有水平和专业操守。执行委员会负责调查和审视对大律师行为操守所提出的投诉。如情况有需要，投诉会转交大律师纪律审裁组处理。审裁组会就事件作出裁定，如投诉被裁定成立，审裁组会施加适当的惩罚。

关于在香港进行的法律工作，大律师只可接受律师行或公会承认的专业团体的成员延聘。故此，在大部分案件中，与公众接触的是负责搜集案件证据和会见证人的事务律师。大律师也可由律政司、法律援助署或当值律师服务按案件情况所需而聘用或延聘。至于在香港以外进行的法律工作，只要符合《大律师公会专业守则》附件14所列的条件，大律师是可以由外地律师延聘或由当事人直接延聘的。

大律师的独立性一直被视为我国香港地区自由民主的重要基石。

2. 事务律师

事务律师专门从事非诉讼业务或部分诉讼业务，但在诉讼中，其出庭时的发言权受到限制。我国香港地区目前有5900名执业律师。事务律师可以个人开业，也可以与其他律师合伙组成律师事务所，还可以受雇于私人律师事务所。律师事务所是合伙组织，对外承担无限责任。在一个律师事务所里，一般可分为合伙人、助理律师和职员。合伙人是较有威望的律师，也是律师事务所的老板，他们按合伙比例分红。助理律师称为 assistant solicitor，是被律师事务所雇用的有执业资格的律师，一般是按月支取固定报酬。另外，还有大量的行政人员和职员，负责处理律师事务所繁杂的日常事务。在一些规模较大的律师事务所里，律师、职员多达几百人。

在我国香港地区，律师行业主要是自我监管，律师公会是律师行业的管治组织。经选举产生的理事会，在维持律师的专业水平及操守方面负有广泛的责任。此外，理事会也负责签发律师执业证书。律师公会的工作包括：调查公众对律师的投诉（投诉可导致纪律处分）；研究和评论立法建议；通过制定执业规则、指示和指引，订立并维持高水平的专业及操守标准；以及与其他司法管辖区的法律专业团体经常保持联络。律师公会负责订立和监察律师的教育及培训标准，并负责管理专业进修计划。专业进修计划是一项强制性计划，适用于所有实习律师和所有持有执业证书的律师。该计划包括为所有级别的律师提供强制性的风险管理教育。律师公会也负责为所有在香港执业的外地律师注册和规管其执业事宜。我国香港地区目前有54家已开业的外地律师行，就其原属司法管辖区的法律提供意见。外地律师可通过获豁免参加律师公会主办的海外律师资格考试或在该考试中考取合格而获认许为香港律师。

我国香港地区没有专门的公证机关,所有公证活动均由具有公证资格的事务律师担任。事务律师要申请公证人资格,首先必须执业 10 年以上,并获得 30 名社会人士的共同推荐,在法院注册登记后,取得公证律师资格。约有四百名律师已获认许以公证人身份在香港执业。法律公证人协会是公证人的管治组织。终审法院首席法官主管委任香港公证人事宜,并负责委任公证人纪律审裁团,以组成公证人纪律审裁组,对公证人的行为操守进行研讯。

(二) 律师资格的取得

在我国香港地区要取得大律师或事务律师资格,有不同的途径。一般来说,无论要成为大律师还是事务律师,首先要取得法律学士学位(LLB),然后要通过为期一年的法学专业证书课程(Postgraduate Certificate in Laws,简称 PCLL)。目前,香港大学、香港城市大学和香港中文大学设有为期一年的法律深造文凭课程。在 PCLL 期间,拟成为大律师的学生,会侧重于判例、辩护以及诉讼法方面的学习;实习期内,学生要协助师傅准备各种上庭文件,陪同师傅上法庭,出席聆讯,从而取得实际经验。实习期的后半年,学生可以在师傅的指导下独立处理法律事务。实习期满后,经大律师公会考核合格,取得大律师资格。对于拟成为事务律师的学生,在 PCLL 期间侧重于商法、公司法、合同法等实体法的学习。实习期内,学生要跟随一名已取得律师资格执业至少五年的事务律师实习两年,学生以实习律师的身份在律师事务所工作,以掌握成为律师应具备的实务技能。实习期满后,经律师公会考核合格,向香港最高法院申请登记注册,取得由律师公会颁发的执业证书。之后仍须完成两年的实习律师实习期,表现良好,才可获认许在香港以律师身份执业。

除了上述法律学院毕业生外,其他大学的法律系毕业生也可循多种途径在香港取得大律师或事务律师执业资格,包括:(1) 先考取法学专业证书,然后任实习律师两年或实习大律师一年;(2) 在海外律师资格考试中考取合格或获豁免参加该试,并符合获认许后的执业规定,从而取得律师资格;(3) 在大律师资格考试中合格,并完成所规定的实习大律师实习期,从而取得大律师资格。

另外,已在英国取得大律师或事务律师资格的,也可在香港申请执业。曾在香港政府法律部门工作或在香港高等学校法学院工作的法律专业人士,也可以此为理由申请律师执业资格。

1991 年,我国香港地区律师公会为实习律师和首年执业的律师举办了一项强制性法律进修课程。这项计划规定,执业律师必须参加一项采用学分制的综合课程,内容包括必修科目和选修科目。专业进修计划是根据法律进修课程计划发展而成,于 1998 年 1 月 1 日开始实施。专业进修计划的目的,是为执业律师提供更灵活的途径,通过增进现有知识和技能,以及发展新技能和工作领域,让他们自行制订专业发展计划。这项强制性计划适用于所有实习律师,并由

2003年1月1日起扩及所有持有执业证书的律师。专业进修计划的内容包括上课、修读遥距课程、撰写文章、书籍和论文,以及筹备和举办培训课程等。

自2004年11月起,执业律师、实习律师及注册外地律师均须分期接受风险管理教育的规定。他们须在该项规定首次对他们适用的执业年度完结之前修毕一项必修课程,之后每年均须修读至少共三小时的选修课程,否则便须在首个执业年度和随后第二个执业年度修读至少共六小时的选修课程。该等风险管理课程可按照不时适用的专业进修指引获得分配专业进修学分。

自2003年3月开始,法例规定必须实施一项名为"高级法律进修计划"的强制性法律进修计划。该进修计划规定,所有实习大律师均须修读进修课程,并须在12个月的实习大律师实习期内一共取得14个进修计划学分。进修计划的法律教育课程内容经过策划,重点在于讼辩和草拟,为实习大律师提供学习和改善技能的有效途径。进修计划的基本科目有讼辩、专业道德及操守、草拟、案件筹备及实体法等。

(三) 我国香港地区的律师业务

我国香港地区法律对大律师和事务律师的执业范围作了明确的划分。大律师和事务律师执业必须严格依照法律规定并受大律师公会和律师公会的纪律约束。

1. 大律师的业务

大律师的主要职责就是代表当事人在法庭上进行诉讼。就大律师的服务领域而言,大律师可在下列情况下接受以下人士的委聘:

(1) 当工作涉及在我国香港地区的国际性仲裁,大律师可接受香港事务律师、在香港的外地律师,及在香港以外的律师或当事人的直接委聘;

(2) 当工作涉及在我国香港地区进行的诉讼及本地仲裁,除少数特定范畴的专业人士(如专利及商标代理人、仲裁员、会计师等)可直接委聘大律师提供法律服务外,大律师只可接受香港事务律师的委聘;

(3) 当工作与我国香港地区进行的诉讼及仲裁不相关时,大律师一般可接受外地律师或当事人直接委聘;

(4) 当工作牵涉我国香港地区以外地区的诉讼及仲裁,或当工作主要在我国香港地区以外地区进行而案件主要在我国香港地区以外引起、发生或牵涉我国香港地区以外地区,大律师可接受本地及外地律师或当事人直接委聘。

在法庭诉讼中,大律师起着举足轻重的作用。由于我国香港地区法律属普通法体系,法庭采取辩式的诉讼结构,诉讼双方在法庭上的表现往往能决定其能否胜诉;加之我国香港地区法律庞大而复杂,大多数普通的诉讼当事人不可能熟谙法律和诉讼程序,要想打赢官司,就必须聘请律师。在正式的庭审中,大律师依照惯例必须头戴假发、身穿法袍出庭。通常从大律师身上的法袍能辨认出该律师的地位,身穿丝质法袍的是御用大律师,身穿布质法袍的是普通大律师。在刑事案件中,控方由律政署代表政府担任,一般案件均由该署律师出庭负责检控,但凡涉及律政署官员的案件,则委托私人执业大律师作为控方律师出庭。

刑事案件中大律师通常担负的职责是:如果被告认罪,则辩方律师只需为其求情,例如可向法官提出被告没有案底,引致犯罪的特殊背景令人同情,被告的家庭负担等,以求法官减轻或免除被告刑罚。如果被告否认控罪,律师就须帮助被告就是否有罪进行辩护。按普通法的规定,控方负有举证责任。辩方律师要以质询方式讯问控方证人,或主询问己方证人。当控方律师陈词和举证后,如果连被告可能有罪都难使人相信的话,辩方律师可以向法官提出"无案需办"(no case to answer)或提出案情有合理的疑点,以使被告当庭获释;如果未获准许,则需继续辩方律师陈词和举证,双方讯问证人。在民事案件中,大律师有可能分别承担原被告的委托。律师首先要经过提供证据程序和书面咨询程序。即在开庭前由原被告律师互相提供有关的审讯材料,包括起诉书、答辩书、证据等,以便双方在审讯前作好充分准备,交换文件后,双方可以书面的形式向对方提出在诉讼中所列事项的有关问题,但不得问及证人的名字和对方如何诉讼。在法庭上,如果在诉状中未列的事实,一律不得再被提出。

在我国香港地区,法庭的诉讼费很少,仅就一些需要作技术性处理的项目收费。但律师费却非常昂贵,一些资深律师以每小时3000至4000港币的标准收费。有些官司打下来,律师费往往比索赔数额还高,一旦败诉,非但承担本方律师费,还需赔偿对方的律师费。这使得一些索赔数额不大又没胜诉把握的案件的当事人无力聘请律师。但同时,我国香港地区政府建立了很好的法律援助制度,对经济状况不好的市民提供无偿或低收费的法律帮助。无论刑事案件还是民事案件,只要符合法律援助资格,当事人可以向政府申请法律援助,得到律师免费或低收费的服务,该项计划的律师费由政府支付。这使得在高成本的诉讼体制下,穷人仍能享受到司法的保护和司法公正。

2. 事务律师的业务

事务律师的业务比大律师要广泛得多,主要包括以下几方面:

(1)房地产业务。我国香港地区房地产业一直比较发达,房地产业务成为香港许多律师事务所的主要业务,几乎涉足房地产业务所有环节,如房地产的租赁、买卖楼花,其中以房地产买卖为主。

(2)诉讼业务。事务律师虽然不能代表当事人在高等法院出庭辩护,但可以代表当事人在裁判司法庭和地方法院出庭辩护。在我国香港地区司法界,事务律师代理大量的裁判司法庭和地方法院审理的案件。

(3)协助大律师。我国香港地区法律规定,大律师不得直接接受当事人的聘请,只能由事务律师转聘大律师,因此,凡是大律师办理的案件,都须有事务律师协助。同时，事务律师还要负责大律师的诉前准备工作，包括会见当事人、证人、收集证据、草拟答辩书并陪同大律师出庭。

（4）商业业务。商业业务涉及的范围很广，包括公司成立、公司转让、合营、公司上市、股票交易、合伙、银行贷款、税务、信托基金、商标注册、草拟遗嘱、处理遗产托管和继承、离婚及赡养费等。

（5）咨询。向当事人提供各种口头和书面的法律咨询；担任银行、公司或个人的法律顾问。

（6）公证业务。公证律师的业务就是为当事人认证有关的法律文件。公证律师只需证明某个法律文件上的签名、盖章是真实的，即该文件上的签名、盖章是在律师面前签署的，而无须证明文件的内容是否真实。因此，公证律师只需对当事人的签名、盖章的真实性负责，而不必对文件内容的真实性负责。

二、我国澳门地区的律师制度①

（一）我国澳门地区律师业概述

在我国澳门地区，律师是自由职业者，在实现正义及提供法律服务方面扮演着独特的、不可或缺的重要角色。但在很长一段时期内，较之邻近的香港，澳门的律师业并不发达。这主要因为，首先，殖民性质的司法制度与广大的中下层华人社会距离很远，澳门华人社会与司法机关之间存在着一种分离的状态，对司法服务的需求量不高，许多的纠纷是通过非官方的手段解决的。澳门原采用葡萄牙法律。有关律师的各种法律制度带有浓厚的殖民主义色彩。1994年以前，澳门的法官、检察官与律师职业还是与广大华人无缘，而成为葡萄牙人的"专利"。这导致澳门律师业在相当长的时期内发展缓慢。其次，经济发展的滞后性。与临近的香港相比，澳门经济相对落后，主要以赌博业和旅游业为主，律师业不可能如香港那样发达。资料表明，在20世纪60年代末期，澳门的大律师、律师总共才7人，法院开庭审讯刑事案件时最多只能同时审讯2宗，如遇3宗刑事案件要同时审讯，往往无法安排律师代表出庭辩护。进入80年代以后，澳门律师人数仍然很少，如1981年的大律师及律师人数仅为21人，1983年为26人，1986年也才30余人。

虽然在相当长的历史时期内，我国澳门地区的律师业不十分发达，但澳门律师在社会中的作用却很重要。因为澳门适用葡萄牙的法律制度，在长期的殖民统治时期这些法律没有中文译本，对广大华人来说澳门的法律制度是神秘莫测的。逢有冲突纠纷需诉诸法院时，或日常生活中涉及其他较重大法律问题时，华

---

① 本部分参考澳门《律师通则》《律师入职规章》《律师公会章程》《律师职业道德守则》《律师纪律守则》《澳门司法组织纲要法》；刘因之：《澳门特别行政区的律师制度》，载《人民检察》2007年第20期。

人市民必须求助于律师,如果缺少律师帮助,当事人将寸步难行。

我国澳门地区律师制度历来分为两级,一为大律师,一为律师。大律师必须在葡萄牙国内大学法科毕业,取得大律师执照者才能开业;一般律师则只要懂得葡萄牙法律,有高中毕业文凭,经澳门法律考试及格就可以了,但也必须由葡萄牙国内高等法院发给执照才可开业。大律师和律师在权限上有很大区别。大律师不论民事、刑事大小案件,都有资格接受原告或被告人授权,缮呈法院并出庭替原告或被告申辩。而一般律师在民事诉讼案及刑事案中,不能出庭替授权者辩护,也不能接受诉讼人委托缮呈法院,只有转请大律师办理。律师只能在警律案中出庭为被告人辩护,如打架、初犯盗窃、初犯吸毒、违反交通条例等。

1987年,中葡两国政府签署了《中葡关于澳门问题的联合声明》,澳门进入了回归祖国前的过渡时期。在澳门法律本地化潮流推动下,1991年4月26日,澳门总督韦高倍颁布了《律师通则》,并在1992年又进行了较大幅度的修订和补充。这是澳门有史以来对执业律师的第一次全面立法。此通则规定,所有注册律师组成律师公会,在此基础上,再由法院、检察院各推荐1名司法官,总督委任1名人士,根据律师的年资推选出6名成员,共同组成一个律师业高等委员会,由这个委员会对从业律师和实习律师行使职业的道德进行检查和评审,并可对违反纪律的从业律师实施罚款和停业的处罚。1991年,葡萄牙议会还通过了《澳门司法组织纲要法》。至此,澳门的律师制度才摆脱了葡萄牙海外地方司法组织法的规范,澳门首次有了本地区的律师制度。从此,澳门律师业的发展开始进入了一个崭新的阶段。① 目前,我国澳门地区的律师制度主要由《律师通则》《律师入职规章》《律师公会章程》《律师职业道德守则》《律师纪律守则》等组成。这一系列的法律和规章,对律师的任职资格、权利和义务、业务范围、执业形式、组织、管理、纪律处分等作出了全面的规范。

至2000年,我国澳门地区已有106名专职律师,65名实习律师。由于澳门的整个法律制度仍然沿袭葡萄牙法律,尽管澳门的官方语言为汉语和葡萄牙语,澳门专职律师队伍中,能够用双语执业的律师仍然寥寥无几,仅12名华人律师可用双语执业。可以用广东话交流的律师人数亦很少。

(二)律师任职资格和注册

首先,必须在澳门大学法学院或者我国澳门地区认可的其他法学院取得法学学士学位。非澳门本地大学毕业的法学学士,必须修读有关澳门法律的专门

---

① 1992年,在澳门地区执业的律师超过了五十人。截至1994年10月1日,在澳门的正式律师有87名,另外还有13名实习律师,总计恰好为100名。到了1995年,澳门律师中开始出现1名华人律师和1名华人实习律师,长久以来一直由葡人一统律师业天下的局面开始发生变化,这在澳门律师业发展史上具有深远的意义。此后几年,华人律师人数又略有增加。据1997年的统计表明,在澳门律师公会注册的律师和实习律师达一百余人,不过绝大多数仍是葡人,华人律师数量仍需大量提高。

培训课程——"澳门法律体系先修课程"之后方可申请考试,旨在让非澳门大学的法律学士学习澳门法制,尤其让学员了解澳门法律同其他与之有关的法律体系之间的不同处。本课程是某些学员进行律师业实习的必要条件之一,授课时间由律师公会依情确定,但不可少于12个月,亦不能超过15个月。

其次,对于符合法律学历资格的人,必须经过一定阶段的律师实习才可获得申请资格。但是,对于有一定的司法经验的人,则可免去实习的要求,如具有硕士或以上学位,并在澳门高等学校任教两年以上的法律专业的教师,以及在澳门任职两年以上且工作评核为良的前任法官、检察官、公证员等。

每位申请人在开始律师实习前,须首先在律师公会注册为实习律师,然后才可以参加由律师公会开办的"律师业实习课程"。它是律师注册的必要条件之一,每年举办两届,为期18个月,逢3月和11月开课。该课程分理论和实践两个部分。理论部分包括"律师业道德守则""登记及公证""民事诉讼及刑事诉讼实务"三个单元,侧重于通过授课、讲座或研讨会等方式,加深实习律师对法律专业知识及律师职业操守的了解。期间每完成一个科目,均要参加考试。理论阶段结束后,实习进入实践阶段。实习律师应在一名从业至少五年以上的律师的指导下开展工作。在此期间,实习律师可向当事人提供非诉讼领域的法律咨询服务,或经法院指定,在给予司法援助的案件中担任诉讼代理人。另外,也可在独任庭法官审理的刑事案件,不接纳一般上诉的民事案件,以及涉及其本人、配偶、尊亲属及卑亲属的案件中,担任律师的职务。实习期满后,导师须就实习律师的工作表现、能力等制作详细报告。

再次,申请人在具备了职业资格之后,还须符合道德及其他法定条件。根据《律师通则》的规定,有下列任一情况,不能在澳门成为律师:不具备从事律师职业的道德品行,尤其是曾因任何严重的不名誉的犯罪而被定罪;不完全享有民事权利;经法院判决宣告无能力管理个人及其资产;处于不得兼职或禁止担任律师的状况;因道德品行不佳而曾被科处撤职、强迫退休、停职处分的司法官及公务员等。

最后,达到上述资格条件的申请人,还要获得注册律师资格,即必须由律师公会予以审批和确认。我国澳门地区律师公会是一个独立的公法人团体,负责律师的职业注册。所有被接纳参与及完成律师实习的人员,须在一定期限内向律师公会提出注册申请。律师公会在收到申请后,即成立由三名资深律师组成的委员会,对申请作出审查,并将审查结论提交律师公会议决。获通过者可在律师公会注册,并领取"职业身份证",成为执业律师。只有这样,律师才可依《律师通则》之规定从事律师业务活动。

我国澳门地区律师业并未区分资格证书和执业证。考试合格后,即成为执业律师。我国澳门地区律师执业的特别之处还在于,澳门地区律师未采用年检制度。

(三) 我国澳门地区律师的权利和义务

《律师通则》规定,澳门律师可在整个澳门地区根据自由职业制度做出职业专门行为,在执业过程中享有法律赋予的一些特殊权利,同时也承担法定的特殊义务。律师主要享有以下权利:(1)接受诉讼委任、律师代理及提供法律服务,以维护当事人的权利,在有争议的法律关系上进行代理,排解利益冲突。在此情况下,任何审判机关、当局、公共和私人实体均应接受及配合律师的活动,不得予以妨碍。(2)获司法官、执法人员及其他公务人员提供适当的待遇,以体现律师的尊严,并保障其充分地履行职业义务。(3)依法与当事人会面及通讯。(4)向法院或公共部门要求查阅卷宗、簿册、非保密或机密性的文件,或以口头或书面方式申请发出证明。(5)未经法官批准,律师事务所及律师收存盘案的其他地点不得被搜查,或被采取其他类似措施。除涉嫌犯罪的情况,也不得扣押与律师执业有关的任何函件。

澳门律师在享有上述权利时,也必须承担法律规定的义务。出于职业的需要,律师在从事其职业过程中,主要须承担的义务有:(1)保守职业秘密。律师的职业保密义务,是其职业道德的最基本内容。律师直接或间接获知的有关当事人的任何事实、文件,不论是否涉及支付报酬,也不论是否接受代理,均在保密之列。律师也有义务要求其伙伴、雇员及为其提供服务的人员,共同保守职业秘密。(2)不得兼任。律师不得参加或兼任任何可损害其职业独立性及尊严的活动或职务。(3)禁止发布广告或以其他方式招揽顾客。(4)不作双方代理,以保护律师的执业权利和被代理人的合法权益,防止利益冲突。设定上述义务,其目的均在于确保律师能以独立、公正无私的方式担任职务。此外,律师也有协助提供法律援助的义务。所有律师应当在律师公会所定条件下,根据法官的指定,在同意给予司法援助的诉讼中担任诉讼代理人。拒绝担任代理人,且法官认为理由不成立的,可构成违纪行为。

(四) 我国澳门地区律师的业务范围

根据《律师通则》的规定,律师的业务主要是从事诉讼代理、法律咨询活动及意定代理,涉及刑事、民事、行政等各类诉讼和非诉讼活动,领域十分广阔。

诉讼代理是律师的主要活动,包括民事诉讼代理和刑事诉讼代理。前者是指律师接受民事案件当事人的委托,担任代理人参加诉讼。我国澳门地区现行民事诉讼法规定,在某些民事案件中,律师代理是强制性要求。后者是指律师接受刑事案件之被告人的委托或者受法院的指定,担任被告人之辩护人,或自诉案件中自诉人的代理人、辅助人的代理人、刑事附带民事损害赔偿请求的案件中民事当事人的代理人等,或接受准公罪和公罪的被害人的委托担任检察院之辅助人,可以与检察院同时提起控告。在民事诉讼中,基于意思自治原则以及民事法律活动的广泛性,律师的参与亦较在刑事诉讼中更为广泛、多样。律师可以在诉讼的所有行为、程序及相关的随附事项内担任当事人的代理人,包括在上级法院内担任代理人。法律也规定了在某些民事案件中,必须委托律师参与,包括:可提起平常上诉的案件;上诉案件及向上级法院提起诉讼的案件;利益值高于中级法院法定上诉利益限额的执行程序;利益值高于初级法院法定上诉利益限额的执行程序等。在刑事诉讼中,属法定必须由辩护人提供辩护,而嫌犯仍未委托或不委托辩护人的情况,法官须为其指定辩护人,其中优先考虑律师为辩护人。在刑事诉讼中,除法律限定只能由嫌犯本人行使的权利外,嫌犯享有的权利均得由辩护人行使。在行政诉讼中,当事人必须委托律师担任诉讼代理人,才能提起及参与诉讼。

在非诉讼事务中,律师也扮演着重要的角色。法律咨询活动也是律师的一项重要业务。律师可以接受自然人、法人及其他团体的聘任,担任个人、企业或公司之法律顾问,为他们的经济社会交往提供法律帮助,如解释法律问题、审查合同、办理楼宇买卖转让等。或接受当事人的委托,解答有关法律的询问,草拟和审查各类协议、合同、章程,出具法律意见书,草拟有关法律事务的文书,对委托书及文书的译本予以认证,以及参加调解、和解、仲裁活动等。

律师的意定代理人业务实际上是一种单边法律行为,是指当事人自愿赋予律师所有代表自己的权利。

另外,在我国澳门地区,除律师可以为当事人提供法律服务外,法律代办①也可从事某些法律业务。法律代办通常为土生葡人,人数很少。他们只能在有限范围内从事法律服务,一般不能出庭。法律代办主要在葡人律师与澳门一般中国人之间起沟通联系作用,或者从事一些简单的法律服务工作,也有的为律师担任助手。

(五) 我国澳门地区律师的组织、管理及纪律处分制度

由于律师执业活动的高度专业化,律师在自身的组织和管理上具有高度的自治性和自律性。在我国澳门地区,律师也实行自治、自律的行业管理,为此设有两个专门的管理及纪律惩戒机构,分别是澳门律师公会、澳门律师业高等委员会。

律师公会的监管法律法规包括《律师通则》《律师会章程》《律师职业道德守则》《律师纪律守则》《律师从业规则》和《专门意见规章》。律师公会是完全自治的律师行业协会,设立主席、副主席和秘书长,同时有7名理事和3名监事。澳门律师公会的日常工作与内地律师协会的日常工作基本类似。不同点是,澳

---

① 是澳门《律师通则》中的称谓,在《澳门司法组织纲要法》中称"司法上之协助人"。在澳门,人们习惯于将经律师公会确认的注册律师称为"大律师",而将法律代办通称为"律师"或"助理律师"。

门律师公会还负责律师入籍的考试。律师公会的职责，除制定律师职业道德和纪律规范等方面的准则，审批和授予律师及实习律师的执业资格外，也包括维护律师的合法权益，促进律师遵守职业道德准则，提高律师业的尊严和威望，增强律师之间的团结等。律师公会作为公法人，具有法律人格，并享有独立及自主权，在履行职能时无须听从澳门当局、任何公法人或私法人的指引。律师公会的机关，由大会、理事会及监事会组成。大会由所有有效注册的律师组成，主要负责制定和通过有关律师业的各项规章，决定与律师的管理事宜有关的重大事项；理事会负责监督对上述规章及大会其他决议的执行，制订年度活动计划及预算账目等；监事会负责对年度工作报告及账目的执行提交审查意见。律师对律师公会所承担的义务，主要表现在必须缴纳会费及其他费用，接受公会委任的职务，及时申报任何可能违反不得兼任义务的情况等。

律师业高等委员会的职责为监管律师的执业纪律与操守，并行使对违纪行为的处分权。此外，也负责审查申请律师注册者是否符合担任律师的道德条件。该委员会为独立的合议机关，由9名成员组成，其中除6名律师外，还包括1名法官、1名检察官及1名社会人士。《律师通则》规定，任何因作为或不作为导致违背该通则、《律师职业道德守则》《律师纪律守则》等所规定义务并有过错的行为，都可构成违纪行为。对于违纪行为，律师业高等委员会可在完成调查程序后，根据被调查人过往的执业与纪律表现、过错的程度、行为的后果等，作出警告、谴责、罚款（最高限额为澳门币10万元）、停业（最短10日，最长15年）的处分。对该委员会所作的决议，被调查人、其他有关人士、律师公会可提出异议，或依法向法院提出起诉。

（六）我国澳门地区律师制度的发展与完善

1999年12月20日，澳门回归。根据《中葡关于澳门问题的联合声明》的基本精神和在此基础上制定的《澳门特别行政区基本法》第129条有关专业制度的规定，在澳门特别行政区正式成立之后，澳门将继续保留原有的律师制度，承认此前律师们获得的律师资格并允许其继续执业。这对于维护澳门现行法律制度50年不变、贯彻好"一国两制"的方针，从而保证澳门地区的繁荣和稳定具有十分重要的意义。从目前情况看，澳门律师的管理体制、组织结构较为完善、合理，律师的整体素质也较高。律师不仅担任着维护司法公正的角色，同时也在防范、控制和化解各种冲突，保障法律规范的实施等方面发挥越来越大的作用。

值得提及的是，我国澳门地区律师制度也仍在不断修订及完善的过程中。如2003年，澳门地区开始建立律师民事责任强制保险制度。该保险的承保范围主要为：因律师执业中的作为、不作为或不履行义务引致他人财产受损而要求律师承担的赔偿责任等。该保险金额的最低限额为澳门币200万元。这一制度的建立，要求律师对因其自身过错造成的损害作出赔偿，有助于促使律师遵守职业道德和执业纪律,提升服务质量和社会公信力。

近年来,在内地和澳门地区各界人士的推动下,澳门特别行政区政府和立法会为实现法律本地化做了许多工作,如在澳门大学成立了法学院以培养本地法律人才;将现行适用于澳门的葡国法律、法令翻译成中文;由澳门本地化的立法机关颁布属于本地的法律并加强双语立法等。尽管现今澳门地区法律工作者群体的构成仍然是以葡人或土生葡人为主,但法官和律师的行业中,华人面孔不再难觅,殖民地的色彩正日趋淡化。

三、我国台湾地区的律师制度[①]

(一)我国台湾地区律师制度概况

我国台湾地区律师执业制度可溯源到日本统治时代。日本据台时期,台北成立了类似于今天律师公会的组织"辩护士会"。第二次世界大战后,国民党政府于1945年11月1日接收日本总督府所设立之台湾"高等法院"及台北地方法院,同日在台北的律师亦将台北辩护士会及法曹协会重整为一个律师公会,称为"台北律师公会"。至国民党政府全面移至台湾后,完全适用原来在大陆的制度,并在其后作了逐步改革。在今日我国台湾地区,律师作为职业法律人与法官、检察官鼎足而立,共同承担着维护法治社会中的法信和伸张正义的责任。

(二)律师资格的取得

依据我国台湾地区"律师法"第3条,取得律师资格要经律师考试及格并经训练合格。

在我国台湾地区,参加律师资格考试者需具备下列资格条件:(1)公立或经立案的私立专科以上学校,或经台湾"教育部"承认的境内外专科以上学校法律系科毕业,获有证书者;(2)经高等检定考试相当类科及格者;(3)经普通考试或法院书记官考试及格者。凡在法院担任书记官,连续担任审判记录或检察处书记官,连续担任侦查记录四年以上有证明文件者,均可参加专为其设的普通考试。律师的考试科目,没有明文规定,通常由"考试院"征询各有关法律学校和司法机关的意见而制定。

我国台湾地区"律师法"第3条第2项同时规定,对于下列人士,前项考试以检核行之:(1)曾任法官、检察官。(2)曾任公设辩护人六年以上者。(3)曾在公立或经立案之私立大学、独立学院法律学系毕业,而在公立或经立案之私立大学、独立学院法律学系或法律研究所专任教授二年、副教授三年,讲授主要法律科目三年以上者。(4)曾在公立或经立案之私立大学、独立学院法律学系毕业或经军法官考试及格,而任相当于荐任职军法官六年以上者。并且前项第1

---

① 本节参考我国台湾地区"律师法""公务人员服务法"。

款、第2款及第4款者免予训练。对他们的检核办法,由"考试院"会同"司法院""行政院"定之。

经律师考试及格者,得请领律师证书。请领律师证书,应具申请书及证明资格文件,报请"法务部"核明后发给之。同时律师完成职前训练,得向各法院申请登录。但曾任法官、检察官、公设辩护人、军法官者,不在此限。我国台湾地区"律师法"第8条规定,各法院及各该法院检察署,应置律师名簿;应记载事项如下:(1)姓名、性别、年龄、住址;(2)律师证书号数;(3)学历及经历;(4)事务所;(5)登录年、月、日及其号数;(6)加入律师公会年、月、日;(7)曾否受过惩戒。律师依第7条之规定登录后,得在下列机关执行职务:各法院、检察署及司法警察机关;其他依法令规定律师得执行职务之机关。

律师真正可以执行职务还有一个条件,即律师必须加入律师公会,否则不得执行职务。律师公会是国民党政府在统治大陆时期就已建立的一个律师组织,从一开始就规定"律师应在地方审判厅所在地设立(地区性的)律师公会,律师非加入律师公会,不得执行职务"。移至台湾后,仍然使用这一制度。我国台湾地区"律师法"规定,地方法院登录之律师,满15人者,应于该法院所在地设立律师公会,并以地方法院之区域为组织区域;未满15人者,应暂时加入邻近地方法院所在地之律师公会,或共同设立之。各地方律师公会,得以七个以上之发起,及全体过半数之同意,组织台湾地区律师公会联合会。在同一组织区域内之同级公会,以一个为限。律师公会不得拒绝律师申请加入。

(三)律师业务

我国台湾地区律师的业务包括诉讼业务和非诉讼业务。

在刑事诉讼中,律师可接受刑事案件被告人的委托作为他的辩护人,代其出庭参加刑事诉讼;同时也可以接受刑事被害人或自诉人的委托,作为诉讼代理人参加庭审诉讼活动。对于法律规定,强制辩护案件,如果法院没有设置辩护人,律师还可能被审判长以书面或口头的方式指定为被告的辩护人。律师同样可以接受民事诉讼中原告和被告的委托,充当其诉讼代理人,这类案件的代理人必须是律师。

我国台湾地区律师的业务还包括非常广泛的非诉代理。在我国台湾地区,凡有关权利的创设、变更或消灭的事件,凡不属于法院裁判权范围内的事件,都作为非诉事件处理,如社团、财团、各种法人的登记,遗嘱的确认及执行,抵押物的拍卖,失踪人财产的管理,禁治产人监护人的选定等。涉及上述内容的,权利人或义务人都可以委托律师全权代理。

下篇

公证制度原理与实务

第二十章 公证制度概述

第一节 公证制度的概念和特征

一、公证制度的概念

公证,是国家专门设立的公证机构根据自然人、法人或者其他组织的申请,对其民事法律行为、有法律意义的事实和文书,依照法定程序,证明其真实性、合法性的一种非诉讼活动。公证制度是我国法律制度的重要组成部分。

在公证活动中,公证的权利主体是国家公证机构和提出公证申请的当事人;公证的客体即公证的对象,是需要证明的民事法律行为、具有法律意义的事实和文书;公证的目的是确认公证对象的真实性、合法性。

二、公证制度的特征

公证活动是一种非诉讼的证明活动,与其他相关联的活动具有明显的区别。

(一) 公证活动与民事诉讼活动的区别

公证活动与民事诉讼活动的区别主要表现在四个方面:一是性质上的区别,公证是非诉讼活动,而民事诉讼则是诉讼活动;二是当事人方面的区别,公证活动的当事人同属申请人一方,而民事诉讼活动中则有权利与义务处于对立状态的双方当事人,即原告和被告;三是法律依据方面的区别,公证活动是依照国家的《公证法》进行的,而民事诉讼活动则是按照《民事诉讼法》规定的程序进行的;四是产生的法律后果上的区别,公证主要是赋予证明对象以证据效力,而民事诉讼则要通过调解或作出裁判,以解决当事人之间的争议。

(二) 公证活动与行政活动的区别

公证是由公证机构行使证明权的专项职能,公证活动不具有管理职能的性质;而行政活动是通过各级政府和法律、法规授权的组织实施管理职能来实现的。公证机构是为申请公证的当事人提供法律服务的,而行政机关与相对人之间则是管理与被管理的关系。

(三) 公证证明与一般证明的区别

公证书具有特殊的证据效力,这是国家通过立法所肯定的。同时,公证书为国际社会普遍认可和接受。而一般的证明文书,包括一般的私证和官方证明,则不具有公证书的特点,因而它的证据效力是具有多方面局限性的。

第二节　西方国家公证制度的历史发展

一、罗马奴隶制国家是公证制度的发源地

古代奴隶制的罗马共和国时代就有"诺达里"的记载。"诺达里"就是"书写人",是为奴隶主起草各种文书、契约的奴隶。后来,为了适应广大罗马居民办理某些法律事务的需要,又出现了一种专职代写法律文书的人,叫"达比伦"。这种人不但为当事人提供法律服务,而且还在代写的文书上签字作证,然后按国家规定向当事人索取酬金。这种专职"代书人制度"就是古代公证的萌芽,为之后的公证制度的产生和发展奠定了基础。① 公元4世纪后,罗马帝国的皇帝君士坦丁将基督教宣布为国教,在帝国内部普遍推行宗教公证。从此,公证制度正式诞生。教皇、大主教、主教等教会的最高主持人都拥有为自己服务的书记——公证人。公证人不仅负责教会的一般缮写工作,还担负交谈、会谈记录和拟定各种文件等任务。这一时期的教会公证制度在罗马帝国内得到了广泛的发展。

二、欧洲封建制国家公证制度的产生与发展

公元476年,罗马帝国衰亡,西欧开始由奴隶社会向封建社会过渡。这时,已经巩固的宗教公证制度又得到了更大的发展。到7世纪末期,宗教公证已延伸到世俗民事关系范围之中,与代书人进行竞争。9世纪到15世纪期间,随着封建社会的发展,皇帝、王公权势的日益扩大,宗教公证制度由被限制而逐步缩小,最后被取消了。从此,法国皇室、诸侯的公证人制度得到了很大发展,在国家机构中正式设立了公证处,公证人成为由国家最高权力机关或封建主任命的公职人员,国家法律确认了公证人员的社会地位,公证人员的职权和活动范围不断扩大。同时,公证人还成立了社团组织,有效地保护自己的权益。

三、资本主义国家的公证制度

公元17世纪,随着商品经济的发展,欧美一些国家普遍建立了公证制度。19世纪,欧洲资产阶级革命胜利后,法国于1802年率先颁布了《公证人法》。此后,比利时、意大利、德国、英国、日本等国相继实行了公证制度。到20世纪,在资本主义国家出现了多种类型的公证制度。概括说来,大致可划分为法国的公证、德国的公证和英美的公证三种类型。

法国的公证是将非争议事项与争议事项的管辖权分开,前者属于公证管辖,

---

① 参见叶青、黄群主编:《中国公证制度研究》,上海社会科学院出版社2004年版,第16页。

后者则属于法院管辖。公证处是在各方当事人意思表示一致的前提下作出证明,而法院则是通过审判来解决当事人之间的纠纷。凡有公证人参加制定的文书,与法院裁判文书具有同等意义。对于经过公证证明的金额或财产请求,无需法院判决即可交付执行。公证人是国家任命的官吏,按国家规定领取薪金,同时,也不禁止当事人与公证人之间订立有关给付酬金的协议。

德国的公证制度与审判制度是紧密相连的,公证人从属于法院,受所属法院院长监督,公证人和法官都可以办理公证事项。公证人也是国家公职人员,但不领取国家薪金,而是直接向当事人索取报酬。

在英国,办理公证事务不仅仅是公证人的职权,而且依据契约与文书的性质,审判机关和行政机关也可以行使这项职权。美国公证人的职能与英国相似,所以把英美公证制度划为一个类型。他们的公证,仅仅证明当事人在民事法律文书上签字的真实性,至于文书内容是否属实,一律不加过问。

日本的公证制度来自欧洲,公证人的权限,是就法律行为和其他私权事实制作公证书或认证私证书,公证人隶属法务省(相当于司法部)或地方法务局。

第三节 我国公证制度的建立与发展

一、古代私证制度的产生与发展

在我国,公证制度也是由私证逐步演变而来的。古代民间就出现了"中人"见证的做法。人们买卖土地或房屋、收养子女、继承遗产、立遗嘱、分家、借贷等,在达成协议之后,"空口无凭,立字为据",往往邀请当地有名望的人士或者族戚邻里等人到场见证,并且让他们在字据(契约文书)上签字画押。这些见证人称为"中人",中人的见证活动就是私证。

私证在奴隶社会时期已经萌芽,到封建社会即相当普及。[①] 西汉时代,从土地以至布袍、长裤的买卖"券书",都有证人参加。东晋时,买卖奴婢、马牛、田宅等,须立文券。《唐律疏议·杂律》中规定,买卖奴婢、马、牛、驼、骡、驴等,依令应立市券,买卖成交后,超过二天不至官府立券,就要笞买主三十,笞卖主二十。立具契券的方式,唐代由"市司"出券,随着商品经济的发展,逐步改变为由卖方出立契券。文书一般是请有一定写作能力的人代写,然后由当事人在自己的姓名下画押。画押的方式有几种,不识字的,画一个"十"字,或者捺上指印;识字的,也有在自己姓名下写一个"押"字的。到场的中证人,也必须在契券上签名画押。自汉代以至南北朝称中人为"时傍人""傍人"或"时人";唐以后,或称"中

[①] 参见叶青、黄群主编:《中国公证制度研究》,上海社会科学院出版社2004年版,第26页。

人",或称"保人";清代统称为"中人"。"中人",意为中间人,带有居中见证的意思,属于第三者,对于当事人所签订的契券内容来说,他既不是权利主体,又不是义务主体。因此,中人实际上就是证人,有的地方直接称之为"中证人"。立具契券文书时,请了中人参加,事后当事人双方均不敢任意歪曲或否认文书的内容,可以起到预防纠纷、减少诉讼的作用。中人的缺陷之处在于,他只能证明文书内容所载明的事实存在,至于事实本身是否合法,则是不予过问的。

东晋以后,对田宅的典当、买卖所立具的契约,规定征收契税。具体做法是,由当事人按照规定的税额交纳契税,然后由官府在契约上加盖公印,这就叫税契。宋开宝二年(公元 969 年)规定,典当、买卖田宅应于两个月内呈请验契验印,盖上官府红印后,产权才能得到确认。元朝以后,以至明清,对于典、卖田宅的不缔税契者,均有处罚的规定。典、卖田宅当事人之间所订立的契约,在税契前,称为"白契",税契后,因为文契上加盖了官府的红印,故宋代称为"赤契",元、明、清三代称为"红契"或"朱契"。称谓虽不尽相同,但其含义却是一样的。宋代以后,政府为保证田税的征收,设置鱼鳞册,田地过户时,即在该项图册中予以登记,一旦发生土地争讼,鱼鳞册中所登记的内容便可作为证据采用。税契和鱼鳞册登记制度,虽然都比私证大大地前进了一步,证据效力增强了,但仍然属于行政机关的确认、证明的性质,是一种行政活动。

二、民国时期的公证制度

我国现代公证机构出现在中华民国时期。① 1927 年国民政府拟定了《公证人法(草案)》。1935 年 7 月,经司法院拟定,由司法行政部公布《公证暂行规则》,规定地方法院设立公证处,由法院的推事专办或兼办公证事务,并规定在必要时,得于管辖区域内适宜处所设立公证分处。1936 年 2 月 14 日,司法行政部颁发《公证暂行规则施行细则》《公证费用规则》。1943 年 3 月 31 日,国民政府颁布了《公证法》,计四章 52 条;7 月,颁布了《公证费用法》。1943 年 12 月 6 日,行政院给一些省政府下达训令,令自 1944 年 1 月 1 日起施行《公证法》。

1936 年 10 月,行政院新闻局编发一则消息说:"民国二十四年司法院拟定公证暂行规则,规定地方法院为办理公证事务,应设公证处。正式实施此项制度,则在二十五年。当时因多数法院尚未开办公证,多数人民大都不明了公证的利益,司法行政部乃于二十六年五月令饬各高等法院积极倡导,设法推进,二十八年通令各高等法院转饬备地法院,凡未开办公证者,限期开办,已开办者,认真整顿,加紧推进,以期人民能够普遍受到公证的实益。此令发后,各法院呈报成立公证处者甚多。三十一年,司法行政部将推行公证制度列为中心工作,通令各

---

① 参见陈光中、李春霖主编:《公证与律师制度》,北京大学出版社 2006 年版,第 12 页。

省尚未成立公证处的地方法院,自同年七月一日起,分批成立,每三个月成立一批,由高等法院呈报一次,以二年为完成期限,到三十三年六月底,全国各地院公证处,大多如期完成。三十三年六月以后新成立之地院,规定同时成立公证处。"

《国民政府年鉴》记载:"截至民国二十六年抗战以前,各省已开办公证之地方法院,凡27处,至1931年10月,各法院先后成立公证处者,又有192处。旋复通令各省,分期举办,务求达到每一地方法院均能成立公证处之目的。"

民国时期,公证工作不允许私人开业。司法行政部部长谢冠生于1943年4月26日在一次报告中说:"各国公证制度,有由以公证为业的公证人自行设立事务所,向嘱托人收取定额费用,办理公证事务,有如律师事务者,亦有公证机构合并于司法机关,即由法院兼办公证事务者,衡以我国现时国情,若许公证人自行设所办理,恐滋流弊,故……规定由地方法院专设公证处或分处办理,以便监督。"

关于民国时期的公证范围,据司法行政部1942年8月28日训民字第3463号训令附发的《公证须知》中说:"公证事务共有两种,一种是公证书的作成,一种是私证书的认证。凡是关于法律行为或是其他关于私权之事实,由当事人或其他关系人请求公证处公证人给他作成公证书,就叫做公证书的作成。凡是关于法律行为或其他关于私权之事实,私人作成的证书,由当事人或其他关系人提出于法院,请求公证处公证人加以认证,就叫作私证书的认证。得以请求公证的事项,大部分可分为两种:一种是法律行为,一种是其他关于私权之事实。法律行为就是以私人欲发生私法上效果的意思表示为要素的行为。不论是单独行为、契约或共同行为,也不论是债权行为、物权行为、亲属行为或继承行为,都是法律行为,而买卖、借贷、租赁、赠与、雇用、承揽、合伙、缔结婚约、离婚、作成遗嘱等行为,及其他关于票据的行为,尤其是法律行为所常见的。其他关于私权的事实就是私法上的权利,所以不论是人身的人格权和身份权,也不论是关于财产的债权、物权、准物权和无体财产权,都是私权。而私权中,如所有权,就是总括的支配物的权利;抵押权,就是对于债务人或第三人不移转占有而供担保的不动产,就它的卖得价金受清偿的权利;典权,就是支付典价占有他人的不动产而为使用和收益的权利;地上权,就是以在他人土地上有建筑物或其他工作物,或竹木为目的而使用其土地的权利;永佃权,就是支付地租永久在他人土地上为耕作或牧畜的权利;地役权,就是拿他人土地供自己土地便宜之用的权利。社会上常见的所谓其他私权的事实,即除法律行为以外其他有关私权得丧变更的事实,例如关于时效的事实,不当得利,无因管理,侵权行为,债务履行或不履行的事实;又关于不动产相邻关系,无主物之先占,遗失物之拾得,埋藏物之发现,漂流物或沉没品之拾得,财产共有或占有的事实。以上所列法律行为或其他关于私权的事实,当事人或关系人都可以请求公证人给他作成公证书或认证私证书,而关于以给付金钱或其他代替物,或有价证券的一定数量为标的之请求所作成的公证书,并且可以请求载明应径受强制执行,将来即可根据该证书不必经过诉讼,请求法院径付强制执行,这在手续上是尤其简便的了。"

民国时期的公证原则,按《公证暂行规则》,大体有:推事不得就违反法令事项及无效法律行为作成公证书;公证书应以中国文字作成之;推事执行公证职务,应按民事诉讼法之规定实行回避;公证处职员,除法律另有规定外,于经办事件应守秘密;推事无正当理由,不得拒绝当事人的公证请求;推事办理公证事务有不当者,请求人或利害关系人得提出抗议。

另外规定,办理公证,按章收取公证费,要求在公证书上载明"径受强制执行"的,加倍收费。"办理公证事务,应在公证处为之;但法令另有规定,或依事件之性质,不能在公证处为之者不在此限"。1947年12月,司法行政部发出训令,要求各高等法院增办巡回公证,以节省请求人之劳力,间接有助于公证事务之发展。在制作公证书的文本上,还有两条特殊规定:一是"删除字句,应当存字迹,俾得辨认";二是"公证书末尾或栏外,应记明增删字数,由推事及请求人或其代理人、见证人盖章"。

民国时期,在争取扩大公证业务方面,还采取了一些措施。例如,司法行政部于1944年5月制定了《各地方法院办理公证事务竞赛办法》,规定竞赛每年举行一次,"竞赛结果,其成绩特殊者记大功,列上等者记功,列下等者视其情节得记过或记大过"。1949年初,又以训令下发《各地方法院推进公证制度宣传文件》,供各地进行宣传。此外,还要求各法院酌量聘请公证劝导员,凡由劝导而来的公证事件,即在该事件所收的公证费中提取10%,作为奖金发给该劝导员,以资鼓励。

三、中华人民共和国建立后的公证制度

新中国成立后,公证制度伴随着司法行政机构的变迁,经历了创建、取消和重建的反复过程。1951年初,中央人民政府司法部指示各大行政区司法部积极领导所属各城市人民法院开办公证业务。同年4月10日,最高人民法院和中央司法部联合发出了《关于保护国家银行债权的通报》,指出"在证明契约时,载明强制执行条款,嗣后如一方当事人违约,对方当事人即可请求法院依照契约执行。"借以保护国家银行给私营企业的贷款得以如期收回,稳定金融信贷工作。1951年9月3日,中央人民政府委员会通过颁布的《人民法院组织暂行条例》规定,中央及大行政区、直辖市、县人民法院管辖公证及其他法令所定的非讼事件。这就把法院办理公证事项以法令形式固定下来。1951年以来,各地陆续出现了一些结合本地实际情况制定的地方性公证法规。例如,北京市人民政府于1951

年 5 月颁布试行《北京市人民法院公证暂行办法》，中南军政委员会于 1952 年 6 月 30 日颁布《中南区公证试行办法》。此外，还有一些大中城市、省辖市，乃至少数县也制定了类似规章。1953 年 4 月 25 日，第二届全国司法工作会议讨论通过了司法部提出的《关于建立与加强公证工作的意见》。该意见指出："当国家进入大规模经济建设时期，公私关系日趋频繁，对国家与私营工商业者订立加工、订货、运输、修建、贷款等合同，务使通过公证，得到法律的保护。公证机构应监督双方严守合同，保护国家财产，而与欺诈盗骗、违反法令的一切不法行为进行斗争。"此后，公证工作大有发展。公私合同通过公证，违约情况显著减少，违约率从未经公证的 10%—25% 下降到 1%—5% 左右。这就有效地促进了国家对资本主义工商业的社会主义改造。

1951 年—1954 年的公证工作，主要是办理国家机关、国营企业与私营企业订立的经济合同公证，当时简称为"公私合同公证"。1955 年 4 月 25 日至 5 月 29 日，司法部召开了第一次全国性的公证工作会议，经过讨论，确定公证工作的任务仍以证明几种主要公私合同为重点，对公证机构的设置及其组织领导也提出了明确的要求。

1956 年，私营企业全面实行公私合营，公私合同关系基本上随之转变为国营企业与公私合营企业之间的合同关系，以及公私合营企业互相之间的合同关系。这类合同杜绝了前一阶段发生的某些私营企业的欺蒙盗骗等现象，同时在合同的切实履行方面也得到了有效的保证。1956 年 1 月 31 日，司法部发出了《关于公证业务范围问题的通知》，要求各地"除继续办理证明尚存的公私合同外，应该大力加强并开展有关公民权利义务关系方面的公证业务"。

在公证组织建设方面，司法部于 1956 年 7 月提出《关于开展公证工作的请示报告》，经国务院批准，决定在直辖市和 30 万以上人口的市设立公证处，在其他市和侨眷较多的县人民法院附设公证室。截止到 1957 年底，全国已有 52 个市建立了公证处，在五百多个市、县人民法院设立了公证室，专职公证干部已有九百多人。1957 年，全国办理的公证事项近三十万件。[①] 此外，这一阶段在公证程序上也逐步走向正规。司法部于 1956 年秋制发了《公证用纸格式》，并附说明，统一了全国的公证书格式。对于涉外公证，司法部又配合外交部陆续规定了办理公证和领事认证的程序。

1957 年以后，随着整风运动和"反右派"斗争的扩大化，"左"倾思潮泛滥，法律虚无主义思想严重地冲击着司法战线，公证制度随之被削弱了。1959 年 4 月，全国的司法行政机关被撤销，公证机关也随之被撤销了。除了少数几个大城市人民法院根据国际惯例兼办一些必办的、发往国外应用的公证书以外，国内的

---

① 参见陈光中、李春霖主编：《公证与律师制度》，北京大学出版社 2006 年版，第 9 页。

公证业务都停办了。

1966年开始的十年动乱期间,公证业务处于全面停顿状态。"造反派"当权,提出了"砸烂公检法"的口号,公证制度被斥为"修正主义制度"。办理公民财产公证是"扩大资产阶级法权";办理继承权公证是"给资产阶级找接班人";办理涉外公证是"为里通外国开绿灯";等等。在此期间,许多华侨、侨眷为了在域外就业、升学,或者继承在域外的遗产,需要申请办理公证的,也无法办理,导致我国公民在域外的合法权益难以得到保护。

十一届三中全会提出了"发扬社会主义民主,加强社会主义法制"的方针。1979年9月13日,第五届全国人民代表大会常务委员会第十一次会议通过决议,恢复建立中华人民共和国司法部。1979年12月1日,司法部正式恢复成立,接着各省、地、县司法厅(局)相继成立,公证处亦随之复建。从此,公证工作进入稳步发展的轨道。

司法部于1980年2月15日和3月5日分别发出《关于逐步恢复国内公证业务的通知》和《关于公证处的设置和管理体制问题的通知》,从公证业务和公证机构的建制方面提出了初步的要求。1980年7月30日至8月9日召开的全国司法行政工作座谈会和9月19日至9月25日召开的全国公证工作座谈会,就公证工作的方针、任务、业务的恢复与发展以及公证机关的组织建设等问题作了研究与安排。1982年3月13日制定了《关于办理几项主要公证行为的试行办法》,对办理遗嘱、继承权、收养子女、委托书、经济合同等公证事项,统一了做法。在此前后,司法部还颁发了《公证书格式》(共23式26种)、《公证处内部用纸格式》(即内部使用的文书格式,11式14种),并会同财政部重新制定了《公证费收费标准与管理办法》。1982年4月13日,国务院发布《公证暂行条例》。1986年12月4日,司法部颁发了《办理公证程序试行细则》。经过一段时间的试行、总结经验,司法部又将该细则修订为《公证程序规则(试行)》,于1990年12月12日发布,1991年4月1日起施行。

1992年以来,在邓小平同志建设有中国特色社会主义理论的指导下,司法行政工作全面贯彻执行党的基本路线和党的十四大、八届全国人大会议精神,紧紧围绕经济建设这个中心,充分发挥法律服务与法律保障的双重职能作用。在这种形势下,公证工作面临的主要任务是深化公证制度改革,更好地为经济建设提供优质的法律服务。这就要求公证工作要充分发挥自身的优势,积极开拓新的服务领域,开展经济公证系列服务。要求公证机关将同一经济组织提请公证的各类公证事务有机地联系起来,在真实、合法的基础上,形成对经济组织一套完整有效的法律保障体系。例如,在经济组织的筹备阶段、成立阶段、经济活动过程中,在经济纠纷或经济诉讼的调处过程中,都可以根据不同阶段所涉及的内容,为其提供必要的证明,把公证的法律服务职能真正渗透到经济工作的每一个环节中。

1993年6月中旬,司法部发出通知,要求公证工作努力开拓业务领域,比如积极为农民办理合同公证,杜绝"打白条"的现象,使得各方面与农民之间发生的权利义务关系真正建立在平等、合法的基础之上。在股份制经济中,公证证明股份有限公司行为的真实、合法,从法律方面实施监督,防止发生虚伪或诈欺行为。

1993年6月26日开幕的全国司法厅(局)长座谈会提出,公证工作要搞好四项服务,即更好地为改革开放、经济建设和建立社会主义市场经济体制服务;为社会主义民主与法制建设服务;为巩固人民民主专政和维护国家的长治久安服务;为保护人民的民主权利和方便人民群众服务。在公证队伍建设方面,要求在大力发展专职公证员的同时,根据客观形势发展的需要,适度发展特邀公证员。1995年6月中旬召开的全国司法厅(局)长座谈会,在公证工作方面,对恢复建立公证机构15年来所做的工作,尤其是县(区)一级公证处的工作作了回顾和总结。会议认为:"县(区)公证工作,在继续做好民事公证的同时,重点开展了农村土地的承包、宅基地使用权、农副产品购销合同、企业承包、抵押贷款、劳务合同等公证。15年来,县区公证处共办理了民事公证1689万多件,经济公证2368万多件,涉及标的额25261亿元。依法保护了广大公民和企业法人的合法权益,维护了县区经济秩序的稳定。"会议指出:公证是市场经济不可缺少的中介组织,直接为经济发展保驾护航,今后必须进一步加强公证工作。2002年6月18日司法部第72号令发布《公证程序规则》,自2002年8月1日起施行,原《公证程序规则(试行)》予以废止。2006年5月18日,司法部第103号令发布《公证程序规则》,2002年发布的《公证程序规则》同时废止。2005年8月28日,第十届全国人民代表大会常务委员会第十七次会议通过了《公证法》,自2006年3月1日起施行。

综上所述,历史事实清楚地表明,公证是由私证逐步发展演变而来的,可以说公证是私证的高级阶段,公证比私证具有更强的法律效力。除某些特定事项以外,在很多方面,私证与公证仍然并行不悖,这种状况,今后可能还会长期延续下去。

第四节　公证机构的任务

公证机构是依法设立,不以营利为目的,依法独立行使公证职能、承担民事责任的证明机构。公证机构的任务是根据当事人的申请,依法证明民事法律行为、有法律意义的文书和事实的真实性、合法性,以保护公共财产,保护公民身份上、财产上的权利和合法利益。通过公证活动,预防纠纷,减少诉讼,教育公民遵守法律,维护社会主义法制。

一、依法证明民事法律行为、有法律意义的事实与文书的真实性和合法性

根据我国《公证法》第 2 条,公证机构的首要任务是应自然人、法人或者其他组织的申请,对没有争议的民事法律行为、法律事实和具有法律意义的文书,依照法定程序审查明确后,对其真实性和合法性作出书面证明。

民事法律行为,是指公民、法人或者其他组织之间设立、变更或终止民事法律关系的行为。这种关系是一定的财产关系、人身关系在法律上的表现。法律事实,是指能在当事人之间引起民事法律关系产生、变更和消灭的客观现象。法律事实包括行为和事件两类,公证证明的法律事实指的是后一类。有法律意义的文书,是指法律行为以外的、能引起一定后果的法律文书。

二、保障自然人、法人或其他组织的合法权益,预防纠纷,减少诉讼,维护社会经济秩序

自然人、法人或者其他组织申请公证的事项,经公证机构审查,确认其真实、合法,然后出具公证书,赋予其证据效力。对某些不够真实、合法的事项,公证人员要事先向当事人宣传法律,讲明道理,指导当事人加以修正,然后再予以公证。这样做,便排除了隐患,使当事人之间的民事和经济法律行为一开始就置于公证制度的保护与监督之下。从某种意义上说,公证是提早介入民事活动和经济活动的一种法律手段,成为预防纠纷,减少诉讼,维护社会主义市场经济秩序,促进社会安定团结的第一道防线。

三、促进国际友好交往,保护中外当事人的合法权益与利益

在我国与世界各国和地区的友好交往中,有许多方面需要我国公证机构提供法律服务。按照国际惯例,在不同国家公民和法人组织之间进行民事、商业活动中,对许多有关的法律行为、有法律意义的事实和文书,例如法人资格,科技人员的学历、经历、职称、未受刑事制裁等,都需要办理公证,才能在域外发生效力。办理涉外公证的主要任务就是保护我国公民、侨胞在域外的正当权益;保证我国法人对外经济贸易活动的合法与有效;同时也保护外国人在华的合法权益。

四、教育公民遵守法律,维护社会主义法制

公证机构在办理公证过程中,通过向当事人提供法律咨询、制定、修改、完善法律文书等业务活动,向当事人宣传法律知识,引导他们在国家法律、政策允许的范围内进行各种民事、经济活动,从而维护社会主义法制。

第二十一章 公证基本原则

第一节 概 述

一、公证基本原则的概念

通说认为,公证基本原则是指公证机构办理公证业务时必须遵循的根本准则。[①] 我们认为,公证制度的基本原则不同于公证员办证的具体原则,不仅应当是公证机构办理公证业务时应遵守的准则,也是公证当事人与其他参与人进行公证活动所必须遵守的行为规则,其效力贯穿《公证法》与公证程序始终。作为根本性的规则,它具有概括性与指导性,集中体现着公证的意旨,既引导公证立法,又指导公证活动实践,具体体现在《公证法》条文之中,贯穿于公证的各个阶段。

二、公证基本原则的内容

在公证法学界,学者们对于我国公证制度基本原则的理论概括存在着较大的分歧。有学者认为,公证制度只存在一个基本原则,即真实合法原则,其他原则是办理公证的原则,而不是公证的基本原则。有学者主张,公证的基本原则包括七项,真实合法原则、必须公证与自愿公证相结合的原则、回避原则、保密原则、直接原则、便民原则、使用中文和民族语言文字原则。也有学者认为,应有八项原则,除上述七项外还应该加上本人申请办证与代理人申请办证相结合原则。值得注意的是,我国《公证法》首次将"公正"确定为开展公证业务的原则。

我们认为,界定公证制度的基本原则,必须先明确基本原则应符合的标准,而确立标准主要应考虑以下几个方面:首先,公证制度的基本原则既然是"法律原则",就应当有自己的"高度"。既要体现公证法律的宗旨,又要高于公证活动的具体规则,并且各类具体规则不应与其相抵触。其次,公证制度的基本原则既然是"基本原则",就应当具有基础性地位,能贯穿公证制度的始终,在公证立法、实践的各个环节中得到普遍遵行。最后,公证制度的基本原则既然是"公证制度"的基本原则,就应当是公证制度所特有的,而不应是其他部门所通用的一般法律原则,不具有明显公证特色的乃至法律的原则,就不应列入公证制度的基

[①] 参见谢佑平主编:《公证与律师制度》,中国政法大学出版社 1999 年版,第 47 页。

本原则之中。

在此分析上,我们认为,公证制度的基本原则应包括真实与合法原则、客观公正原则、依法独立公证原则、公证员亲自办证原则、回避原则、保密原则、便民原则、使用本国和民族语言文字原则。

第二节 真实与合法原则

公证是证明有关事项真实性、合法性的司法活动,因此真实、合法是公证制度的基本要求和首要的基本原则。

（一）真实原则

真实原则,是指公证文书所证明的法律行为、有意义的法律文书和事实的内容在公证时是客观存在的,而不是虚假或伪造的事实。[①] 这一原则要求,公证文书所证明的内容应该与事实相符,只有真实的事实才能被公证证明;只有真实的公证书,才能产生应有的法律效力。对虚构的事实、待证的事实或者与事实不相符的事实,或者没有证据加以证明的事实,是不能加以公证证明的,否则就是对真实原则的违背。

真实性是公证活动最基本的要求,是公证的灵魂所在,其重要性不言而喻。它被世界各国作为公证制度的核心原则看待,并在立法中予以明确规定。如法国《公证机构条例》第 1 条规定,公证员受理当事人必须或愿意使其真实性能够得到确认的一切文件和合同。我国《公证法》第 2 条也规定:"公证是公证机构根据自然人、法人或者其他组织的申请,依照法定程序对民事法律行为、有法律意义的事实和文书的真实性、合法性予以证明的活动。"

需要指出的是,真实原则不仅要求公证员在办证中应客观证明事实真相,而且要求公证的当事人必须向公证机构如实提供材料,如实进行陈述。对此,国外的立法中也多要求当事人应承担真实义务,甚至将违反真实原则作为一类罪行在刑法中予以明确规定。但遗憾的是,我国目前的公证立法中,对真实原则的规定仍过于片面,认为真实原则仅约束公证员,而对当事人提供虚假材料、进行虚假陈述等行为并没有相应的调整。

（二）合法原则

合法原则,是指公证员办理公证事项的内容、形式和程序都必须符合法律规定,并且不违反社会公德和公序良俗。由于法律包括实体法和程序法,合法原则相应的包含两方面的内容:一是所公证的实体内容合法,即公证事项本身合法;二是公证活动的程序合法,办理公证事务必须遵循法律规定的程序。

[①] 参见崔卓兰主编:《公证制度》,吉林大学出版社 1999 年版。

合法原则与真实原则是相互联系、密不可分的。真实性是合法性的基础,唯有真实的公证事项才能被公证证明,也才能符合法律的规定,产生应有的法律效力。但是,真实性又不等于合法性,真实的法律行为、法律事实与法律文书并不必然是合法的。例如,以禁止流通物为标的的买卖合同属于非法行为,不能进行公证。因此,合法原则是在真实原则基础上对公证业务操作的进一步规定。

第三节 客观公正原则

客观公正是公证最本质的要求。公证制度是国家公证机构进行司法证明活动的一种法律制度,它是国家司法制度的重要组成部分,而公证处则是代表国家行使证明权的机构。众所周知,公证工作被法律赋予了特定的甚至是预定的公信力。按照公证制度设立的初衷,公证事项的效力可以直接成为法院判决的依据,直接影响当事人的重大利益。正因为如此,公证应当坚持客观公正的原则。

我国《公证法》第3条明确规定:"公证机构办理公证,应当遵守法律,坚持客观、公正的原则。"而客观公正原则中又包含了实体公正与程序公正两方面。实体公正,指的是公证活动就公证申请人所提请公证的法律行为、有法律意义的文书和事实的公证是公正的。而程序公正,是指公证活动的过程对有关人员来说是公正的。换言之,公证的参与人在公证过程中所受到的对待是公正的,国家保障公民、法人和其他组织依法获得公证证明的权利。就公证系统而言,实体公证是指系统最终的"产品"是否公正,而程序公正是指该生产过程是否公正。

第四节 依法独立公证原则

依据《公证法》第6条规定,公证机构依法独立行使公证职能。这项规定确立了我国公证机构依法独立办理公证事务的原则,它要求公证机构办理公证事务时,只依据事实与法律、法规和规章,独立行使国家证明权。同时,公证机构办理公证事务时必须要依法办事,正确地使用法律,严禁枉法公证、弄虚作假。

公证机构独立行使公证权是维护社会主义法制统一的需要。依据国家法律、法规、规章来认定法律行为、具有法律意义的事实和文书是否具备真实性、合法性,关系到当事人的切身利益。这种权利只有交给专门机构来行使,非经有权机构不得私自办理公证事务,才能使社会主义法制实现在全国的统一,使法律具有其不可侵犯的权威。公证机构独立行使公证职权也是公正执法的需要。适用法律对有关事项进行证明时,只有排除了其他任何单位、个人的干涉,才能保证公证证明的公正性。同时,独立公证又是公证机构正常工作的前提。如果任何单位或个人都可以干预公证机构正常的公证工作,必然会使公证员无所适从,难以开展公证工作。

当然,公证机构独立公证,并不意味着公证机构依法公证的活动可以不受任何制约和监督。一方面,为保证公证活动中正确适用法律,公证处的本级或上一级司法行政机关,根据当事人的申请,对公证处或下级司法行政机关作出的有关公证事项的决定,依法进行审查。另一方面,公证机构依法公证也需要取得各级党政机关、群众团体等单位的配合、支持与监督,以对公证事项作出大量的调查工作。

总之,公证机构依法独立公证,已是法律赋予的职权。各级党政机关的支持是独立公证的保障。同时,我们也应从机构体制、法律制度上考虑为其创造必要的条件。此外,还应借鉴国外成功的经验,如公证人常任制,使公证人在各方面的地位都有所提高。这些对保证公证质量,维护公证机构与当事人的合法权益,都有着不可替代的作用。

第五节 公证员亲自办证原则

公证员亲自办证原则又称直接原则,指的是公证机构办理公证事务,必须由公证员亲自接待当事人,听取当事人及其他有关人员的陈述后,亲自审查公证事项的有关内容以及其他有关材料,最后作出能否公证的决定。①

在现代公证制度的发展过程中,拉丁公证制度占有重要地位,可以说直接原则的基本理念来源于拉丁公证制度。在公证制度中确立直接原则,有如下意义:(1)保障公证员正确认定公证事项的真实性、合法性、可行性。实践的过程就是一个认识的过程,公证员对于待证事实的认定,也是一个认识不断发展、不断深入实践的过程。这需要公证员亲自听取当事人陈述后,亲自到社会现实中去,调查待证事实所涉及的基本内容,在综合分析的基础上决定待证事实是否具备真实性、合法性、可行性。(2)帮助当事人纠正偏差,规范各类民事、经济行为。公证员在亲自深入实践中,就会发现各类具体问题,并能很快针对这些问题提出解决的办法。公证申请当事人在各种活动中存在着哪些违法因素,如何解决,都由公证员向他们讲清,并提出合法解决建议。这样既规范了公民、法人的民事、经济行为,又为可能发生的纠纷增设了一道防线。

此原则明确了公证员与公证处的其他人员的职权与责任。亲自办证,要求公证员主要负责完成与公证或拒绝公证、终止公证相关的关键性业务工作,其他事务性工作可由公证处的其他人员完成。坚持直接原则,有利于维护正常的公证秩序,保证公证的效力。这一原则也是与公证的国际惯例相一致的。

---

① 参见肖胜喜主编:《律师与公证制度教程》,中国政法大学出版社1996年版。

第六节 回 避 原 则

公证处是国家专门的证明机构,依照法律实施国家证明权,执行的是国家公权力。回避原则是防止公权力滥用的一条有效途径。

回避原则要求公证人员不得办理本人、配偶以及本人、配偶的近亲属申请办理的公证事务,也不得办理与本人或配偶有利害关系的公证事务。

回避的方式有两种:一是自行回避,是指办理公证的公证员遇有法律规定的应当回避的事项时,自觉主动地退出对该公证事项的办理。二是申请回避,是指当事人有权依据法律的规定申请某个或几个公证员不得参加承办本人的公证事项。申请回避是当事人享有的重要权利,既可以书面形式申请,也可以口头申请。

回避的适用范围包括直接办理公证的公证员、公证员助理和接触该公证事项的翻译、鉴定人等有关人员。公证处主任或副主任的回避,由本级司法局局长或副局长决定,其他人员的回避,由公证处主任或副主任决定。回避决定作出后,公证处应当通知当事人。当事人提出回避申请的期限,可以在公证的开始和进行中,即在公证书做成前提出。公证书做成之后,公证活动已告终,当事人再提出回避申请,将失去法律意义。但若在公证书做成之后有异议,可以按照法定程序提出复议或申诉。公证处应根据当事人的复议或申诉请求进行复查,如确实存在应回避而未回避的情况并导致公证有误,应撤销原公证书重新公证。

第七节 保 密 原 则

保密原则,指公证机构及其工作人员,以及其他受公证机构委托、邀请或因职务需要接触公证事务的人,对他们在公证工作中接触到的国家秘密、当事人的秘密负有保守秘密的义务。[1] 这既是公证人员应当严格遵守的一项重要的基本原则,也是公证人员应尽的义务与责任。因此,《公证法》第 23 条规定,公证员不得泄露在执业活动中所知悉的国家秘密、商业秘密或者个人隐私。《公证程序规则》第 60 条还明确了公证档案的保存方法,即对涉及国家秘密和遗嘱的公证事项,应列为密卷保存,以区别于一般的公证事项。

按照我国现行立法,保密主体限于公证人员,以及接触公证事务的鉴定人、翻译、见证人和其他公职人员。这里的"公职人员",是指当事人以外因履行职责而接触公证事务内容的国家公务员与职工,如打字员、秘书等。公证保密的对

---

[1] 参见陈光中、李春霖主编:《公证与律师制度》,北京大学出版社 2006 年版。

象有以下几种:(1)当事人申请公证的目的、动机、用途等;(2)个人隐私,如当事人的日记、病历、银行账号、收养协议等;(3)商业秘密,如工艺流程、产品配方、供销渠道等;(4)技术秘密,如未申请专利的专有技术等;(5)国家秘密,如国家科技情况、国防调查报告等。

在公证实践中,贯彻保密原则应做到以下几点:(1)公证员除对本人办理的公证事务负有保密的义务外,对本公证机构办理的其他公证人员办理的公证事项也同样负有保守秘密的义务;(2)公证员对公证的事项内容保守秘密,也同样对拒绝公证的事项内容保守秘密;(3)公证书应当只发给申请公证的当事人,非经当事人的请求,不得将公证书副本发给其他人员。

从整个公证工作来看,保密制度已是一项普遍适用的准则,在公证工作中,公证人必须慎之又慎地严守公证秘密。对于泄露秘密,造成国家、集体和公民合法权益受到损害者,应当依法追究其民事、行政或刑事责任。

第八节 便民原则

便民原则是指在遵守法律规定的前提下,公证工作要从方便群众出发,深入实际,深入基层,及时准确、认真负责地办好公证事务。①

便民原则主要体现在以下几方面:

(1)简便办证手续,加快办证速度。为了方便群众,在依法办事的前提下,公证机构办理公证应力求简便、及时、高效。对当事人申请公证的事项,只要事实清楚,材料齐全,符合法律规定要求的,就应当随时给予办理公证。即使是比较复杂的公证事项,只要将材料调查清楚,也应尽快办理,务求公证书不耽误当事人使用。

(2)到当事人的居所地办理公证事务。对于因特殊情况不能到公证机构办理公证的申请人,如老、弱、病、残等,公证人员便到其住地或医院为他办证。又如,在乡镇法律服务机构中设立办证点,在大中型企业单位设立公证联络员,方便当事人办证。

(3)迅速办证,不失时效。公证机构在收到当事人提交的申请材料后,应当尽快地进行审查、核对,及时地进行办理,不能放置一边不闻不问。避免由于公证人员工作上的疏忽大意,导致当事人的申请材料丧失时效,影响当事人的使用。

(4)发扬协作精神,积极主动地协助兄弟单位办好公证。在实践中,办理一项公证往往会涉及由兄弟单位所辖的地区。各兄弟单位应当充分发扬协作互助

---

① 参见江晓亮等:《公证实务指南》,中国社会科学出版社1993年版。

的精神,在工作上给予必要的支持,生活上给予适当的便利,使公证任务得以圆满完成。

第九节 使用本国和民族语言文字原则

使用本国和民族语言文字原则,是指公证机构和公证人员在公证活动中应当使用本国的和本民族的语言文字实施各种行为,并使用本地和本民族的语言文字制作公证文书。[①]

在公证活动中使用本国的语言文字,是维护国家主权的一个具体体现。我国又是一个多民族的国家,各族人民在政治上一律平等,都有使用和发展自己民族语言文字的自由。《宪法》第4条第4款规定:"各民族都有使用和发展自己的语言文字的自由,都有保持或者改革自己的风俗习惯的自由。"《公证程序规则》第43条规定:"制作公证书应当使用全国通用的文字。在民族自治地方,根据当事人的要求,可以同时制作当地通用的民族文字文本。两种文字的文本,具有同等效力。发往香港、澳门、台湾地区使用的公证书应当使用全国通用的文字。发往国外使用的公证书应当使用全国通用的文字。根据需要和当事人的要求,公证书可以附外文译文。"

上述规定,便是公证活动中使用本国和民族语言文字原则在法律、法规上的依据。落实这一原则,公证机构在行使公证职务时,应当采取以下做法:

(1) 在公证活动中,一般情况下,语言应当使用普通话,文字应当使用中文。

(2) 对于不通晓我国通用的语言文字的少数民族当事人,必须为他们提供翻译。凡是少数民族聚居或者多民族共同居住的地方,公证机构在发布公告、颁发公证书和制作其他文件等一系列公务中,都必须使用当地民族通用的语言文字。凡是办理两个以上不同民族之间的合同公证,应分别采用各自民族的语言文字进行公证活动和发布公证文书。

(3) 对于不通晓汉语的外国人,应当为他们翻译,不得直接使用外国语进行公证活动。

(4) 对于任何使用外国文字制作的文书,应当翻译成中文,由公证处对中文本予以公证,然后将外文本文书与中文本文书装订在一起,加盖骑缝印,一并发给当事人。

[①] 参见陈光中、李春霖主编:《公证与律师制度》,北京大学出版社2006年版。

第二十二章 公证机构的组织机构和管理体制

第一节 公证机构的组织机构及其人员组成

一、公证机构的设置

公证机构即公证处,是指国家依法设立的,统一行使公证职能,进行证明活动的专门工作机构。《公证法》第7条规定:"公证机构按照统筹规划、合理布局的原则,可以在县、不设区的市、设区的市、直辖市或者市辖区设立;在设区的市、直辖市可以设立一个或者若干个公证机构。公证机构不按行政区划层层设立。"

二、公证机构的性质

《公证法》第6条规定:"公证机构是依法设立,不以营利为目的,依法独立行使公证职能、承担民事责任的证明机构。"由此可见,公证机构具有以下性质:

(一)公证机构是国家依法设立的机构

在我国,国家依法设立了履行公证职能的公证机构,即公证处。关于公证职能的组织模式,在世界各国形成了两种不同形式,一种是公证机构的形式,另一种是公证人的形式。在西方国家,公证多采用公证人的形式,公证人由国家任命,经过政府同意,公证人设立公证人事务所从事公证事务。我国采取了公证机构的形式。

(二)公证机构是履行证明职能的机构

公证证明文书是国家专门机构出具的证明文书。在我国,除了驻外使(领)馆可以办理特别范围内的公证事务外,通常公证职能只能由公证机构行使,其他任何个人、团体、机关都无权出具公证文书。

(三)公证机构是不以营利为目的的证明机构

《公证法》规定了我国公证机构不以营利为目的,因此,公证处承办公证业务是为了履行证明职能,行使国家赋予的证明职权,而非向社会提供以营利为目的的法律服务。公证机构在办理公证业务时向公证申请人收取一定的费用,并非劳务报酬,而是为办理公证事务所支出的必要成本,以及维持公证处的正常运行和发展的必要费用。

三、公证处的设立条件及其审批程序

（一）公证机构的设立条件

根据《公证法》第8条的规定，设立公证机构，应当具备下列条件：

（1）有自己的名称。公证处作为提供法律服务的社会组织，是独立的事业法人，应该有自己的名称，并在规定范围内享有专有权，受法律的保护。

（2）有固定的场所。公证处要开展公证业务，向社会提供法律服务，必须有固定的办公场所，以免当事人无处申请办证。

（3）有两名以上公证员。这里的公证员是依法定的条件和程序，经考试或考核合格，取得公证员资格并持有公证员证的正式公证员。

（4）有开展公证业务所必需的资金。公证处作为独立的事业法人组织，必须拥有一定的资产，能够独立对外承担民事法律责任。《公证法》第43条规定，公证机构及其公证员因过错给当事人、公证事项的利害关系人造成损失的，由公证机构承担相应的赔偿责任；公证机构赔偿后，可以向有故意或者重大过失的公证员追偿。

（二）设立公证处的审批程序

根据《公证法》第9条，设立公证机构，由所在地的司法行政部门报省、自治区、直辖市人民政府司法行政部门按照规定程序批准后，颁发公证机构执业证书。

（三）公证机构的人员组成

公证处设公证员、助理公证员。根据需要，可以设主任、副主任。主任、副主任由公证员担任，领导公证处的工作，并且必须执行公证员职务。根据《公证法》第17条的规定："公证员的数量根据公证业务需要确定。省、自治区、直辖市人民政府司法行政部门应当根据公证机构的设置情况和公证业务的需要核定公证员配备方案，报国务院司法行政部门备案。"

第二节 公证员的条件和岗位职责

一、担任公证员应具备的基本条件

根据《公证法》第18条，公证员应当具备以下必要条件：(1) 具有中华人民共和国国籍；(2) 年龄25周岁以上65周岁以下；(3) 公道正派，遵纪守法，品行良好；(4) 通过国家司法考试；(5) 在公证机构实习两年以上或者具有三年以上其他法律职业经历并在公证机构实习一年以上，经考核合格。

《公证法》第19条规定，从事法学教学、研究工作，具有高级职称的人员，或

者具有本科以上学历,从事审判、检察、法制工作、法律服务满十年的公务员、律师,已经离开原工作岗位,经考核合格的,可以担任公证员。

《公证法》第20条规定,有下列情形之一的,不得担任公证员:无民事行为能力或者限制民事行为能力的;因故意犯罪或者职务过失犯罪受过刑事处罚的;被开除公职的;被吊销执业证书的。

二、公证员职务制

根据法律、法规的规定,公证员职务分为一、二、三、四级公证员和公证员助理,其中一级和二级公证员为高级职务,三级公证员为中级职务,四级公证员和公证员助理为初级职务。

三、公证员的任免

担任公证员,应当由符合公证员条件的人员提出申请,经公证机构推荐,由所在地的司法行政部门报省、自治区、直辖市人民政府司法行政部门审核同意后,报请国务院司法行政部门任命,并由省、自治区、直辖市人民政府司法行政部门颁发公证员执业证书。

公证员有下列情形之一的,由所在地的司法行政部门报省、自治区、直辖市人民政府司法行政部门提请国务院司法行政部门予以免职:(1)丧失中华人民共和国国籍的;(2)年满65周岁或者因健康原因不能继续履行职务的;(3)自愿辞去公证员职务的;(4)被吊销公证员执业证书的。

四、公证员的权利和义务

根据现行法律、法规的有关规定,公证员在履行公证职务时,享有以下基本权利:(1)决定受理或不予受理当事人的公证申请事项;(2)对当事人的身份、行为能力、申请公证事项以及提供的证明文件的真实性、合法性进行审查,并就公证事项向当事人及有关单位、个人进行调查取证或现场勘验;(3)出具公证文书并在公证书上签字;(4)决定终止公证或拒绝公证;(5)代表公证处收取公证费;(6)依法独立办理公证业务,其他任何单位和个人不得干预;(7)有权辞去公证员职务;(8)法律规定的其他权利。

《公证法》第22条规定:"公证员应当遵纪守法,恪守职业道德,依法履行公证职责,保守执业秘密。公证员有权获得劳动报酬,享受保险和福利待遇;有权提出辞职、申诉或者控告;非因法定事由和非经法定程序,不被免职或者处罚。"

根据《公证法》第23条,公证员不得有下列行为:(1)同时在二个以上公证机构执业;(2)从事有报酬的其他职业;(3)为本人及近亲属办理公证或者办理与本人及近亲属有利害关系的公证;(4)私自出具公证书;(5)为不真实、不合法的事项出具公证书;(6)侵占、挪用公证费或者侵占、盗窃公证专用物品;(7)毁损、篡改公证文书或者公证档案;(8)泄露在执业活动中知悉的国家秘密、商业秘密或者个人隐私;(9)法律、法规、国务院司法行政部门规定禁止的其他行为。

第三节 公证机构的管理体制

一、公证机构原有的管理体制

我国原有的公证机构管理体制,基本上是按照行政机关的模式建立起来的。这种管理体制的主要特征是:

(1)公证处由国家设立,人员编制由国家决定;

(2)公证处的经费、公证人员的工资福利由国家统包;

(3)公证处隶属于各级司法行政机关,形同司法行政机关的一个职能部门;

(4)公证处从机构设置、组织领导、经费管理到人员培训、业务活动,均由司法行政机关统管。

应该肯定,公证机构恢复建立三十多年来,这种管理体制对于公证机构积极办理公证事项,为我国公证制度的迅速发展起到了一定的促进作用。

二、公证机构原有管理体制的弊端

由于原有的公证机构管理体制与公证业务的性质不符,加之随着我国政治、经济体制改革的不断深入,这种管理体制日益暴露出以下一些影响公证工作发展的弊端:

1. 司法行政机关管得太细

公证处是代表国家独立行使公证职权的机关,但它并不是司法行政机关的内设机构,不能等同于司法行政机关的职能科室。实践中,很多公证机构大到主任的任命、人员的进出,小到公证业务如何开展乃至设备的购置等,都由司法行政机关统管。这种管理过细、统得过死的行政管理方式,使得公证机构既无人权又无财权,严重束缚了公证机构业务工作的开展。

2. 公证队伍的发展受到行政编制的束缚

如果公证人员列入行政编制,国家由于受财力的限制,不可能拿出很多编制充实公证队伍,因而也就限制了公证队伍的扩大和发展。

3. 经费管理方法不当

为了适应公证改革的需要,支持并促进公证工作的发展,根据近年来公证费收入不断增加的情况,司法部与财政部就公证处的经费管理问题多次发出联合通知,要求公证处的主管部门对公证处的收支应当单独核算。凡是按规定上交司法行政机关的部分,主要用于弥补司法业务费的不足,不得用于增加机关人员的福利和奖金。凡是按规定留给公证处的收入,除用于补充业务方面的开支外,可视收入的多少,提出一定比例的数额用于奖励公证人员。然而,有些地方至今仍然没有认真贯彻上述规定。不少公证处,从公证人员的工资、福利到公证处的各项经费开支,都要受到严格控制,层层审批。分配制度上的"大锅饭"导致公证人员劳动报酬偏低,不能真正体现按劳分配的原则,难以调动广大公证人员的工作积极性。

三、公证机构现行管理体制

由上述分析可以看出,我国原有的公证管理体制具有很大的弊端,这种行政化的领导管理体制不符合公证制度的性质。经过改革,目前我国的公证机构的管理体制是司法行政机关监督、指导和公证协会自律的"两结合"的管理体制。①

《公证法》第5条规定,司法行政部门依照本法规定对公证机构、公证员和公证协会进行监督、指导。可见,依照我国《公证法》的规定,司法行政部门与公证处是监督和指导的关系,而非领导关系。

司法部公证司的主要职责是:从宏观上指导、监督全国的公证工作;研究制定全国公证工作发展规划和重要的方针政策、指导性意见;制定、解释、修改公证规章制度和行为规范;确定全国公证处的布局、管理方法和印章管理问题;指导、监督、检查各省级司法行政机关,协调各省公证机构与其他国家机关、单位之间的关系,从事公证制度建设方面的理论调研和资料收集整理活动,组织全国性及国际公证交流活动,定期发布公证信息;负责高级公证员的业务培训、考核,组织全国性的公证业务考试,授予公证员资格和其他公证业务称号,对办理涉外业务的公证员进行考核备案等。

地方性司法行政机关主要负责贯彻执行中央司法行政管理部门确立的各项方针、政策,对本辖区内的公证业务工作进行监督和指导。包括制定区域性公证规划和有关方针政策;指导公证工作,协调本行政区域内公证处之间、公证处与有关部门之间的关系等。

由此可见,各级司法行政部门与公证机构之间不是领导与被领导的关系,而是指导与被指导、监督与被监督的关系。这是与公证的性质和业务服务需求相适应的,这种管理体制有利于我国公证事业的进一步发展。

根据《公证法》第4条,全国设立中国公证协会,省、自治区、直辖市设立地方公证协会。中国公证协会和地方公证协会是社会团体法人。中国公证协会章

---

① 参见王公义:《中国公证制度改革研究及国际比较》,法律出版社2006年版。

程由会员代表大会制定,报国务院司法行政部门备案。公证协会是公证业的自律性组织,依据章程开展活动,对公证机构、公证员的执业活动进行监督。公证协会的性质是一种自律性的组织,公证协会与公证机构之间是监督与被监督的关系。

第四节 公证协会

一、公证协会的概念及其属性

公证协会是指依法登记成立的,具有社团法人资格的公证行业的自律性组织。中国公证协会原名为"中国公证员协会",2005年《公证法》将其改称为"中国公证协会"。

公证协会是公证行业的自律性组织。公证是一种专业性很强的特殊的法律职业,具备向社会公众提供法律服务的功能,其职业特点的社会性决定了公证需要通过行业协会进行行业自律性管理,以减轻政府的管理负担,使之有更多的精力用于公证事业的发展和宏观调控方面。同时,这样有利于实现管理的专业化、规范化、科学化;有利于与国际接轨,促进国际公证界的交流与合作,有利于解决不宜由政府出面处理的问题,更好地维护公证员和当事人的合法权益,促进公证事业的发展。[①]

二、公证协会的职责

公证协会的主要职责包括:

(1) 协助政府主管部门管理、指导全国的公证工作,指导各地公证协会工作;

(2) 维护会员的合法权益,支持会员依法履行职责;

(3) 举办会员福利事业;

(4) 对会员进行职业道德、执业纪律教育,协助司法行政机关查处会员的违纪行为;

(5) 负责会员的培训,组织会员开展学术研讨和工作经验交流,负责全国公证员统一考试的具体组织工作;

(6) 负责公证宣传工作,主办公证刊物;

(7) 负责与国外和港、澳、台地区开展有关公证事宜的研讨、交流与合作活动,按照《两岸公证书使用查证协议》的规定,负责海峡两岸公证书的查证和副

---

① 参见肖胜喜主编:《律师与公证制度及实务》,中国政法大学出版社2003年版。

本的寄送工作；

(8) 负责公证专用水印纸的联系生产、调配，负责公证赔偿基金的管理，对外提供公证法律咨询服务等。

三、公证协会的组织机构

中国公证协会设全国会员代表大会作为其最高权力机关，该代表大会代表每三年选举一次，由各省、自治区、直辖市会员代表大会选举产生。大会代表任期三年，可连选连任。全国会员代表大会根据协会章程享有下列职权：(1) 制定或修改本会的章程；(2) 讨论决定本会的工作方针和任务；(3) 选举和罢免理事会理事；(4) 审议通过理事会的工作报告和财务报告；(5) 行使全国会员代表大会认为应当由其行使的职权。

全国会员代表大会须有 2/3 以上代表出席方可召开。大会决定重要事项时，需要经过出席人数的 2/3 以上通过。

全国会员代表大会设有理事会，作为大会闭会期间的执行机构，对全国会员代表大会负责。理事会由全国会员代表选举若干人组成，理事会会议每年举行一次，根据需要还可以提前或推后。公证协会设有常务理事会，常务理事会由理事会选举产生，在理事会闭会期间行使理事会的大部分职权，并决定聘任或解聘协会秘书长、副秘书长，对理事会负责。

公证协会的会长为协会的法定代表人。协会会长、副会长应当是执行公证员。这条规定表明了公证协会的专业性和行业的自治性。

四、公证协会会员的权利与义务

公证协会会员分团体会员和个人会员。公证处为公证协会团体会员，其他与公证业务有关的境内外机构，经申请批准，可以成为公证协会团体会员。公证员为公证协会个人会员，公证管理人员、从事公证法学教学科研人员以及对公证制度有研究的人员和中国委托公证人，经申请批准，可以成为公证协会个人会员。

(一) 公证协会个人会员的权利

(1) 享有本会的表决权、选举权和被选举权；

(2) 提出维护会员合法权益的要求；

(3) 享受本会举办的福利；

(4) 参加本会举办的各种学习、研讨和交流活动；

(5) 使用本会的图书资料；

(6) 通过本会向有关部门提出建议；

(7) 对本会工作提出批评和建议。

(二)公证协会个人会员的义务

(1)遵守本会章程,执行本会决议;

(2)完成本会委托的工作;

(3)按规定缴纳会费,经申请批准加入的会员,无正当理由,不履行义务或不缴纳会费的,视为自动退会;

(4)维护会员间的团结,维护公证职业的荣誉。

团体会员享有除表决权、选举权和被选举权以外和个人会员一样的其他权利,履行和个人会员一样的义务。

第二十三章　公证员的职业道德与法律责任

第一节　公证员的职业道德

一、公证员职业道德的概念和特征

公证员的职业道德,是指公证员在办理公证事务、履行公证职责的过程中或者从事与之有关的活动时所应遵守的行为规范。① 公证员职业道德是调节公证职业内部公证员之间的关系以及公证职业与社会关系的行为准则,是评价公证员职业行为的善恶、荣辱的标准,对公证员具有特殊的约束力。

公证员职业道德具有以下特征:第一,公证员职业道德的主体是公证员和公证机构。公证员是符合《公证法》规定的条件,在公证机构从事公证业务的人员。公证机构是公证员的职业机构,对公证员进行监督和管理,而且公证员承办业务,由公证机构统一收案、统一收费。因此,公证员职业道德规范也适用公证机构,以约束其执业行为。第二,公证员职业道德规范的对象是公证员的执业行为。第三,良好的公证员职业道德对维护法制尊严具有重要的作用。公证员依法办理公证事务、出具公证书,其行为本身就代表着公证员的职业形象,反映着公证员队伍的素质。因此,良好的公证员职业道德对于提高公民的法律意识,维护社会主义法制尊严和权威有着十分重要的作用。

二、公证员职业道德的依据

我国公证员职业道德的依据是 2002 年 3 月 3 日中国公证员协会三届三次理事会通过的《公证员职业道德基本准则》。该基本准则除序言和附则外,共分为忠于事实、忠于法律,爱岗敬业、规范服务,加强修养、提高素质,清正廉洁、同业互助四个部分,对我国公证员的职业道德作了明确的规定。

三、公证员职业道德的内容

1. 忠于事实、忠于法律

公证员应当忠于宪法和法律,坚持以事实为根据,不受非客观事实和法律之外因素的影响,切实保障法律的正确实施和公众权利的平等实现。

---

① 参见关今华主编:《律师与公证》,厦门大学出版社 2007 年版。

2. 爱岗敬业、规范服务

公证是一种具有法律性和社会公益性的事务,公证员应当珍爱公证事业,恪尽职守,在工作中严格遵守规范,为当事人提供优质的法律服务。

3. 加强修养、提高素质

公证所具有的社会公信力,公证员作为法律职业者的社会地位,公证事务的法律性,要求公证员具有较高的道德修养、文化修养和职业修养,要求公证员道德高尚、诚实信用、谦虚谨慎,具有良好的个人修养和品行。

4. 清正廉洁、同业互助

公证是一种严肃的法律行为,为了保障其真实性、合法性,要求公证员本身清正廉洁,不得经商和从事与公证员职务、身份不相符的活动,与同行保持良好的合作关系,尊重同行,公平竞争,同业互助,共谋发展。

公证员职业道德准则不仅适用于公证员,而且适用于公证员助理和公证机构的其他从业人员。

第二节 公证员的权利与义务

一、公证员享有的权利

为了充分发挥公证法律预防、监督和调节的功能,各国均采用立法的手段,建立了相应的公证员权利保障体系。我国《公证法》第 22 条规定:"公证员应当遵纪守法,恪守职业道德,依法履行公证职责,保守执业秘密。公证员有权获得劳动报酬,享受保险和福利待遇;有权提出辞职、申诉或者控告;非因法定事由和非经法定程序,不被免职或者处罚。"

(一)有权获得劳动报酬,享受保险和福利待遇

劳动权和获得报酬权是宪法规定的公民基本权利。公证员作为国家的劳动者,同样有权获得劳动报酬。公证员的劳动是公证机构运行、公证行为实施、公证目的实现的必要条件,因此公证员应当享有与其地位和作用相适应的经济权利。同时,获得劳动报酬、享受保险和福利待遇也是调动公证员积极性的一种激励措施。这里的"报酬"既包括公证员的薪金收入,也包括其他的合法收入。

(二)有权提出辞职、申诉或者控告

申诉权和控告权是公证员对于自身权利受到侵害或者对处理不服时的一种救济权利。公证员对于国家机关及其工作人员侵犯本人权利的,有权提出控告。对于本人的处分或者处理不服的,有权向原处分、处理机关申请复议,并有权向原处分、处理机关的上级机关申诉。公证员提出申诉和控告,应当实事求是,不得捏造事实、诬告陷害。

(三) 非因法定事由和非经法定程序,不被免职或处罚

这是为保障公证员能够依法独立执业、排除其他组织和个人的非法干预而规定的。公证的性质和宗旨决定了公证员只服从于法律,其只有违反了法律才应受到制裁,任何组织和个人不得在法律规定的事由和程序之外,凭自身意志对公证员进行处罚。

所谓"法定事由"和"法定程序"是指法律明确规定在哪些情况下公证员才被免职、处罚;同时由于公证员是经过严格的遴选程序,并最终由司法部任命的,所以公证员的免职、处罚也必须经过法定程序由法定机关作出。

二、公证员的主要义务

(一) 遵纪守法

遵纪包括遵守党纪、政纪和公证执业纪律。司法行政部门、其他国家机关、公证协会和公证机构为保障公证执业行为的正当性,也会制定各种纪律,作为公证行业的一员,公证员应当予以遵守。①

守法包括遵守宪法和法律,遵守党的政策。宪法是国家的根本法,具有最高的法律效力,是一切法律的制定依据,是我们进行社会主义现代化建设的根本保障;法律是根据宪法制定的,由国家强制力保障实施的行为规范。遵守宪法和法律,是各国家机关、各社会组织和每个公民的义务。作为法律职业人的公证员,应当树立宪法至上的思想,忠诚于宪法和法律,维护宪法和法律的权威,自觉在宪法和法律的范围内活动,成为守法的模范。严格遵守宪法和法律是公证员履行职责的首要义务。由于我国法律还不健全,党的政策在法律缺位的情况下就成为指导社会行为的准则,所以公证员还必须遵守党的政策。

(二) 恪守职业道德

在现代社会,道德包括社会公德和职业道德等方面。社会公德是要求一般人共同遵守的公共道德准则;职业道德是指某一特定领域的从业人员应当普遍遵守的行业道德准则。职业道德和社会公德之间、不同行业的职业道德之间并非泾渭分明,彼此多有交叉,但总有各自特别之处。公证员不仅应当模范地遵守社会公德,还要恪守作为法律工作者的最起码的职业道德。中国公证员协会于2002年制定了《公证员职业道德基本准则》,包括忠于事实、忠于法律,爱岗敬业、规范服务,加强修养、提高素质,清正廉洁、同业互助四个方面的内容,这是公证员职业道德的核心内容,是所有公证员的道德指引。

(三) 依法履行公证职责

(1) 公证员应当按照权限履行职责。该权限应当是法律明文规定的权限。

---

① 参见关今华主编:《律师与公证》,厦门大学出版社2007年版。

公证员只能在法律规定的范围内行使职权,不得超越法律的规定活动,否则就属于滥用职权。

(2) 公证员应当依照规定的程序履行职责。程序正义是实体正义的保障,公开、公正的程序能够使得实体的权利、义务得到公平的体现,有利于更好地维护公众的合法权益,所以公证员应当按照规定的程序办理公证。

(3) 公证员应当正确适用实体法。实体法是以确认权利义务关系和法律责任为主要内容的法律,是判断公证对象是否合法的依据。公证员在办理公证过程中,必须正确适用公证事项所涉及的实体法,以保障该事项主体适格、当事人意思表示真实、标的物确定(或可能)、不违反社会公益,真正做到预防纠纷。

(4) 公证员应当认真履行职责。一是公证员应当亲自履行职责,不得委托他人履行;二是应当坚守工作岗位,不得擅离职守;三是应当努力提高工作效率和工作质量。

(四) 保守执业秘密

公证员保守执业秘密是指对于在工作中遇到的涉及国家秘密和当事人的隐私以及商业秘密的事项,不得随意散布。严格保守国家秘密是一名公证员必须具备的素质,对于涉及国家秘密的案件,应当严格按照法律规定的程序办理。其他公证事项,涉及当事人的商业秘密和个人隐私的,公证员也不得随意散播。[①]另外,公证员还应当保守公证工作秘密,对于办证过程中形成的内部意见、内部材料和不应当透露的其他与公证工作有关的信息,一律不得泄露。

第三节 公证员的法律责任

公证员的法律责任是指公证员因行使公证职权不当,给当事人或相关人员的合法权益造成损害所应承担的法律后果。明确公证员的法律责任,对维护国家法制和公证工作秩序,预防、减少、制裁公证活动中公证员的违法行为,督促公证员恪尽职守、清廉服务、依法办事,不断提高公证质量,保护国家利益和公民、个人的合法权益具有重要意义。

一、公证员法律责任的功能

(一) 惩罚功能

公证员法律责任的惩罚功能,就是惩罚违法者,从而维护社会安全和秩序。随着社会的发展,人们以公共权力为后盾,由公民个人或国家机关根据法律程序要求公证员承担不利的法律后果,以此来惩罚违法侵权的公证员,从而以文明的

[①] 参见徐新跃主编:《公证与律师制度》,法律出版社2002年版。

方式平息纠纷和冲突,维护社会安全和秩序。公证员法律责任的惩罚功能是其首要功能。

(二) 救济功能

公证员法律责任的救济功能就是救济法律关系主体受到的损失,恢复受侵犯的权利。公证员法律责任通过设定一定的财产责任,赔偿或补偿在一定法律关系中受到侵犯的权利或者在一定社会关系中受到损失的利益。救济分为特定救济和替代救济两种。特定救济,是指公证员做他应当做而未做的行为,或撤销其已做而不应当做的行为,或通过给付一定数量的货币、物品、有价证券的形式使受害人的利益得以恢复。如公证员严重不负责任出具重大失实的公证书的;泄露在执业活动中知悉的国家秘密、商业秘密或者个人隐私的;给公证当事人及公证事项的利害关系人造成损失的其他违法行为,公证员承担法律责任。替代救济则是责任人给付一定数额的金钱作为替代品,弥补受害人受到的名誉、感情、精神、人格等方面的损害。这种救济功能主要用于精神损害的场合。

(三) 预防功能

公证员法律责任的预防功能,就是通过使违法的公证员承担法律责任,教育其他公证员,预防违法犯罪。通过设立公证员违法必须承担的法律后果,表明社会和国家对这种行为的否定态度。这不仅对违法的公证员有教育、震慑作用,而且也可以教育其他公证员依法办事,不做损害社会、国家和他人合法权益的行为。

二、公证员法律责任的种类

(一) 刑事责任

公证员刑事责任是指公证员因其犯罪行为所必须承受的,由司法机关代表国家所确定的否定性法律后果。只有公证员的行为具有严重的社会危害性,即构成犯罪,才能追究其刑事责任。[1] 如公证员泄露在执业活动中知悉的国家秘密、商业秘密和个人隐私的;侵占、挪用公证费或者侵占、盗取公证专用物品的;私自出具公证文书的;毁损、篡改公证文书或者公证档案的;为不真实、不合法的事项出具公证书或者出具虚假公证书的;严重不负责任出具重大失实的公证书的;应当给予处罚的其他严重违反法律的行为,构成犯罪的,依法追究刑事责任。

(二) 民事责任

公证员民事责任是指公证员在公证活动中违反了有关的民事义务所应承担的民事责任。这种责任是公证员公证责任中最为常见的。公证员民事责任是一种救济责任,同时又是一种财产责任,责任人多以经济补偿性的财产形式和非财

---

[1] 参见宣善德主编:《律师公证与仲裁制度》,中国政法大学出版社2005年版。

产形式来承担法律后果。如公证员在公证活动中侵犯公民、法人或其他组织的合法权益造成经济损失的,公证员所在的公证处应负公证赔偿责任;财产或精神损失是由公证员和公证当事人共同过错造成的,由有过错的公证员所在的公证处和公证当事人各自承担相应的民事责任。承担了赔偿责任的公证处可以向有过错的公证员追偿。

(三) 行政责任

公证员行政责任是指公证员在公证活动中,违反了行政法律、法规、规章的规定,所应承担的行政法律后果。国务院2000年7月31日批准的司法部《关于深化公证工作改革的方案》规定:"对公证人员的惩戒措施包括:开除、吊销执业证书、暂停执业、记过、警告、罚款等。"《公证法》第41条规定,执业公证员以诋毁其他公证机构、公证员或者支付回扣、佣金、许诺利益等不正当手段争揽公证业务的;违反国家规定的收费标准收取公证费的;同时在二个以上公证机构执业的;从事有报酬的其他职业的;为本人及近亲属办理公证或者办理与本人及近亲属有利害关系的公证的;有依照法律、行政法规的规定,应当给予处罚的其他行为的,由省、自治区、直辖市或者设区的市人民政府司法行政部门给予警告;情节严重的,对公证机构处一万元以上五万元以下罚款,对公证员处一千元以上五千元以下罚款,并可以给予三个月以上六个月以下停止执业的处罚;有违法所得的,没收违法所得。

第二十四章　公证的执业区域及办理程序[①]

第一节　公证执业区域概述

一、公证执业区域的概念

公证执业区域是指公证机构受理公证业务的权限分工和区域划分。公民、法人或者其他组织，就其具体民事法律行为、有法律意义的文书或事实等非诉讼事件，申请办理公证时，受理的公证机构即管辖机关。其特征是：(1)办理公证事项的，必须是公证机构或者是法定的有关机关和人员；(2)办理公证证明的，只限于非诉讼事项；(3)公证机构之间管辖权的划分，由法律、法规作出原则规定。

二、公证管辖的划分

根据我国有关法律、法规，公证管辖大体分为地域管辖和特殊管辖。

(一)地域管辖

地域管辖，即按照地区划分公证机构之间办理公证事务的权限范围。大体上有以下几种：

(1)公证事项由当事人住所地、经常居住地、行为地或者事实发生地的公证机构受理。由当事人住所地公证处管辖，申请当事人的住所在哪个市、县、区，该市、县、区的公证机构就对该申请人申办的公证事项有管辖权。自然人的住所地即户籍所在地，户籍所在地与经常居住地不一致的，经常居住地即视为住所地。法人或其他组织的住所地，即主要办事机构所在地。申请公证民事法律行为或法律事实时，也可以由该行为或事实发生地的公证机构管辖。

(2)涉及不动产的公证事项，由不动产所在地的公证机构受理，但涉及不动产的委托、声明、赠与、遗嘱的公证事项，可以适用前款规定。

(3)收养公证由收养人或被收养人住所地的公证机构受理，涉外及涉港、澳、台地区的收养公证的管辖，依照司法部有关规定，应由被收养人住所地公证机构管辖。

[①] 本章参考江晓亮主编：《公证员入门》，法律出版社2003年版；张文章主编：《公证制度新论》，厦门大学出版社2005年版。

(二) 特殊管辖

根据《公证程序规则》第 12 条的规定,居住在香港、澳门、台湾地区的当事人,委托他人代理申办涉及继承、财产权益处分、人身关系变更等重要公证事项的,其授权委托书应当经其居住地的公证人(机构)公证,或者经司法部指定的机构、人员证明。居住在国外的当事人,委托他人代理申办前款规定的重要公证事项的,其授权委托书应当经其居住地的公证人(机构)、我驻外使(领)馆公证。

依此,对于在特定地域或特殊情况下的公证事项,由公证机构以外的特定机关或特定人员代行公证职能的,称为特殊管辖或特定管辖。前述特定机关或特定人员所出具的证明书,与公证机构所出具的公证书具有同等法律效力。特殊管辖的种类如下:

1. 我国驻外使(领)馆管辖

中华人民共和国驻外使(领)馆可以依照我国缔结或参加的国际条约以及国内有关法律的规定,办理其驻在国国内的我国公民申请的公证事务。我国驻外使(领)馆管辖的公证事务,一般有以下三种:

(1) 国外华侨申请办理的需要在我国境内使用的公证文书。

(2) 中国血统的外籍人,对于在我国境内发生或签订的有法律意义的事实或文书申请公证,并且该项公证书是需要在我国境内使用的。

(3) 对于居住在国外的华侨申请办理的在驻在国使用的公证文书,我国使(领)馆是否受理,除了要看所证明的法律事实或文书是否为在我国境内发生或签订的以外,还应当考虑该驻在国的法律是否承认外国使(领)馆出具的这类公证书的效力,方能决定。我国驻外使(领)馆办理公证事项的范围,常见的有:证明委托书、遗嘱、继承权、财产赠与、财产分割、财产转让,以及证明亲属关系等。

2. 按照国际惯例,由特定机关或特定人员出具证明书

(1) 商检机关管辖。根据国际惯例和我国《进出口商品检验条例》,我国对外贸易公证鉴定工作,统一由国家商品检验机构办理。国家商检局签发的各种鉴定证明书,与公证机构出具的公证文书具有同等效力。这类鉴定证明书主要包括:货载衡量、重量、数量鉴定,包装鉴定,品质鉴定,残损鉴定,积货鉴定,样品鉴定,产地、价值证明书及其他有关的鉴定证明书等。国家商检局签发的上述各种鉴定证明书,已成为进出口商品交接、结算、通关、计税、计价、理算和索赔的依据,是国际公认的履约和处理争议的凭据。

(2) 国家卫生部门管辖。国家卫生部门有权出具免疫证明书、健康检查证明书、死亡证明书和出生证明书等。

(3) 商标管理机关有权出具商标注册证明书。

(4) 在特定情况下,有关公职人员有权出具与公证书有同等法律效力的证明书。这些证明书有以下几种:① 在航行中的船舶、航空器上的负责人,对在该

船舶、航空器上的公民遗嘱、委托行为所出具的证明书;② 在野外的勘探队、考察队队员以及其他在野外工作的单位的负责人,对其所属成员在野外工作期间的遗嘱、委托行为等所出具的证明书;③ 执行剥夺自由的场所,如看守所、监狱等单位的负责人,对其管辖区内被剥夺自由人员的遗嘱等所出具的证明书;④ 部队的政治机关或军官,对其所属军职人员的遗嘱、委托行为等所出具的证明书。

第二节 办理公证的程序[①]

办理公证的程序,指的是依照有关法律、法规的规定,办理公证事项的步骤与方法。它包括两个方面:一方面是当事人申办公证,如何提出申请,必须履行哪些手续;另一方面是公证机构如何按照接受申请、审核调查和出具证书这三个阶段,循序渐进地办理。目前,我国是按照《公证法》和《公证程序规则》的规定办理公证的。

一、办理公证的一般程序

任何公证事项,无论是法律、法规规定必须办理公证的,还是当事人主动要求办理公证的,都必须由当事人向公证机构提出办理公证的申请。提出申请的要求及其办理的手续如下:

(一)当事人填写公证申请表

公证当事人,是指与公证事项有法律上的利害关系并以自己的名义向公证机构提出公证申请,在公证活动中享有权利和承担义务的自然人、法人或其他组织。公民、法人或者其他组织申请公证,应当填写公证申请表。申请表应载明下列内容:

(1)申请人及代理人的姓名、性别、出生日期、身份证号码、工作单位、住址等;申请人为法人的,应记明法人的名称、地址、法定代表人的姓名、职务等。

(2)申请公证的事项及公证书的用途。

(3)提交材料的名称、份数及有关证人的姓名、住址、联系方式。

(4)申请的日期。

(5)其他需要说明的情况。

申请人应在申请表上签名或盖章,不能签名、盖章的由本人捺手印。

(二)当事人提交申请材料

自然人、法人或者其他组织申请办理公证,应当提交下列材料:

[①] 本节主要参考徐新跃主编:《公证与律师制度》,法律出版社2002年版。

（1）自然人的身份证明，法人的资格证明及其法定代表人的身份证明，其他组织的资格证明及其负责人的身份证明。

（2）委托他人代为申请的，代理人须提交当事人的授权委托书，法定代理人或者其他代理人须提交有代理权的证明。限制民事行为能力人申办公证，应当征得其法定代理人的同意或由其法定代理人代理；无民事行为能力人申办公证，应当由其法定代理人代理；当事人、当事人的法定代理人或法定代表人，可以委托代理人申办公证事项，但申办遗嘱、遗赠扶养协议、赠与、认领亲子、收养、解除收养、委托、声明、生存及其他与当事人人身有密切关系的公证事项除外；公证人员不得代理当事人在本公证机构申办公证；居住在国外或香港、澳门、台湾地区的当事人，如委托代理人申办公证事项，其授权委托书应经当地公证人或我驻外使（领）馆公证，或由司法部门指定的某些特定机构或人员证明，除非司法部另有规定。

（3）申请公证的文书。

（4）申请公证的事项的证明材料，涉及财产关系的需提交有关财产权利的证明。

（5）与申请公证的事项有关的其他材料。

（三）公证机构受理公证事项

受理，即接受当事人的申请。凡符合下列条件的申请，公证机构应予受理：（1）申请人与申请公证的事项有利害关系；（2）申请人之间对申请公证的事项无争议；（3）申请公证的事项属于《公证法》第11条规定的业务范围；（4）申请公证的事项符合《公证法》第25条的规定和该公证机构在其执业区域内可以受理公证业务的范围。公证机构受理符合条件的公证申请后，应将受理通知单发给当事人，并开始建立公证卷宗。受理通知单应记明：申请人的姓名（名称）、申请公证的事项、申请人提供的主要材料、受理日期及承办人。申请人或其他代理人（代表人）应在受理通知单回执上签名。对不符合条件的申请，公证处应作出不予受理决定，并通知申请人。

公证机构受理公证申请后，应当告知当事人申请公证事项的法律意义和可能产生的法律后果，告知其在办理公证过程中享有的权利、承担的义务。告知内容、告知方式和时间，应当记录归档。还应当核对当事人提交的有关证明材料是否齐全，告知当事人是否需要补充提交证明材料、补充哪些材料，并告知当事人办证时间，以及是否需要认证等。同时，告知当事人按照规定的标准交纳公证费。

（四）公证机构对有关公证事项进行审核调查

审核调查，包括审查和调查两个方面的内容。其步骤是，先进行审查，经过审查认为证据不够充分时再进行调查补充。

1. 审查

审查要有重点,主要是对当事人的资格、申请公证的民事关系、民事行为和其他事实材料的真实性、合法性的审定、核实过程。审查是公证活动的必经程序。公证处应重点审查:(1)当事人的人数、身份、申请办理该项公证的资格及相应的权利;(2)当事人的意思表示是否真实;(3)申请公证的文书的内容是否完备,含义是否清晰,签名、印鉴是否齐全;(4)提供的证明材料是否真实、合法、充分;(5)申请公证的事项是否真实、合法。

审查可以有步骤地进行。公证人员承办公证事项时,首先是详细询问当事人:一是要当事人具体说明申请公证事项的内容、目的和公证书的使用目的;二是要求当事人将其所提交的有关材料和证据的内容和来源,作一次系统的陈述,在其陈述过程中,发现疑点要予以提出,让当事人作出合理的解释,发现材料不足,则告知当事人加以补充;三是询问并观察当事人各方的真实意思表示是否一致,某一方有无受胁迫的现象,当事人双方是否有串通损害第三者利益的情况;四是对于要求公证的文书,公证机构要进行审查修改的,要征询当事人是否同意审查修改;五是根据公证事项的具体情况,询问其他需要问明的问题。公证人员询问当事人和有关证人时,应告知其权利、义务、法律责任和注意事项,并制作谈话笔录。笔录应说明谈话日期、地点,询问人,记录人,被询问人的姓名、性别、出生日期、住址、单位、证件名称及编号、联系电话及邮政编码,谈话内容等。笔录应交被询问人核对并签名,确实不能签名者,可由本人盖章或按手印。笔录中修改处须由被询问人盖章或按手印。其次,在询问当事人以后,对当事人所提供的各种材料和证据,仔细进行审查验证,鉴别真伪。最后,对所有的材料进行综合分析,肯定材料是否齐全,有无缺漏,是否还需进行调查补充。上述三个步骤进行完毕后,便可着手认真审查需要公证的法律文书。

公证机构在审查中,认为申请公证的文书内容不完备、表达不准确的,应当指导当事人补正或者修改。当事人拒绝补正、修改的,应当在工作记录中注明。应当事人的请求,公证机构可以代为起草、修改申请公证的文书。

2. 调查

在办理公证过程中,对于当事人所提供的材料、证据不足的,除要求他们补充外,必要时,公证人员应当亲自进行调查。公证机构可以采用下列方式,核实公证事项的有关情况以及证明材料:(1)通过询问当事人、公证事项的利害关系人核实。(2)通过询问证人核实。(3)向有关单位或者个人了解相关情况或者核实、收集相关书证、物证、视听资料等证明材料。(4)通过现场勘验核实。(5)委托专业机构或者专业人员鉴定、检验检测、翻译。公证机构进行核实,应当遵守有关法律、法规和有关办证规则的规定。公证机构派员外出核实的,应当由二人进行,但核实、收集书证的除外。特殊情况下只有一人外出核实的,应当有一名见证人在场。

公证机构在审查中,对申请公证的事项以及当事人提供的证明材料,按照有关办证规则需要核实或者对其有疑义的,应当进行核实,或者委托异地公证机构代为核实。有关单位或者个人应当依法予以协助。公证机构委托异地公证机构核实公证事项及有关证明材料的,应当出具委托核实函,对需要核实的事项及内容提出明确的要求。受委托的公证机构收到委托函后,应当在一个月内完成核实。因故不能完成或者无法核实的,应当在上述期限内函告委托核实的公证机构。

（五）出证

公证机构经审查,认为申请公证的事项符合《公证法》《公证程序规则》及有关办证规则规定的,应当向当事人出具公证书。

1. 出证的条件

民事法律行为公证应符合下列条件:(1)当事人具有相应的民事行为能力;(2)意思表示真实;(3)行为的内容和形式合法,不违背社会公德;(4)《公证法》规定的其他条件。

有法律意义的事实或文书公证应符合下列条件:(1)该事实或文书对公证当事人具有法律上的利害关系。(2)事实或文书真实无误。(3)事实或文书的内容不违反法律、法规、规章,不违背社会公德。不同的有法律意义的事实或者文书公证的办证规则有特殊要求的,从其规定。(4)《公证法》规定的其他条件。

文书上的签名、印鉴、日期的公证,其签名、印鉴、日期应当准确、属实;文书的副本、影印本等文本的公证,其文本内容应当与原本相符。

赋予强制执行效力的债权文书应当具备下列条件:(1)债权文书以给付一定货币、物品或有价证券为内容;(2)债权债务关系明确,债权人和债务人对债权文书有关给付内容无异议;(3)债权文书中载明债务人不履行义务或不完全履行义务时,债务人愿意接受强制执行的承诺;(4)《公证法》规定的其他条件。

2. 审批

符合《公证法》《公证程序规则》及有关办证规则规定条件的公证事项,由承办公证员拟制公证书,连同被证明的文书、当事人提供的证明材料及核实情况的材料、公证审查意见,报公证机构的负责人或其指定的公证员审批,但按规定不需要审批的公证事项除外。公证机构的负责人或者被指定负责审批的公证员不得审批自己承办的公证事项。审批人应重点审核以下内容:(1)申请公证的事项及其文书是否真实、合法;(2)公证事项的证明材料是否真实、合法、充分;(3)办证程序是否符合《公证法》《公证程序规则》及有关办证规则的规定;(4)拟出具的公证书的内容、表述和格式是否符合相关规定。

公证书自出具之日起生效。需要审批的公证事项,审批人的批准日期为公证书的出具日期;不需要审批的公证事项,承办公证员的签发日期为公证书的出具日期;现场监督类公证需要现场宣读公证证词的,宣读日期为公证书的出具日期。审批重大、复杂的公证事项,应当在审批前提交公证机构集体讨论。讨论的情况和形成的意见,应当记录归档。

3. 格式

公证书应按司法部规定的格式制作。公证书中应包括以下内容:(1)公证书编号;(2)当事人及其代理人的基本情况;(3)公证证词;(4)承办公证员的签名(签名章)、公证机构印章;(5)出具日期。公证证词证明的文书是公证书的组成部分。有关办证规则对公证书的格式有特殊要求的,从其规定。

4. 获得公证书

公证机构制作的公证书正本,由当事人各方各收执一份,并可以根据当事人的需要制作若干份副本。公证机构留存公证书原本(审批稿、签发稿)和一份正本归档。公证书出具后,可以由当事人或其代理人到公证机构领取,也可以应当事人的要求由公证机构发送。当事人或其代理人收到公证书应当在回执上签收。公证书需要办理领事认证的,根据有关规定或者当事人的委托,公证机构可以代为办理公证书认证,所需费用由当事人支付。

(六) 公证的期限、终止与拒绝公证

1. 期限

公证机构应及时办理各类公证事务。公证机构经审查,认为申请提供的证明材料真实、合法、充分,申请公证的事项真实、合法的,应当自受理公证申请之日起15个工作日内向当事人出具公证书。但是,因不可抗力、补充证明材料或者需要核实有关情况的,所需时间不计算在期限内。

2. 终止

有下列情况之一的,公证处应当终止公证:(1)超过了法定的办证期限,因当事人原因致使公证机构在六个月内不能办结该公证事项;(2)公证书出具前当事人撤回申请的;(3)因申请公证的自然人死亡、法人或者其他组织终止,不能继续办理公证或者继续办理公证已无意义的;(4)当事人阻挠、妨碍公证机构及承办公证员按规定的程序、期限办理公证的;(5)其他应当终止的情形。

终止公证的,承办公证员应出具书面报告,报公证处主任或副主任批准,终止公证的决定应通知当事人或其代理人。终止公证的,公证机构应当根据终止的原因及责任,酌情退还部分收取的公证费。

3. 拒绝公证

公证事项有下列情形之一的,公证机构应当不予办理公证:(1)无民事行为能力人或者限制民事行为能力人没有监护人代理申请办理公证的;(2)当事人与申请公证的事项没有利害关系的;(3)申请公证的事项属专业技术鉴定、评估事项的;(4)当事人之间对申请公证的事项有争议的;(5)当事人虚构、隐瞒事实,或者提供虚假证明材料的;(6)当事人提供的证明材料不充分又无法补充,或者拒绝补充证明材料的;(7)申请公证的事项不真实、不合法的;(8)申请公证的事项违背社会公德的;(9)当事人拒绝按照规定支付公证费的。不予办理公证的,由承办公证员写出书面报告,报公证机构负责人审批。不予办理公证的决定应当书面通知当事人或其代理人。不予办理公证的,公证机构应当根据不予办理的原因及责任,酌情退还部分或者全部收取的公证费。

(七)卷宗的归档

公证机构在出具公证书后或者作出不予办理公证、终止公证的决定后,应当依照司法部、国家档案局制定的有关公证文书立卷归档和公证档案管理的规定,由承办公证员将公证文书和相关材料,在三个月内完成汇总整理,分类立卷,移交归档。公证案卷应当根据公证事项的类别、内容,划分为普通卷、密卷,分类归档保存。涉及国家秘密、遗嘱的公证事项,列为密卷。立遗嘱人死亡后,遗嘱公证案卷转为普通卷保存。公证案卷应当根据公证事项的类别、用途及其证据价值确定保管期限。保管期限分短期、长期、永久三种。公证机构内部对公证事项的讨论意见和有关请示、批复等材料,应当装订成副卷,与正卷一起保存。

二、办理公证的特别程序[①]

公证处办理招标、投标、拍卖、开奖、遗嘱、提存等特定公证事项,以及某些公证后的调解工作,均适用特别程序。

(一)招标、投标、拍卖、开奖公证

招投标,就是招标方以公告或邀请的方式,将其招标项目和招标程序公之于众,由愿意投标的公民、法人或者其他组织,按照招标人的要求进行投标,招标人从众多的投标中选出最佳投标,并与该投标人(即中标人)签订合同的活动。

拍卖,是拍卖人(物主)事先公告拍卖物品的名称、数量,拍卖的时间、地点和程序,届时以公开叫价、平等竞争的方式,将财物拍卖给出价最高的购买者的活动。

开奖,是指对事先确定的奖金、奖品的等级和数量,采取抽奖、摇奖或评奖的方法,以确定中奖人的活动。

招投标、拍卖、开奖三种活动,具有下列共同特征:

(1)必须是按照事先确定的章程或规则进行,否则无效;

[①] 参见宋朝武、张力:《律师与公证》,高等教育出版社2007年版。

（2）是特定人与不特定的多数人之间所进行的活动；
（3）以公开或半公开竞争的方式，确定中标人、买主或中奖人；
（4）整个活动无法重复进行；
（5）承办公证人员对活动的全过程和结果的真实性、合法性进行现场法律监督。

公证机构办理招投标、拍卖、开奖等现场监督类公证，应当由二人共同办理。承办公证员应当依照有关规定，通过事前审查、现场监督，对其真实性、合法性予以证明，现场宣读公证证词，并在宣读后七日内将公证书发送当事人。该公证书自宣读公证证词之日起生效。

办理现场监督类公证，承办公证员发现当事人有弄虚作假、徇私舞弊、违反活动规则、违反国家法律和有关规定行为的，应当即时要求当事人改正；当事人拒不改正的，应当不予办理公证。

（二）遗嘱公证

公证机构经过审核调查，确认当事人所立具的遗嘱真实、合法、可行，依法予以作出公证证明的活动，称为办理遗嘱公证。遗嘱公证应由两名公证人员共同办理。承办公证员应当全程亲自办理。特殊情况下由一名公证员办理时，应有一名见证人在场，见证人应在遗嘱和笔录上签名或盖章。

（三）保全证据公证

公证机构派员外出办理保全证据公证的，由二人共同办理，承办公证员应当亲自外出办理。办理保全证据公证，承办公证员发现当事人是采用法律、法规禁止的方式取得证据的，应当不予办理公证。

（四）调解

经公证的事项在履行过程中发生争议的，出具公证书的公证机构可以应当事人的请求进行调解。经调解后当事人达成新的协议并申请公证的，公证机构可以办理公证；调解不成的，公证机构应当告知当事人就该争议依法向人民法院提起民事诉讼或者向仲裁机构申请仲裁。

第三节 公证争议处理程序

一、申请复查的范围和期限

当事人认为公证书有错误的，可以在收到公证书之日起一年内，向出具该公证书的公证机构提出复查。公证事项的利害关系人认为公证书有错误的，可以自知道或者应当知道该项公证之日起一年内向出具该公证书的公证机构提出复查，但能证明自己不知道的除外。提出复查的期限自公证书出具之日起最长不得超过20年。复查申请应当以书面形式提出，载明申请人认为公证书存在的错误及其理由，提出撤销或者更正公证书的具体要求，并提供相关证明材料。

二、对复查申请的处理

公证机构收到复查申请后，应当指派原承办公证员之外的公证员进行复查。复查结论及处理意见，应当报公证机构的负责人审批。公证机构进行复查，应当对申请人提出的公证书的错误及其理由进行审查、核实，区别不同情况，按照以下规定予以处理：(1) 公证书的内容合法、正确、办理程序无误的，作出维持公证书的处理决定。(2) 公证书的内容合法、正确，仅证词表述或者格式不当的，应当收回公证书，更正后重新发给当事人；不能收回的，另行出具补正公证书。(3) 公证书的基本内容违法或者与事实不符的，应当作出撤销公证书的处理决定。(4) 公证书的部分内容违法或者与事实不符的，可以出具补正公证书，撤销对违法或者与事实不符部分的证明内容；也可以收回公证书，对违法或者与事实不符的部分进行删除、更正后，重新发给当事人。(5) 公证书的内容合法、正确，但在办理过程中有违反程序规定、缺乏必要手续的情形，应当补办缺漏的程序和手续；无法补办或者严重违反公证程序的，应当撤销公证书。被撤销的公证书应当收回，并予以公告，该公证书自始无效。公证机构撤销公证书的，应当报地方公证协会备案。

公证机构应当自收到复查申请之日起30日内完成复查，作出复查处理决定，发给申请人。需要对公证书作撤销或者更正、补正处理的，应当在作出复查处理决定后10日内完成。复查处理决定及处理后的公证书，应当存入原公证案卷。公证机构办理复查，因不可抗力、补充证明材料或者需要核实有关情况的，所需时间不计算在前款规定的期限内，但补充证明材料或者需要核实有关情况的，最长不得超过六个月。

当事人、公证事项的利害关系人对公证机构作出的撤销或者不予撤销公证书的决定有异议的，可以向地方公证协会投诉。投诉的处理办法，由中国公证协会制定。当事人、公证事项的利害关系人对公证书涉及当事人之间或者当事人与公证事项的利害关系人之间实体权利义务的内容有争议的，公证机构应当告知其可以就该争议向人民法院提起民事诉讼。

三、责任承担

公证机构及其公证员因过错给当事人、公证事项的利害关系人造成损失的，由公证机构承担相应的赔偿责任；公证机构赔偿后，可以向有故意或者重大过失的公证员追偿。当事人、公证事项的利害关系人与公证机构因过错责任和赔偿数额发生争议，协商不成的，可以向人民法院提起民事诉讼，也可以申请地方公证协会调解。

第二十五章 公证文书档案和公证费用

第一节 公证文书档案[①]

一、建立公证文书档案的概念和作用

公证文书包括公证书、由公证书证明的文书,以及公证处在办理公证事项过程中所制作的其他文书,例如拒绝公证通知书、通告、委托调查函、调查提纲、撤销公证书决定书等。它是公证机构根据当事人的申请,对其法律行为或有法律意义的文书、事实作出公证证明活动全过程的真实记录,反映了公证机构贯彻执行国家法律、法规和党的各项方针政策的情况,是国家重要的专业文书之一。

建立公证文书档案,是指公证员在每一件公证事项办结后,及时将这一件公证的有关文书整理装订成卷,并按期移交给档案管理人员统一保管的做法。公证文书档案是规范公证机构依法进行公证活动和保护当事人从事民事、经济活动的真实、完整的记录,是公证法律效力存在的重要基础,是公证制度建立和我国社会主义法制建设的宝贵资料。建立公证文书档案对于公证机构来说,是一项重要的法定义务,而对于自然人、法人和其他组织来说,则属于公证制度对其权益进行具体保护的根本依据。[②]

二、公证文书档案材料的收集和整理

(一)收集的材料内容

公证事项按年度和一证一卷、一卷一号的原则立卷,按照每一卷的内容收集材料。应收集的材料内容包括:

(1)公证书正本;
(2)公证书原本,即签发稿;
(3)公证书译文;
(4)公证申请表;
(5)当事人身份证明材料;
(6)当事人提供的有关证明材料;
(7)当事人申请证明的文书材料原件,如遗嘱、合同、委托书等;

[①] 参见肖胜喜主编:《律师与公证制度教程》,中国政法大学出版社1996年版,第344—350页。
[②] 参见杨荣元编著:《公证制度基本原理》,厦门大学出版社2007年版,第244页。

（8）接待当事人的谈话笔录；

（9）公证处审查、调查所取得的证明材料；

（10）其他有关材料；

（11）公证员承办公证事项的报批表；

（12）公证文书送达回执；

（13）公证费收据、减免收费申请书与领导审批意见；

（14）不能归档的实物证据的照片；

（15）不能归档的物证的名称、数量、重量、规格、特征、质量检查证明书、保管处所等情况的文字记载材料；

（16）备考表；

（17）附件袋。

对于不必入卷的材料，诸如在办理公证之前有关询问如何办理公证的信件、电文、电话记录、谈话笔录、复函；没有参考价值的信封；其他公证处委托代查的有关证明材料的草稿；未经签发的文书草稿，历次修改的、未作定论的草稿；不属于公证业务范围的人民来信等，均应予以剔除。其中少数确有保存或查考价值的，可作为公证处的行政文书档案保存。

（二）整理材料的方法

1. 调整组卷

对于每一件公证事项，应按年度和一证一卷、一卷一号的原则立卷。组卷时，必须遵循公证档案的形成特点和规律，按照国家档案立卷的原则和要求，对所积累的每一份公证文书材料进行分门别类的检查，对拟归卷的材料作适当的调整，为最后形成案卷作好准备。检查和调整的重点包括：(1) 归卷的公证材料是否齐全完整，对破损的材料要修补或复制，剔除重复、多余的材料；(2) 归卷的公证材料的排列顺序是否得当，并保持一定的联系；(3) 归卷的公证材料是否有保存价值，并初步确定保管期限；(4) 归卷的公证材料数量是否合适，材料数量太多则酌情分卷，反之则合卷。

2. 排列、编号

组卷的材料排列顺序，应按照公证活动的时间先后和材料的重要程度确定。为反映公证活动的全貌且便于查阅，根据国家档案局的有关规定和要求，应将公证书排在首位。对组卷的材料，除卷宗封面、卷内目录和卷底外，均用阿拉伯数字逐页编号。

3. 编目、装订

一是按照卷内公证文书材料的排列顺序，逐项填好卷内目录。填写时，应将每件文书材料的题目名称、承办人姓名、年月日一一填写清楚，并标明起止页号。有关卷内文书材料的说明，应逐项填写在备考表内，并填写立卷人、检查人的姓名和立卷时间。二是填写卷宗封面。封面上所列项目应用毛笔或钢笔逐项填写。案卷题目名称要简明、确切地反映卷内文书材料的内容。办结日期为出具公证书的日期。三是案卷的装订。案卷的装订是为了固定与保护卷内的公证材料，避免散失与损坏。案卷装订前要进一步进行整理。首先剔出材料上的金属物，然后对卷内公证材料作一次全面仔细的检查，对某些不便装订的特殊或珍贵的手稿、照片、图纸可采用卷盒和卷袋保管。案卷的装订要结实、整齐、美观。装订完毕后，应在活结处封签，并在起封线上加盖立卷人名章。

三、公证卷宗的归档和管理

（一）归档

公证文书材料应在办结后三个月内整理归档，并由公证事项的承办人根据《公证档案管理办法》的规定，提出保管期限的意见，向档案室办理移交手续。涉及国家机密和个人隐私的公证事项均列为密卷，在归档时应在档案右上角加盖密卷章。公证档案的保管期限分为永久、长期(60年)和短期(20年)三种。

永久保管的档案包括：收养证明；解除收养证明；出生证明、死亡证明；结婚证明、离婚证明；亲属关系证明；继承权证明；相关财产转移方面的声明书证明；赠与证明；房屋买卖证明；析产证明、产权证明；遗嘱证明；学历证明；提存证明；宅基地使用权证明；商标注册证明；公司章程证明；涉及不动产的证据保全证明。

长期保管的档案包括：受过或未受刑事处分证明；职称证明；国籍证明；营业证书证明；抵押、担保证明；招标投标证明；联营协议证明；中外合资、外资企业的合同证明；申请专利的有关证明；劳务合同证明；清点遗产证明；证据保全证明；房屋搬迁协议证明；房屋租赁证明；涉及不动产的副本、节本、译本、影印本与原本相符证明；履行期在16年以上的农林牧副渔各业承包合同证明；履行期在16年以上的其他合同证明；用于诉讼的有关证明。

短期保管的档案包括：生存证明、健康证明；定居证明；未婚证明、无配偶证明；委托书、委任书证明；援外人员劳动保险证明；副本、节本、译本、影印本与原本相符证明；现场监督证明；商品成分证明；技术标准证明；企业承包、租赁证明；生产经营责任制证明；执行许可证明；保管遗嘱或其他文件证明；履行期在15年以下的农林牧副渔各业承包合同证明；其他履行期在15年以下的合同证明；终止公证卷宗。

（二）档案的接收与管理

公证档案必须由公证处集中统一管理，并由专人负责。公证处要根据条件配备专职或兼职档案管理人员，并逐步设立档案机构。档案管理人员对公证员移交的档案，应当按照《公证文书立卷归档办法》的要求，检查案卷质量，对符合要求的予以接收，并办理档案移交手续；不符合要求的，一律退还给立卷人重新整理。档案管理人员接收的公证档案,要按国内民事、涉外民事、国内经济、涉外经济四类进行划分,并且按类别、年度和保管期限等编写归档顺序号,填写检索卡片、档案目录登记簿和档案收进登记簿。编号、登记后的档案封面的左上角应盖上"归档"章,以便与未登记、编号、归档的案卷相区别,同时将归档的案卷按类别、年度、保管期限放进专门的档案柜保管。

四、档案的借阅与查阅

公证机关应严格执行保密制度,建立公证档案借阅制度和档案借阅登记簿。公证档案不同于党政机关一般的文件档案,它不仅具有资料性这一档案普遍具有的特点,同时还具有诉讼上的证据作用,可作为证据在诉讼中被法院直接采用。所以,对公证档案的借调与查阅应履行严格的审批和登记手续,并限定借阅期限。本处的公证员或同级、上级司法行政机关的公证管理部门因工作需要,借阅公证档案的,应履行借阅登记手续。人民法院、人民检察院和有关国家机关因工作需要借阅公证档案的,应出具正式查卷函件,经公证处主任批准后办理查阅手续。律师因诉讼代理的需要,向公证机关提交律师的身份证明、律师事务所的查卷证明以及当事人同意律师查阅本人的公证档案证明,经公证处主任批准后,可查阅当事人提交给公证处的证明材料和公证处所记录的当事人谈话笔录。其他单位或个人一般不得借调和查阅公证档案。凡借出的档案,要及时催还。归还时如发现案卷被拆、文件短缺、增删、污损,应立即追查。

公证档案利用率较高,机密性强。公证机关办结公证事项、出具公证书,就标志着公证活动的结束。对于当事人、利害关系人、有关单位对公证机关出具的公证书有疑义而向公证处、司法行政机关提出申诉的,公证处、司法行政机关处理的依据主要是公证文书档案。特别是在当前,我国经济体制的改革在进一步深化,原来经过公证的经济合同,合同当事人需变更或补充原合同内容的,也需要查阅公证档案。因此,公证档案在公证实践中的利用率是比较高的。同时,公证实践证明,公证机关办理公证事项因涉及国家机密或当事人的合法权益而具有机密性较强的特点。如遗嘱、赠与等公证,如果泄密,就可能引起纠纷或者招致当事人财产的损失,使当事人的合法权益受到损害,进而影响公证机关的信誉。因此,严格遵守保密制度是十分必要的。

五、档案的保管、防护和定期清理

(一)保管和防护

第一,公证档案室应当坚实、防火、防盗、防潮、防高温、防鼠、防虫、防晒、防污染,室内要保持清洁、整齐、通风。要购置必要的档案柜、消防器材、去湿机、空调机等设备,并逐步采用先进的管理技术,提高档案的管理水平。

第二，档案室要专用，不得存放与档案无关的物品。严禁在档案室周围存放易燃物。

第三，随卷归档的录音带、录像带等声像档案，应单独存放保管，防止磁化，并根据保管期限定期复制。

第四，档案管理人员应当定期对档案进行检查和清点，对于破损、虫蛀、鼠咬、变质、字迹褪色的档案，要及时采取防治措施并进行修补和复制。发现案卷丢失的，应立即向领导汇报，并积极查找。

第五，档案人员调动工作的，应在离职前做好档案移交工作，办理交接手续。

（二）定期清理

对于超过保管期限的档案，应当定期清理并进行鉴定。鉴定工作由公证处主任、档案管理人员和公证员组成鉴定小组共同进行。经过鉴定，对于仍有保存价值的案卷，应当采取提高保管期限档次的办法延长保管期限。对于确无保存价值的档案，应当进行登记造册，提出拟予销毁的意见，报请同级司法行政机关审核，经书面批准后予以销毁。

凡经批准销毁的公证档案，应当将公证书留下一份，按年度、类别整理立卷，连同销毁报告的批件、档案销毁清册，一并划为永久保管。为了防止遗失和泄密，销毁档案应由专人负责监销，监销人应当在销毁清册上签字，以示负责。

第二节 公证费用

公证费用是公证机构在办理公证事务的过程中，按照法定标准及法定程序向公证当事人收取的费用。公证机构受理公证申请后，应按规定标准由专人收取公证费用。公证办结后，经核定的公证费用与预收数额不一致的，应当办理退还或补交手续。当事人交纳公证费用有困难的，应提出书面申请，由公证机构主任或副主任决定是否减免。据此，公证机构向当事人收取公证费用应当严格遵守法定标准和法定程序。[①]

公证机构是依法设立的向社会提供非诉法律服务的法定证明机构，其办理公证事务，要付出一定的人力、物力，支付一定的费用，如公证用纸费和打印费等。由于公证活动的直接受益者是申办公证的当事人，公证活动的费用如果全部由国家财政负担，当然是不合理的。因此，根据权利与义务相一致的原则，公证机构按照规定向当事人征收公证费是完全必要的。

《公证法》第 34 条第 1 款规定："当事人应当按照规定支付公证费。"第 46 条规定："公证费的收费标准由国务院财政部门、价格主管部门会同国务院司法

---

① 参见杨荣元编著：《公证制度基本原理》，厦门大学出版社 2007 年版，第 234 页。

行政部门制定。"这是收取公证费的法定依据。

一、公证费用收费原则

（一）法定收费原则

法定收费原则即公证机构要严格按法律规定的标准收取公证费。1997年，司法部、原国家计委联合下发了《公证服务收费管理办法》，按照不同的公证事项，对公证费的计收标准作出了详细、严格的规定。

（二）低费原则

公证处是公益性、非营利性机构，考虑到我国经济发展的状况，国家财政负担能力和公民、法人的实际支付能力，我国目前采用低标准的公证收费原则。公证费用是按公证活动的基本支出计算的，某项具体的公证收费并不等于公证机构办理该公证的实际支出。对于办理抚恤金、劳工赔偿金、劳动保险金、养老金、子女助学金等公证事项，或者是当事人经济确实困难的，可以减收或免收公证费。减免收费由公证处主任或副主任决定。对收费较少的公证机构，国家还要给予适当财政补贴。

（三）过错责任自负原则

因发现错证而撤销公证书，该公证事项的公证费由有过错的一方负担。大体上分三种情况处理：一是因公证处的过错而撤销公证书的，所收的公证费应当全部退还当事人；二是因当事人的过错而撤销公证书的，所收的公证费不予退还；三是因公证处和当事人双方过错而撤销公证书的，应当酌情退还一部分公证费。[①]

上述第三种情况的规定其实不是严格意义上的赔偿，我国现行公证法规对公证机构及公证员因过错给当事人造成损害的法律后果及责任形式缺乏规定。比如说赔偿的条件，即什么情况下应该赔偿，赔偿的主体，包括权利主体和义务主体，赔偿的范围，即应赔偿哪些损失，赔偿的具体操作程序等，这些方面都有待进一步完善。根据国务院于2000年7月31日批准的《关于深化公证工作改革的方案》的规定，公证赔偿责任为有限责任，以公证处的资产为限，赔偿范围为公证机构及其工作人员在履行公证职务中因错误公证或不当公证给当事人造成的直接经济损失。1995年12月29日上海市第十届人民代表大会常务委员会第二十四次会议通过的《上海市公证条例》对公证赔偿责任作出了比较明确的规定，为以后更深一步的研究奠定了基础。该条例第49条规定："公证机构因过错出具错误公证书，或者办证行为不当，给公民、法人或者其他组织造成直接经济损失的，应当依法赔偿。公证机构赔偿后，可以向有过错的公证员追索部分或者全部赔偿费。"这一规定为构建完善的公证赔偿责任制度勾勒了一个框架。

---

① 参见邓建民主编：《律师法学与公证法学》，四川大学出版社2004年版，第321页。

二、公证费的计算标准

由于市场物价上涨,公证服务成本有较大幅度提高,加之公证机构由行政机关向自收自支的中介机构转变,原有公证服务收费标准已不适应变化了的情况。为使公证服务收费能真正体现公证服务的价值,促进公证行业健康有序发展,原国家计委、司法部根据《公证服务收费管理办法》,对公证服务收费标准进行了结构性调整,发布了计价费[1998]814号《关于调整公证服务收费标准的通知》,各省、自治区、直辖市物价部门可根据本地区实际情况,在该通知各项公证服务收费标准上下不超过10%的幅度内,确定本地区实施的具体收费标准,并报国家计委和司法部备案。[1]

(一)证明法律行为的收费标准

1. 证明合同、协议

(1)证明经济合同。

① 证明土地使用权出让、转让、房屋转让、买卖及股权转让,按下列标准收取:标的额500000元以下部分,收取比例为0.3%,按比例收费不到200元的,按200元收取;500001元至5000000元部分,收取0.25%;5000001元至10000000元部分,收取0.2%;10000001元至20000000元部分,收取0.15%;20000001元至50000000元部分,收取0.1%;50000001元至100000000元部分,收取0.05%;100000001元以上部分,收取0.01%。

② 证明其他经济合同,按下列标准收取:标的额20000元以下的,收取比例为1%;20001元至50000元部分,收取0.8%;50001元至100000元部分,收取0.6%;100001元至500000元部分,收取0.5%;500001元至1000000元部分,收取0.4%;1000001元至2000000元部分,收取0.3%;2000001元至3000000元部分,收取0.2%;3000001元至4000000元部分,收取0.1%;4000001元以上部分,收取0.05%。

(2)证明民事协议,每件收费100—200元,涉及财产关系的加倍收取。

2. 证明收养关系

(1)生父母共同送养的,每件收费300—500元。

(2)生父母单方送养的,每件收费500—800元。

(3)其他监护人送养的,每件收费700—1000元。

3. 证明财产继承、赠与和遗赠

证明财产继承、赠与和遗赠,按受益额的2%收取,最低收取200元。

(二)证明有法律意义的事实收费标准

1. 证明出生、生存、死亡、身份、经历、学历、国籍、婚姻状况、亲属关系、未受

---

[1] 参见杨荣元编著:《公证制度基本原理》,厦门大学出版社2007年版,第237页。

刑事处分等每件收费50—80元。

2. 证明法人和其他组织的资格、资信,每件收费300—500元。

3. 证明不可抗力事件,每件收费200—400元。

4. 办理证据保全:(1)证人、证言及书证保全,每件收费100—200元。(2)声像资料、电脑软件保全,每件收费500—800元。(3)对物的保全:不动产每件收费500—1000元;其他物证保全,每件收费200—400元。(4)侵权行为和事实证据保全,每件收费500—1000元。(5)制作票据拒绝证书,每件收费400元。

(三)证明有法律意义的文书收费标准

1. 证明知识产权的享有、转让和使用许可文书,每件收费500元。

2. 证明其他有法律意义的文书:(1)证明法人或其他组织的授权委托书、公司章程、会议决议或其他法律文书,每件收费300—500元;(2)证明其他有法律意义的文书,每件收费50—100元。

(四)提存公证收费标准

提存公证,按标的额的0.3%收取,最低收取100元。代申请人支付的保管费另收。

(五)赋予债权文书强制执行效力的收费标准

赋予债权文书强制执行效力,按债务总额的0.3%收取。

(六)撤回公证的收费标准

对已受理的公证事项,申请人要求撤回的,可收取手续费,未经审查的,每件收取10元;已经审查的,按照该公证事项收费标准的50%收取。

(七)其他收费标准

对证明民事协议、收养关系、有法律意义的事实和文书的公证服务收费,各省、自治区、直辖市物价部门可根据本地区实际情况,在规定的收费幅度内确定本地区实施的具体收费标准,并报国家相关部门备案。①

三、公证费的征收办法

对于一般公证事项的费用,由申请人直接到公证处交纳。经济合同的公证费,可以列入成本开支或商品流通费用,该项费用原则上由合同各方平均分担,也可以按照当事人协议由各方按比例分担或者由某一方承担;建筑安装工程招标、投标公证费,原则上由招标方和投标方共同承担,各方承担的数额经双方商定后,由招标方统一向公证处交纳。

对于外国公民、居住在域外的华侨、侨胞申办公证的公证费,按照有关规定

---

① 参见杨荣元编著:《公证制度基本原理》,厦门大学出版社2007年版,第237—239页。

收取,收费标准以人民币计算,如果交纳外币,可按当日外汇牌价折合人民币计收。对于从国外或港、澳、台地区公证的公证费收取办法,可将应收公证费的具体数额(包括我国外交部的认证费和有关国家驻华使(领)馆的认证费和邮费数额)书面通知申请人如数汇来,公证处在收到款项后将有关公证书邮寄给申请人。

四、认证费

认证,又称领事认证,是指外交、领事机关对公证书的最后一个签名或印章的真实性给予证明的行为。一般在我国境外使用的公证书还要经过认证,但文书使用国另有规定或者双方协议免除领事认证的除外。

(一)领事司认证费

凡申请办理我国外交部领事司认证的公证文书,应征收领事司认证费。

第一,我国当事人申办的公证书的认证,按每本公证书计算收费,一宗公证书内有几个编号的合订本公证书,仍按一本收费。在收取领事司认证费的同时,还应按本计算往返邮费。

第二,外国公民、法人,外国驻华使(领)馆和驻在国有关当局申办认证的,根据对等原则收取认证费,即按照该国驻华使(领)馆收取我方认证费的标准收取。

第三,对于需要我外交部领事司法在认证后给予转办外国驻华使(领)馆认证的公证书,领事司除收取领事司的认证费外,还要代收外国驻华使(领)馆认证费。

(二)外国驻华使(领)馆认证费

各国驻华使(领)馆对收取认证费有不同的规定。概括说来,一般都是按件(本)计收,每本认证费有固定的收费标准。但是,有的国家没有作出具体的规定,其收费标准随外汇牌价的变动而变动;有的国家有时收费,有时不收费;还有一些国家免费认证。

第二十六章 公证的效力

第一节 一般公证书的效力

公证活动以出具公证书为终点,以此体现公证的效力。公证机构出具的公证书是一种法律文书,它和审判机关的判决书、裁判书、调解书等都是法律文书,都是依法制作的,其效力均来源于法律的规定,但公证书的法律效力又有其自身的特点。公证书在本质上具有证明的作用,同时也约束当事人履行义务,具有纠纷预防的作用,这是由公证制度本身的属性决定的。《公证法》第36条规定:"经公证的民事法律行为、有法律意义的事实和文书,应当作为认定事实的根据,但有相反证据足以推翻该项公证的除外。"第37条第1款规定:"对经公证的以给付为内容并载明债务人愿意接受强制执行承诺的债权文书,债务人不履行或者履行不适当的,债权人可以依法向有管辖权的人民法院申请执行。"第38条规定:"法律、行政法规规定未经公证的事项不具有法律效力的,依照其规定。"这些是对公证程序最直接的规范,因此在公证事务中,公证机构、公证当事人以及与公证事项有利害关系的人等应当给予尊重。从上述法条可以看出,一般公证书具有以下几方面的效力:

1. 证据效力

公证机构出具的公证文书,在法律上均具有最高的证据效力,亦即公证文书法律上的证明效力。[①]《民事诉讼法》第69条规定:"经过法定程序公证证明的法律事实和文书,人民法院应当作为认定事实的根据,但有相反证据足以推翻公证证明的除外。"这就说明,人民法院在审理民事、经济纠纷时应该采纳公证文书为诉讼证据,只有在当事人举出充足证据,足以推翻公证文书所证明的法律行为、法律事实的情况下,公证文书才不发生证据上的效力。这是因为一般说来,公证员所出具的公证文书,需要遵循严格的原则和程序,对当事人提出的公证事项,要进行认真审查,认为真实、合法才予以公证。也就意味着法律行为、法律事实和有法律意义的文书,经公证后,其真实性和合法性已为公证文书所确认。所以,公证文书作为诉讼证据时,审判人员认为无疑义,一般情况下,可以直接采纳作为证据。当然,人民法院审理民事、经济纠纷,经过综合分析,这些证据若能证明经过公证的法律行为、法律事实缺乏真实性、合法性,则该缺乏真实性、合法性

[①] 参见叶青、黄群主编:《中国公证制度研究》,上海社会科学院出版社2004年版。

的公证文书就会被人民法院所收集的证据所推翻,排除其证据上的效力。

2. 法律效力

公证书的法律效力是指某些法律行为只有经过公证证明后才成立生效,才具有法律约束力,才受到国家的保护。如果没有进行公证,该项法律行为就不能成立,也就不发生应有的法律效力。也就是说,在特定的条件下,公证成为某些法律行为成立的必要条件时,对当事人产生约束力,如收养子女、中国公民同外国人办理婚姻登记等行为。

3. 执行效力

公证书的执行效力,是指它的强制执行力,它建立在公证证明的证据效力的基础上,是法律赋予公证的最具特殊性的效力。《公证法》第37条规定:"对经公证的以给付为内容并载明债务人愿意接受强制执行承诺的债权文书,债务人不履行或者履行不适当的,债权人可以依法向有管辖权的人民法院申请执行。"这就是说,赋予债权文书强制执行效力的公证书,债权人可以不经过诉讼程序,直接向有管辖权的人民法院申请强制执行,以使自己的债权及时得到有效的法律保护。由此可见,公证机构赋予债权文书强制执行的效力,可以迅捷地强制债务人履行债务,保护债权人的合法权益,减少诉讼和人民法院的工作负担,免除当事人的讼累,节省时间、财力、物力、人力,保证社会主义商品经济的正常运转。根据《公证程序规则》第39条的规定,赋予债权文书强制执行的效力,应当符合以下条件:(1)债权文书以给付货币、物品或者有价证券为内容;(2)债权债务关系明确,债权人和债务人对债权文书有关给付内容无疑义;(3)债权文书中载明当债务人不履行或者不适当履行义务时,债务人愿意接受强制执行的承诺;(4)《公证法》规定的其他条件。不符合上述条件,不能办理强制执行效力的公证,也没有上述法律效力。

4. 域外效力

公证书的域外效力,是指公证书在域外使用时发生法律上的效力。这是公证书本身所固有的法律上的效力和作用在域外的延伸。按照国际惯例,我国公民或法人发往域外使用的文书,经公证机构证明后,还须经外交部和各省、市、自治区外事办公室或外国驻华使(领)馆的认证,才能在国外发生法律上的效力,取得使用国的承认。

第二节 债权文书公证书的效力

公证是对当事人权利义务关系进行的一种证明,在当事人发生争执时,公证文书可以作为证据使用;有相反证据足以推翻公证文书的,人民法院对该公证文书不予采信,该公证文书的证据效力即自然丧失。因此,一般而言,公证文书仅具有证据效力,而不产生强制执行效力。但是,对于经过公证的债权文书,法律赋予其强制执行的效力。对此,《民事诉讼法》第238条作了规定:"对公证机构依法赋予强制执行效力的债权文书,一方当事人不履行的,对方当事人可以向有管辖权的人民法院申请执行,受申请的人民法院应当执行。公证债权文书确有错误的,人民法院裁定不予执行,并将裁定书送达双方当事人和公证机构。"由于我国公证制度尚不健全,各地在实际操作方面有很多不统一的地方。为此,最高人民法院和司法部联合公布了《关于公证机关赋予强制执行效力的债权文书执行有关问题的联合通知》,对债权文书公证书的出具规定了严格的条件。

一、债权文书的范围

不是所有的债权文书经公证后都具有强制执行力,只有债权债务关系比较简单的文书经过公证后才具有法律规定的强制力。《关于公证机关赋予强制执行效力的债权文书执行有关问题的联合通知》对公证机构赋予强制执行效力的债权文书应当具备的条件作了如下规定:(1)债权文书具有给付货币、物品、有价证券的内容;(2)债权债务关系明确,债权人和债务人对债权文书有关给付内容无疑义;(3)债权文书中载明债务人不履行义务或者不完全履行义务时,债务人愿意接受依法强制执行的承诺。

同时,该通知将"追偿债款、物品的债权文书"的范围适当扩大,从而为此种公证的进一步发展提供了条件,也为法院审查和执行此类债权文书提出了更加严格的要求。可以赋予强制执行效力的债权文书的范围包括:借款合同、借用合同、无财产担保的租赁合同;赊欠货物的债权文书;各种借据、欠单;还款(物)协议;以给付赡养费、扶养费、抚育费、学费、赔(补)偿金为内容的协议;符合赋予强制执行效力条件的其他债权文书。

二、出具债权文书公证书的程序方式

公证机构在办理符合赋予强制执行效力的条件和范围的合同、协议、借据、欠单等债权文书公证时,应当依法赋予该债权文书强制执行效力。

未经公证的符合规定的合同、协议、借据、欠单等债权文书,在履行过程中,债权人申请公证机构赋予强制执行效力的,公证机构必须征求债务人的意见;债务人同意公证并愿意接受强制执行的,公证机构可以依法赋予该债权文书强制执行效力。

三、申请执行债权文书公证书的程序

1. 申请执行证书

债务人不履行或不完全履行公证机构赋予强制执行效力的债权文书的,债

权人可以向原公证机构申请执行证书。

2. 审查

公证机构签发执行证书应当注意审查以下内容：不履行或不完全履行的事实确实发生；债权人履行合同义务的事实和证据，债务人依照债权文书已经部分履行的事实；债务人对债权文书规定的履行义务有无疑义。

3. 签发执行证书

公证机构签发执行证书应当注明被执行人、执行标的和申请执行的期限。债务人已经履行的部分，在执行证书中予以扣除。因债务人不履行或不完全履行而发生的违约金、利息、滞纳金等，可以列入执行标的。

4. 申请执行

债权人凭原公证书及执行证书可以向有管辖权的人民法院申请执行。人民法院接到申请执行书，应当依法按规定程序办理。必要时，可以向公证机构调阅公证卷宗，公证机构应当提供。案件执行完毕后，由人民法院在15日内将公证卷宗附结案通知退回公证机构。[1]

四、债权文书的公证书的法律效力

《民事诉讼法》第238条对该问题作了规定，明确对公证机构依法赋予强制执行效力的债权文书，一方当事人不履行的，对方当事人可以向有管辖权的人民法院申请执行，受申请的人民法院应当执行。公证债权文书确有错误的，人民法院裁定不予执行，并将裁定书送达双方当事人和公证机构。因此，根据我国法律的规定，经过公证的债权文书与人民法院制作的发生法律效力的判决书、裁定书、调解书、支付令等一样，都是人民法院执行的根据。

第三节 法定公证事项公证书的效力

一、法定公证事项公证书效力的概括性规定

法定公证事项公证书的法律效力，指法律、行政法规规定应当公证的事项，有关自然人、法人或者其他组织应当向公证机构申请办理公证，如果未经公证，该事项不能产生法律、行政法规规定的法律效力。《公证法》第38条规定："法律、行政法规规定未经公证的事项不具有法律效力的，依照其规定。"依照该条，法定公证的具体法律效力根据法定公证事项的不同而有所区别：对于民事法律行为，公证是其生效要件；对于有法律意义的事实、文书，法定公证的法律效力根

---

[1] 参见陈宜、王进喜主编：《律师与公证制度》，中国政法大学出版社2008年版。

据设定该法定公证事项的各法律、行政法规确定。

二、关于民事法律行为的法定公证的法律效力

民事法律行为的法定公证一般包括委托公证、赠与公证、继承公证、婚前财产约定协议公证、财产分割协议公证等。关于民事法律行为的法定公证的法律效力,有几种不同的观点:一种观点为生效要件说,认为公证是民事法律行为的生效要件;一种观点为成立要件说,认为公证是民事法律行为的成立要件;一种观点为成立生效共同要件说,认为公证既是民事法律行为的成立要件,也是生效要件。

民事法律行为的成立与生效是存在区别的。一般而言,民事法律行为的成立仅需要具备三个要素:行为主体、行为标的和意思表示。而民事法律行为的生效则需满足三个条件:(1)行为人具有相应的民事行为能力;(2)意思表示真实;(3)不违反法律或者社会公共利益。对于一些特殊法律行为,法律还附加特别生效要件。因此,在法律规定民事法律行为应当公证的情况下,公证就属于法律规定的特定形式,该民事法律行为便成为要式民事法律行为,须经公证才能生效。据此,我们认为,在法律、行政法规规定某民事法律行为应当公证时,公证就成为该民事法律行为生效要件之一。① 如《城市房屋拆迁管理条例》第14条规定:"房屋拆迁管理部门代管的房屋需要拆迁的,拆迁补偿安置协议必须经公证机构公证,并办理证据保全。"在这种情况下,拆迁补偿安置协议只有经过公证后才能生效。需要注意的是,在法律、行政法规规定某民事法律行为应当公证时,公证只是该民事法律行为生效要件之一,能否最终生效,还得看该民事法律行为是否符合法律规定的其他生效要件。那种认为民事法律行为一经公证就具有法律拘束力,当事人必须遵守的看法是错误的。

三、关于有法律意义的事实、文书的法定公证的法律效力

具有法律意义的事实公证是指公证机构依照法律的规定,证明各种与当事人有法律利害关系的事实和情况的真实性和合法性的活动,可以分为公证证明法律实践与公证证明非争议的权利和事实。例如,亲属关系公证、婚姻状况公证、出生公证、死亡公证等。

具有法律意义的文书公证是指公证机构根据当事人的申请,依照法定程序证明具有法律意义的文书的真实性、合法性或赋予债权文书以强制执行效力的活动。例如,公司章程公证,职务、职权证书公证,商标文书、专利文书公证等。

法律、行政法规规定某些具有法律意义的事实、文书应当公证的,有关自然

---

① 参见肖胜喜主编:《律师与公证制度及实务》,中国政法大学出版社2003年版。

人、法人或者其他组织应当向公证机构申请办理公证,否则不能产生该法律、行政法规规定的法律效力。至于该法律效力的具体内容是什么,则根据该法律、行政法规的规定确定。例如,《民事诉讼法》第264条规定,在中华人民共和国领域内没有住所的外国人、无国籍人、外国企业和组织委托中华人民共和国律师或者其他人代理诉讼,从中华人民共和国领域外寄交或者托交的授权委托书,应当经所在国公证机构证明,并经中华人民共和国驻该国使(领)馆认证,或者履行中华人民共和国与该所在国订立的有关条约中规定的证明手续后,才具有效力。这就是说,在域外作成的授权委托书,在我国国内使用时,必须办理公证后才能发生法律效力,否则受托人无权代理诉讼。

第二十七章　公证业务及公证书制作

第一节　公证机构的业务范围

一、公证机构业务概述

公证业务是指公证机构依法办理的公证事项范围。《公证法》第11条规定:"根据自然人、法人或者其他组织的申请,公证机构办理下列公证事项:(1)合同;(2)继承;(3)委托、声明、赠与、遗嘱;(4)财产分割;(5)招标投标、拍卖;(6)婚姻状况、亲属关系、收养关系;(7)出生、生存、死亡、身份、经历、学历、学位、职务、职称、有无违法犯罪记录;(8)公司章程;(9)保全证据;(10)文书上的签名、印鉴、日期,文书的副本、影印本与原本相符;(11)自然人、法人或者其他组织自愿申请办理的其他公证事项。法律、行政法规规定应当公证的事项,有关自然人、法人或者其他组织应当向公证机构申请办理公证。"

公证具有重要的作用,概括起来有以下几个方面:

(1)办理公证事务,出具公证证明。如公证经济合同、收养、遗嘱等法律行为,公证学历、出生、亲属关系等有法律意义的事实和文书,赋予债权文书强制执行效力,办理证据保全和提存公证等。

(2)向社会提供法律服务。除办理公证事务外,公证法律服务的内容还包括:解答法律咨询,代写法律文书,代当事人保管遗嘱、文件和其他贵重物品,清点、封存遗产,调解公证事项的纠纷,应邀参与当事人之间的谈判和其他经济活动,进行回访监督,提出公证建议,担任法律顾问,代办与公证有关的法律手续等。

(3)对社会性活动实施法律监督。如对招标投标、拍卖、面向社会的各类有奖活动、社会性评选活动、社会性竞赛活动、商品的抽样检测、股份公司创立大会、公司股东大会等与公众或社会经济生活有密切关系的社会活动进行公证监督,以维护正常的经济秩序。

(4)普及法律知识,宣传社会主义法制,教育自然人、法人和其他组织遵守法律,维护社会秩序。

二、公证机构的具体业务范围

（一）证明法律行为的公证

法律行为是指自然人、法人或者其他组织之间设立、变更或终止民事法律关系的行为。证明法律行为内容公证，主要是证明合同（契约）、委托、遗嘱、遗赠、财产赠与、赠产分割等。其中，以证明各种合同、契约为最多。必须办理公证的事项大体有以下三种：

（1）根据法律、行政法规、地方性法规，以及政府的决定、命令、指示等方面的规定，某些法律行为必须经过公证证明才能成立，否则不发生法律效力。比如撤销、变更遗嘱必须办理公证。

（2）按照国际惯例和双边协定，某些涉外事项非经公证不发生法律效力。我国公民或法人发往域外使用的文书，一般须经公证证明，再经外事机关和文书使用国的驻华使（领）馆认证，才能取得使用国的承认，在该国发生法律效力。

（3）按当事人的约定，非经公证不发生法律效力的法律行为。虽然法律、法规没有规定必须办理公证，但当事人如果共同商定必须公证，那么公证就是该项法律行为成立或生效的必要条件，只有办理公证，该法律行为才能发生法律效力。

（二）证明有法律意义的文书

具有法律意义的文书，包括一切在法律上有法律效力的文件，当然也包括合同、遗嘱等以书面形式表现出来的法律行为。由于在公证业务中，把证明法律行为（包括证明书面法律行为）列为重点，单独列项加以阐述，所以，在这里所讲的有法律意义的文书，指的是书面法律行为以外的其他具有法律意义的文书，例如声明书、诊断书、毕业证书、驾驶执照等。这些文书经过公证，其真实性便进一步从法律上被确认。例如，证明毕业证书上的签名、印鉴属实，证明当事人在公证员面前在放弃继承权声明书上签名、盖章，证明文件的副本、节本、译本、影印本与原本相同等。

（三）证明有法律意义的事实

法律事实分为行为和事件两大类。公证证明有法律意义的事实，指的是法律行为以外的，可以引起民事权利义务关系的设立、变更或终止的一切事实。它包括法律事件和非争议性事实两个方面。法律事件，是指不以有关当事人意志为转移而发生的法律事实，比如灾害性事件。非争议性事实，是指没有争议的、客观存在的事实。申请公证非争议性事实的，大体有两类：一类是为了取得使用地或使用单位的相信而办理公证的，例如身份、学历、经历、民族、国籍、生存、居住地址、健康状况，以及亲属关系、婚姻状况等；另一类是为了防止以后发生争议而办理公证的。

有法律意义的事实或文书公证应符合下列条件:(1)该事实或文书与公证当事人具有法律上的利害关系;(2)事实或文书真实无误;(3)事实或文书的内容不违反法律、法规、规章。

(四)赋予债权文书以强制执行效力

《民事诉讼法》第238条规定:"对公证机构依法赋予强制执行效力的债权文书,一方当事人不履行的,对方当事人可以向有管辖权的人民法院申请执行,受申请的人民法院应当执行。公证债权文书确有错误的,人民法院裁定不予执行,并将裁定书送达双方当事人和公证机构。"

(五)辅助性业务

辅助性业务指公证证明活动以外的,与公证业务具有密切联系的工作。根据《公证法》的规定,大体包括以下几项内容:

(1)保全证据。公证机构根据当事人的申请,对于可能灭失或者以后难以取得的证据,加以收集固定。

(2)保管遗嘱或其他文件。公证机构根据当事人的申请,对其所立的遗嘱或者其他有法律意义的文书,如产权证书、合同书、结婚证书等,可以代为保管,以防遗失或泄密而引起纠纷。这项法律服务,也是公证机构辅助性业务之一。

(3)技术性服务事项。《公证法》第12条第4项规定的"代写与公证事项有关的法律事务文书",就是公证机构技术性服务事项。

除上述公证机构的业务范围以外,《公证法》第11条第11项还规定了"自然人、法人或者其他组织自愿申请办理的其他公证事项",这是一项具有弹性的条款。①

第二节 公证书的制作

公证书是指公证机构根据当事人申请,按照事实和法律,依据法定程序制作的,具有特殊法律效力的司法证明文书。《公证法》第32条规定:"公证书应当按照国务院司法行政部门规定的格式制作,由公证员签名或者加盖签名章并加盖公证机构印章。公证书自出具之日起生效。公证书应当使用全国通用的文字;在民族自治地方,根据当事人的要求,可以制作当地通用的民族文字文本。"可见,公证书的格式由司法部统一规定。这样对于保证公证书的质量和法律效力,维护当事人的合法权益具有重要的意义。

---

① 参见肖胜喜主编:《律师与公证制度教程》,中国政法大学出版社2003年版。

一、主体要求

公证书只能由具备公证员资格的公证员制作,并且签字或加盖签名章,才符合法律规定。

二、形式要求

根据《公证法》的规定,公证员制作公证文书应当做到规范化,不能违反格式要求任意制作。公证员应按照司法部《公证文书格式》制作公证书。根据司法部要求,全国各公证处全面推行使用要素式公证书格式。要素式公证书的证词内容包括必备要素和选择要素两部分。必备要素为公证书证词中必须具备的内容;选择要素为根据公证的实际需要或当事人的要求,酌情在公证书证词中写明的内容。要素式公证书必须根据不同公证事项的不同法律特征,确定公证书的真实性、合法性所需的不同基本要素,采用不同的方式予以查清证实,最终依照法律作出有可靠证据力的要素式公证书证词,做到认定事实准确,适用法律得当。作为承办公证员,对公证书中查明和认定的每一项事实要负最终责任,所以必须做到出证有据,有法可依。①

三、内容要求

公证证明事项的具体内容,有些全部体现在公证书的公证词里,例如收养公证,出生、生存、死亡公证,婚姻关系公证,亲属关系公证等。但是,更多的是法律行为公证,公证书的公证词文字寥寥无几,具体内容主要体现在被证明的书面形式的法律行为之中。因此,公证文书既包括公证书,也包括它所证明的文书等等。具体要求如下:

(1)公证书的文字表述必须符合"三性"要求,即真实性、合法性、可行性。

(2)公证书的公证词与其所证明的法律文书(如合同、契约等)的内容必须保持一致,如果相互脱节,或者相互矛盾,都会使公证书部分或者全部无效。

(3)公证书的语言必须精炼,文字表述要准确。

---

① 参见江晓亮主编:《公证员入门》,法律出版社2007年版。

第二十八章 普通公证事项的办理程序[①]

第一节 公证申请与公证受理

一、公证申请

公证申请是指自然人、法人或者其他组织向公证机构提出书面公证请求的公证程序。《公证法》第25条第1款规定:"自然人、法人或者其他组织申请办理公证,可以向住所地、经常居住地、行为或事实发生地的公证机构提出。"当事人向公证机构提出书面公证请求,则标志着公证程序的开始。公证申请应包括申请人、申请方式、申请公证应提交的材料三个方面的内容。

(一)申请人

《公证程序规则》第9条规定:"公证当事人是指与公证事项有利害关系并以自己的名义向公证机构提出公证申请,在公证活动中享有权利和承担义务的自然人、法人或者其他组织。"可见,公证申请人必须具备以下两个要素:(1)与公证事项有利害关系;(2)必须以自己的名义提出公证申请。也即受他人委托而代理他人为公证申请的不是公证法上的申请人,因为他是以被代理人的名义而为申请公证。

(二)申请方式

《公证程序规则》第17条规定:"自然人、法人或者其他组织向公证机构申请办理公证,应当填写公证申请表。公证申请表应当载明下列内容:(1)申请人及其代理人的基本情况;(2)申请公证的事项及公证书的用途;(3)申请公证的文书的名称;(4)提交证明材料的名称、份数及有关证人的姓名、住址、联系方式;(5)申请的日期;(6)其他需要说明的情况。申请人应当在申请表上签名或者盖章,不能签名、盖章的由本人捺指印。"

公证申请表是一种规范化、表格化的书面申请文件。它规范公证当事人的公证申请行为,便于当事人提出申请,也便于公证机构规范办证和归档。它具有以下三个法律意义:

(1)公证申请表递交于公证机构,则表明公证程序已经启动。也就是说,公证申请表将作为公证机构经过符合性审查与实质审查之后,作出不予受理、拒绝

[①] 本章参考司法部、中国公证协会编:《公证程序规则释义》,法律出版社2006年版。

公证或终止公证决定以及出具公证书的重要依据。

（2）公证申请表递交公证机构后，即使公证案件经过符合性审查与实质审查后不予受理、拒绝公证或终止公证，也将进入公证档案，并作为日后处理公证纠纷或者当事人因相关原因进入诉讼后处理纠纷的重要依据。

（3）公证管理包括公证机构内部管理以及公证外部管理。对于内部管理来说，公证申请表是公证收费、公证档案管理等内部管理制度具体实施的重要依据；而对于外部管理来说，公证申请表是处理公证纠纷，划分当事人与公证机构之间法律责任，并追究当事人、公证机构以及公证员法律责任的重要依据之一。

（三）申请公证应当提交的材料

《公证程序规则》第18条规定："自然人、法人或者其他组织申请办理公证，应当提交下列材料：（1）自然人的身份证明，法人的资格证明及其法定代表人的身份证明，其他组织的资格证明及其负责人的身份证明；（2）委托他人代为申请的，代理人须提交当事人的授权委托书，法定代理人或者其他代理人须提交有代理权的证明；（3）申请公证的文书；（4）申请公证的事项的证明材料，涉及财产关系的须提交有关财产权利证明；（5）与申请公证的事项有关的其他材料。"

当事人提交的证据材料的公证程序有助于接受公证机构的符合性审查，否则，将构成公证机构作出不予受理决定的重要依据；若符合审查的有关规定，则公证程序将进入下一道工序。

二、公证受理

公证受理是指公证机构通过对当事人申请进行符合性审查后，认为符合受理条件，决定开始办理公证的行为。

（一）受理的条件

并不是所有的公证申请都能够被受理，只有符合条件的申请才能受理，从而启动公证程序。《公证程序规则》第19条规定："符合下列条件的申请，公证机构可以受理：（1）申请人与申请公证的事项有利害关系；（2）申请人之间对申请公证的事项无争议；（3）申请公证的事项符合《公证法》第十一条规定的范围；（4）申请公证的事项符合《公证法》第二十五条的规定和该公证机构在其执业区域内可以受理公证业务的范围。法律、行政法规规定应当公证的事项，符合前款第一项、第二项、第四项规定条件的，公证机构应当受理。对不符合本条第一款、第二款规定条件的申请，公证机构不予受理，并通知申请人。对因不符合本条第一款第四项规定不予受理的，应当告知申请人向可以受理该公证事项的公证机构申请。"

根据本条的规定，公证机构受理公证申请分为可以受理和应当受理：自愿申请办理的公证事项属于可以受理，法律、行政法规规定应当公证的事项属于应当

受理。其中,可以受理的条件必须符合《公证程序规则》第19条第1款的全部四项规定:

(1)申请人与申请公证的事项有利害关系。利害即利益和损害,利害关系通常是法律上的关系。要求申请人与申请公证的事项有利害关系,是指申请人对申请公证的事项有法律上的利益或者损害关系。如果申请人与申请公证的事项没有利害关系,则说明与该事项无法律上的利益或者损害关系,或者说是与该申请事项无关的人,当然也就不能申请该项公证。

(2)申请人之间对申请公证的事项无争议。公证是一种非诉讼活动,其职责在于预防纠纷,而不是解决纠纷。因此,对某一项申请事项,申请人之间如有争议,公证机构当然不能受理。遇到这种情况时,公证机构应当告知申请人协商处理;等协商后消除争议了,再申请公证。当然,这里仅指申请人之间对申请公证的事项无争议,而不是指申请人与其他人之间对申请公证的事项无争议。在受理公证时,公证员如果了解到其他人对申请公证的事项的真实性、合法性提出质疑,公证机构应当在核实情况后再决定是否受理。

(3)申请公证的事项符合《公证法》第11条规定的范围。《公证法》第11条是对公证机构证明业务范围的原则规定。公证机构一般应以是否属于该条的证明业务范围决定是否予以受理。但是,申请事项属于法律、行政法规规定应当公证的,不受《公证法》第11条之范围的限制。

(4)申请公证的事项符合《公证法》第25条的规定和该公证机构在其执业区域可以受理公证业务的范围。

应当受理则只需要符合以下三项条件:申请人与申请公证的事项有利害关系;申请人之间对申请公证的事项无争议;申请公证的事项符合《公证法》第25条的规定和该公证机构在其执业区域可以受理公证业务的范围。

(二)对申请的审查

对于申请人提出的申请,公证机构应当进行符合性审查,符合受理条件的,予以受理。公证机构受理公证申请后,应当向申请人发送受理通知单。申请人或其代理人应当在回执上签收。不符合条件的申请,公证机构不予受理,并通知申请人。因不属于本公证机构管辖而不予受理的,应当告知申请人向可以受理该公证事项的公证机构申请。

(三)受理后的工作

公证机构受理公证申请后,公证程序即正式启动。公证机构,也就是主持该项公证活动的主体,在办理公证业务中,享有一定的权利和负有一定的义务。根据《公证程序规则》的规定,公证机构在受理公证申请后,应当进行下列活动:

(1)应当向申请人发送受理通知单。申请人或其代理人应当在回执上签收。

（2）应当告知当事人申请公证事项的法律意义和可能产生的法律后果，告知其在办理公证过程中享有的权利、承担的义务。告知内容、告知方式和时间，应当记录归档。

（3）应当按照规定向当事人收取公证费。公证办结后，经核定的公证费与预收数额不一致的，应当办理退还或者补收手续。对符合法律援助条件的当事人，公证机构应当按照规定减收或者免收公证费。

（4）应当指派承办公证员，并通知当事人。当事人要求该公证员回避，经查属于《公证法》第23条第3项规定应当回避情形的，公证机构应当改派其他公证员承办。

第二节 公证审查

一、公证审查的概念

公证审查，是指公证机构受理当事人申请后，对当事人申请办理的公证事项及提供的有关证明材料进行核实，并调查、收集必要的证据，以确定当事人申请公证的事项是否合法与真实的活动。公证审查是公证程序的核心，直接决定公证证明的合法性与真实性，审查的结果直接关系到是否为当事人出具公证。因此，公证审查具有重要的作用与意义。

二、公证审查的事项

《公证程序规则》第24条对公证审查事项作了这样的规定："公证机构受理公证申请后，应当根据不同公证事项的办证规则，分别审查下列事项：（1）当事人的人数、身份、申请办理该项公证的资格及相应的权利；（2）当事人的意思表示是否真实；（3）申请公证的文书的内容是否完备，含义是否清晰，签名、印鉴是否齐全；（4）提供的证明材料是否真实、合法、充分；（5）申请公证的事项是否真实、合法。"

公证审查的具体内容因公证事项的不同而呈现差异性。因此，对于不同类型的公证事项，其审查的内容不能强求一致，要根据该事项的办证规则确定要审查的具体内容。不同类型的公证事项的办证规则就成为了一个重要的依据。办证规则因此具有了被法律认可的效力。具体而言，应该从下面几个方面理解关于办证规则的规定。

1. 《公证程序规则》第24条的五项审查内容并非每一个公证事项都需要进行审查，具体的公证事项的审查要根据办证规则而定。在实践中，对具体的公证事项的审查标准是不一样的。不同的公证事项有其自身的特点，审查的具体内容和程度是不一样的。

2. 办证规则是指公证机构及其公证员在办理公证中应当遵守的关于办证程序方面的规章、规范性文件和行业规范。主要包括下列两类：（1）司法部制定的办证规章和规范性文件；（2）公证协会制定的关于办证的行业规范。

3. 根据《公证程序规则》第24条，公证机构受理公证申请后，根据不同的公证事项分别审查下列内容：

（1）当事人的人数、身份、申请办理该项公证的资格及相应的权利。审查当事人的人数，是指审查某具体公证事项中当事人的范围是否齐全，避免遗漏当事人或使得无权利义务的人出现在法律关系中。审查当事人的人数是以要公证的法律关系为标准来确定的。在身份审查中，公证员应尽到谨慎注意义务，防止假冒和欺骗行为。审查当事人申请办理该项公证的资格及相应权利。审查资格是指审查当事人是否具有办理公证的资格。资格的审查主要是审查当事人的民事行为能力状况以及受托人是否具有相应的代理权限。如果当事人系无民事行为能力人或限制民事行为能力人，则注意审查其有无法定的代理人。在公证活动中如果聘请有关专业机构或者专业人士的，则应审查该专业机构或者专业人士有无从事某种专门性工作的能力且有无资质证书等。当事人是公司法人的，要审查公司是否具有一定的资格，还要通过审查其营业执照，看其有无从事该行为的能力。应当注意，根据《合同法》司法解释的规定，当事人超越经营范围订立合同，人民法院并不因此认定合同无效，但违反国家限制经营、特许经营以及法律、行政法规禁止经营规定的除外。审查当事人的权利是指审查当事人是否具有与申办公证有关的权利。例如，当事人处分房产，那么他对该房产是否具有完全的所有权；当事人对合同进行转让，那么他是否具有单独的转让权等。

（2）当事人的意思表示是否真实。意思表示真实的民事法律行为，能够发生其预期的法律后果。在存在欺诈、胁迫、恶意串通等意思表示不真实的情况下，民事法律行为不能按照其预期发生法律后果，会受到法律的否定性评价。因此，在办理公证过程中，要通过多种方式仔细审查，确定当事人的意思表示是否真实。

（3）申请公证的文书内容是否完备，含义是否清晰，签名、印鉴是否齐全。文书内容是否完备，是指需公证的文书基本内容和辅助内容是否已经符合法律和当事人的要求，是否具有合法性、合理性和可行性。文书的基本条款是保证文书生效的重要要件，公证员作为专业的法律人士，负有保证公证书效力的义务，因此对文书基本条款的审查是对文书审查的基本责任。文书的辅助内容不构成文书生效的重要要件，但文书辅助内容的不完善也容易导致纠纷，因此，公证员也应对文书辅助内容予以适当的关注。签名、印鉴是否齐全，是指公证员应当帮助当事人检查印鉴、盖章的文书上有关人员是否都已签名、盖章，有无遗漏和差错,以保证文书形式符合法律的要求。

(4) 提供的证明材料是否真实、合法、充分。公证机构对当事人提供的各种证明材料都要审查其是否真实、合法、充分。如出生公证的办理需提供出生证、户籍材料等,继承权公证的办理需要提供遗产证明、死亡证明、婚姻情况证明、亲属关系证明及放弃继承权声明等。

(5) 申请公证的事项是否真实、合法。对公证事项真实性、合法性的审查是公证审查的重中之重。审查申请公证的事项是否真实、合法,是指审查公证证明对象的真实性、合法性。需要公证的事项必须是真实的、客观存在的、符合法律法规规定的,而不是虚构的、伪造的、违法的。

三、公证审查的方式和程序

《公证法》第29条规定:"公证机构对申请公证的事项以及当事人提供的证明材料,按照有关办证规则需要核实或者对其有疑义的,应当进行核实,或者委托异地公证机构代为核实,有关单位或者个人应当依法予以协助。"可见,核实公证事项及有关证明材料,既是公证机构享有的权利,也是公证机构的义务,在进行核实时,有关单位或者个人有协助的义务。核实是公证审查的一项重要工作,是确保公证事项真实、合法的必要和有效的手段。

(一) 责任承担

《公证程序规则》第25条规定:"当事人应当向公证机构如实说明申请公证的事项的有关情况,提交的证明材料应当真实、合法、充分。公证机构在审查中,对申请公证的事项的真实性、合法性有疑义的,认为当事人的情况说明或者提供的证明材料不充分、不完备或者有疑义的,可以要求当事人作出说明或者补充证明材料。当事人拒绝说明有关情况或者补充证明材料的,依照本规则第四十八条的规定处理。"

可见,审查核实虽然是公证机构的权利与义务,但是公证事实得不到核实的,由当事人承担责任。也就是说,当事人负有类似民事诉讼中的"举证责任"。

(二) 审查核实的方式

《公证程序规则》第27条规定:"公证机构可以采用下列方式,核实公证事项的有关情况以及证明材料:(1) 通过询问当事人、公证事项的利害关系人核实;(2) 通过询问证人核实;(3) 向有关单位或者个人了解相关情况或者核实、收集相关书证、物证、视听资料等证明材料;(4) 通过现场勘验核实;(5) 委托专业机构或者专业人员鉴定、检验检测、翻译。"

(三) 审查核实的程序

公证机构进行核实,应当遵守有关法律、法规和规则的规定。

1. 派员核实与见证

《公证程序规则》第 28 条第 2 款规定:"公证机构派员外出核实的,应当由二人进行,但核实、收集书证的除外。特殊情况下只有一人外出核实的,应当有一名见证人在场。"

2. 不同情形下的核实程序

公证机构在行使其核实权的时候,应当根据不同的情形,分别遵循不同的手续和步骤:

(1) 采用询问方式向当事人、公证事项的利害关系人或者有关证人了解、核实公证事项的有关情况以及证明材料的,应当告知被询问人享有的权利、承担的义务及其法律责任。询问的内容应当制作笔录。询问笔录应当载明:询问日期、地点、询问人、记录人,询问事由,被询问人的基本情况,告知内容、询问谈话内容等。询问笔录应当交由被询问人核对后签名或者盖章、捺指印。笔录中修改处应当由被询问人盖章或者捺指印认可。

(2) 在向当事人、公证事项的利害关系人、证人或者有关单位、个人核实或者收集有关公证事项的证明材料时,需要摘抄、复印(复制)有关资料、证明原件、档案材料或者对实物证据照相并作文字描述记载的,摘抄、复印(复制)的材料或者物证照片及文字描述记载应当与原件或者物证相符,并由资料、原件、物证所有人或者档案保管人对摘抄、复印(复制)的材料或者物证照片及文字描述记载核对后签名或者盖章。

(3) 采用现场勘验方式核实公证事项及其有关证明材料的,应当制作勘验笔录,由核实人员及见证人签名或者盖章。根据需要,可以采用绘图、照相、录像或者录音等方式对勘验情况或者实物证据予以记载。

(4) 需要委托专业机构或者专业人员对申请公证的文书或者公证事项的证明材料进行鉴定、检验检测、翻译的,应当告知当事人由其委托办理,或者征得当事人的同意代为办理。鉴定意见、检验检测结论、翻译材料,应当由相关专业机构及承办鉴定、检验检测、翻译的人员盖章和签名。委托鉴定、检验检测、翻译所需的费用,由当事人支付。

(5) 公证机构委托异地公证机构核实公证事项及其有关证明材料的,应当出具委托核实函,对需要核实的事项及内容提出明确的要求。受委托的公证机构收到委托函后,应当在一个月内完成核实。因故不能完成或者无法核实的,应当在上述期限内函告委托核实的公证机构。

(四) 当事人申请公证事项的补正、修改

《公证程序规则》第 34 条规定:"公证机构在审查中,认为申请公证的文书内容不完备、表达不准确的,应当指导当事人补正或者修改。当事人拒绝补正、修改的,应当在工作记录中注明。应当事人的请求,公证机构可以代为起草、修改申请公证的文书。"

根据该条的规定,在审查程序中,申请公证的事项及依据的事实和理由,可以补正、修改。至于是否补正、修改,由当事人决定。

第三节 出 证

一、出证的概念

出证,是指公证机构对当事人申请公证的事项,经过审查、核实之后,认为符合法定条件,依法制作并向当事人出具公证书的行为。

出证表示公证机构作出了公证,证明当事人申请的公证事项为真实、合法、有效的行为,当事人的目的因出证而得以实现,公证程序即告结束。

二、出证的条件

出证的条件,即出具公证书的条件,是指公证机构依法对公证事项进行证明并出具公证书应当达到的标准。《公证法》第30条规定:公证机构出具公证的条件是:(1)申请公证的事项真实、合法;(2)申请人提供的证明材料真实、合法、充分。根据公证事项的不同,《公证程序规则》又具体规定了各类公证事项的出证条件,具体如下:

(一)民事法律行为公证的出证条件

《公证程序规则》第36条规定:"民事法律行为的公证,应当符合下列条件:(1)当事人具有从事该行为的资格和相应的民事行为能力;(2)当事人的意思表示真实;(3)该行为的内容和形式合法,不违背社会公德;(4)《公证法》规定的其他条件。不同的民事法律行为公证的办证规则有特殊要求的,从其规定。"

(二)有法律意义的事实或文书公证的出证条件

《公证程序规则》第37条规定:"有法律意义的事实或者文书的公证,应当符合下列条件:(1)该事实或者文书与当事人有利害关系;(2)事实或者文书真实无误;(3)事实或者文书的内容和形式合法,不违背社会公德;(4)《公证法》规定的其他条件。不同的有法律意义的事实或者文书公证的办证规则有特殊要求的,从其规定。"

(三)文书上的签名、印鉴、日期的公证和文书文本公证的出证条件

《公证程序规则》第38条规定:"文书上的签名、印鉴、日期的公证,其签名、印鉴、日期应当准确、属实;文书的副本、影印本等文本的公证,其文本内容应当与原本相符。"这两类公证事项均属认证性质的公证。《公证法》在第11条中,专就认证类公证作出了规定:"文书上的签名、印鉴、日期,文书的副本、影印本

与原本相符。"

（四）赋予债权文书强制执行效力公证的出证条件

《公证程序规则》第39条规定："具有强制执行效力的债权文书的公证，应当符合下列条件：(1) 债权文书以给付货币、物品或者有价证券为内容；(2) 债权债务关系明确，债权人和债务人对债权文书有关给付内容无疑义；(3) 债权文书中载明当债务人不履行或者不适当履行义务时，债务人愿意接受强制执行的承诺；(4)《公证法》规定的其他条件。"

具有强制执行效力的债权文书公证是公证机构的一项重要业务，也是公证书执行效力的体现。《公证法》第37条规定："对经公证的以给付为内容并载明债务人愿意接受强制执行承诺的债权文书，债务人不履行或者履行不适当的，债权人可以依法向有管辖权的人民法院申请执行。"具有强制执行效力的债权文书公证是我国公证机构的传统业务。20世纪50年代，公证机构曾赋予大量的公私之间签订的借款、抵押、买卖、代购代销等合同强制执行效力，有力地保证了社会主义改造政策的贯彻执行。公证制度恢复后，《民事诉讼法（试行）》《民事诉讼法》《公证法》等法律先后确认了公证机构赋予强制执行效力的职能。《关于公证机关赋予强制执行效力的债权文书执行有关问题的联合通知》有力地推动了具有强制执行效力的债权文书公证工作的开展，使公证在预防纠纷、减少纠纷、维护债权人合法权益、保证债权合同的顺利履行等方面发挥越来越大的作用。

我国《民事诉讼法》中执行程序的启动需要具备的条件有：以生效的法律文书为执行依据；生效的法律文书必须具有给付内容；以一方当事人无故不履行义务为前提。可见，公证机构赋予债权文书强制执行效力的条件，与《民事诉讼法》的规定既有联系又有区别。

三、审查批准出证

根据《公证程序规则》，审查批准出证主要包含审批的程序、原则和审核的方式、要点、条件等内容。

（一）审批的程序和原则

《公证程序规则》第40条规定："符合《公证法》、本规则及有关办证规则规定条件的公证事项，由承办公证员拟制公证书，连同被证明的文书、当事人提供的证明材料及核实情况的材料、公证审查意见，报公证机构的负责人或其指定的公证员审批。但按规定不需要审批的公证事项除外。公证机构的负责人或者被指定负责审批的公证员不得审批自己承办的公证事项。"该条主要包含以下几项内容：(1) 承办公证员草拟公证书并报批；(2) 公证事项的审批权在公证机构的负责人或其指定的公证员手中；(3) 免予审批的情形。

（二）审批的方式、要点和条件

《公证程序规则》第41条规定："审批公证事项及拟出具的公证书,应当审核以下内容:(1)申请公证的事项及其文书是否真实、合法;(2)公证事项的证明材料是否真实、合法、充分;(3)办证程序是否符合《公证法》、本规则及有关办证规则的规定;(4)拟出具的公证书的内容、表述和格式是否符合相关规定。审批重大、复杂的公证事项,应当在审批前提交公证机构集体讨论。讨论的情况和形成的意见,应当记录归档。"

公证书的出具分为两类:一类是主办公证员自己签发的公证书;另一类是需要经审批核准后才能出具的公证书。审批核准又分为两种情况:一种是审批人可以独自决定的;另一种是重大、复杂的公证事项,应当在审批前提交公证机构集体讨论决定。对于《公证程序规则》第41条第1款列举的审批公证事项应当审核的四项内容,不论是审批人独自审批还是经公证机构集体讨论决定,都应符合《公证程序规则》第41条的要求才能审批。

四、出具公证书

公证书是公证机构按照法定程序制作的,证明当事人申请的公证事项具有合法性和真实性的法律文书。

（一）公证书的内容

《公证程序规则》第42条规定："公证书应当按照司法部规定的格式制作。公证书包括以下主要内容:(1)公证书编号;(2)当事人及其代理人的基本情况;(3)公证证词;(4)承办公证员的签名(签名章)、公证机构印章;(5)出具日期。公证证词证明的文书是公证书的组成部分。有关办证规则对公证书的格式有特殊要求的,从其规定。"

（二）公证书的生效

《公证程序规则》第44条规定："公证书自出具之日起生效。需要审批的公证事项,审批人的批准日期为公证书的出具日期;不需要审批的公证事项,承办公证员的签发日期为公证书的出具日期;现场监督类公证需要现场宣读公证证词的,宣读日期为公证书的出具日期。"

（三）公证书的领取与发送

《公证程序规则》第46条规定："公证书出具后,可以由当事人或其代理人到公证机构领取,也可以应当事人的要求由公证机构发送。当事人或其代理人收到公证书应当在回执上签收。"

第四节 公 证 期 限

公证期限是指公证机构办理公证事项应当遵循的期间限度。《公证程序规则》第35条规定:"公证机构经审查,认为申请公证的事项符合《公证法》、本规则及有关办证规则规定的,应当自受理之日起十五个工作日内向当事人出具公证书。因不可抗力、补充证明材料或者需要核实有关情况的,所需时间不计算在前款规定的期限内,并应当及时告知当事人。"

出具公证书的期限,是指公证机构从受理公证事项之日到出具公证书之日所经过的期间。公证书应当在法定期限内出具,这一方面是对公证机构公证活动的约束,使其在保证办证质量的前提下提高效率;另一方面是对当事人及公证事项的利害关系人的保护,有利于及时领取公证书,依法行使民事权利。根据该条的规定,出具公证书的法定期限是15个工作日,不包括法定节假日和公休日;同时还规定了特殊情况下,即因不可抗力、补充证明材料或者需要核实有关情况所耗费的时间,不计入15个工作日的法定期限。例如,因自然灾害等原因公证机构无法正常办公,公证机构需要委托外地的公证机构对当事人提交的材料进行核实等。另外,对于排除在法定期限之外出具公证书的情形,公证机构还应当及时告知当事人。

第五节 不予办理公证与终止公证

一般情形下,公证活动需要经过"申请与受理——审查——出具公证书"三个程序阶段。不予办理公证和终止公证则属于公证活动的非正常终结,可以使现实的或可能危害社会信任机制和社会秩序的行为,在其初始阶段即得到一定程度的(在法定公证的情形下更是有效的)抑制。因此,从体现公证的制度价值和制度功能的角度看,它们具有重要的意义。

一、不予办理公证

不予办理公证,是指公证机构在受理公证申请之后,在办理公证的过程中,发现申请公证的事项属于《公证法》第31条和《公证程序规则》规定的应当不予办理公证的情形之一,依《公证程序规则》规定程序,决定对所申请事项予以终结,不予出具公证书的活动。就权利角度而言,对于符合特定情形的公证事项不予办理公证,是公证机构的法定职权。不予办理公证是公证机构依法履行公证职责,保证公证职能实现的重要保障,是规范公证行为,维护和谐、正常的社会秩序,保护国家利益和自然人、法人以及其他组织合法权益的一项重要措施。

（一）不予办理公证的具体情形

《公证程序规则》第48条规定："公证事项有下列情形之一的，公证机构应当不予办理公证：(1) 无民事行为能力人或者限制民事行为能力人没有监护人代理申请办理公证的；(2) 当事人与申请公证的事项没有利害关系的；(3) 申请公证的事项属专业技术鉴定、评估事项的；(4) 当事人之间对申请公证的事项有争议的；(5) 当事人虚构、隐瞒事实，或者提供虚假证明材料的；(6) 当事人提供的证明材料不充分又无法补充，或者拒绝补充证明材料的；(7) 申请公证的事项不真实、不合法的；(8) 申请公证的事项违背社会公德的；(9) 当事人拒绝按照规定支付公证费的。"

（二）不予办理公证的具体程序

《公证程序规则》第49条规定："不予办理公证的，由承办公证员写出书面报告，报公证机构负责人审批。不予办理公证的决定应当书面通知当事人或其代理人。不予办理公证的，公证机构应当根据不予办理的原因及责任，酌情退还部分或者全部收取的公证费。"根据该条可知，不予办理公证的，首先应由承办公证员写出书面报告，报公证机构负责人审批。报告的主要内容应当包括：当事人的基本情况；所受理公证事项的基本情况；不予办理公证的原因；导致不予办理公证的结果在公证机构和当事人之间的责任分析及其根据等。承办公证员应当在书面报告上签名。公证机构负责人在收到承办公证员不予办理公证的报告后，应当及时、认真地进行审查，必要时，可组织公证机构进行集体讨论。不予办理公证的理由确实、充分的，应当批准，并正式作出不予办理公证的决定。不予办理公证决定书的主要内容有：该公证事项的基本情况；不予办理公证的原因；当事人应当承担的责任及预交公证费的处理；权利告知。不予办理公证决定书应当加盖公证机构公章，发送当事人或其代理人。同时，在确定责任及确定部分还是全部退还预收公证费时，可从当事人办理公证过程中的主观状态（是否故意、是否存在主观恶意、是否拒不履行法定义务等）以及正当履行义务的程度等方面综合予以考虑，做到事实清楚、法律根据充分。

二、终止公证

终止公证是指公证机构在办理公证过程中，在出具公证书之前，因法定事由出现致使无法继续办理，或继续办理已无意义时，作出停止办理公证的决定。

（一）终止公证的具体情形

《公证程序规则》第50条规定："公证事项有下列情形之一的，公证机构应当终止公证：(1) 因当事人的原因致使该公证事项在六个月内不能办结的；(2) 公证书出具前当事人撤回公证申请的；(3) 因申请公证的自然人死亡、法人或者其他组织终止，不能继续办理公证或者继续办理公证已无意义的；(4) 当事人阻挠、妨碍公证机构及承办公证员按规定的程序、期限办理公证的;(5)其他应当终止的情形。"该条规定了公证机构应当终止公证的五种情形。与不予办理公证情形的规定所不同的是,该条第一至第四项以列举方式规定了应当终止公证的四种情形,第五项则是概括性规定。下面分别对这五种情形进行说明。

1. 因当事人的原因致使该公证事项在六个月内不能办结的

公证机构办理公证事项是建立在真实、合法的基础上,根据当事人的申请,依据当事人所提供的证明材料,在对相关材料进行查证核实,切实认定证据充分、事实清楚的前提下,出具公证文书。当事人有义务积极主动地按照公证机构和承办公证员的要求,如实陈述与所申请公证事项有关的事实,提供足以证明所申请公证事项真实合法的相应材料。如果当事人不能按照要求积极主动地配合,甚至拖延时间,无论当事人是由于什么原因,只要是因当事人的责任致使公证机构在规定的自受理之日起六个月的期限届满时,仍不能办结公证并出具公证书的,公证机构应当自行决定终止公证程序。如果当事人事后认为该事项仍需要公证,并再次提出公证申请时,公证机构可重新受理。公证机构在当事人按照要求提供了相应的证据材料后,可为其办理公证。原终止卷宗保存的,终止后情况未发生变化的证据材料,当事人可免予提供。

2. 公证书出具前当事人撤回公证申请的

当事人的公证申请是公证程序启动的前提。这种申请必须基于当事人自愿,即使是法定公证的事项也是如此。寻求以公证方式保护自身权利,是自然人、法人或者其他组织的民事权利,而这种民事权利与其他民事权利一样,依其意愿可以不予行使,甚至是可以放弃的。这种选择行使或是放弃行使的权利,既可以在公证程序启动之前行使,也可以在公证程序启动之后、完成之前行使。在公证事项的办理过程中,只要公证书尚未出具,即公证书尚未生效,当事人无论因何种原因自动撤回其公证申请,公证机构都应当终止公证,使公证程序归于终结。

3. 因申请公证的自然人死亡、法人或者其他组织终止,不能继续办理公证或者继续办理公证已无意义的

公证是公证机构根据自然人、法人或者其他组织的申请,依照法定程序对民事法律行为、有法律意义的事实和文书的真实性、合法性予以证明的活动。公证书是发给当事人使用的,当事人申请办理公证的目的也是为了保护其权利或权益的完整性或不受他人侵害。如果申请办理公证的当事人已经不存在,则或是无从获知当事人的真实意思表示,或是无法自申请人处获取办理公证所需要的最直接证据及证据线索,使得公证程序无法正常继续进行。即使公证程序已进入出具公证书的最后阶段,享受公证利益的当事人也无法领取和使用。也就是说,该公证程序的继续对于该当事人来说已经毫无意义,因此应当终止公证。但

是，在另外一种情况下，即使申请公证的自然人死亡、法人或者其他组织终止，但办理公证的结果对当事人、当事人的继承人或其他当事人仍有意义，只要死亡或终止的当事人的权利、义务有人继续承担，公证程序存在继续下去的条件，公证机构仍可继续办理。

4. 当事人阻挠、妨碍公证机构及承办公证员按规定的程序、期限办理公证的

该项和《公证程序规则》第48条第5项"当事人虚构、隐瞒事实，或者提供虚假证明材料的"是对旧《公证程序规则》第48条第2款"当事人弄虚作假、提供伪证或阻挠、妨碍公证处查证工作正常进行的，公证处除可拒绝公证外，所收的公证费不予退还"进行的修改。新《公证程序规则》将"当事人虚构、隐瞒事实，或者提供虚假证明材料的"情形纳入不予办理公证范围，即旧《公证程序规则》规定的拒绝公证范围，将"阻挠、妨碍公证机构及承办公证员按规定的程序、期限办理公证的"情形纳入终止公证的范围。相较而言，旧《公证程序规则》规定的惩罚性明显，法律服务性较弱。实践中，应当注意区分"当事人虚构、隐瞒事实，或者提供虚假证明材料"时应当不予办理公证及本条第四项情形的适用。只要当事人虚构、隐瞒事实，或者提供虚假证明材料的情形出现，公证机构即有权启动不予办理公证程序。而当事人阻挠、妨碍公证机构及承办公证员按规定的程序、期限办理公证的情形多发生在公证机构、承办公证员就有关事实进行查证、核实的情况中。例如，以不正当手段阻止公证机构和承办公证员向有关部门或知情人核实有关事实真相，以胁迫、欺骗等不正当手段促使有关知情人拒绝提供真实证言，或以其他不正当手段导致公证机构无法在规定期限内完成公证程序等。

5. 其他应当终止的情形

本项是一概括性条款，是为了防止挂一漏万，以适应现实中可能发生的各种情况变化。如果公证机构在受理公证申请后因某一情形出现而导致该公证事项不具备出具公证书的法定条件，发现其既不构成不予办理公证的条件，亦不属于《公证程序规则》第50条第一至第四项规定的情形，同时该情形的出现又与《公证程序规则》第50条的前四项类似时，即可归结于当事人一方原因导致公证程序无法继续，则可考虑适用本项，终止公证程序。

(二) 终止公证的程序

《公证程序规则》第51条规定："终止公证的，由承办公证员写出书面报告，报公证机构负责人审批。终止公证的决定应当书面通知当事人或其代理人。终止公证的，公证机构应当根据终止的原因及责任，酌情退还部分收取的公证费。"

公证是一项法定的证明活动，向当事人提供公证证明服务是公证机构的法

定职责。因此,公证机构决定终止公证必须具备充分的理由和根据,不能因为所受理的公证事项复杂或公证员不愿意承办就随意终止。终止公证应当由承办该公证事项的公证员写出书面报告,说明终止公证的原因、理由,报公证机构负责人(主任或者副主任)批准。终止公证的书面报告应包括以下内容:当事人的基本情况;公证事项的基本情况;公证办理进度;终止的原因、理由、当事人责任分析及其根据。报告应由承办公证员签名。公证机构负责人在收到承办公证员终止公证的报告后,应当及时、认真地进行查阅,必要时,可组织公证机构集体进行讨论。终止公证的理由切实、充分的,应当批准,并正式作出不予办理公证的决定。终止公证决定书的主要内容包括:该公证事项的基本情况;终止公证的原因;当事人应当承担的责任及预交公证费的处理;权利告知。在是否退还所收取公证费方面,终止公证后应当根据终止的原因及责任,酌情退还"部分"收取的公证费,而不予办理公证后是退还"部分或者全部"收取的公证费。究其原因,主要在于,终止公证的情形均可归结为当事人一方的原因,致公证程序无法完成;而不予办理公证的情形中,并非均可归结为当事人一方的原因,或是虽因其原因,却并非因其主观故意所造成。在厘定责任及确定部分退还的预收公证费的数额时,可对当事人办理公证过程中的主观状态(是否存在主观恶意)以及办理公证的进展程度等方面因素,在事实清楚、法律根据充分的基础上,综合予以考虑。

第二十九章　一般民事法律行为公证

民事法律行为,简称"法律行为",是指公民或法人(民事主体)设立、变更、终止民事权利和民事义务的合法行为。公证证明民事法律行为是公证机构的一项主要业务。在公证实践中,民事法律行为事项公证主要包括继承公证、遗嘱公证、委托公证、声明公证、收养关系公证、财产分割协议公证、婚姻财产约定协议公证等。

第一节　继承公证

一、继承公证概述

继承是指公民死亡或被宣告死亡后,按照法定程序将被继承人生前所遗留的财产和可以继承的权利义务转移给继承人的一种民事法律行为。继承有两种方式,即法定继承和遗嘱继承。法定继承是指在被继承人死后,没有遗嘱和遗赠的情况下,直接依照法律规定的继承人范围、继承顺序和遗产分配原则,将被继承人的遗产转移给继承人的财产继承方式。[①]

继承公证是指国家公证机构根据当事人的申请,依照国家法律的相关规定,对继承人的继承行为的真实性、合法性予以证明的活动。公证机构办理继承公证,有利于保护公民个人财产的所有权,对于稳定社会,预防、减少继承纠纷,巩固家庭和睦团结,维护社会正常的法律秩序具有重要意义。

二、办理继承公证的相关程序

(一)继承公证的管辖

当事人办理继承公证,应当到被继承人生前居所地或者主要遗产所在地的公证处申请办理。涉及不动产继承的,一般情况下,当事人应当到不动产所在地的公证处申请办理。

若干个当事人针对同一被继承人遗产提出申请办理公证的,应当到有管辖权的公证处一同申请办理公证;如果被继承人生前居所地与遗产所在地不属一个公证处管辖,或被继承人遗产分属多个公证处管辖,当事人经过协商,可以选

---

① 参见江晓亮主编:《公证员入门》,法律出版社2007年版,第238页。

择其中任何一个有管辖权的公证处提出申请公证。当事人经过协商不能达成协议的,则由有关的公证处依据便民原则协商选择。

(二) 申请办理继承公证

当事人申请办理继承公证时,除了应向有管辖权的公证机构提出申请外,还应当正确填写公证申请表,同时向公证机构提交相应材料:

(1) 当事人的身份证明;代理人代为申请的,代理人应提交本人的身份证明和委托人签署的授权委托书,国外或港澳台地区的委托书应经当地公证机构或司法部授权的机构、人员公证证明;如果当事人为未成年人、精神病人或聋哑人,应由其监护人代为申请办理公证,同时监护人需提交本人的身份证明文件及与当事人关系的证明。《继承法》第6条规定,无行为能力人的继承权、受遗赠权,由他的法定代理人代为行使。限制行为能力人的继承权、受遗赠权,由他的法定代理人代为行使,或者征得法定代理人同意后行使。

(2) 被继承人的死亡证明。这里主要指的是有关医院出具的死亡证明书、尸体火化单据,或者是被继承人生前户籍所在地的派出所出具的注销户口证明文件;如果被继承人是被宣告死亡,当事人则应当提交人民法院作出的关于宣告被继承人死亡的判决书。

(3) 被继承人所留遗产的权利证明。

(4) 被继承人生前立有遗嘱的或遗赠扶养协议的,应提供相应原件。

(5) 当事人与被继承人的亲属关系证明。

(6) 代位继承人办理公证的,还应提供继承人先于被继承人死亡的证明及本人是继承人晚辈直系血亲的证明。

(7) 其他有关材料。

(三) 对继承公证相关事项的审查

《继承法》是公证机构办理继承公证的主要法律依据。公证机构在办理继承公证的过程中,要依法保护公民私有财产继承权,坚持贯彻权利和义务相一致的原则、养老育幼原则、继承权男女平等原则。公证机构应该重点审查的内容主要包括:

1. 被继承人死亡的时间、地点、死因及所留遗产的范围、种类和数量

其中,应当注意:

(1) 继承从被继承人死亡时开始,包括被继承人生理死亡或被宣告死亡。失踪人被宣告死亡,以法院判决中确定的失踪人的死亡日期,为继承开始的时间。

(2) 遗产是公民死亡时遗留的个人合法财产,主要包括:公民的收入;公民的房屋、储蓄和生活用品;公民的林木、牲畜和家禽;公民的文物、图书资料;法律允许公民所有的生产资料;公民的著作权、专利权中的财产权利;公民的其他合

法财产,如公民的国库券、债券、股票等有价证券,复员、转业军人的复员费、转业费,公民的离退休金、养老金等。

(3) 如果被继承人生前负有债务、税款的,一般情况下,应当优先从遗产中提出相应部分以清偿债务、补交税款。

2. 被继承人生前是否立有遗嘱或签订遗赠扶养协议

如果被继承人生前立有遗嘱或签订了遗赠扶养协议,公证机构应当审查遗嘱或者协议的真实性、合法性,有无变更或者撤销的情况,以确认其效力。如果二者都不具有效力,那么继承开始后,就应当按照法定继承办理;有遗嘱的,按照遗嘱继承或者遗赠办理;有遗赠扶养协议的,按照协议办理。

3. 继承人的范围、人数、资格等

根据《继承法》第10条、第12条的规定:遗产按照下列顺序继承:第一顺序为配偶、子女(包括婚生子女、非婚生子女、养子女和有扶养关系的继子女)、父母(包括生父母、养父母和有扶养关系的继父母)。丧偶儿媳对公、婆,丧偶女婿对岳父、岳母,尽了主要赡养义务的,作为第一顺序继承人。第二顺序为兄弟姐妹(包括同父母的兄弟姐妹、同父异母或者同母异父的兄弟姐妹、养兄弟姐妹、有扶养关系的继兄弟姐妹)、祖父母、外祖父母。继承开始后,由第一顺序继承人继承,第二顺序继承人不继承。没有第一顺序继承人继承的,由第二顺序继承人继承。

4. 当事人是否属于代位继承人或转继承人

《继承法》第11条规定,被继承人的子女先于被继承人死亡的,由被继承人的子女的晚辈直系血亲代位继承。代位继承人一般只能继承他的父亲或者母亲有权继承的遗产份额。转继承则是指继承人在被继承人死亡后,但尚未实际接受遗产之前死亡,那么他应当继承的遗产就转移给他的法定继承人继承。

5. 有无放弃继承权的情况

《继承法》第25条规定,继承开始后,继承人放弃继承的,应当在遗产处理前,作出放弃继承的表示,没有表示的,视为接受继承。受遗赠人应当在知道受遗赠后两个月内,作出接受或者放弃受遗赠的表示,到期没有表示的,视为放弃受遗赠。遗产继承人放弃继承的意思表示必须是明示的、无条件的,而且必须是出于继承人自愿,没有受到威胁、利诱的情形。

6. 是否遗漏了其他合法继承人或者合法财产

在出具公证书之前,公证人员一定要仔细审查是否有遗漏的合法继承人或者合法的财产,尤其是胎儿的继承资格,避免因为疏忽损害到他们的合法权益,甚至进一步引起纠纷。

(三) 出具公证书

公证处经审查后,认为与继承有关的事实清楚,证据充分,当事人具有继承遗产的权利能力和行为能力,继承人表示放弃继承的意思表示真实,继承关系合法无争议,应依法制作、出具公证书。

继承公证书应当包括以下几个方面内容:(1)被继承人的姓名、性别、出生年月日、生前住址,被继承人死亡的时间、地点、原因、所留遗产的种类、数量;(2)继承人的姓名、性别、出生年月日、现住地址以及其与被继承人的关系;(3)凡几个继承人继承同一继承人遗产时,应当写明共同继承的情况;(4)继承人中如果有放弃继承权的情形,应当在公证上注明;(5)继承人中如果有代位继承的,应当将其父母先于被继承人死亡的情况和时间写明。

(四)拒绝公证的几种情况

根据我国《继承法》第7条及相关司法解释的规定,继承人有下列行为之一的,丧失继承权:(1)故意杀害被继承人的。继承人故意杀害被继承人的,不论是既遂还是未遂,均应确认其丧失继承权。(2)为争夺遗产而杀害其他继承人的。(3)遗弃被继承人的,或者虐待被继承人情节严重的。必须是"情节严重"才会导致继承权丧失的结果。继承人虐待被继承人情节是否严重,可以从实施虐待行为的时间、手段、后果和社会影响等方面认定。虐待被继承人情节严重的,不论是否追究刑事责任,均可确认其丧失继承权。继承人虐待被继承人情节严重的,或者遗弃被继承人的,如以后确有悔改表现,而且被虐待人、被遗弃人生前也表示宽恕,可不确认其丧失继承权。(4)伪造、篡改或者销毁遗嘱,情节严重的。同样,只有到达"情节严重"的程度,继承人的继承权才会丧失。继承人伪造、篡改或者销毁遗嘱,侵害了缺乏劳动能力又无生活来源的继承人利益,并造成其生活困难的,应认定其行为情节严重。凡发现继承人有上述行为的,应当拒绝公证,以维护社会公共道德和法律的尊严。此外,对于正在服刑、刑满释放或者被剥夺政治权利的人,只要不是因为触犯《继承法》第7条而被处罚的,都依法享有继承权而有权获得公证。

三、涉外继承公证[①]

(一)概述

涉外继承公证是指根据当事人的申请,国家公证机构办理的继承人中有外国人、居住在国外的华侨,或被继承人生前居住在国外,或所继承的遗产的一部分或全部在国外的继承公证事务。即继承法律关系诸要素中含有涉外因素的继承公证。用于涉外继承的公证书分为两类:一类是继承公证书,用于在国内办理有关涉外继承手续使用,也发往部分国家使用;一类是与继承有关的公证书,主要发往域外使用,如婚姻状况公证书、亲属关系公证书等。涉外继承公证具有以

[①] 参见刘金华、俞兆平:《公证与律师制度》,厦门大学出版社2007年版,第165—168页。

下特点：

（1）涉及的情况比较复杂，办证难度较高。因为在涉外继承公证的公证过程中包含着涉外的因素，这就使得办证过程复杂，对证明文件真实性、合法性的审查难度加大。

（2）适用的法律复杂。根据《继承法》第36条的规定，中国公民继承在中华人民共和国境外的遗产或者继承在中华人民共和国境内的外国人的遗产，动产适用被继承人住所地法律，不动产适用不动产所在地法律。外国人继承在中华人民共和国境内的遗产或者继承在中华人民共和国境外的中国公民的遗产，动产适用被继承人住所地法律，不动产适用不动产所在地法律。中华人民共和国与外国订有条约、协定的，按照条约、协定办理。

（3）各国法律对继承的规定不同，对我国公证书的要求也不同，因此在不违反我国法律的前提下，公证机构办理涉外继承公证时要有一定的灵活性，出具公证书可以以适用为原则，不能拘泥于一种格式。

（4）涉外继承是一种涉及财产所有权转移的重要民事法律行为，根据国家有关规定和国际惯例，涉外继承一般都需要办理公证手续。

（5）涉外继承公证应由司法部批准的办理涉外公证业务的公证处和公证员办理，涉外继承公证书如需发往国外使用，通常需要办理领事认证手续。

（二）申请办理涉外继承公证所需提交的材料

申请办理涉外继承公证，当事人应向有管辖权的公证处提出申请，填写涉外公证申请表，并提交相应材料：(1) 当事人的身份证明，代理人代为申请的，代理人应提交本人的身份证明和委托人签署的授权委托书，国外或港澳台地区的委托书应经当地公证机构或司法部授权的机构、人员公证证明；(2) 被继承人和已死亡的继承人的死亡证明，国外提供的死亡证明应经过公证、认证；(3) 遗产的情况；(4) 与被继承人的关系证明；(5) 被继承人生前有遗嘱的，应提交所立的遗嘱；(6) 其他有关材料。

（三）审查

公证处应着重对以下内容进行审查：(1) 被继承人和遗产的基本情况；(2) 有无遗嘱，效力如何；(3) 继承人的范围、数量，有无放弃继承权的情况；(4) 应适用何国法律等。

公证处经审查后，认为与继承有关的事实清楚，证据充分，当事人具有继承遗产的权利能力和行为能力，继承人表示接受继承的意思真实，继承关系合法无争议，应依法制作、出具公证书。

（四）办理涉外继承公证应注意的问题①

鉴于涉外继承的复杂性，办理涉外继承公证时必须注意下面几点：

（1）涉外继承在不同情况下适用的法律也不同，有些国家对继承的时效规定较短，有的国家规定又很长，公证机构应区分不同情况及时出具公证书。

（2）根据司法部规定，对在国外设立的遗嘱，其形式和内容应符合遗嘱行为地或遗嘱人住所地的法律，经当地法定机关检验认定有效，并经当地公证机构公证和我国使（领）馆认证的，可直接承认其效力，但遗嘱内容违反我国法律的除外。

（3）办理涉及加拿大的继承公证事务时，凡用于继承在加拿大遗产的委托书，必须按司法部统一规定的格式书写，并附英文译文。

（4）《公证程序规则》第43条规定，发往国外使用的公证书应当使用全国通用的文字。根据需要和当事人的要求，公证书可以附外文译文。

四、放弃继承权公证

放弃继承权公证是指国家公证机构根据当事人的申请，依法证明继承人放弃自己享有的继承他人遗产权利的意思表示真实、合法的司法证明活动。继承权是公民的一项重要的民事权利，我国法律规定，允许公民自愿放弃自己的继承权，但放弃继承权应当依法作出明确的意思表示。

（一）申请办理放弃继承权公证所需提交的材料

根据《公证法》第26条和《公证程序规则》第11条的有关规定，申请办理放弃继承权公证的公民应当亲自到其住所地或行为发生地的公证处提出申请，不能委托他人代理，填写公证申请表，并提交下列材料：（1）当事人的身份证明；（2）被继承人的死亡证明；（3）本人与被继承人关系的证明；（4）本人签字的放弃继承权声明书。

（二）办理放弃继承权公证应注意的问题

根据规定，公证处办理放弃继承权公证，应向当事人讲明他的权利、义务及放弃继承权的法律后果，将上述情况记录在公证笔录上，笔录应当让当事人核对并签名。

公证处应重点审查当事人的基本情况，放弃继承权的意思表示是否真实、是否在法定期限内作出，以及被继承人的死亡时间等内容。对符合规定的申请，公证处应当依法制作、出具放弃继承权公证书，公证书自公证审批人签发之日起生效。

---

① 参见宣善德主编：《律师、公证与仲裁制度》，中国政法大学出版社2005年版，第224页。

第二节 遗嘱公证

一、遗嘱的概念和特征①

继承法上所称的遗嘱是指公民在生前按照法定方式处分自己的财产或其他事务并于死亡时发生效力的法律行为。立遗嘱人称为遗嘱人,遗嘱人在遗嘱中指定执行其遗嘱的人称为遗嘱执行人。我国《继承法》第 16 条规定:"公民可以依照本法规定立遗嘱处分个人财产,并可以指定遗嘱执行人。"第 20 条第 3 款规定:"自书、代书、录音、口头遗嘱,不得撤销、变更公证遗嘱。"

遗嘱作为一项法律行为,具有以下法律特征:

(1) 遗嘱是单方法律行为。只要遗嘱人一方有意思表示,无需经接受遗产人的同意,遗嘱就可发生法律效力。

(2) 遗嘱只能由立遗嘱人亲自为之,其他人不能代理,不能干预。由他人代书时,必须由本人签字,并且有两名以上见证人。

(3) 遗嘱只能在遗嘱人死亡后生效,是一种死因法律行为,即遗嘱的生效时间一般是遗嘱人死亡之时,除非遗嘱附有条件。

(4) 遗嘱是一种要式的民事行为。

(5) 遗嘱人立遗嘱时必须具有民事行为能力,且是自己的真实意思表示。遗嘱人所处分的财产必须是遗嘱人有权处分的。

(6) 遗嘱的内容不得违反法律和社会公德。例如,根据《继承法》第 19 条的规定,遗嘱应当对缺乏劳动能力又没有生活来源的继承人保留必要的遗产份额。

(7) 遗嘱的形式多样化。我国法律规定了公证遗嘱、自书遗嘱、代书遗嘱、录音遗嘱和口头遗嘱等五种遗嘱方式。遗嘱的形式必须符合法律规定,形式上的缺陷将使遗嘱丧失法律效力。

遗嘱的内容一般包括:遗产的名称、数量、所在地、特征;继承人的姓名及其应得遗产份额;立遗嘱的时间、地点。

二、遗嘱公证的概念

遗嘱公证是指国家公证机构根据当事人的申请,依照法律规定的程序,对遗嘱经过审查后,出具公证法律文书,以证明遗嘱人设立遗嘱的行为真实、合法的司法证明活动。公证遗嘱是设立遗嘱的方式中要求最为严格的一种。最高人民

---

① 参见刘金华、俞兆平:《公证与律师制度》,厦门大学出版社 2007 年版,第 154 页。

法院《关于贯彻执行〈继承法〉若干问题的意见》第42条规定:"遗嘱人以不同形式立有数份内容相抵触的遗嘱,其中有公证遗嘱的,以最后所立公证遗嘱为准;……"由此可见,公证遗嘱在所有设立遗嘱的方式中效力是最高的,因为公证遗嘱与其他遗嘱形式相比,更能保证和体现遗嘱人的真实意思表示以及遗嘱形式的完整性。

遗嘱经过公证后,其真实性、合法性得到确认,从而具备了证据的特点。一旦当事人之间为分配遗产发生纠纷,人民调解委员会和人民法院在没有相反证据推翻公证的情况下,应当使用公证证明解决纠纷。遗嘱公证可以起到保护遗嘱继承人的合法权益、满足遗嘱人的遗愿、避免遗嘱人与非遗嘱继承人的纠纷的作用。

三、申请办理遗嘱公证应提交的材料①

根据《公证法》第26条和《公证程序规则》第11条的有关规定,申请办理遗嘱公证,遗嘱人必须亲自到遗嘱行为地或遗嘱人住所地的公证处提出申请,不得委托他人代办,遗嘱人因病或其他特殊原因到公证处有困难的,公证处也可派公证员到遗嘱人的居住地办理。

遗嘱人应提交的材料包括:(1)公证申请表。内容应当包括遗嘱人的姓名、性别、年龄、居所地、家庭状况、工作单位、遗嘱涉及财产状况等。(2)遗嘱人的附照片的身份证件。(3)所处分财产的所有权证明。(4)遗嘱草稿,如遗嘱人不会书写或书写有困难的,公证人员可依法代书遗嘱。(5)其他有关材料。

其中,遗嘱草稿应当写明立遗嘱人的姓名、年龄、性别等,立遗嘱人的家庭状况,订立遗嘱的原因,财产的种类、名称、数量和所在地等,遗嘱受理人姓名、性别、年龄等,对财产及其事务的处理意见,遗嘱的份数、保留以及是否有执行人执行等。

四、公证机构办理遗嘱公证应严格审查的内容

遗嘱是遗嘱人对自己财产和事务进行处分并于死后发生法律效力的民事法律行为,因此,对遗嘱公证的审查要求非常严格。

(1)遗嘱人的身份和行为能力。遗嘱人立遗嘱时必须有行为能力。无行为能力人所立的遗嘱,即使其本人后来有了行为能力,仍属无效遗嘱。遗嘱人立遗嘱时有行为能力,后来丧失了行为能力,不影响遗嘱的效力。

(2)遗嘱是否为遗嘱人的真实意思表示,有无受胁迫、欺诈等行为。

(3)遗嘱处分的财产是否属于遗嘱人个人合法所有,非法的财产,与其他人

---

① 参见宣善德主编:《律师、公证与仲裁制度》,中国政法大学出版社2008年版,第190页。

共有财产或者争议未决的财产都不属于遗嘱人可以处分的财产,应当从中排除,认定无效。

(4) 遗嘱人法定继承人的范围,所立遗嘱是否剥夺了缺乏劳动能力又没有生活来源的继承人必要的遗产份额,如果未为其留下必要的遗产,在遗产处理时,应当为其留下必要的部分,其余部分按照遗嘱确定的分配原则处理。

(5) 遗嘱内容不得违反法律规定和社会公共利益,内容必须完备,文字表述准确,签名、制作日期等应当齐全。

五、办理遗嘱公证应注意的其他问题

第一,根据《公证程序规则》第60条,遗嘱公证卷应列为密卷单独保存。遗嘱人死亡后,转为普通卷保存。在遗嘱发生效力以前,遗嘱卷宗不得借阅,有关人员不得向外透露遗嘱内容。

第二,依据《公证程序规则》第53条,遗嘱公证应由两名公证人员共同办理,由其中一名公证员在公证书上署名。特殊情况下由一名公证员办理时,应有一名见证人在场,见证人应在遗嘱和笔录上签名。公证人员应当严格按照这一规定办理公证。遗嘱人申请撤销或者变更公证遗嘱的,应当在撤销遗嘱声明书或在新遗嘱中写明原立遗嘱的时间、经办公证处的名称和公证书的编号,并将声明书和新的公证书一份附原公证卷内。

第三,公证人员发现有下列情形之一的,公证人员在与遗嘱人谈话时应当录音或者录像:(1) 遗嘱人年老体弱;(2) 遗嘱人为重伤病人;(3) 遗嘱人为聋、哑、盲人;(4) 遗嘱人为间歇性精神病患者、弱智者。

第四,两个以上的遗嘱人申请办理共同遗嘱公证的,公证处应当引导他们分别设立遗嘱;遗嘱人坚持申请办理共同遗嘱公证的,共同遗嘱中应当明确遗嘱变更、撤销以及生效的条件。

第五,公证生效后,与继承权益相关的人员有确凿证据证明公证遗嘱部分违法的,公证处应当予以调查核实;经调查核实,公证遗嘱部分内容确属违法的,公证处应当撤销对公证遗嘱中违法部分的公证证明。

第三节 委 托 公 证[①]

一、委托公证概述

委托,是指某种法律关系中一方当事人授权另一方当事人在授权范围内办

[①] 本节主要参考宋朝武、张力:《律师与公证》,高等教育出版社2007年版,第297页。

理一定事务的行为。

公证处办理委托公证的方式有两种,即委托书公证和委托合同公证。委托书公证是指国家公证机构根据委托人的申请,依法证明委托人的授权委托行为真实、合法的活动。委托书公证的当事人是委托人。委托合同公证是指国家公证机构根据当事人的申请,依法证明委托人与受委托人之间签订的委托协议真实、合法的司法证明活动。委托合同公证的当事人是委托人和受托人。

《公证法》第11条第3款明确规定,办理委托公证是公证处的业务之一。根据国际惯例和有关法律规定,公民、法人委托代理人进行重要法律行为的授权委托书必须办理公证。有些委托行为必须经公证机构公证后,方能得到国外有关机关的承认。

二、申请办理委托公证应提交的材料

当事人办理委托公证应当向其住所地或者委托行为发生地的公证处提出申请办理,申请时应当提交的材料包括:

1. 公证申请表。
2. 本人身份证明(居民身份证或者其他身份证件)。法人申请办理委托公证的,应当提交法人资格证明和法定代表人身份证明。
3. 根据所要申请的公证内容提交委托书或者委托合同,委托书或委托合同应包括以下内容:(1) 委托人、受托人的姓名、性别、年龄、住址、职业。如果是以法人名义提出委托,必须写清楚法人的全称,由法定代表人签名盖章,并加盖公章。(2) 委托事项。(3) 委托的权限,是否允许转委托。凡委托我国驻外机构代理的,必须写明受托人有转委托权。(4) 委托期限、委托日期。(5) 委托人的签名、印鉴。
4. 其他一些必要材料。

三、办理委托公证应当审查的主要内容

委托公证现在广泛应用于企业法人委托代理人参加对外招投标活动、商务洽谈等领域,其证明授权委托行为的效力更强,被国内外机构广泛认可、采用。因此,公证机构在办理委托公证的过程中应当全面做好审查工作,避免以后发生纠纷。

办理委托公证时主要应当审查以下几个方面内容:(1) 当事人的身份的真实性;(2) 当事人的意思表示是否真实;(3) 当事人是否具备权利能力以及行为能力;(4) 委托书或委托合同的内容是否违反法律、法规和社会公共利益。

四、办理委托公证应注意的问题

第一,申请办理委托公证,应当由委托人到委托人住所地或委托行为发生地的公证处提出申请,不能委托他人代办。委托人到公证处有困难的,公证处可派公证员到委托人所在地办理。

第二,凡依照法律规定或依双方约定应由行为人本人亲自实施的民事行为,应由其本人亲自实施,否则公证处对此类委托不予办理公证。例如,收养、登记结婚等。

第三,无民事行为能力人不能实施委托行为,限制行为能力人的委托行为须征得其法定代理人的同意。

第四,委托人具有行为能力、委托行为是其真实意思表示、委托书内容无明显违法内容、当事人又提供了相应的证据的委托,公证机构可依法定程序办理委托公证;在代理人实施代理活动中发现委托书中有超过委托人权利权限的内容,公证机构不应撤销委托公证,而应告诉有关人员对超过权限部分的内容按无效委托处理。

第四节 声明书公证[①]

声明书公证是指公证机构根据声明人(公民或法人)对在民事活动中公开的意思的单方申请,依法证明其声明行为的真实性而出具的公证。声明书公证一般包括放弃权利声明、主张权利声明、承担义务声明等三种类型。

声明书是声明人公开的意思的真实性的单方面法律行为。对这个"公开的意思"进行公证的意义在于确认其真实性,以防有人作假,使接受该声明书的公民或法人消除疑虑。如有的国家在受理中国公民入境签证时,要求其出示是否能遵守该国法律的声明书公证。遇到此种情况,申请人可以到公证机构在公证员面前书写一份声明,对"本人在某国居留期间保证遵守有关法律"这一"公开意思"的真实性,请公证机构公证。

办理声明书公证应提供下列材料:(1)声明人身份证、户口簿、结婚证等身份证明;(2)声明人是单位的,应提供营业执照,法定代表人证明书,法定代表人身份证,股东(董事)会决议、章程等;(3)声明书文本,当事人书写有困难的,公证员可代为书写;(4)公证员认为应当提供的其他证明材料。

声明是本人的意思表示,应当由本人亲自办理申办声明书公证,声明人应亲自到其住所地或行为发生地的公证处提出申请,不能委托他人代理。

---

① 参见江晓亮主编:《公证员入门》,法律出版社2007年版,第256页。

第五节 收养关系公证

一、收养关系公证概述①

收养,是指按照法律程序领养他人子女为自己子女,使原来没有血亲关系的人们之间产生父母子女关系的法律行为。

收养关系公证是国家公证机构根据当事人的申请,依法证明其与非婚生子女建立养父母关系的民事法律行为的真实性、合法性的活动。当事人应当亲自到收养人或被收养人住所地的公证机构提出申请,公证申请可以在双方办理收养登记之前提出,也可以在办理收养登记之后提出,收养关系自登记之日起成立。

收养关系公证主要包括收养公证、解除收养关系的公证以及涉外收养公证。

二、收养公证

(一)收养公证概述

收养公证,是指公证机构对于收养关系当事人建立收养关系行为的真实性、合法性给予证明的活动。收养公证通过对依法确立的收养关系予以公证证明,明确各方当事人的权利义务,减少纠纷,有利于维护当事人特别是老人和儿童的合法权益,保障社会稳定。另外,收养公证是对法律拟制血亲的公证证明,对于民事活动特别是婚姻家庭以及继承具有现实意义。

我国《收养法》第 15 条第 4 款规定:"收养关系当事人各方或者一方要求办理收养公证的,应当办理收养公证。"由此可见,我国的收养公证取决于当事人的意志,不具有强制性。

根据我国《收养法》的有关规定,收养关系的成立必须具备下列条件:

1. 收养人的条件:(1) 无子女,但收养孤儿、残疾儿童,华侨收养三代以内同辈亲属子女和继父母收养继子女者除外;(2) 年满 35 周岁,收养孤儿、残疾儿童,继父母收养继子女者,可以不受此限,无配偶的男性收养女性的,收养人与被收养人的年龄应当相差 40 岁以上;(3) 有抚养教育被收养人的能力;(4) 有配偶者,需夫妻双方共同收养;(5) 未患有医学上认为不应当收养子女的疾病。

2. 送养人的条件:孤儿的监护人、社会福利机构和有特殊困难无力抚养子女的生父母可以作为送养人。

3. 被收养人的条件:下列不满 14 周岁的未成年人可以被收养:丧失父母的

---

① 参见宋朝武、张力:《律师与公证》,厦门大学出版社 2007 年版,第 303 页。

孤儿、查找不到生父母的弃婴和儿童、生父母有特殊困难无力抚养的子女。但收养三代以内同辈旁系血亲的子女,可以不受此限制;也不受被收养人不满14周岁的限制。

(二) 申请办理收养公证所需提交的材料①

申请办理收养公证,应由收养人、被收养人亲自到收养人或者被收养人住所地的公证处提出申请。申请办理收养公证时应当提交的材料主要包括:

1. 收养人应提交:

(1) 居民身份证、户口本及其复印件。

(2) 要求收养子女的申请书(主要内容包括:收养目的、有无子女、本人经济状况、有无抚养能力,以及不虐待、不遗弃被收养人的保证等)。

(3) 婚姻状况证明(已婚者提交结婚证,未婚者提交未婚证明,离婚者提交离婚证明,丧偶者提交配偶死亡证明)及其复印件。

(4) 收养人本人所在单位人事部门或所在街道办事处出具的婚姻、家庭、年龄状况和有抚养教育被收养人的能力的证明。

(5) 计划生育办公室出具的婚姻、子女状况证明。

(6) 县级以上医院出具的身体健康检查证明,包括有无严重传染性疾病或严重残疾等。

(7) 县级以上医院出具的不孕(不育)诊断证明。

(8) 事实收养公证应出具收养人与被收养人共同生活多年的证明材料,如是捡拾的弃婴应出具捡拾弃婴的证明材料。

(9) 收养三代以内同辈旁系血亲子女的,应提供三代以内同辈旁系血亲证明,华侨收养的提供华侨身份证明。

2. 送养人应提交:

(1) 被收养人生父母作送养人的(包括已离婚的),需提交该生父母双方同意送养的书面意见、婚姻状况证明、户口本、居民身份证及其复印件、子女情况证明及不违反计划生育法规规定的保证(该项证明需经本单位计划生育部门核查)。

(2) 因丧偶或一方查找不到,由被收养人的生父或生母单方送养的,由送养人单方提交同意送养的书面意见、子女情况证明,并需提交配偶死亡或下落不明的证明,以及死亡配偶的父母不行使优先权的声明;因查找不到生父的非婚生子女由其生母单方送养的,送养人应提交说明单方送养原因的书面材料。

(3) 由被收养人的监护人作送养人的,必须提交本人有监护权的证明、本人及其他有抚养义务的人同意送养的书面意见、户口本、居民身份证及其复印件以

---

① 参见宋朝武、张力:《律师与公证》,厦门大学出版社2007年版,第303页。

及被收养人的生父母不具备完全民事行为能力的证明和被收养人生父母对其有严重危害的证明,或被收养人的生父母的残疾证明(其中,监护权证明是指当事人根据《民法通则》第16条规定提交的亲属关系证明、居民委员会或村民委员会的证明,或人民法院指定监护的裁决书;有严重危害的证明是指县级以上医院出具的医疗诊断证明)。

(4)社会福利机构为送养人的,需提交经该单位法定代表人签名同意送养的书面文件。

3. 被收养人的户口证明或出生证明及其复印件。

4. 特殊收养应提交:

(1)三代以内旁系血亲证明。

(2)达到法定婚龄的,提交婚姻状况证明、户口证明或居民身份证及其复印件。

(3)被收养人有配偶的,提交配偶同意其被收养的书面意见。

5. 收养人、送养人双方订立的书面协议。

(三)重点审查的内容

当事人申请办理收养公证时重点审查的事项包括:(1)当事人各方的身份和行为能力;(2)当事人各方的意思表示是否真实,收养动机和意图是否正当;(3)收养人的经济情况、健康状况、品行、抚养能力等;(4)收养协议内容是否真实、合法;(5)如果被收养人年满10周岁,是否征得了其本人同意。

(四)办理收养公证应当注意的问题

第一,公证人员在办理收养公证时,应当向双方当事人讲明收养关系成立后,养子女和生父母之间的权利、义务关系解除,养父母和养子女之间的权利、义务关系形成,双方都不能虐待或遗弃。

第二,公证员应当查明收养人和送养人以及有识别能力的被收养人的意思表示是否一致。

第三,公证员还应认真审查收养关系各方当事人的真正动机和目的,防止利用收养关系进行不法活动和违反计划生育的行为。

三、解除收养关系的公证[①]

收养关系成立后,由于各种原因,养父母和养子女之间的关系无法继续维持下去时,可以终止收养双方的权利、义务关系,解除收养关系。

收养关系的解除应当符合下列条件:(1)收养人在被收养人成年以前,不得解除收养关系,但收养人、送养人双方协议解除的除外。养子女年满10周岁以

[①] 参见宣善德主编:《律师、公证与仲裁制度》,中国政法大学出版社2008年版,第218页。

上的,应当征得本人同意。(2)收养人不履行抚养义务,有虐待、遗弃等侵害未成年养子女合法权益行为的,送养人有权要求解除养父母与养子女的收养关系。(3)养父母与成年养子女关系恶化、无法共同生活的,可以协议解除收养关系。

当事人解除收养关系应当达成书面协议。如果收养关系是经公证证明的,应当到公证处办理解除收养关系的证明。

公证机构根据当事人的申请,依法证明养父母与养子女之间解除收养关系行为真实、合法的活动,就是解除收养关系的公证。

收养关系解除的公证是对拟制血亲关系的解除,会引起民事法律关系的变更、消灭,在具体程序中与收养关系公证存在一定的不同之处。

在提交证明材料方面,办理解除收养关系公证除提交与收养公证相同的材料外,还应当提交解除收养关系协议。解除收养关系协议书的主要内容一般包括:(1)当事人双方姓名、性别、出生日期、职业、住址等基本情况;(2)收养关系的成立时间、经过;(3)解除收养关系的原因;(4)解除收养关系后住房以及相关财产、生活安排等方面事宜的处理;(5)是否有《收养法》第29条(收养关系解除后,经养父母抚养的成年养子女,对缺乏劳动能力又缺乏生活来源的养父母,应当给付生活费。因养子女成年后虐待、遗弃养父母而解除收养关系的,养父母可以要求养子女补偿收养期间支出的生活费和教育费。生父母要求解除收养关系的,养父母可以要求生父母适当补偿收养期间支出的生活费和教育费,但因养父母虐待、遗弃养子女而解除收养关系的除外)所规定的情形出现,如果有,则应当给予必要的财产补偿;(6)当事人双方签字、盖章、日期等。

在审查方面,办理解除收养关系公证同样应当慎重。对于收养人与有行为能力的被收养人有一方不同意解除的;无行为能力或限制行为能力的被收养人的生父母死亡并无其他监护人的;无行为能力的被收养人的生父母有一方不同意的;收养人或被收养人有一方患疾病,生活不能自理的;收养人丧失劳动能力并在经济方面完全依靠被收养人维持生活的,公证机构应当不予受理。这一规定体现了在收养关系中对弱势方的特别保护。

四、涉外收养公证

涉外收养,是指外国人在我国收养子女的行为。涉外收养公证是指对外国人在我国收养子女的行为的真实性、合法性予以证明的活动。

根据《收养法》第20条的规定,外国人在我国收养子女,应当经其所在国主管机关依照该国法律审查同意。收养人应当提供由其所在国有权机构出具的有关收养人的年龄、婚姻、职业、财产、健康、有无受过刑事处罚等状况的证明材料,该证明材料应当经其所在国外交机关或者外交机关授权的机构认证,并经中华人民共和国驻该国使(领)馆认证。该收养人应当与送养人订立书面协议,亲自向省级人民政府民政部门登记。收养关系自公证之日起成立。

根据司法部的规定,外国人在我国收养子女,必须符合下列条件:(1)收养人夫妻双方均年满35周岁,有正当的收养目的,有可靠的经济来源,身体健康,无传染性疾病;(2)如被收养人有识别能力(10周岁以上),需征得其本人同意;(3)送养人同意送养;(4)收养人行为不违反收养人居住国法律。

办理涉外收养公证,在程序上应注意下列问题:第一,只能由被收养人住所地具有办理涉外公证资格的公证处办理。第二,必须由收养人亲自向有管辖权的公证处申请,不得委托他人。收养人一方不能来的,可委托能来中国的一方办理收养公证,委托书必须经过公证和认证。收养人必须是符合条件的自然人,法人和社会组织不得收养,也不得介绍收养。

在审查的时候要注意:第一,当事人各方的身份和行为能力是否符合我国法律的相关规定;第二,各方意思表示是否真实,如果被收养人年满10周岁,是否征得其本人同意;第三,收养人未受过刑事处分;第四,当事人提交的民政部门颁发的收养证书的真实性;第五,慎重审查收养人的收养动机和目的等。

第六节 财产分割协议公证

一、财产分割协议公证概述[①]

财产分割,是指财产共有人分配共有财产的行为。根据民法相关规定,共有财产可以分为按份共有和共同共有。常见的财产分割主要有分割家庭共有财产、分割夫妻共有财产、分割共同继承或受遗赠的财产、分割合伙财产、分割合资(合作)或联营的财产等。

财产分割协议,是指财产共有人经协商一致,对其共有的财产达成分割意见的书面协议。财产分割协议的内容应当包括:(1)协议各方的基本情况,包括姓名、性别、出生日期、身份证号、住所地等;(2)协议当事人之间的关系、形成共有的原因和分割理由;(3)被分割财产的物理现状和权利现状;(4)分割财产的原则、方式、方法、标准;(5)各协议人分得之财产的物理现状和权利现状;(6)分割后财产的交付和转移条件;(7)价格补偿和债务承担问题;(8)违约责任;(9)其他事宜,例如办理登记和批准手续的问题,涉及第三人的问题等。

财产分割协议公证,是指公证机构依据当事人的申请,依法证明当事人之间签订分割共有财产协议的真实性、合法性的活动。财产分割协议公证,应当由当事人住所地、分割行为地的公证机构管辖;涉及不动产的分割应当由不动产所在

---

① 参见宋朝武、张力:《律师与公证》,高等教育出版社2007年版,第299页。

地的公证机构管辖。

二、申请办理财产分割协议公证所需提交的材料

应提交的材料主要包括:(1)公证申请表;(2)当事人的身份证明,委托代理人需提交授权委托书和身份证明;(3)共有财产的产权证明以及财产清单;(4)财产分割协议书文本;(5)公证员认为应当提交的其他材料。

三、办理财产分割协议公证应当审查的内容以及注意事项

主要审查的内容有:财产共有人的人数、身份、行为能力;财产的性质、种类、数量、质量等;当事人意思表示是否真实;财产分割协议的内容是否明确、真实、合法以及其他相关事项。

办理分割财产协议公证应当注意的问题主要包括:

第一,区分被分割的财产是按份共有还是共同共有,对按份共有的财产,按已有之份额进行分割;对共同共有的财产,由当事人自由进行分割。

第二,如果共有人中有人出卖自己占有的份额,其他共有人在同等条件下享有优先购买权。

第三,不宜分割的财产或者分割后有损价值的财产,应当采取折价、适当补偿的方式处理。

第四,如有共有人下落不明,应保留其应得之份额;如有共有人死亡,则死者的法定继承人或其他遗产受益人参与分割。

第五,共有财产上有债务负担的,应明确各共有人承担债务的份额和偿还方式。

第六,因合伙终止等原因发生财产分割的,应当提交合伙关系或其他合作关系终止的证明。

第七,分割财产应当考虑各共有人对共有财产的贡献大小以及共有人的具体经营生活需要。分割家庭共有财产,应当对老弱病残者给予适当照顾;分割夫妻共有财产,应当对无过错责任者给予适当照顾。

第八,权利人放弃法定应当分得财产的,应当向公证机构提交放弃财产的声明书。

第九,被分割的财产需要办理变更登记和批准手续的,应当明确办理相关手续的时间。

第七节 婚前财产约定协议公证①

我国《婚姻法》规定,婚前财产属于夫或妻个人所有,但由于在婚姻关系存续期间,夫妻长期共同使用、消耗、变更上述财产,使如何认定婚前财产的范围和产权归属成为司法实践中最棘手的问题之一,也是婚姻纠纷中双方经常争议的焦点。因此,为适应社会发展的需求,预防婚姻财产纠纷,婚前财产约定协议公证应运而生。

婚前财产约定协议公证,是指国家公证机构根据当事人的申请,依法证明夫妻(包括未婚夫妻)双方达成的有关各自婚前财产和债务的范围和权利归属问题的协议真实、合法的司法证明活动。

婚前财产约定协议公证可以采取两种形式:(1)未婚夫妻在结婚登记以前达成协议,办理公证;(2)已婚夫妻在夫妻关系存续期间达成协议,办理公证。

办理婚前财产约定协议公证的当事人应当前往住所地或者协议签订地的公证处提出申请,办理公证。

当事人申请办理此类公证,应向公证机构提交以下证明材料:(1)双方当事人的身份证明(户口簿、身份证、护照等);(2)已婚夫妻的结婚证书或未婚夫妻的关系证明;(3)财产清单以及财产产权证明;(4)有关财产的约定书一式三份;(5)公证人认为应当提交的其他材料。

当事人在婚前财产约定协议书中,应对各方婚前财产在婚后的使用、维修、保养、处分以及财产孳息归属作出约定,对各方婚前债务清偿作出约定。协议书内容应符合社会公共利益,不得危害社会以及第三人合法权益。

在办理婚前财产约定协议公证的过程中,应当注意:第一,办理该公证,当事人必须亲自前往公证处办理,不得委托他人代理。第二,婚前财产协议不得处分他人财产,对他人财产进行约定,尤其是再婚人员。第三,当事人应当具备完全行为能力,意思表示真实,没有受到胁迫、欺诈。

---

① 本节主要参考宣善德主编:《律师、公证与仲裁制度》,中国政法大学出版社 2008 年版,第 214—223 页;宋朝武、张力:《律师与公证》,高等教育出版社 2007 年版,第 298—299 页。

第三十章 常见的其他几种民事公证[①]

第一节 有奖活动公证

有奖活动公证是指国家公证机构根据有奖活动主办单位的申请,依法对有奖活动进行法律监督,并当场证明有奖活动程序和中奖结果的真实性、合法性的司法证明活动。常见的有奖活动包括:有奖储蓄、有奖竞猜、有奖募捐、有奖比赛、有奖问答、有奖销售等。为了保证有奖活动的真实性、合法性、公正性,实践中各种有奖活动大都办理公证。中国人民银行在1989年5月21日发布的《关于加强储蓄管理的通知》中规定,各种形式的有奖储蓄,开奖必须经司法部门公证。有奖活动公证是对有奖活动进行法律监督,保证有奖活动依法进行的必要法律手段。办理有奖活动公证应遵循相应程序。

有奖活动公证一般由主办单位住所地或开奖(抽签、摇奖、评奖)行为发生地的公证处管辖。申请人应当在发出有奖活动公告或发售奖券前向公证机构提出申请,并提交申请人的身份证明、主办资格证明、有奖活动的批准文件、章程和活动规则等材料。公证处除对申请人的基本情况和提供的材料进行审查核实外,重点是对有奖活动的程序进行法律监督。《公证程序规则》规定,公证处办理招标投标、开奖、拍卖等公证事项,承办公证员应亲临现场,对其真实性、合法性予以审查核实。

审查核实的主要内容有:(1)有奖活动是否按照预先公布或规定的程序进行;(2)奖票是否符合要求,质量是否合格,数量、编号是否准确;(3)发出和未发出的奖票由公证处进行登记;(4)投票或回收的奖票是否有效,有无舞弊行为;(5)奖品设置是否真实、符合活动要求;(6)摇奖、抽奖、评奖和开奖程序是否真实、合法;(7)中奖结果是否有效、合法。

对违反法律和有奖活动规则的,公证员应该当场纠正或制止,当事人拒不改正的,公证处将拒绝公证。有奖活动真实、合法的,公证员要在开奖或发奖活动结束时,当场宣读公证词,并在七日内制成公证书,该公证证明从宣读之日起生效。

[①] 本章主要参考张文章主编:《公证制度新论》,厦门大学出版社2005年版;刘金华、俞兆平:《公证与律师制度》,厦门大学出版社2007年版。

第二节　有关经历与学历的公证[①]

一、经历公证

经历公证是指国家公证机构根据当事人的申请，依法对我国公民的工作履历这一法律意义的事实的真实性予以证明的活动。申办经历公证，当事人应向其住所地或工作单位所在地的公证处提出申请，填写公证申请表，并提交其本人的身份证明和近期免冠照片两张、本人单位出具的工作经历证明及代理人的身份证明和授权委托书等。对未在固定单位任职、在不固定场所工作的当事人，应由有关主管部门出具证明。对当事人要求办理解放前的经历公证，公证机构也可在查实的基础上出具公证书。公证机构一般只证明当事人在我国工作的经历公证，但特殊情况下也可证明当事人在域外的工作经历。

二、学历公证

学历公证是指国家公证机构根据当事人的申请，依法证明当事人在学校学习的经历和毕业或肄业的事实真实、合法的活动。学历公证主要用于当事人出国求学、进修、谋职等活动。申请办理学历公证，当事人应向其住所地或学校所在地的公证处提出申请，填写公证申请表，并提交身份证明、其所在单位出具的证明、毕业证书或肄业证书的原件和复印件、近期二寸免冠照片若干张。公证处办理学历公证，应该注意以下几点：

（1）可以只证明当事人的最高学历，也可以证明当事人的全部学历，具体视当事人的要求和有关国家的规定而为。

（2）有些国家要求申请赴该国留学人员提供其在校期间所学课程和取得的成绩，当事人在申请办理学历公证的同时，还可申请成绩公证。

（3）学历公证只能证明国家承认的学历。

第三节　保全证据公证

保全证据是指对于日后可能灭失或以后难以取得的证据，依法进行事先收存和固定，以保持证据的真实性和证明力的措施。保全证据分为两种：一种是诉讼保全，由人民法院按照《民事诉讼法》的有关规定进行；另一种是诉讼前的证据保全，一般由当事人申请公证机构按照《公证法》和《公证程序规则》的规定负

[①] 本节主要参考肖胜喜主编：《律师与公证制度及实务》，中国政法大学出版社1999年版，第308页。

责完成。保全证据公证是指国家公证机构根据当事人的申请,对与申请人权益有关的、日后可能灭失或以后难以取得的证据,依法进行事先收存和固定,以保持证据的真实性和证明力的活动。公证机构保全证据,可以有效地防止证据灭失,为人民法院和行政机关及时解决纠纷和诉讼提供可靠的法律依据。

实践中,涉及网络侵权的案件申请公证机构对证据进行保全是一个很有效的手段。另外,保全证据公证在房屋拆迁过程中也是比较常见的。《城市房屋拆迁管理条例》规定,在有些情况下必须办理证据保全:

(1)房屋拆迁管理部门代管的房屋需要拆迁的,拆迁补偿安置协议必须经公证机构公证,并办理证据保全。

(2)拆迁人与被拆迁人或者拆迁人、被拆迁人与房屋承租人达不成拆迁补偿安置协议的,经当事人申请,由房屋拆迁管理部门裁决。房屋拆迁管理部门是被拆迁人的,由同级人民政府裁决。被拆迁人或者房屋承租人在裁决规定的搬迁期限内未搬迁的,由房屋所在地的市、县人民政府责成有关部门强制拆迁,或者由房屋拆迁管理部门依法申请人民法院强制拆迁。实施强制拆迁前,拆迁人应当就被拆除房屋的有关事项,向公证机构办理证据保全。

(3)拆迁产权不明确的房屋,拆迁人应当提出补偿安置方案,报房屋拆迁管理部门审核同意后实施拆迁。拆迁前,拆迁人应当就被拆迁房屋的有关事项向公证机构办理证据保全。

公民、法人或其他组织需要保全证据的,可在诉讼发生之前向其住所地或事实发生地的公证处提出申请,填写公证申请表,并提交下列材料:(1)申请人的身份证件;法人申请的,应提供法人资格证明和法定代表人身份证件,代理人申请的,应提供本人的身份证件和授权委托书。(2)需要保全的证据的情况。(3)保全证据的目的和用途。(4)该证据可能灭失或不易保存的证明。

公证处受理申请后,应重点审查以下内容:(1)保全的证据与申请人的合法权益有哪些关系。(2)保全的证据是否属实,是否存在将要灭失或难以取得的情况。(3)所保全的证据是否用于正在进行的诉讼,如果用于正在进行的诉讼,公证处应不予办理,但人民法院有特殊要求的除外。

公证处保全证据,应当由两名公证人员共同办理,其中一名必须是公证员。

第四节 提存公证[1]

提存是指债务人在债务已到履行期限时,将无法履行或债权人无正当理由

---

[1] 本节主要参考宋朝武、张力:《律师与公证》,高等教育出版社2007年版,第263页。

拒绝接受履行的给付交给有关机关保存的行为。债务人通过提存,将应交付债权人的标的物交付给有关机关,以此代替应向债权人的给付,从而免除了自己的债务,他与债权人之间的权利义务关系即告终止。提存物意外毁损灭失的风险归属于债权人。根据相关法律的规定,公证机构是我国法定的提存机关。

提存具有以下法律特征:(1)导致提存标的物的所有权或占有权转移,引起债务清偿的法律后果。(2)提存时,债务人无需征得债权人的同意。(3)提存标的物仅限于物品、货币或各种有价证券。(4)提存必须由法定的专门机关进行,否则不能产生提存的法律效力。

申请办理提存公证,债务人应向其债务履行地或不动产所在地的公证处提出申请,填写公证申请表,并提交下列材料:(1)申请人的法人资格证明和法定代表人的身份证件,委托人的身份证件和授权委托书。(2)债发生的依据。(3)债务无法履行或债权人无正当理由拒绝接受履行的证明。(4)交付的提存物。

公证处受理后,应重点审查:(1)提存人的身份;(2)提存之债是否真实、合法;(3)提存标的物与提存之债的标的是否一致;(4)债务人是否无法直接履行债务。

根据《公证程序规则》的规定,公证处办理提存公证,应以通知书或公告方式通知债权人在确定的期限内领取提存标的物,债权人领取提存标的物时,应提供身份证明和有关债权的证明,并承担因提存所支出的费用。不易保存的或债权人到期不领取的提存物品,公证处可以拍卖,保存其价款。提存人可以凭人民法院的裁决书或提存之债已清偿的其他证明领回提存物。从提存之日起,超过五年无人领取的提存标的物,视为无主财产,上交国库。

第五节 办理抵押登记业务

抵押是抵押人将自己所有的财产抵押给贷款人,以担保借款人按期还本付息的合同,若借款人到期不能偿还贷款本金加利息,则债权人有权处分该抵押物,并优先受偿。在抵押登记上,我国采取的是登记生效主义与登记对抗主义相结合的立法模式。我国《担保法》第43条规定:当事人以其他财产抵押的(即法定必须登记才能生效的财产之外),可以自愿办理抵押物登记,抵押合同自签订之日起生效。当事人未办理抵押物登记的,不得对抗第三人。当事人办理抵押物登记的,登记部门为抵押人所在地的公证部门。该条规定提供了公证机构可以为当事人办理抵押登记业务的法律基础。司法部于2002年2月20日通过并发布施行的《公证机构办理抵押登记办法》对公证机构办理担保登记业务给予了程序及实体上的细化。

申办抵押登记,由抵押合同双方当事人共同提出申请,并填写抵押登记申请表,提供相关材料:(1)申请人和代理人的身份与资格证明;(2)主合同、抵押合同及其他相关合同;(3)抵押物所有权或使用权凭证或其他证券化凭证;(4)抵押物清单;(5)与抵押登记有关的其他材料。

公证机构审查内容包括:(1)抵押登记的财产是否属公证机构管辖;(2)申请人和代理人的姓名、性别、出生日期、身份证编号、住址、联系方法、法人名称及负责人相关内容;(3)主合同、抵押合同及其他相关合同中债权种类、数额、抵押物名称、数量、状况、期限及其他情况;(4)其他申请人提供的材料;(5)公证机构认为还须审查的其他材料。

公证机构决定予以登记的,应向当事人出具抵押登记证书,抵押登记证书应载明下列内容:抵押人、抵押权人的姓名、身份证号码或名称、单位代码、地址;抵押担保的主债权的种类、数额;抵押物的名称、数量、质量、状况、所在地、所有权或者使用权权属;债务人履行债务的期限;抵押担保的范围;再次抵押情况;抵押登记的日期;其他事项。抵押权人自公证机构出具抵押登记证书之日起生效,并获得对抗第三人的权利。

第三十一章 具有法律意义的事实公证

第一节 具有法律意义的事实公证概述

一、具有法律意义的事实的含义

所谓具有法律意义的事实,是指法律上对当事人民事权利义务关系的设立、变更和终止,或民事权利的实现有一定影响作用的各种客观事实。公证机构所证明的具有法律意义的事实主要包括两大类:一是证明法律事件,即指国家公证机构根据当事人的申请,对法律事件的真实性依法进行证明的活动,如证明出生、死亡等事实;二是证明非争议性事实,即国家公证机构根据当事人的申请,对没有争议的、客观存在的具有法律意义的事实,依法证明其真实性与合法性的活动,如证明亲属关系、婚姻状况、学历、经历、职称、身份等。法律事实是能够引起法律关系产生、变更或消灭的各种事实的总称,包括事件(自然事件、社会事件)和法律行为两类。前者指依据法律规范规定,不以当事人的意志为转移而引起法律关系形成、变更或消灭的客观事实;后者指与当事人意志有关的,能够引起法律关系产生、变更或消灭的作为或不作为。当然,并非所有的事件和行为都是法律事实。只有当法律规定把某种事实同一定的法律后果联系起来的时候,即产生、变更和终止权利义务关系时,这种事实才被认为是法律事实。[①]

由此可见,"具有法律意义的事实"与"法律事实"是两个不同的概念。它们所引起的法律效果也是不同的。前者对法律关系产生、变更或消灭仅仅产生一定影响,而后者则是引起法律关系产生、变更或消灭。

二、对具有法律意义的事实出具公证书应具备的条件

依照《公证程序规则》第37条,对具有法律意义的事实出具公证书应具备以下条件:

(1)该事实与当事人有利害关系。有利害关系是指当事人申请公证的事实对其权利义务关系产生影响。例如,当事人为到域外探亲或者定居而申请办理的亲属关系或婚姻关系公证。

(2)事实真实无误。事实真实无误是指:第一,事实确实客观存在,不能是

[①] 参见江伟主编:《律师公证与仲裁制度》,高等教育出版社1997年版。

虚假或伪造的;第二,事实与客观实际相一致,不能夸大或者缩小或作其他变更。例如,公司申请公证的审计报告,确系审计部门为其出具的等。

(3) 事实的内容和形式合法,不违背社会道德。内容合法是指当事人申请公证的事实没有明显违反国家的规范性法律文件,不得有损害国家、社会利益和他人合法权益的内容。形式合法是指当事人申请公证的事实的外在形式,符合法律法规和规范性文件的要求。例如,当事人申请办理婚姻关系的公证,就要求其缔结婚姻关系的形式符合《婚姻法》的规定,采取登记的形式。

(4) 不同的有法律意义的事实公证的办证规则有特殊要求的,从其规定。

第二节　出生、生存、死亡、居住地公证①

一、出生公证

出生公证,是国家公证机构根据当事人的申请,依法对其在我国出生的事实予以证明的活动。若当事人在其他国家或地区出生,且其在域外出生的事实,在回国定居时已记入户籍档案的,公证处亦可依据户籍档案记载为其出具公证书。

出生公证由当事人住所地或事实发生地有涉外管辖权的公证处管辖。办理出生公证,当事人应向公证处提交下列证件和材料:

(1) 当事人的居民身份证(护照)及其复印件;

(2) 户口簿及其复印件或公安派出所出具的户籍证明;

(3) 当事人人事档案管理部门(所在单位的人事、组织、劳资等部门;人才交流中心;住所地街道办事处、乡镇人们政府)出具的证明其出生事实的信函。当事人为未成年人的,证明信函可由其父母的人事档案管理部门或本人住所地街道办事处、乡镇人民政府或公安派出所出具;

(4) 由于美国和泰国均要求在出生公证书上加贴照片,因此,凡办理在上述两国使用的出生公证书,当事人均应提交与办证件数相应的近期二寸半身免冠照片若干张。

当事人不能亲自到公证处办理公证,需委托他人代理的,代理人应提交授权委托书和本人的居民身份证复印件。

出生公证是涉外公证中常见的一项业务,主要用于当事人出国定居、谋职、求学、办理退职手续和办理入籍手续等事项。

---

① 本节主要参考肖胜喜主编:《律师与公证制度及实务》,中国政法大学出版社2008年版,第308页。

二、生存公证

生存公证,是指公证机构根据当事人的申请,依据法定程序,证明公民尚存这一事实真实性的活动。生存公证书主要用于领取抚恤金、养老金,通常要求定期出具。当事人办理生存公证的,必须亲自向住所地的公证机构提出申请。

生存公证书的重点在于证明被证明人活着,因此只需证明被证明人现在何地、还活着即可。承办的公证人员一般必须看到当事人本人,并核实身份,而不会仅凭证明材料出具公证书。

三、死亡公证

死亡时间在法律上具有重要意义,它决定了某些事件是否发生及其发生的时间,如继承的开始、遗嘱发生法律效力、婚姻关系的消灭、抚恤金请求权的发生等。一般而言,自然人死亡时间应以户口簿所登记的死亡时间为准,户口簿的记载具有最强的证明力。死亡包括自然死亡和宣告死亡。自然死亡是自然人生命的绝对消灭,是人的机体生命活动和新陈代谢的终止。宣告死亡,是指法院依据法定程序宣告自然人死亡。

死亡公证,是指公证机构根据当事人的申请,依据法定程序,对发生在我国境内的自然人死亡这一法律事实的真实性予以证明的活动。死亡公证主要用于死者的亲属等利害关系人继承遗产,申请抚恤金、保险金及再婚等。由于自然人的死亡将引起许多法律上权利义务的变动,往往成为某些民事法律行为的前提,如果证明不当可能造成严重后果和不良影响,因此死亡公证在民事活动中具有重要意义。

四、居住地公证

居住地公证是指国家公证机构根据当事人的申请,依法证明当事人实际居住地点的活动。居住地公证书主要用于归国华侨和其他曾在我国居住、工作过的我国公民及在我国居住的外国人向其曾工作过的国家或地区有关部门领取养老金、退休金、抚恤金等事项。此类公证书既可证明当事人生存的事实,也可以证明当事人的具体居住地址,是当事人享受域外养老金等的重要依据。

生存公证书和居住地公证书都可以用于向原居住国家或地区领取养老金,但二者侧重点不同,应按照有关国家或地区养老金发放机关的要求选择适用。

第三节 意外事件公证

意外事件公证,是指公证机构根据当事人的申请,依法对有关部门出具的对意外事件的发生以及造成结果的证明文件的真实性予以证明的活动。

申请意外事件公证，当事人应向意外事件发生地或当事人住所地的公证处提出申请，并填写公证申请表，同时向公证处提交以下证明材料：(1) 身份证明，当事人的法人资格证明，法定代表人的资格证明和身份证明，代理人代为申请的，应提交授权委托书和代理人的身份证明；(2) 有关部门出具的对意外事件发生和造成结果的证明文件；(3) 遭到灭失、毁损的财产，现场勘察记录以及有关照片等证明材料；(4) 与意外事件有关联的证明材料；(5) 公证处认为应当提供的其他证明材料。

公证机构经过严格审查，认为意外事件真实时，应出具公证书。

第四节　不可抗力事件公证[1]

民事法律上所称的不可抗力事件即灾害事件，是指由于自然现象或某些社会现象所造成的损害。具体是指不能预见、不能避免并不能克服的客观情况，如地震、火灾等。不可抗力公证，是指公证机构根据当事人的申请，依法对有关部门出具的对不可抗力事件的证明文件的真实性予以证明的活动。

证明不可抗力事件发生的事实，对买卖合同、保险合同，特别是涉外民商事合同，具有重要意义。因为在民法上，凡发生不可抗力事件，当事人已经尽到了责任，仍不能排除灾害事件的发生，造成财物损毁的，或者合同不能履行的，如果能够提出有力证据的，便可以免除民事责任。

不可抗力事件公证由事件发生地的公证处管辖。当事人申请公证时，应说明公证的目的、用途和使用地，并提交下列证明材料：(1) 当事人的身份和资格证明，如营业执照、法定代表人的身份证件、代理人的授权委托书及其本人的身份证件等；(2) 有关部门对不可抗力事件的新闻报道、调查报告、查验报告等；(3) 其他有关的证明和材料，如当事人与其他人签订的合同等。

第五节　婚姻状况公证

婚姻状况公证是指国家公证机构根据申请人的申请，依法对公民现存的婚姻状况这一法律事实的真实性、合法性给予证明的活动。这类公证主要用于我国公民在国外办理结婚、定居、继承、留学等法律手续，也用于国内部分经济民事活动，在民事公证中占有重要地位。婚姻状况公证包括结婚公证、未婚公证和离婚公证。办理婚姻状况公证应当注意的问题有：

---

[1] 参见宋朝武、张力：《律师与公证》，高等教育出版社2007年版，第312页。

1. 办理涉外婚姻状况公证的申请人应当向当事人住所地办理涉外公证业务的公证机构提出申请。

2. 申请人应同时提供下列文件：(1) 本人的身份证件；(2) 结婚证书、离婚证书；(3) 其他证明婚姻状况的文书。

3. 没有办理婚姻登记手续，而是按照当地风俗结为夫妻的，其公证属于结婚公证的范围，但公证的格式与结婚公证有所不同。

4. 如果用于涉外方面的，应送外交部或者省、自治区、直辖市外事办公室和有关国家驻我国大使馆、领事馆认证，但文书使用国另有规定或者双方协议免除领事认证的除外。

一、结婚公证

结婚公证是指具有办理涉外公证业务资格的公证机构根据当事人的申请，依法证明当事人的结婚这一法律事实的真实性、合法性的活动。

公证证明的婚姻关系，必须是我国法律所承认的婚姻关系，如经合法手续登记的婚姻；1950年《婚姻法》颁布前建立的事实婚姻；解放前的婚姻关系，包括当时存在的一夫多妻制的婚姻关系等。

对于结婚公证，当事人应提供的证明材料有：(1) 当事人夫妻双方的居民身份证和户口簿及其复印件，已注销户口的，应提交原居住地公安派出所出具的户籍记载情况证明；(2) 当事人结婚证原件及复印件和夫妻双方照片；(3) 代理人代为申请的，还须提交授权委托书和代理人的身份证及其复印件。

二、离婚状况公证

离婚公证是指公证机构根据人民法院出具的判决书、调解书，婚姻登记机关出具的离婚证书或解除夫妻关系证明书，依据法定程序证明当事人的婚姻关系已解除的事实真实、合法的活动。申办离婚公证，当事人应提交以下证件和材料：(1) 申请人的身份证明、户口本；(2) 离婚证书或民事调解书、判决书（判决离婚的还应提交原法院出具的该判决书已生效的裁定证明）；(3) 委托他人代为办理的，应提供申请人的委托书及本人身份证明。

离婚公证只能根据离婚证书、民事调解书、判决书、裁定书证明当事人在何年何月何日离婚，并不能证明当事人现在是否再婚。当事人还可以申请公证处对其未再婚的声明进行公证。离婚公证主要用于当事人申请入境签证、求学和再婚等。实践中曾出现当事人利用离婚公证书达到出境重婚目的的案例，因而对离婚公证的慎重审查十分必要。

三、未婚状况公证

未婚公证是对当事人未结婚这一法律事实的真实性和合法性的证明。未婚公证包括两种情况：一是达到我国法定结婚年龄的未婚，二是未达到我国法定结婚年龄的未婚。在我国办理未婚公证，当事人应亲自向住所地的公证处申请办理，特殊情况可委托他人办理。

申办未婚公证，当事人应提交以下证件和材料：(1) 申请人的身份证明、户口本。(2) 申请人人事档案管理部门出具的证明信，内容包括：姓名(性别、出生年月日、现住××)至×年×月×日止未曾登记结婚。已离境者：姓名(性别、出生年月日、原住××)至×年×月×日在中国居住期间未曾登记结婚。(3) 委托他人代为办理的，代理人应提供申请人的委托书及本人身份证明。

由于未婚公证一般涉及涉外民事事项，这里主要是指涉外未婚公证。

第六节 亲属关系公证[①]

一、亲属关系公证的含义和用途

亲属关系是指基于婚姻、血缘或者法律拟制而形成的人与人之间的社会关系，以婚姻、血缘和收养关系为主要纽带，是一种相互之间有固定身份和称谓的社会关系。亲属关系的当事人在一定范围内互相负有法律上的权利义务。

亲属关系公证是公证处根据当事人的申请，依照法定程序，证明当事人之间因血缘、婚姻、收养和抚养而产生的彼此具有法律上权利和义务的亲属关系的真实性、合法性的活动。亲属关系公证书主要用于我国公民到国外定居、探亲、留学、继承遗产、领取抚恤赔偿金及当事人回国探亲、定居、留学、申请劳工伤亡赔偿、申请减免税收等事务，具有涉外性质，对保护我国公民合法权益具有重要意义。

二、亲属关系公证的程序

(1) 亲属关系公证的管辖。亲属关系公证由当事人住所地的公证处管辖。

(2) 申办亲属关系公证应提交的材料。申办此项公证，当事人应向公证处提交身份证明，并提交有关部门根据档案记载出具的当事人与关系人之间关系的证明材料。

(3) 亲属关系公证应审查的内容和应注意的问题。公证处应审查的内容

---

① 本节主要参考江晓亮主编：《公证员入门》，法律出版社 2003 年版，第 240 页。

有:材料是否齐全,当事人之间的亲属关系是否真实、合法,以及当事人使用亲属关系公证书的目的等。办理此项公证时,公证处应注意以下事项:① 公证书中关于亲属之间的称谓,应使用我国法定的和习惯上的统一称谓,不得使用地方方言;② 有的国家要求,赴该国自费留学的我国公民,提供包括所有家庭成员的亲属关系公证。

办理亲属关系公证,公证机构还要考虑使用过的特殊规定要求,按照实际情况出具公证书。例如,有的国家对非婚生子女的权利义务在法律上有不同的规定,则亲属关系公证书中一般不采用"婚前"或者"非婚"生子女的说法。

三、亲属关系公证的效力

亲属关系公证是当事人自觉办理的,不具有强制性。但是,依据国际惯例或双边条例,专门用于出国的亲属关系证明,必须经过公证证明。因此,亲属关系公证也应属于强制公证事项的一种。

第七节 其他非争议性事实公证

一、非争议性事实公证概述

公证证明非争议性事实,是指证明无争议的客观存在的事实的真实性与合法性的活动。当事人对该类事实申办公证,主要基于两种目的:一是为了取得使用地和使用单位的信任;二是为了防止以后发生争议。

二、主要类型

非争议性事实主要包括:第一,公民个人身份、学历、经历、民族、国籍、生存、健康状况、亲属关系、婚姻状况和未受刑事处分等;第二,企业法人或其他组织的资格、资信、经济活动等方面的事实,如企业法人资格、商标专用权、专利权等。下面概括介绍几种主要的非争议性事实的公证。

1. 健康状况公证

健康状况公证,是指公证机构根据当事人的申请,证明当事人身体健康状况的活动。当事人去域外定居、旅游、留学和结婚等,通常会被要求提供本国公证机构出具的健康证明公证书。

当事人申请办理健康状况公证,应向其所居住地公证处提出申请。申请时应提交:(1) 公证申请表;(2) 身份证明;(3) 卫生检疫部门出具的健康证明书;(4) 其他应提交的材料。公证机构经过严格审查,认为卫生检疫部门出具的健康证明书的影印件与原件相符,原件上所盖的卫生检疫部门的印鉴属实时,应依法出具公证书。

2. 法人资信公证[1]

法人资信公证,是指公证机构根据当事人的申请,依法就该法人经济活动状况、资产及经营信誉状况等出具证明文件的活动。

申请办理法人资信公证,当事人应向法人住所地的公证处提出申请。申请办理法人资信公证,当事人应向公证处提交以下证件和材料:(1)法人资格证明(营业执照或批准成立文件);(2)法定代表人资格证明、身份证件,委托代理人申办公证的,代理人应提交法定代表人签署的授权委托书及代理人的身份证件;(3)会计师事务所或审计事务所出具的该单位经营项目、经营状况和资产负债表等会计报告和审计报告;(4)公证人员认为应当提交的其他证明材料。

3. 法人资格公证[2]

法人资格公证,是指公证机构根据法人的申请,依法证明其具有我国《民法通则》规定的法人资格的证明活动。法人资格公证目前广泛应用于国内外民事、经济活动中,为法人从事民事、经济活动提供了强有力的依据,有效地保证了交易安全。申请办理法人资格公证,当事人应向公证处提交以下证件及材料:(1)法人资格证明书(工商行政管理部门颁发的企业法人营业执照、民政部门核发的社团登记证书或主管部门批准成立的文件);(2)法定代表人资格证明、身份证明及其复印件;(3)代理人代为申请的,委托代理人需提交授权委托书、身份证明及其复印件;(4)法人组织章程;(5)其他应提交的材料,如组织机构、经营场所、从业人员的资质、有关机构出具的资信证明等。

办理法人资格公证应注意以下问题:第一,企业法人营业执照副本的有效期为一年,每年应进行年检注册,因此,企业法人在申请办理公证前应办理年检注册。第二,法人名称、组织机构、经营方式和范围、住所地有无变更,如果有变更,应先办理变更登记,再申请办理公证。第三,不同类型的法人有不同的设立程序,公证处应严格按照相关法律规定,认真审查申请单位是否具备法人资格。

---

[1] 参见宋朝武、张力:《律师与公证》,高等教育出版社2007年版,第314页。
[2] 同上书,第313页。

第三十二章　具有法律意义的文书公证

第一节　具有法律意义的文书公证概述

具有法律意义的文书,是指一切在法律上具有特定意义或作用,能够对当事人之间权利义务关系的设立、变更和终止产生影响的各种文件、文字材料和证书等的总称。一般而言,在法律上有效的文书或者以文字形式表现的法律行为(即法律行为的书面形式),凡是可以作为确定权利义务关系依据的,都是具有法律意义的文书。

具有法律意义的文书公证,是指公证机构根据当事人的申请,依据法定程序证明具有法律意义的文书的真实性、合法性或者赋予债权文书以强制执行效力的活动。[①] 公证机构对具有法律意义的文书进行公证,是通过证明文书上的签名、印鉴、日期属实,或者证明文书的副本、复印件、影印本等与原件相符等方式,达到证明该文书客观存在,内容真实、合法的目的。通常,公证具有法律意义的文书,只是对该文书是否与当事人具有法律上的利害关系,即对当事人取得权利、承担义务或者参与经济活动是否发生法律上的效力进行证明。因此,公证机构只需对当事人提交的证明材料进行审查,确定所要证明的文书在程序上符合法律要求的条件,而且内容又不存在明显违法的情况,就可以推断当事人的公证申请符合出具公证书的要求。

实践中,公证机构证明具有法律意义的文书主要包括三种情况:第一种是证明企业法人和其他经济组织章程等文书的真实性;第二种是证明公民、法人或者其他组织从事民事、经济活动的签名、印鉴、日期等是否属实;第三种是证明没有疑义的债权文书,并赋予其强制执行力。

第二节　专利文书公证

专利是指专利人对已经取得的发明、实用新型或者外观设计依法享有的专有使用的权利。"专利"一词通常有三种意思:一是指国家依法授予发明人或设计人在法定期限内对某项发明创造享有的专有权利;二是指受专利法保护的专利技术;三是指专利局颁发的专利证书。专利包括发明专利、实用新型专利和外

[①] 参见刘金华、俞兆平:《公证与律师制度》,厦门大学出版社2007年版,第136页。

观设计专利。非专利权人使用专利必须经专利权人许可或通过签订专利权转让合同获得专利权。我国法人或个人的专利如需在外国受到法律保护,需要向这些国家申请专利登记和专利权续展登记。根据一些国家的规定和国际惯例,申请专利的有关材料须经公证机构公证后方能得到承认。专利公证是指国家公证机构根据当事人的申请,依法证明专利所有人或申请人的专利、专利权转让或使用合同及向国外申请专利或进行专利权诉讼所用的有法律意义文书和事实的真实性、合法性的司法证明活动。专利公证对保护我国公民、法人的合法权益,促进国际技术交流与合作具有重要作用。

一、申办专利公证需提交的有关材料

当事人申请办理专利公证,应当到其所在地的公证处提出申请,填写公证申请表,并提交以下材料:

（1）当事人的身份和资格证明。自然人申办的提交个人身份证明;法人或者其他组织申办的应当提交法人或者其他组织资格证明及法定代表人、负责人的身份证明;委托他人代办的应当提交受托人的身份证明和授权委托书。

（2）专利权人的专利权证书或申请人的专利申请号。

（3）需公证的文书正本及复印件。如涉及专利权转让、使用许可等事项,提供专利权转让协议、使用许可协议等。

（4）当事人向外国人转让专利申请权、专利权的,或者将其在国内完成的发明创造在域外申请专利的,还应提供国务院有关主管部门的批准文件。

（5）其他与申请事项有关的证明材料。如当事人申请证明其在外国提供的外文专利申请文件上的签名属实的,应当提供该外文专利申请文件的中文译文。

二、办理专利公证应审查的内容

公证机构办理专利公证,应注意审查下列内容:

（1）当事人的身份、资格和行为能力。

（2）当事人是否具备专利申请人的条件和申请人是否拥有专利权。

（3）需公证的文件是否真实、合法,文件上的签名和印章是否属实、齐全。由于专利公证不进行实质性审查,所以除非申请文书的内容与我国专利法律、法规的规定明显抵触或者专利申请人不具备法定条件、申请事项尚存在争议,公证机构一般只进行形式审查。

（4）所提供的材料是否齐全、充分。

（5）对涉及专利权申请或转让的公证事项,应审查是否属于职务发明,若是执行本单位的任务或者主要是利用本单位的物质条件所完成的职务发明创造,申请专利的权利属于该单位。专利申请权和专利权可以转让,但全民所有制单位转让专利申请权或者专利权的,必须经上级主管机关批准。转让专利申请权或者专利权的,当事人必须订立书面合同,经专利局登记和公告后生效。

(6)涉外专利公证中,需审查当事人向国外申请或转让专利是否要经其所在单位或国家有关部门批准。根据《专利法》的规定,我国单位或者个人向外国人转让专利申请权或者专利权的,必须经国务院有关主管部门批准。

(7)专利公证发往域外使用,应按规定办理有关外交认证手续。

经审查,对于符合法律规定的专利文书公证申请,公证机构依法出具公证书予以证明。

第三节 商 标 公 证

一、概述

商标是指商品生产或者经营者为了使自己销售的商品在市场上同其他商品生产者或者经营者的商品相区别而使用的一种特殊标记。商标权指商标所有人在特定的期限内,依法享有的在其商品上使用某一特定商标的专用权。商标权是一种独占权,具有排他性,只有合法的商标所有人才有使用、转让或出售其商标的权利;他人未经许可不得假冒、仿造或使用该商标,否则要承担侵权赔偿责任。在一国注册的商标,只在注册的国家境内受到法律保护。为使商标及商标权在外国受到法律保护,应向有关国家申办商标注册。根据国际惯例和商标注册国的要求,在国外办理商标注册、续展、转让及进行商标权诉讼等活动,所用的授权委托、国内商标注册证书、商标使用的事实和时间,往往需要经过我国公证机构公证后,方能得到外国的承认,从而具有法律效力。

商标文书就是商标申请人或者所有人为进行与商标有关的活动所使用的具有法律意义的文书。商标文书是当事人围绕商标权利而进行的一系列活动的书面形式,包括申请人申请商标注册的文书、商标所有人证明自己享有商标权利的证书和依法处分商标权利的文书等。商标公证是指国家公证机构根据当事人的申请,依法证明商标所有人的注册商标,及向国外申请商标注册、进行商标权诉讼所用的有法律意义的文书和事实的真实性、合法性的司法证明活动。商标公证包括涉外商标注册代理人的授权委托书公证、商标申请人的营业证书公证、国内商标注册证书公证、涉外商标使用许可合同和涉外商标权转让合同公证及申请商标注册续展所需的有关文件的公证。[①] 商标公证在保护我国公民、法人的商标权,促进对外贸易活动发展方面具有重要作用,主要包括:帮助当事人正确

---

① 参见刘仲元编著:《公证知识 200 问》,湖南人民出版社 2003 年版,第 255 页。

处理引进技术转让中的商标问题,完善合同条款;为我国企业向外国申请商标注册等提供法律服务;为涉外商标权纠纷提供公证证明。

二、办理商标公证应提交的证明材料

申请办理商标公证,当事人应向其住所地的公证处提出申请,填写公证申请表并提交以下材料:(1)当事人的身份证明、法人资格证明及法定代表人的身份证明、代理人的授权委托书和身份证明;(2)需公证的商标注册证书和其他文件(一式两份),如所需的外文译本;(3)商标所有权或使用权的证明;(4)与申办事项相关的商标图案或者照片;(5)公证机构认为需要的其他材料。

三、办理商标公证应着重审查的内容

公证机构受理当事人的申请后,应当重点审查以下几个方面的内容:

(1)重点审查申请人的主体资格和行为能力。申请人的主体资格必须合法、真实,并且申请人要具有完全民事行为能力。理由在于,商标设计实体权利和专业知识,对当事人的要求较高,如果当事人不具备完全民事行为能力,他将不能理解这些法律行为的意义和后果,其所为的行为也将不能生效,这样就会给他人带来一定的损害。

(2)审查当事人拥有的与商标相关的权利是否真实、合法,包括商标注册证书是否真实、合法,并符合法律规定的有效期限;商标使用权是否真实、合法、有效;申请商标注册的,商标文字是否符合我国相关法律的规定等。

(3)审查商标图案、照片与已经注册的商标本身是否一致。

(4)审查当事人提交的各种证明材料是否真实、有效、齐全。

(5)注册商标证书的外文译本与中文原本是否相符等。

凡经公证机构审查确认为真实、合法的商标文件,公证机构会依法出具国家公证书;若所申办的商标公证书需发往域外使用,公证机构也会依法替当事人按规定向外交部门办理有关认证手续,即将办好的公证文书送交我国外交部领事司认证,再转交有关国家驻我国使(领)馆认证。如果公证文书使用国尚未与我国建立外交关系,则可送第三国(指我国与对方均同其有外交关系的国家)认证。最后,公证机构将认证后的公证文书送交申请人,其费用由当事人本人承担。申请内容或申请人意思表示不真实、不合法的,公证机构将拒绝公证。

第四节 职务和职称证书公证[①]

一、职务、职称证书公证的概念

职务、职称证书公证,是指公证机构根据当事人的申请,依照法定程序对有关国家机关或者其他法定机构颁发的专业技术职务、职称证书的真实性、合法性予以证明的活动。职务、职称证书公证主要用于出国留学、谋职、工作、申请定居等。当事人办理职务、职称证书公证,主要是通过公证机构的公信力,向相对方保证证书的真实性与合法性,便于证书在域外能够正常地使用,更好地维护当事人的合法权益。

二、办理职务、职称证书公证的程序

(一)当事人提出申请

首先,当事人应当向执业区域内的公证机构提出申请,然后递交以下材料:(1)公证申请表;(2)当事人的身份证明及其复印件;(3)有关部门正式颁发的专业技术职务证书或职称证书原件;(4)证书颁发机构或者申请人的人事档案管理部门出具的相应证明;(5)公证机构认为应当提交的其他证明材料。

(二)公证机构审查当事人的申请并依法出具公证书

公证机构受理当事人的申请后,应当审查以下几个方面:(1)审查颁发证书的主体是否具有颁发证书的权利;(2)审查当事人提交的专业技术职务、职称证书是否真实,是否在有效期内;(3)审查当事人提交的专业技术职务、职称证书上的内容以及负责人的签名、单位的印鉴是否真实、有效。

经审查,对于符合法律规定的职务、职称证书,公证机构应当依法出具公证书予以证明。公证机构出具职务、职称证书公证书既可以依法证明证书的原件真实、合法或者证书的副本、复印本、影印本等与原件相符,也可以依法证明颁发证书的机构、颁发证书的程序合法或者证书上有关负责人的签名、颁发机构的印鉴真实。

---

① 本节主要参考刘金华、俞兆平:《公证与律师制度》,厦门大学出版社2007年版,第139—140页。

第五节　文书文本相符公证[①]

一、文书文本相符公证的概念和种类

文书文本相符公证是指国家公证机构根据当事人的申请，依法对有法律意义的文书副本、影印本、复印本、节本、译本、摘抄本与原本相符的事实予以证明的活动。国家机关、企业事业单位、社会团体、学校出具的文书或者公民个人出具的具有法律意义的文书（合同、书信、声明书、借据），如果当事人需要，公证机构可以依法对这些文书的副本、影印本、复印本、节本、译本作出与原本相符的证明。文书的其他文本经公证后即产生了与原本相同的法律效力。因此，文书文本相符公证可以方便当事人在民事经济活动中使用原件的复印件，实现自己的合法权益。

文书文本相符公证的种类主要有：证明文书的副本与正本相符；证明文书的复印件、影印件与原本相符；证明文书的节本与原本相应部分的内容相符；证明使用不同民族文字或者不同国家语言写成的同一文书内容相符等等。

二、办理文书文本相符公证的程序

（一）当事人向公证机构提出申请

办理文书文本相符公证，当事人应当向其住所地的公证机构提出申请，并提交以下公证材料：(1) 公证申请表；(2) 申请人的身份证明；(3) 需要公证的文本原件与原本的副本、节本、译本、影印本；(4) 公证机构认为需要提供的其他材料。

（二）公证机构审查当事人的申请并依法出具公证书

公证机构在受理当事人的申请后，应当审查以下几个方面的内容：(1) 审查文件的形式是否符合法律要求，法律如果对文书的形式有特殊要求的，应当采用法律规定的形式。对于原本，应当要审查有关的国家机关或者其公职人员是否有权制作这种文件。(2) 审查复制本是否与原本文字相符。(3) 审查文件的内容是否明显违法。一般公证机构只对文本进行形式性的审查，除非文件有明显违法或者涉及国家机密的内容。(4) 对于缺乏主件的附属文件，公正机构不单独对其进行公证。

经审查确认准确无误的，即可依法予以公证。

[①] 本节主要参考刘金华、俞兆平：《公证与律师制度》，厦门大学出版社 2007 年版，第 140—141 页；肖胜喜主编：《律师与公证制度教程》，中国政法大学出版社 1996 年版，第 421 页。

第六节　文书签名、印鉴属实公证[①]

一、文书签名、印鉴公证的概念及作用

文书签名、印鉴公证是指国家公证机构根据当事人的申请，依法对具有法律意义的文书上的签字和制作单位所盖的印鉴的真实性予以证明的活动。这类文书主要包括学位证书、技术等级证书、夫妻关系证明书、驾驶证等。文书上的签名、印鉴是文书生效的必要条件，所以通过公证确保文书上签名、印鉴的真实性、合法性，可以使该文书具有法律上的证据效力，防止不法分子伪造此类文书，从而保护当事人的合法权益。

二、办理文书签名、印鉴属实公证的程序

（一）当事人向公证机构提出申请

申请办理文书签名、印鉴公证，当事人应当向其住所地的公证处提出申请，当事人应当提交以下材料：(1)公证申请表；(2)申请人的身份证明，委托代理人的身份证明和授权委托书；(3)需要公证的签名、印鉴文本的原件；(4)公证机构认为应当提供的其他证明材料。

（二）公证机构审查当事人的申请并依法出具公证书

受理公证之后，公证机构应当注意审查以下事项：(1)向公证机构申请证明自己制作的文件上的签名、印鉴属实的当事人，应当在公证员的面前在文件上签名、盖章。事先已经签名、盖章的，要当面证实文件上的印鉴或签名确系本人所为。向公证机构申请证明的文件不是当事人自己制作的，而是国家机关、企事业单位、社会团体或其他公民个人制作的，公证机构应进行调查。(2)对于签名、印鉴的审查为形式性审查，只要文本的内容没有违法，一般只需要审查当事人做出签名、盖章的行为是否是其真实的意思表示即可。(3)在实践中，法人可能拥有多枚印章，公证人员应当提醒由此所产生的风险。如果当事人要求对文书上存在的几个签名、印鉴一起公证，公证机构可以一并办理。

经过审查，如果认为是真实、合法的，公证机构应当依法出具公证书。

[①] 本节主要参考刘金华、俞兆平：《公证与律师制度》，厦门大学出版社2007年版，第142页；宋朝武、张力：《律师与公证》，高等教育出版社2007年版，第318页。

第七节 债权文书公证[①]

一、强制执行公证的概念

强制执行公证是指公证机构办理公证时，赋予符合条件的债权文书强制执行效力，从而当事人可以据此向人民法院申请强制执行。对强制执行公证的效力，《民事诉讼法》第238条作了规定："对公证机构依法赋予强制执行效力的债权文书，一方当事人不履行的，对方当事人可以向有管辖权的人民法院申请执行，受申请的人民法院应当执行。公证债权文书确有错误的，人民法院裁定不予执行，并将裁定书送达双方当事人和公证机构。"但是，由于我国公证制度尚不健全，相关司法实践也不够发达，各地在实际操作方面有很多不统一的地方。为此，最高人民法院和司法部联合公布了《关于公证机关赋予强制执行效力的债权文书执行有关问题的联合通知》（以下简称《通知》）。《通知》将"追偿债款、物品的债权文书"的范围适当扩大，从而为此种公证的进一步发展提供了条件，也为法院审查和执行此类债权文书提出了更加严格的要求。

二、公证债权文书具有强制执行效力条件、范围

1. 赋予强制执行效力的债权文书应当具备的条件

《通知》第1条明确规定，公证机构赋予强制执行效力的债权文书应当具备以下条件：

（1）债权文书具有货币、物品、有价证券给付内容。此处的"货币"包括中国货币、外国货币；"物品"指可以成为诉讼标的的有形物，既包括特定物，也包括种类物，甚至包括交易中的货物给付，但无形资产（如知识产权等）尚不能成为强制执行公证的对象；"有价证券"也已不只限于国库券、国家债券等，而且包括汇票、本票、支票以及股票、债券、可转让的存款单等。

（2）债权债务关系明确，债权人和债务人对债权文书的给付内容无疑义。所谓"无疑义"，除了双方当事人没有疑义外，公证机构根据有关规定进行审查后，也认为相关给付内容没有疑点，清楚明了，不会影响以后的强制执行，也不会出现明显的错误，损害第三人以及国家、集体的权利。所谓"债权债务关系明确"，是指双方当事人之间债权债务的性质、种类、数量、履行约定、履行情况等清楚明了，不需要进一步调查就可以认定。下列情况不能认为是"债权债务关系明确"：第一，有共同债权人、共同债务人、第三人，而且这些人有不同意见或

[①] 本节主要参考刘金华、俞兆平：《公证与律师制度》，厦门大学出版社2007年版，第146—148页；宋朝武、张力：《律师与公证》，高等教育出版社2007年版，第319页。

者未到公证处要求公证;第二,有债权担保的合同;第三,当事人提供的为公证目的使用的证据之间存在矛盾,使公证机构无法得出确切结论。

(3) 债权文书中载明债务人不履行义务或不完全履行义务时,债务人愿意接受依法强制执行的承诺。债务人愿意接受强制执行的承诺,是债务人放弃诉讼救济渠道的表示,也是对债权文书中所载内容的承认。对此条件,还应特别注意两点:一是债务人可能是当事人一方,也可能是当事人双方,但不能包括第三人;二是当事人的承诺应当是无条件的。

2. 赋予强制执行效力的债权文书的适用范围

根据《通知》第2条,公证机构依法赋予强制执行效力的债权文书的范围包括:(1)借款合同、借用合同、无财产担保的租赁合同;(2)赊欠货物的债权文书;(3)各种借据、欠单;(4)还款(物)协议;(5)以给付赡养费、抚养费、抚育费、学费、赔(补)偿金为内容的协议;(6)符合赋予强制执行效力条件的其他债权文书。

三、办理赋予债权文书强制执行效力公证的程序

(一) 当事人提出申请

当事人申请赋予债权文书强制执行效力的公证,可以向执行区域内的公证机构提出申请,应当提交以下材料:(1)公证申请表;(2)当事人的身份证件;(3)申请赋予强制执行效力的债权文书原件及相关的证明材料,债权文书有第三人提供担保的,还应当提供与担保相关的证明材料;(4)公证机构认为应当提交的其他材料。

(二) 公证机构审查当事人的申请并依法出具公证书

受理当事人的申请后,公证机构应当审查以下内容:(1)当事人的身份和资格是否真实、合格;(2)债权文书是否真实、合法,是否符合赋予强制执行效力的范围和条件;(3)双方当事人对债权债务关系是否有争议;(4)当事人的意思表示是否真实、自愿;(5)债权人是否履行了债权文书中指定的义务等。

承办人员还应当履行告知义务:(1)告知双方当事人赋予债权文书强制执行效力公证的法律效力;(2)告知双方当事人,该公证书生效后,双方自愿放弃了的诉权不再适用;(3)告知债务人,如果其不履行债权文书中指定的义务,将受人民法院的强制执行;(4)告知债权人申请法院强制执行的步骤和法定期限。

具有强制执行效力的债权文书公证书的出具有两种情况:(1)公证机构在办理符合赋予强制执行效力的条件和范围的合同、协议、借据、欠单等债权文书公证时,应当依法赋予该债权文书强制执行效力。(2)未经公证的符合规定的合同、协议、借据、欠单等债权文书,在履行过程中,债权人申请公证机构赋予强制执行效力的,公证机构必须征求债务人的意见;如债务人同意公证并愿意接受

强制执行,公证机构可以依法赋予该债权文书强制执行效力。

四、执行证书的签发

1. 申请执行证书

债务人不履行或不完全履行公证机构赋予强制执行效力的债权文书的,债权人可以向原公证机构申请执行证书。申请执行证书时应当提交以下材料:(1)债权人的身份证明;(2)债权文书原件;(3)具有强制执行效力的债权文书公证书原件;(4)债务人不履行或者不完全履行义务的事实和证据材料;(5)公证机构认为应当提交的其他证明材料。

2. 审查

公证机构签发执行证书应当注意审查以下内容:(1)审查债权人的申请是否已经超过法定期限;(2)不履行或不完全履行的事实确实发生;(3)债权人履行合同义务的事实和证据,债务人依照债权文书已经部分履行的事实;(4)债务人对债权文书规定的履行义务有无疑义。

3. 签发执行证书

公证机构签发执行证书应当注明被执行人、执行标的和申请执行的期限。债务人已经履行的部分,在执行证书中予以扣除。因债务人不履行或不完全履行而发生的违约金、利息、滞纳金等,可以列入执行标的。

4. 申请执行

债权人凭原公证书及执行证书可以向有管辖权的人民法院申请执行。人民法院接到申请执行书,应当依法按规定程序办理。必要时,可以向公证机构调阅公证卷宗,公证机构应当提供。案件执行完毕后,由人民法院在15日内将公证卷宗附结案通知退回公证机构。

第三十三章 经济合同公证[①]

第一节 经济合同公证概述

一、经济合同公证的概念和种类

经济合同公证,是指公证机构根据当事人的申请,依法证明当事人之间签订经济合同行为的真实性、合法性的活动。

目前,我国公证机构已经办理购销合同、建筑工程承包合同、加工承揽合同、货物运输合同、供用电合同、仓储保管合同、财产租赁合同、借款合同、联营合同、企业承包合同、企业租赁合同、土地使用权转让(出让)合同、股权转让协议等各类经济合同公证。国家在一些法律、法规、规章中规定,抵押贷款、土地使用权转让、企业承包、企业租赁、企业兼并等重要的经济合同,必须经过公证机构的公证后才具有法律效力。当事人约定的经过公证机构公证方发生效力的合同,也要办理公证。否则,经济合同会因缺乏生效的要件而无效。

实践中,除即时结清的经济合同外,其他的经济合同都可以办理公证。与新客户或信誉较差的客户签订的经济合同、重大复杂的经济合同、易出现纠纷的经济合同、涉及重要权益转让或变更的经济合同,最好办理公证。法律、法规、规章规定必须或应当办理公证的,应当办理相应的公证手续。办理经济合同公证应向当事人住所地、合同签订地的公证处提出申请,涉及不动产转让的合同向不动产所在地公证处提出申请。

二、办理经济合同公证的程序

1. 申办经济合同公证应当提交的材料

申办经济合同公证,当事人应提交下列证明材料:

(1)当事人的法人资格证明,如企业法人营业执照、社团事业法人的注册登记证书、机关法人的主管机关批准成立的文件。

(2)法定代表人的身份证件或者委托代理人的授权委托书和身份证件。

(3)与合同有关的权利证书和技术资料。涉及财产转让的,应提供财产所有权证明,如转让专利技术的,转让方应提供专利证书和有关技术资料,转让股

[①] 本节主要参考肖胜喜主编:《律师与公证制度教程》,中国政法大学出版社 1996 年版。

权的,转让方应提供股权证明,转让房屋或土地使用权的,转让方应提供房屋所有权证明;涉及财产抵押的,抵押人应提供抵押物的所有权证明或有权设立抵押的证明;涉及担保的合同,应提供担保人的法人资格证明和法定代表人的身份证明以及担保人签署的担保书等。

(4) 法人有权享有合同权利,承担合同义务的证明。法人为有限责任公司的,应提供公司章程,合同内容应由董事会同意的,应提供董事会决议。法人为合伙企业的,应提供合伙协议,涉及财产转让设定抵押的,应提供全体合伙人的书面意见。法人为集体组织的,应提供职工代表大会或村民委员会的书面决议。法人为国有企业的,涉及财产转让、设定抵押等重大经济行为的,应有国有资产管理部门的批准文件。

(5) 合同草稿。

(6) 公证人员认为应当提交的其他证明材料,如当事人的开户银行账户、资信证明等。

2. 办理经济合同公证应当审查的内容

公证员要审查经济合同是否具备下列条件:(1) 当事人必须具有行为能力和权利能力;(2) 合同的订立必须贯彻平等互利、协商一致、等价有偿的原则;(3) 合同内容不得违反政策、法律、法令、公共利益和社会主义道德准则;(4) 经济合同因种类不同而内容各异,但一般应包括下列主要内容:① 标的(指货物、劳务、工程项目等);② 标的的数量和质量;③ 价款或者酬金;④ 履行的期限、地点和方式;⑤ 违约责任。法律、法令要求特别规定的和当事人任何一方要求必须规定的条款,也是合同的主要条款。

3. 办理经济合同公证在程序上的补充规定

(1) 办理经济合同公证原则上在供方(提供货物、商品、设备、技术、施工地等)所在地公证处办理。

(2) 当事人申请经济合同公证需提出申请书和法人介绍信或单位领导签署的委托书。前往外省、外地区签订数额较大经济合同的当事人,应先在本地办理委托书公证,然后到外地签订合同,申请公证。

(3) 双方当事人经过协商订立的合同,需经双方当事人签字(法人还要加盖公章)。

(4) 审查合同的权利义务关系是否明确;内容是否肯定、简明扼要、切实可行,文字是否清晰、明了;有无违约责任条款。

(5) 如按有关法规规定,有些经济合同的签订必须经有关合同管理机关审核或核准登记,则必须办完法定手续,合同才能生效。

(6) 经过公证证明的经济合同,权利义务明确,如一方违约而又拒不履行违约责任,经另一方申请,公证处认为无疑义的,按合同约定的违约经济责任确定债务金额,而后证明有强制执行的效力,由债权人申请有管辖权的基层人民法院执行。

(7) 公证员认为对合同内容需要作必要的补充或修正时,如当事人拒绝补充或修正,不予公证。

(8) 对经过公证证明的经济合同,根据需要与可能,进行回访检查、监督执行。

三、关于合同的变更与解除的公证

(1) 当事人双方协商一致,可以变更或者解除合同,但不得因此损害国家利益和影响国家计划的执行。因变更或者解除合同使一方遭受损失的,由责任方负责赔偿。

(2) 一方要求变更或者解除合同,另一方不同意的,不能变更或解除。

(3) 由于不可抗力,致使合同无法履行时,可以变更或解除合同。

(4) 由于国家计划的被修改或取消而变更或者解除合同的时候,当事人一方或双方因此遭受的损失,应当由业务主管机关负责处理。

(5) 双方当事人协商一致变更或者解除合同的协议书,必须经原公证处办理变更或者解除合同的证明,方能生效。

四、经济合同公证的意义

经济合同公证是国家运用法律手段监督经济行为的重要措施,是协调经济关系的一种法律形式,是严肃合同纪律、维护合同当事人合法权益的一项保证。其意义在于:

(1) 可以有效地避免因合同条款不全、内容不完善和责任不明确而引起合同纠纷。公证机构在办理经济合同公证的过程中,对当事人申请办理的经济合同进行严格的审查,可以帮助当事人完善经济合同条款、明确双方的责任,使经济合同符合法律、法令和国家的改革政策,预防合同纠纷的发生。

(2) 经济合同公证有利于提高合同的履约率,维护社会经济秩序,如当事人的合法权益。经济合同公证的过程,也是对经济合同的当事人进行法制宣传的过程,可增加其法律知识。

(3) 经济合同公证有利于企业经营,防止上当受骗,及时揭露和防止违法犯罪行为的发生,保护国家、集体、公民的财产。

(4) 经济合同公证是各种证据中最可靠的,有利于正确、迅速地解决经济合同纠纷。经济合同经过公证机构核实,依照法定程序依法公证,其真实性和合法性被依法认可,就成了各种证据中最可靠的证据。

第二节　买卖合同公证

一、买卖合同公证概述

买卖合同,是指出卖人转移标的物的所有权于买受人,买受人支付价款的合同。买卖合同是实践中数量较多、最常见的一种经济合同。买卖合同公证,是指国家公证机构根据当事人的申请,依照法定程序,确认买卖双方当事人所签订的买卖合同的真实性与合法性的司法证明活动。①

二、申办买卖合同公证应提交的材料

申办买卖合同公证,买卖双方应到合同签订地或当事人住所地的公证处提出申请,填写公证申请表,并提交以下证明材料:(1)法定代表人身份证明;代理人代办的,应提交有效的授权委托书和本人身份证明;到外地签订合同时,委托书应经住所地公证处公证。(2)购销双方经工商行政机关核准颁发的营业执照副本。(3)合同书草本。(4)合同标的如需有关部门批准的,应提交有关部门的批件。(5)其他有关证明。如担保人的身份和资格证明、购销货物和货款已落实的证明、双方的开户行和账号等。

三、公证机构办理买卖合同公证事务审查的重点内容

(1)审查买卖合同双方当事人的主体资格、民事权利能力、行为能力;担保人的担保能力;代理人的代理权及代理权限范围等。

(2)审查买卖合同的内容是否真实、合法;合同条款是否明确、齐全等。

(3)审查买卖合同双方当事人的意思表示是否真实、自愿。

(4)审查买卖合同双方当事人的履约能力,即合同中约定的出卖方的货源、买受方的付款资金是否已经落实。

四、办理买卖合同公证需要注意的问题

(1)公证机构办理买卖合同公证,特别要注重对合同当事人双方的资信审查,包括当事人的主体资格、履约能力、商业信誉、经营范围等。

(2)为防止某些人利用合同搞欺诈活动或者销售伪劣产品,公证处可以采取合同公证与提存公证相结合的做法。为防止利用经济合同进行诈骗活动或销售伪劣产品,可采用将货款提存于公证处的办法,待收到货或验收合格后,由公

---

① 参见宣善德主编:《律师、公证与仲裁制度》,中国政法大学出版社 2008 年版,第 204 页。

证处将提存的货款交给卖方。这种将合同公证与提存公证相结合的做法更有利于充分发挥公证的职能。①

(3) 公证人员应当注意学习和掌握国家的经济政策和有关的法律规定,了解市场信息和商品流通的脉络。

(4) 对条款不全或不合法的合同要提出修改补充意见,帮助当事人完善合同条款。

第三节 抵押贷款合同公证

一、抵押贷款合同公证概述

抵押贷款合同公证是公证机构依法证明当事人签订的抵押贷款合同的真实性、合法性的活动。它适用于银行或其他金融机构与以自己所有或经营管理的财产提供抵押担保的借款人之间签订的抵押贷款合同。

二、申办抵押贷款合同公证需要提交的证明材料

抵押贷款合同当事人可以向住所地或合同签订地的公证处提出书面申请。抵押物为不动产的,也可以向不动产所在地的公证处提出申请。

申请人应填写公证申请表,并向公证处提交下列材料:(1) 法人资格证明和法定代表人身份证明及本人身份证件,代为申请的应提交授权委托书和本人身份证件;(2) 贷款方的经营金融业务许可证;(3) 抵押贷款合同草本及其附件;(4) 抵押财产清单、抵押财产所有权或经营管理权证明;(5) 抵押财产为土地使用权的,提交土地使用权证明;(6) 抵押财产为共有的,提交其他共有人同意抵押的证明;(7) 法律、法规或规章规定该项抵押需经有关主管部门批准的,提交有关主管部门的批准文件;(8) 公证员认为应当提交的其他材料。

抵押贷款合同应具备下列条款:(1) 借款人、贷款人的名称、地址,法定代表人或代表人的姓名,借款人的开户银行及账号,合同签订日期、地点,合同生效日期;(2) 贷款的用途;(3) 贷款的币种、金额、期限和利率;(4) 贷款的支付及偿还本息的时间、方法;(5) 抵押财产的名称、数量、质量、规格、处所、使用权属及使用期限;(6) 抵押财产现值;(7) 抵押财产及其产权证书的占管方式、占管责任、毁损和灭失的风险负担和救济方法;(8) 抵押财产投保的险种、期限;(9) 抵押财产的处理方式和期限;(10) 违约责任及争议解决方法;(11) 借贷双方商定的其他条款。双方当事人可以在合同中约定,借款人违约时,贷款人可以申请公

---

① 参见宣善德主编:《律师、公证与仲裁制度》,中国政法大学出版社 2008 年版,第 205 页。

证机构出具强制执行证书,向人民法院申请强制执行借款人的抵押财产。

三、办理抵押贷款合同公证应重点审查的内容

办理抵押贷款合同公证,公证员应通过询问、调查等方式重点审查下列内容:

1. 法律规定当事人应当提交的申请材料是否齐全、属实。
2. 合同条款是否完善、合法,文字表述是否清楚、准确。
3. 贷款人是否具有发放本次贷款的权利。
4. 贷款的用途是否符合规定。
5. 借款人对抵押财产是否有所有权或经营管理权。
6. 抵押财产是否为法律所允许抵押。

下列财产不得抵押:(1)法律、法规或规章禁止买卖或转让的财产;(2)所有权有争议的财产;(3)被依法查封、扣押或采取诉讼保全措施的财产;(4)应履行法定登记手续而未登记的财产;(5)无法强制执行的财产;(6)法律、法规或规章禁止抵押的其他财产。

7. 抵押率是否符合有关规定。
8. 抵押财产是否有重复抵押,已设定抵押的,抵押财产的余值能否承担本次贷款的抵押责任。
9. 抵押财产为共有的,其他共有人是否同意。
10. 法律、法规或规章规定该项抵押需经有关主管部门批准的,是否已获批准。
11. 合同中有强制执行约定的,当事人对该项约定的法律后果是否明确,意思表示是否真实。

四、公证处受理抵押贷款合同公证申请

符合下列条件的抵押贷款合同公证申请,公证处应予受理:(1)申请人为该抵押贷款合同的借款人和贷款人;(2)申请公证事项符合法律规定的公证范围;(3)申请公证事项属于本公证处管辖;(4)法律规定当事人应当提交的申请材料基本齐全,公证员认为必要时,可以对抵押财产进行勘验、清点、评估。

公证处受理申请后,应当书面通知当事人。对于不符合规定条件的申请,公证处应作出不予受理的决定,通知当事人,并告知对不受理不服的复议程序。受理或不受理的决定,应在申请人提出的申请材料基本齐全后的七日内作出。

公证员接待申请人时,应认真制作谈话笔录,重点记录下列内容:(1)合同签订的有关情况;(2)抵押财产的现值及归属、使用情况;(3)各方对合同中规定的权利、义务及后果是否明确,有无修改、补充意见;(4)公证员对合同的修

改、补充建议及当事人对该建议的意见;(5)公证费的负担及支付方式;(6)公证员认为应当询问的其他情况。

五、公证处应出具公证书的条件

符合下列条件的抵押贷款合同,公证处应按《公证程序规则》规定的程序和期限出具公证书:(1)贷款人、借款人符合贷款、借款的条件;(2)当事人的意思表示真实;(3)合同内容真实、合法。

合同中有强制执行约定的,公证处应赋予该公证书强制执行的效力。不符合规定条件的,公证处应当拒绝公证。拒绝公证的,公证处应在办证期限内将拒绝的理由书面通知当事人。

公证处应设立抵押登记簿。对已办结公证的抵押贷款合同,公证处应对抵押财产的名称、数量、现值、处所、所有人或经营管理人、权益的有效期限等内容进行专项登记。抵押登记可按规定查询。以第三人所有或经营管理的财产提供抵押担保的抵押贷款合同公证,参照上述规定办理。

第四节 房产转让合同公证

一、房产转让合同公证概述

公民或法人从房地产经营单位购得房产后,由于某种原因,需要转售给他人的,必须依法与受让方签订房产转让合同,经公证机构公证,并向市房屋土地资源管理局申请房产权变更登记。当事人可以采用公证机构参与拟定的标准转让合同文本,也可以根据需要自行协商拟写。当事人自行拟写的房产转让合同应具备下列基本内容:双方当事人的姓名或名称、年龄、地址、身份证件或法人资格证件号码;房地产证编号;房产的坐落位置(片区、幢、楼、单元)、面积;房产单位售价、总售价;房价款的交付方法(一次交付或分期交付);房产交付日期;房产用途;违约责任、负责事由;合同生效条件(应规定经双方签字、盖章并经公证机构公证后生效)等。

二、当事人办理房产转让合同公证应当提供的材料

当事人申请办理房产转让合同公证,应携带房产转让合同,填写房产转让合同公证申请表,并向公证机构提供有关材料。

转让方应当提供下列材料:(1)转让方为个人的,提供个人身份证件,如居民身份证、护照等;(2)转让方为法人组织的,提供法人资格证明、法定代表人证明书和法定代表人身份证件;(3)代理人代为办理房产转让合同公证的,委托代

理人须提供授权委托书,其他代理人须提供有代理权资格的证明;(4)市房屋土地资源管理局核发的房地产证;(5)国有企业法人转让房产的,提供该法人组织的上级主管部门同意其转让房产的批准文件;"三资"企业和"内联"企业法人转让房产的,提供载有董事会一致同意转让房产的书面决议(会议记录);(6)公证机构认为应当提供的其他材料。

受让方应当提供的有关材料,除房地产证外,其他与转让方需提供的材料基本相同。

三、办理房产转让合同公证应注意的事项

根据法律规定,当事人转让房产,办理房产转让合同公证,应注意下列事项:(1)没有房地产经营权的单位转让房产,必须委托经市政府批准成立的房地产交易所代理进行交易;(2)转让方必须领有市房屋土地资源管理局核发的房地产证,尚未领取房地产证的,不得办理房产转让合同公证;(3)如果房产已作为抵押财产,在抵押期间,房产所有权人未经抵押权人明示同意,不得转让;(4)房产为数人共同共有的,转让房产须经全体共有人同意,部分共有人不得擅自转让共有房产。

第五节 土地使用权出让、转让合同公证

一、土地使用权出让、转让合同公证概述

土地使用权出让,是指国家将国有土地使用权(以下简称"土地使用权")在一定年限内出让给土地使用者,由土地使用者向国家支付土地使用权出让金的行为。土地使用权出让可以采取"协议""招标""拍卖"三种方式进行,并应当签订出让合同。土地使用权转让,是土地使用人在有偿取得国有土地使用权后,将土地使用权再有偿转移。土地使用权出让是土地使用权作为商品经营的一级市场;土地使用权转让则是二级市场。

土地使用权出让合同公证,是指公证机构根据当事人的申请,依照法定程序,对国有土地所有者与土地使用者之间签订土地使用权出让合同行为的真实性与合法性,予以司法证明的活动。

土地使用权转让合同公证,是指公证机构根据当事人的申请,依照法定程序,对国有土地使用者将土地使用权再次转让他人而签订合同行为的真实性与合法性,予以司法证明的活动。

二、申办土地使用权出让、转让合同公证应当提交的材料

（一）申办土地使用权出让合同公证应提交的证明材料

（1）当事人的身份证明（出让方一般是土地管理部门）和资格证明；

（2）土地管理部门同意出让土地使用权的批文；

（3）出让地块情况的说明文件（包括位置、面积等）、土地评估证明；

（4）土地使用权出让合同文本；

（5）公证处认为应当提交的其他证明材料。

（二）申办土地使用权转让合同公证应当提交的主要材料

1. 转让方应当提交的主要材料

（1）法人资格证明，法定代表人身份证明书及身份证件，委托他人代理时提交授权委托书及代理人身份证件；

（2）付清全部地价款的证明；

（3）投入开发建设的资金已达土地使用权出让合同规定总投资额的25%以上的证明；

（4）房地产证或土地使用权证；

（5）国有企业转让土地使用权的，提交上级主管部门同意其转让的批件；"三资"企业或"内联"企业转让土地使用权的，提交公司董事会一致通过的转让土地使用权的决议；

（6）公证处认为应当提交的其他证明文件。

2. 受让方应当提交的主要证明材料

（1）法人资格证明，法定代表人身份证明，委托代理人时提交授权委托书及代理人身份证件；

（2）从事土地开发的资格证明；

（3）企业经营状况证明；

（4）公证处认为应当提交的其他证明文件。

三、申办土地使用权出让、转让合同公证应当审查的内容

（一）公证机构办理土地出让合同公证事务应审查的内容

1. 当事人提交的材料是否属实、有效。

2. 当事人的办证目的。

3. 合同内容是否完备。合同内容应包括：（1）合同双方的名称或姓名、住址、代表人；（2）土地使用权的取得依据方式；（3）土地坐落位置、面积、地上建筑物、地下资源、埋藏物及市政公用设施；（4）开发、利用、经营土地的期限、条件和用途；（5）合同终止后，地上物及其他附着物的产权归属；（6）使用年限；（7）

出让金额数及支付的币种、方式、时间(土地使用者应在签订合同后60日内支付出让金);(8)使用者在土地使用权有效期限内,将土地使用权转让、出租、抵押的条件和程序;(9)出让土地权属争议的解决方法;(10)合同 变更、解除、终止;(11)违约责任;(12)应当约定的其他内容。

4. 合同规定的土地使用地块、期限、条件、用途是否与批准文件相符。

5. 土地使用权出让的最高年限。当事人可以在合同中约定不超过法定期限的使用年限。使用期满,土地应当返还。土地使用权期限届满之前,使用权人可以申请续展期。申请续展期应获得国家土地管理部门的同意,重新签订土地使用权出让合同,支付出让金,办理登记。

6. 土地使用权出让的批准权限。《土地管理法》及国务院《关于出让国有土地使用权批准权限的通知》规定,耕地1000亩以上、其他土地2000亩以上的,由国务院批准;耕地1000亩以下、其他土地2000亩以下的,由省、直辖市、自治区人民政府批准;耕地3亩以下、其他土地10亩以下的,由县级人民政府批准。

7. 出让人。按照有关规定,签订土地使用权出让合同,应由县级以上政府土地管理部门作为出让方,具体事务由县级以上政府土地管理部门负责。

8. 招标与拍卖文件。适用于以招标、拍卖方式取得土地使用权出让合同的审查。一般来说,依该种方式所订合同,须与招标或拍卖文件相符。

此外,还要审查地下资源、埋藏物和市政公用设施的所有权问题。按国家有关规定,土地使用权出让后,其地下资源、埋藏物、市政公用设施等,仍属于国家财产,归国家所有,如需开发利用,应依有关法律、法规办理公证。

(二)公证机构办理土地转让合同公证事务应审查的内容

1. 双方当事人提交的证明材料是否真实、有效。

2. 转让方是否具备法律规定的转让资格。

3. 土地使用权转让合同的内容是否真实、合法,合同条款是否明确、齐全。

4. 合同规定的土地使用地块、条件、用途及期限,是否与出让合同及登记文件中载明的权利义务相符。换句话说,转让方只能就原出让合同中规定的土地使用权利的内容转让,而不得擅自扩大其权利内容。

5. 转让土地使用权的价格是否合理,是否符合有关规定。

6. 被转让的土地使用权有无出租、抵押的情况。我国法律规定,土地使用权享有者将其权利转让时,承租人和抵押权人享有优先购买权。

四、办理土地使用权出让、转让合同公证应注意的问题

(一)办理土地使用权出让合同公证应注意的问题

1. 根据法律规定,土地使用权出让市场由政府垄断经营,其他任何单位和个人都无权经营。同时,只有县级以上政府土地管理部门才有资格代表国家成

为合同中的出让方。

2. 依据法律规定,埋藏物、地下文物以及市政公共设施等,属于国家所有的财产,不得作为土地使用权出让合同的标的物。

3. 双方当事人采取协议方式出让土地使用权的,出让金不得低于按国家规定所确定的最低价。

4. 依据法律规定,我国土地使用权出让的最高年限为:居住用地 70 年;工业用地 50 年;教育、科技、文化、卫生、体育用地 50 年;商业、旅游、娱乐用地 40 年;综合用地或其他用地 50 年。因此,双方当事人签订土地使用权出让合同时,不得超过上述法定的期限。

(二) 办理土地使用权转让合同公证应注意的问题

1. 下列两种情况下,土地使用权不得转让:一是转让人未按土地使用权出让合同规定的期限和条件投资开发、利用土地的;二是对于划拨的土地使用权,原使用人非经出让机关批转并交纳出让金的。

2. 当事人将土地使用权和地上建筑物、其他附着物所有权分割转让的,当事人应向公证处提交市、县土地管理部门和房产管理部门的批件。改变土地用途的转让,必须报经土地管理部门、城市规划部门批准,并依照有关规定重新签订土地使用权出让合同,调整出让金,然后办理登记。

3. 公证员应提醒当事人办完合同公证后,应及时办理土地使用权和地上物产权的过户登记手续及纳税手续。

第六节　承包合同公证

一、企业承包经营合同公证概述

(一) 企业承包经营合同公证的概念

企业承包经营合同是指发包方(国家授权部门)与承包方按照所有权与经营权分离的原则,明确相互之间权利义务关系的协议,一般适用于国有或集体所有制的企业。企业承包经营合同公证是指国家公证机构根据有关法律规定和当事人的申请,依法证明企业承包经营合同的真实性、合法性的司法证明活动。公证处通过对承包经营过程中选择承包经营者的招投标活动的监督以及对中标后签订承包经营合同的公证,可以有效地避免招投标活动中的舞弊行为,有利于承包经营合同的履行。[1]

---

[1] 参见肖胜喜主编:《律师与公证制度教程》,中国政法大学出版社 1996 年版,第 359 页。

(二) 办理企业承包经营合同公证的程序

1. 申办企业承包经营合同公证发包方应提交的材料

(1) 法人资格证明、法定代表人身份证明及本人身份证件,代为申请的,应提交授权委托书和本人身份证件;

(2) 企业实行承包经营的批准文件和材料;

(3) 承包前的资产审计评估报告;

(4) 经过招标投标的,需提交企业经营者的中标证明;

(5) 企业承包经营合同;

(6) 其他有关材料。

2. 申办企业承包经营合同公证承包方应提交的材料

(1) 法人资格证明和法定代表人身份证明及本人身份证件(企业承包),企业职工代表大会决议和全员承包代表身份证明及本人身份证件(全员承包),合伙协议和授权委托书及合伙代表本人身份证件(合伙承包),本人身份证件(个人承包),代为申请的,需提交授权委托书和本人身份证件;

(2) 企业经营者符合国家有关法律规定和发包方要求的厂长(经理)条件的证明材料;

(3) 担保书和抵押物的所有权凭证,抵押物系共有的,应提交共有人同意的证明;

(4) 其他有关材料。

3. 公证机构办理企业承包经营合同公证应重点审查的内容

(1) 发包方、承包方符合规定的发包、承包条件;

(2) 双方意思表示真实;

(3) 合同内容真实、合法。

不符合规定的条件,应当拒绝公证。拒绝公证的,公证处应当在办证期间将拒绝的理由通知当事人,并告知其对拒绝不服的复议程序。

二、农村承包经营合同公证

(一) 农村承包经营合同公证的概念

农村承包经营合同是指集体组织与农民就承包经营集体或国有的土地、生产资料或其他财产所达成的相互间权利义务关系的协议,主要包括土地承包合同、林业承包合同、牧业承包合同、渔业承包合同、果园承包合同、工副业承包合同等。农村承包经营合同公证,是指公证机构根据当事人的申请,依照法定程序,对集体组织与农民之间签订的农村承包经营合同的真实性、合法性予以司法证明的活动。①

（二）办理农村承包经营合同公证的程序

农村承包经营合同公证一般应由当事人住所地或合同签订地的公证处管辖；涉及土地、鱼塘、牧场、林地等不动产的承包合同，由不动产所在地的公证处管辖。

1. 当事人申办农村承包经营合同公证应提交的材料

当事人申请办理农村承包经营合同公证的，应提交下列证明材料：(1) 发包方的集体经济组织资格证明和代表人的身份证明，承包方的身份证明，代理人应提交的身份证明和授权委托书；(2) 如果是村级所有资产，发包方应提交村民大会或村委会同意承包的决议；(3) 发包方应提交承包标的的所有权证明；(4) 合同文本，公证处也可为当事人代拟合同；(5) 其他有关证明材料，如采用招标方式承包的，应当提交招标文件和中标证明。

2. 公证机构办理农村承包经营合同公证审查的重点及应注意的问题

公证机构办理农村承包经营合同公证，应重点审查发包方和承包方的资格、履约能力，以及合同内容是否合法，是否是双方当事人真实的意思表示，合同条款是否明确、完备等。经过审查，对于既真实又合法的农村承包经营合同，公证机构即可据实出证。

农村承包经营合同在我国各类经济合同中所占比例很大，而且相当多的合同当事人又缺乏必要的法律知识，容易发生纠纷。因此，公证机构在办理这类公证时，应注意以下几个问题：

(1) 坚持便民原则。农村承包经营合同数量大、涉及面广、季节性强、履行期长，公证处应尽量采取集中办证、现场办证的方法，及时提供法律服务，确保办证质量，以保护各方当事人的合法权益。

(2) 公证处在审查农村承包经营合同时，特别要注意审查合同中约定的双方当事人的权利义务是否平等、合理、可行。对显失公平的合同，公证人员要说服教育当事人修改合同条款，明确各自的法律责任。当事人不愿修改的，公证处应驳回申请，拒绝给予公证证明。

(3) 农村承包经营合同的履行期一般都比较长，有的长达 30 年。因此，公证人员要注意回访，以便了解合同的履行情况，发现问题及时纠正。对不履行合同义务的当事人要进行批评教育。这对巩固和发展农村承包经营合同制度有着重要意义。

---

① 参见肖胜喜主编：《律师与公证制度教程》，中国政法大学出版社 1996 年版，第 361 页。

第七节 技术合同公证

一、技术合同公证的概念

技术合同是指法人之间、法人与公民之间、公民之间就技术开发、技术转让、技术咨询和技术服务所签订的确立相互间民事权利义务关系的协议,包括技术开发合同、技术转让合同、技术咨询合同、技术服务合同、综合性技术合同等。[①]技术合同公证,是指公证机构根据公民、法人或者其他组织的申请,依照法定程序,对当事人之间签订的技术合同的真实性、合法性予以司法公证的活动。

二、申请办理技术合同公证需提交的证明材料

当事人申办技术合同公证,应当到其住所地或合同签订地的公证处提出申请,填写公证申请表,并提交以下材料:(1)当事人的身份证件,法人的营业执照或其他法人资格证明,代理人的委托书;(2)技术合同文本,当事人书写困难的,公证处可代为草拟、书写;(3)技术成果鉴定和技术权属证书,如专利证书;(4)国家计划内的科研项目合同,需提供主管部门的审核或批准文件;(5)其他与申请事项有关的证明材料,如在职人员转让非职务技术成果的,需提供所在单位认可的证明、与申请事项有关的技术资料等。

申办技术合同公证要注意:(1)合同内容要真实、合法,条款和合同附件要完善,合同上的签名、印章要齐全。(2)有关的知识产权证书、技术资料、技术标准要准确、完备;有关审批、备案、登记手续要齐全;涉及国家安全或重大利益、需要保密的技术转让,需事先取得主管或保密部门的批准;涉及易燃、易爆、高压、剧毒、建筑、医药、卫生、放射性、计量等高度危险和有关社会公共利益的项目的技术合同,也必须提交主管部门批准。

三、申办技术合同公证应当审查的内容

公证机构受理当事人的公证申请后,对技术合同公证事项重点审查以下内容:(1)合同的主体是否具备合法的主体资格;(2)合同的内容和有关资料证明是否真实、合法,合同的条款是否明确、齐全;(3)有关审批、备案、登记的手续是否完备;(4)合同有无担保及担保人的资格和能力等。

公证机构经过审查,认为符合条件的,即可据实出证。

[①] 参见肖胜喜主编:《律师与公证制度教程》,中国政法大学出版社1996年版,第363页。

第八节 劳动合同公证

一、劳动合同公证的概念

劳动合同是指企事业单位、机关团体或其他用人组织（聘用方）与公民（受聘方）之间就建立劳动关系、明确相互间的权利义务而达成的协议。劳动合同的种类很多，如长期固定工聘用合同，临时工、季节工聘用合同以及各种劳动技术或人才培训协议等。[1]

劳动合同公证是指国家公证机构根据用人单位和劳动者的申请，依法证明双方签订的劳动合同的真实性、合法性的司法证明活动。[2] 劳动合同公证对于完善合同条款，维护双方尤其是劳动者的利益，预防和减少劳动纠纷、争议起到积极的监督作用；对于稳定劳动法律关系，严格劳动纪律，落实劳动生产责任制，提高管理水平，预防和减少劳动纠纷和争议具有重要作用。

二、申办劳动合同公证需提交的证明材料

申办劳动合同公证，合同双方应当到合同签订地或当事人住所地的公证处提出公证申请，并应提交以下材料：

（1）聘用方应提供劳动主管部门批准的招聘计划和招聘指标；招聘单位的资格证明，代表人或代理人的身份证件，代理人的授权委托书；招聘简章、招聘条件及与招聘有关的规章制度；采公开招标方式招聘干部或企业经营者的，应提供有关招标文件、记录等材料。

（2）受聘方（劳动者）应提供本人的身份证、健康状况证明；所在地人才交流中心、街道、乡镇出具的无工作证明或停薪留职证明；与聘用方要求相一致的学历证明、技术等级证书等。

（3）合同草稿。

（4）其他材料。如合同一方为未满18岁的未成年人时，必须提供其法定代理人同意的证明（公证处还须审查是否符合《劳动法》等有关法律、法规关于聘用未成年人的规定）。

三、办理劳动合同公证应重点审查的内容

办理劳动合同公证，公证处应通过询问、调查等方式重点审查以下内容：

1. 合同双方当事人是否具备合法的主体资格，意思表示是否真实。比如聘

---

[1] 参见肖胜喜主编：《律师与公证制度教程》，中国政法大学出版社1996年版，第364页。
[2] 参见刘金华、俞兆平：《公证与律师制度》，厦门大学出版社2007年版，第93页。

用方是否有合法的经营资格、确要招收员工,应聘方是否已年满16周岁。

2. 合同内容和所提供的材料是否真实、合法、完整。根据《劳动法》的规定,违反法律、行政法规的劳动合同或采取欺诈、威胁等手段订立的劳动合同无效。劳动合同应当以书面形式订立,并具备以下条款:

(1) 劳动合同期限。劳动合同的期限分为有固定期限、无固定期限和以完成一定的工作为期限。劳动者在同一用人单位连续工作满十年以上,当事人双方同意续延劳动合同的,如果劳动者提出订立无固定期限的劳动合同,应当订立无固定期限的劳动合同。劳动合同可以约定试用期。试用期最长不得超过六个月。

(2) 工作内容。比如禁止安排女职工从事矿山井下、国家规定的第四级体力劳动强度的劳动和其他禁忌从事的劳动,不得安排未成年工从事矿山井下、有毒有害、国家规定的第四级体力劳动强度的劳动和其他禁忌从事的劳动。

(3) 劳动保护和劳动条件。比如用人单位必须建立、健全劳动安全卫生制度,严格执行国家劳动安全卫生规程和标准,对劳动者进行劳动安全卫生教育,防止劳动过程中的事故,减少职业危害。

(4) 劳动报酬。工资分配应当遵循按劳分配原则,实行同工同酬。用人单位支付劳动者的工资不得低于当地最低工资标准。工资应当以货币形式按月支付给劳动者本人。不得克扣或者无故拖欠劳动者的工资。劳动者在法定休假日和婚丧假期间以及依法参加社会活动期间,用人单位应当依法支付工资。有下列情形之一的,用人单位应当按照下列标准支付高于劳动者正常工作时间工资的工资报酬:安排劳动者延长工作时间的,支付不低于工资的150%的工资报酬;休息日安排劳动者工作又不能安排补休的,支付不低于工资的200%的工资报酬;法定休假日安排劳动者工作的,支付不低于工资的300%的工资报酬。

(5) 劳动纪律。劳动者在劳动过程中必须严格遵守安全操作规程。

(6) 劳动合同终止的条件。除法定的可以解除合同的情况之外,劳动合同期满或者当事人约定的劳动合同终止条件出现,劳动合同即行终止。因此,在合同中约定劳动合同终止条件极为重要。

(7) 违反劳动合同的责任。有《劳动合同法》第46条规定的情形之一的,用人单位应向劳动者支付经济补偿。

除以上必备条款外,当事人可以协商约定其他内容,比如劳动合同当事人可以在劳动合同中约定保守用人单位商业秘密的有关事项。

3. 采用公开招标或招聘方式的,应审查招标或招聘行为是否真实、合法,合同签订人是否为中标人。

第三十四章 特别事项的公证[①]

第一节 现场监督类公证

《公证程序规则》第 52 条规定："公证机构办理招标投标、拍卖、开奖等现场监督类公证,应当由二人共同办理。承办公证员应当依照有关规定,通过事前审查、现场监督,对其真实性、合法性予以证明,现场宣读公证证词,并在宣读后七日内将公证书发送当事人。该公证书自宣读公证证词之日起生效。办理现场监督类公证,承办公证员发现当事人有弄虚作假、徇私舞弊、违反活动规则、违反国家法律和有关规定行为的,应当即时要求当事人改正;当事人拒不改正的,应当不予办理公证。"

该条是关于办理招标投标、拍卖、开奖等现场监督类公证的特别规定。

一、现场监督类公证的共同特征

(1) 申请公证的事项(现场活动)有多方主体参加,但除主办方以外,其他参加主体在申请公证的活动开始前处于不特定状态,所以公证申请通常仅由主办现场活动的一方提出,公证机构在受理阶段也仅对主办方的资格进行审查。

(2) 现场活动的主办方必须在活动举办前拟定活动规则(程序),并以合适的方式公开。

(3) 公证机构在办理公证中的审查分先后两步:首先是对拟定的活动规则进行事前审查,确认合法和可行,然后再对其举行的活动是否符合事前公布的规则进行审查监督。

(4) 申请公证的活动结束后,需要现场宣读公证证词的,公证书自现场宣读公证证词之日起生效。

二、现场监督类公证的程序要求

一是要求必须两人共同办理;二是要履行事前审查和现场监督两方面的职责;三是对认为真实、合法的现场活动需要现场宣读公证证词予以证明的,事后制作的公证书从现场宣读公证证词之日起生效;四是公证书要在宣读公证证词之后的七日内发送给当事人。

[①] 本章主要参考司法部、中国公证协会编:《公证程序规则释义》,法律出版社 2006 年版。

三、现场监督类公证应注意的几大问题

（1）现场监督类公证所涉及的法律关系从表面上看较简单，但实质上风险很大。因为公证员要当场确认活动是否合法，并当场宣读公证证词；现场监督类公证通常涉及不特定的多方主体的利益，但公证机构无法对这些参加主体的意思表示进行核实；申请公证的活动通常无法重复或重复成本极高，如出现瑕疵还可能导致重大纠纷。因此，《公证程序规则》规定，此类公证应当由二人共同办理。

（2）基于民事活动中的意思自治原则和当事人在公证活动中享有的处分权，当事人有权仅就整个活动中的某一个环节申办公证，而公证机构也可以仅对整个活动中的某一个环节办理公证。但在此种情形下，公证机构应在宣读的公证证词和出具的公证书中，明确列明证明的内容，对公证机构未参加监督的环节，公证机构不予办理公证，对公证证词和公证书未列明的证明内容，公证机构不承担责任。另外，如果有证据表明在申请公证的环节之前的活动违反法律、活动规则或存在舞弊，以及公证机构认为只对某一环节公证会引起公证事项的利害关系人难以消除的误解时，公证机构应当不予办理公证。

（3）在公证机构事先对活动规则进行审查中，不仅要审查当事人拟定的规则是否公正、合法，还应以谨慎勤勉的态度关注其规则的可行性和现场可能发生的突发事件的应对措施。例如，在办理开奖公证时，应关注奖项设置与开奖程序是否协调，开奖时发生停电、开奖器具发生故障等突发事件的应急预案。

（4）在公证机构进行现场监督过程中，除了根据《公证程序规则》第52条第2款的规定"承办公证员发现当事人有弄虚作假、徇私舞弊、违反活动规则、违反国家法律和有关规定行为的，应当即时要求当事人改正；当事人拒不改正的，应当不予办理公证"以外，如因技术原因或人为原因导致活动无法继续进行时，公证机构应建议中止活动，待问题解决后再继续进行。例如，开奖现场秩序混乱，公证机构应当要求当事人中止开奖，待恢复秩序后再继续开奖，不宜强行宣读公证证词。

（5）公证机构即使自始至终参加申请公证的活动，也绝非对活动的一切内容进行审查、监督和证明，属于专业技术领域的内容就不属于公证机构监督的范围。例如，在招标投标活动中，涉及技术条款的澄清和说明就不属于公证审查监督的范围；在拍卖活动中，拍卖物的品质、估价等也不属于公证机构审查的范围。

（6）现场监督过程中，公证机构仅监督当事人是否遵循法律和事先公布的规则，并非代当事人举办活动。如在评标中，公证机构仅监督评标委员会是否依据法律和招标文件评审，可以向评标委员会提供咨询，但不能代评标委员会评标，不能同评委一样认定标书无效。

现场监督类公证与保全证据有诸多相似之处,但证明对象、出证条件、办证要求等有明显区别。前者的核心内容是证明当事人的行为符合法律的规定和事先公布的规则,而后者证明的核心是提取、固化客观存在的证据。

第二节 公证调解

一、概念

公证调解是公证机构提供的一种附加性法律服务。《公证程序规则》第56条规定:"经公证的事项在履行过程中发生争议的,出具公证书的公证机构可以应当事人的请求进行调解。经调解后当事人达成新的协议并申请公证的,公证机构可以办理公证;调解不成的,公证机构应当告知当事人就该争议依法向人民法院提起民事诉讼或者向仲裁机构申请仲裁。"可见,公证调解是发生在公证程序终结后。严格地说,公证机构已经履行完其公证职责,由于当事人对公证的事项在履行过程中发生了争议,公证机构应当事人的请求,通过说服教育和劝导协商,在当事人双方互相谅解的基础上解决纠纷。

二、公证调解的原则与结果

公证调解应当坚持以下几个原则:(1)由原承办公证员主持原则。即原承办公证事项的承办公证员应当主持调解,因为原承办公证员对公证事项较为了解,能够准确地把握当事人争议的焦点,有利于纠纷的顺利解决。另外,承办公证员也可以通过调解对自己办理的公证案件进行重新审视,分析产生纠纷的原因,有利于提高自己的业务水平和预防纠纷的能力。(2)合法自愿原则。即调解应当在事实清楚、是非分明的情况下进行,调解的结果不得损害国家、集体、第三人的合法权益。当事人在调解中可以行使处分权,在法律允许的范围内,自己决定是否达成协议以及达成何种内容的协议。

一般来说,公证程序调解的结果有以下三种:一是经过调解后,当事人之间达成协议并申请公证的;二是经过调解后,当事人之间达成协议并未申请公证的;三是在调解过程中当事人放弃调解、无法达成协议或者达成协议后又反悔的。对于第一种结果,符合公证申请条件的,公证机构可以办理公证,对于当事人在履行协议过程中再次发生的纠纷,基于当事人的申请,公证机构仍然可以予以调解。对于第二种结果,由于当事人达成协议后并未申请公证,公证机构不能强制要求当事人必须办理公证,如果当事人在履行协议过程中再次发生纠纷,公证机构不再予以调解。对于第三种结果,由于调解未成,公证机构应当及时告知当事人向法院起诉或者依法提请仲裁,而不得要求当事人继续调解。

第三节 公证复查

一、公证复查的概念

公证复查是指当事人、公证事项的利害关系人认为公证书有错误并提出复查申请时，公证机构通过对公证书的内容、办证程序等进行再次审查，以确定公证书是否有错误，如发现问题及时解决的一种公证救济方式。

二、提出公证复查申请的主体及程序

依据《公证程序规则》第 61 条规定："当事人认为公证书有错误的，可以在收到公证书之日起一年内，向出具该公证书的公证机构提出复查。公证事项的利害关系人认为公证书有错误的，可以自知道或者应当知道该项公证之日起一年内向出具该公证书的公证机构提出复查，但能证明自己不知道的除外。提出复查的期限自公证书出具之日起最长不得超过二十年。复查申请应当以书面形式提出，载明申请人认为公证书存在的错误及其理由，提出撤销或者更正公证书的具体要求，并提供相关证明材料。"可见，提出复查申请的主体毫无疑问仅指待查公证事项的当事人和该公证事项的利害关系人。当事人、公证事项的利害关系人认为公证书有错误，提出复查申请，应依据下列程序进行：

（1）申请人应当提交书面的复查申请。复查申请书应载明：公证书的证书号；承办公证员姓名；公证书出具日期；公证书存在的错误；认定错误的理由；对撤销公证书、撤销部分公证书内容、更正或补正公证书内容的具体要求；申请人签名及申请日期。

（2）申请人应当提交载明公证书有错误的相关证明材料。公证书错误的表现形式很多，主要包括内容违法或者与事实不符、内容正确但表述或格式不当、文字有误、违反办证程序等。基于"谁主张，谁举证"的原则，当事人、公证事项的利害关系人应当在提出复查申请的同时，提供证明公证书有错误的相关证据，以便支持自己的主张，缩短解决公证争议的时间。

（3）申请人应当在规定的期限内提交复查申请书。具体期限有两种：一是当事人认为公证书有错误的，可以在收到公证书之日起一年内，向出具该公证书的公证机构提交复查申请书。收到公证书之日是指当事人或其代理人到公证机构领取公证书并在领取回执上签名的日期，或者应当事人或其代理人的请求由公证机构以邮寄方式发送的回执签收日期。二是公证事项的利害关系人认为公证书有错误的，可以自知道或者应当知道该项公证之日起一年内向出具该公证书的公证机构提出复查，但能证明自己不知道的除外。提出复查的期限自公证

书出具之日起最长不得超过 20 年。

《公证程序规则》第 61 条虽然没有明示超过复查请求期限的法律后果,但是通常情况下,期限届满可视为当事人、公证事项的利害关系人对复查请求权的放弃,并将发生失权的法律后果。表现在:一是当事人、公证事项的利害关系人因此丧失了要求公证机构复查的请求权,丧失了对公证机构拒绝复查的对抗权,丧失了就所遭受额外损失向公证机构索求的实体请求权,并应承担复查不能且公证文书无误所导致的自身败诉风险。二是公证机构法定复查义务的消灭和抗辩权的产生。此时,公证机构有权拒绝当事人或公证事项的利害关系人的复查申请,并可告知其向公证协会投诉;公证机构同时可以依据本条对抗当事人或公证事项的利害关系人对其不履行法定复查义务所作的投诉或相关赔偿诉讼。

三、公证复查的主体及程序

《公证程序规则》第 62 条规定:"公证机构收到复查申请后,应当指派原承办公证员之外的公证员进行复查。复查结论及处理意见,应当报公证机构的负责人审批。"可见,复查主体为原承办公证员之外的公证员,这也体现了程序公正的法律精神,是回避制度在复查活动中的延伸。

复查程序主要包括:一是预审查与指派。公证机构负责人(包括主任、副主任,但不能为原承办公证员)应对复查申请人的资格进行预审查,确定其是否符合申请复查的主体条件,即是否为当事人或公证事项的利害关系人。经确认申请人主体适格的,再指派原承办公证员以外的其他公证员负责复查。二是审查。承办公证员应针对当事人提出的复查内容作出重点审查。审查内容通常包括:当事人的人数、身份、申请办理该项公证的资格及相应的权利;被证明的内容是否真实、客观、合法;卷内存档的相关证明材料是否真实、合法、有效、充分;适用法律有无错误;适用程序有无错误;公证文书格式适用以及内容表述有无错误;申请人提供的相关证据是否准确、充分、真实、有效、合法;申请人主张权利的理由是否充分、合法;其他内容。三是拟定复查报告。承办公证员对当事人提出的复查内容进行审查后,应拟定复查报告,连同复查申请及有关材料,一并报审批人审批。复查报告的内容应包括:复查经过、复查结论、拟处理意见等。四是审批。公证机构负责人对承办公证员上报的复查报告进行审批。依据审批意见,由公证机构形成维持公证书的决定或撤销公证书的决定,发给申请人并告知其不服决定的解决途径。决定的生效日期为公证机构出具相关决定之日。

四、公证复查的处理准则及撤销公证书的程序

《公证程序规则》第 63 条规定:"公证机构进行复查,应当对申请人提出的公证书的错误及其理由进行审查、核实,区别不同情况,按照以下规定予以处理:

(1)公证书的内容合法、正确、办理程序无误的,作出维持公证书的处理决定;(2)公证书的内容合法、正确,仅证词表述或者格式不当的,应当收回公证书,更正后重新发给当事人;不能收回的,另行出具补正公证书;(3)公证书的基本内容违法或者与事实不符的,应当作出撤销公证书的处理决定;(4)公证书的部分内容违法或者与事实不符的,可以出具补正公证书,撤销对违法或者与事实不符部分的证明内容;也可以收回公证书,对违法或者与事实不符的部分进行删除、更正后,重新发给当事人;(5)公证书的内容合法、正确,但在办理过程中有违反程序规定、缺乏必要手续的情形,应当补办缺漏的程序和手续;无法补办或者严重违反公证程序的,应当撤销公证书。被撤销的公证书应当收回,并予以公告,该公证书自始无效。公证机构撤销公证书的,应当报地方公证协会备案。"

可见,公证机构受理复查申请后,应当本着实事求是、依法复查的原则,认真审查、核实当事人、公证事项的利害关系人提出的公证书错误及其理由,及时作出复查结论,适时采取处理措施,并严格履行随附义务——公告和备案。公证机构的复查结论和处理方法主要包括:一是维持公证书。复查结论认为申请人主张的权利的相关证据不足以推翻公证书,该公证书的内容合法、正确,办证程序无误,公证机构应当按照法定程序作出维持公证书的处理决定。二是撤销公证书。复查结论认为复查申请人提交的或公证机构核实的相关证据足以推翻公证书,构成了撤销公证书的法定事由,公证机构应当按照法定程序作出撤销公证书的处理决定。被撤销的公证书应当收回并予以公告,同时上报本地公证协会备案。适用撤销公证书的具体情形包括:公证书的基本内容违法或者与事实不符的;公证书的内容合法、正确,但在办理过程中缺少必要的手续,现已无法补办的;公证书的内容合法、正确,但在办理过程中严重违反公证程序的。三是补正公证书。复查结论认为公证书部分内容有错误且公证书不能全部收回的,公证机构应当按照法定程序出具补正公证书。具体情形主要包括:公证书的内容合法、正确,仅证词表述或者格式不当,公证书不能收回的;公证书的部分内容违法或者与事实不符的。四是收回原公证书,重新出具公证书。复查结论认为公证书部分有错误且公证书已全部收回的,公证机构应当按照法定程序重新出具公证书。具体情形主要包括:公证书的内容合法、正确,仅证词表述或者格式不当,公证书已全部收回的;公证书部分内容违法或者与事实不符,公证书已全部收回的。由于上述情形一般不会给当事人及公证事项的利害关系人的民事权益以及其他权益造成实质性损害,因此,可以通过收回公证书重新出具公证书的方法予以纠正。五是更正公证书。复查结论认为该公证书的内容合法、正确,办证程序无误,但存在个别的、一般性的文字表述错误,如误写、漏写等笔误,公证机构可以采用直接在公证书上修正并加盖核对章的方式予以更正。上述五类处理方法导致公证书的效力也有所不同:维持公证书的,公证书自始有效;撤销公证书的,公证书自始无效;补正公证书的,补正公证书自出具之日起有效,原公证书被删除或被更正的内容自始无效;重新出具公证书的,公证书自重新出具之日起生效,原公证书自始无效;更正公证书的,公证书自原出具之日起生效。公证机构采用撤销公证书、补正公证书、重新出具公证书处理方法的,应当书面记录收回或不能收回原公证书的具体情况,并入卷归档。由于公证书的撤销可能会导致当事人、公证事项的利害关系人的法律关系发生变化,公证机构应当通过一定的方式让当事人、公证事项的利害关系人了解公证书的撤销情况。因此,公证机构依法撤销公证书(不包括公证书内容部分撤销)的,应当在决定生效之后,予以公告。公告的媒体以公证机构所在地的省级报刊为宜。

五、公证复查期限

《公证程序规则》第64条规定:"公证机构应当自收到复查申请之日起三十日内完成复查,作出复查处理决定,发给申请人。需要对公证书作撤销或者更正、补正处理的,应当在作出复查处理决定后十日内完成。复查处理决定及处理后的公证书,应当存入原公证案卷。公证机构办理复查,因不可抗力、补充证明材料或者需要核实有关情况的,所需时间不计算在前款规定的期限内,但补充证明材料或者需要核实有关情况的,最长不得超过六个月。"该条对复查期限从两个方面进行了规定:一是复查终结期限,即公证机构完成复查工作(包括补充原公证程序)的时间限定。该时限以公证机构在受理复查申请后30日内完成复查为原则,以不可抗力、补充或核实材料条件下六个月完成为补充。二是处理终结期限,即公证机构改变公证书内容的时间限定,公证机构最终完成撤销、更正、补正公证书的时间限定为作出复查处理决定后10日内。

第三十五章　涉外及涉港澳台公证

第一节　涉外公证概述

涉外公证是指国家公证机构对含有涉外因素的公证事项，依法证明其真实性、合法性的活动。含有涉外因素的公证事项主要是指公证的权利主体、权利客体和公证文书使用地域诸因素中含有一个或一个以上的涉外因素，公证书通常将发往域外使用。涉外公证作为公证业务的重要内容之一，在保障我国公民在境外和外国侨民在我国的合法权益方面起着重要作用。

一、涉外公证的涉外因素

1. 公证法律关系主体具有涉外因素

公证法律关系主体具有涉外因素，是指公证的申请人、与公证对象有关联的权利主体，或者与该申请人相关的民事法律关系的对方是外国人或国外华侨。例如，外国人在我国死亡，其配偶或亲属等办理有关死亡的公证的，这种公证因有涉外因素而属于涉外公证。

2. 公证法律关系的对象具有涉外因素

公证法律关系的对象指申请人需要证明的法律行为、具有法律意义的事实或文书。公证法律关系的对象具有涉外因素，是指这些待公证证明的法律行为、有法律意义的事实或文书发生在国外，或者与国外有联系，公证当事人向我国公证处或我国驻外使（领）馆申请予以公证。

二、涉外公证的特点

涉外公证具有涉外因素，与国内公证相比有很大不同：

（1）申请公证的当事人不同。涉外公证的申请人除我国公民外，还有华侨、侨眷或中国血统的外籍人，以及侨居我国的外国人和在我国工作、学习和帮助建设的外国人。国内公证的申请人则只能是我国公民。

（2）申请公证的地点不同。涉外公证既可以在我国国内申请，也可以从境外申请。国内公证则只能在我国境内申请。

（3）出证机关不同。涉外公证要由司法部批准的办理涉外公证业务的公证处和经过考试合格的涉外公证员负责办理。

（4）使用和发生法律效力的地域不同。涉外公证书通常要发往域外使用，并在域外发生法律效力。国内公证书只在我国国内使用并发生法律效力。①

三、涉外公证的分类

根据公证书的公证内容,涉外公证主要可分为涉外民事公证和涉外经济公证。

1. 涉外民事公证

涉外民事公证是指外国当事人申办的或公证书要发往域外使用的民事公证事务,即当事人、证明对象或公证书使用地等因素中含有一个或一个以上涉外因素的民事公证。我国建立公证制度之初,一些大城市及沿海地区的公证处就开办了涉外民事公证业务。目前,涉外民事公证既是我国公证机构开办最早的公证业务,也是办证量最大的公证事项。随着民事交往不断增多,我国涉外民事公证的业务范围正在不断扩大。涉外民事公证的业务范围主要包括:收养、继承、遗嘱、委托、房屋买卖、婚姻、学历、未受刑事制裁、出生、死亡、海难、空难、亲属关系、生存、选票、财产分割、职称、职务、律师资格、健康、驾驶证等公证事项。

2. 涉外经济公证

涉外经济公证是指当事人、证明对象或公证书使用地等因素中含有一个或一个以上涉外因素的经济公证。这类公证常见于对外贸易、技术进出口、对外承包工程、出口劳务和利用外资等领域。涉外经济公证文书按使用目的可分为两大类:一类是我国企业或其他组织到国外从事进出口业务,设立办事机构、参加投标、承包工程、劳务输出、引进贷款和技术设备,以及在域外参加诉讼、仲裁、索赔等,应外方和外国法律的要求,必须办理有关公证文书,包括法人资格、公司章程、资信情况、银行保函、授权委托书、商标注册证书、证据保全公证。另一类是公证机构按照法律、法规、规章的规定,对涉外招标、拍卖等法律行为进行公证监督,对对外贸易、涉外房地产等涉外经济合同进行审查并依法出具公证书。②

第二节 涉外公证的法律适用

涉外公证由于涉及涉外因素,如事项的证明和公证书的使用,决定了其公证程序与国内公证不尽相同。居住在国外的当事人委托代理人向国内公证机构申请公证的,应当出具委托书,委托书应当写明委托事项及委托权限,同时还要求所出具的委托书应当经过当地公证人或我国驻外使(领)馆公证。如果当事人没有可委托的亲友,也可以委托我国驻该国使(领)馆代为申请。

---

① 参见肖胜喜主编:《律师与公证制度教程》,中国政法大学出版社1996年版,第423—424页。
② 同上书,第424—425页。

一、对公证事项的判断

国内公证只能适用我国国内法律规定。但是,关于涉外公证事项效力的判断,如果涉及外国法,使用外国法律有利于保护我国公民利益,并且它的使用不与我国法律的基本原则和社会公共利益发生冲突的,可以使用该外国法判断公证事项的效力。例如,关于法定继承权的判断。

二、公证书使用的形式和文字

对于公证书使用的形式和文字,应当适用我国的法律。但是,涉外公证在国外使用,外国对其形式提出特别要求的,如果这种要求不违背我国法律的原则或者不侵害我国的社会公共利益,则可以遵照其规定。

如果外国法要求附译文,可以附外文译文。对此,《公证程序规则》第43条规定,我国公证机构制作涉外公证文书,应当使用中文,根据需要和当事人的要求可以附外文译文。至于附何种外文译文,因使用国要求不同而有所不同。发往域外使用的公证书的译文是否另需公证,也因各国的要求而不同。有的国家要求在该国使用的我国公证处出具的公证文书的译文的,应由我国公证机构出具译文与原文相符的公证书,并要求该公证书也附相应的译文,则可以遵照其规定。但是,公证员不得在译文上签名。

需要特别指出的是,当事人需要公证证明的事项由外文写成,或者是外文文书的,我国公证机构可以直接予以证明,对其不附中文译文。

对于发生在外国的法律行为、法律事实,当事人应当申请外国的公证机构或公证员予以公证。如果申请人居住国允许,也可以申请我国驻外国的使(领)馆公证。

第三节 涉外公证文书的认证

按照国际惯例,除文书使用国另有规定或两国签有互免认证协议外,凡是对外使用的公证文书,一般都应当办理认证。一般情况下,凡发往国外使用的公证书等,均须先办理我国外交部或其授权机关的认证,再向有关国家驻华使(领)馆申办认证。认证与公证的不同之处在于,认证机关只负责审查公证书上最后一个公证或认证机关的签名和印鉴是否属实,对该公证文书的内容无需审查。[①]

[①] 参见肖胜喜主编:《律师与公证制度教程》,中国政法大学出版社1996年版,第435页。

一、我国办理领事认证的机关及受理证书的种类

1. 我国外交部领事司

涉外公证书发往域外使用,一般应由我国外交部领事司认证,证明公证文书上我国公证机构的印章属实。外国公证机构或公证人出具的公证文书在我国使用时,也需要先经其所在国认证机关认证后,再由我国驻该国使(领)馆认证。我国外交部领事司办理下列证书的认证:中国涉外公证处出具的各类公证书,一些特定机关出具的证书,比如我国法院的司法文书。

2. 外国驻华领馆领区内的省、自治区、直辖市人民政府外事办公室

1984年之前,我国发往域外使用的公证文书的认证都由外交部领事司办理。随着我国人民对外交往的频繁,这类公证书认证的事务越来越多。为方便中外人员交流与交往,减轻外交部领事司的认证工作量,加快公证文书认证程序,1985年以后,凡发往外国驻华领事馆所属国使用的公证书,如需办理领事认证,公证处可以按规定的领区范围,将公证书寄往本省、自治区、直辖市人民政府外事办公室办理认证。

3. 我国驻外使(领)馆

原则上,我国驻外使(领)馆只受理驻在国或领区内外国公证机构出具的、拟送往我国使用的各类证书认证。此类证书一般须附中文译文,并须经驻在国外交部或其授权机关认证后,我国使(领)馆才能受理。此外,我国驻外使(领)馆还对航行中的我国船舶、航空器负责人对乘坐其船舶、航空器的公民在紧急情况下所立的遗嘱、委托等所出具的证明办理认证。

二、申办要求及收费标准

公司企业、机关单位的涉外公证书和特定机关确认的商业文书可直接向外交部领事司或外交部授权的省、自治区、直辖市人民政府外事办公室申办认证。申办时须持有单位行政介绍信,介绍信中须注明文书使用国国名、份数、申办人姓名、联系电话等事项。上述商业文书可通过特快专递寄外交部领事司申办认证。申办人须填写申办领事认证登记表。

因私涉外公证书可通过下列单位向外交部领事司申办认证:(1) 各省、自治区、直辖市人民政府外事办公室;(2) 中国旅行社总社签证代办处;(3) 北京长桥对外经济合作咨询有限公司。

外交部领事司认证收费标准为:(1) 平件。受理72小时后(即第四个工作日起)出证,民事类每证50元,商事财产类每证100元。(2) 急件。受理24小时内出证或应当事人要求立等即取,民事类每证100元,商事财产类每证150元。(3) 外国人申办领事认证,按对等原则收取领事认证费。如要在受理后24

小时内(即第一个工作日内)取证的,每证另加收认证加急费50元。因外国驻华使馆认证收费标准不断调整,应注意及时向外交部领事司查询。(4)邮寄费。按邮局规定的实际邮资收取,即根据邮局价格,内地标准邮件为每件25元,港澳地区标准为每件110元。超过标准的,按实际超重量计价。

三、向我国驻外使(领)馆申办领事认证的程序

与我国有外交关系的国家出具的各类文书如欲送往我国使用,须先在该国内办妥公证手续,经该国外交部或其授权机构认证后,再送我国驻该国使(领)馆认证,方能在我国境内使用。

与我国无外交关系的国家发往我国使用的各类文书,须先在该国办妥公证,并经该国外交部或其授权机构认证后,再办理与我国有外交关系国家驻该国使(领)馆的认证,最后向我国驻相邻国家的大使馆申办认证。

第四节 涉港澳台公证

一、涉港澳公证

(一)涉港澳公证的概念及特征

涉港澳公证是指调整我国涉外公证机构依法办理的具有涉港澳因素的一切相关的公证法律规范的总和,包括涉港澳公证组织制度、涉港澳公证程序制度、涉港澳公证管理制度等。① 香港、澳门是我国领土不可分割的一部分,但与我国内地实行不同的政治、经济和法律制度。因此,涉港澳公证既不属于涉外公证,也不同于普通国内公证。

涉港澳公证具有以下特征:(1)在适用法律上,首先要符合我国法律的规定,同时也应考虑香港、澳门地区的法律规定。(2)部分发往香港、澳门的公证文书要办理认证手续。(3)在办证程序上,一般应适用涉外公证的有关规定。涉港澳公证通常要由司法部批准的办理涉外公证业务的公证处和公证员办理。(4)香港、澳门地区当事人提供的证明材料,一般要经司法部委托的香港律师或澳门机构的证明。②

(二)委托公证人制度

1.委托公证人制度的建立和发展

委托公证人制度,是指对送回内地使用的发生在特别行政区的法律行为、有法律意义的事实及文书的公证申请,必须由我国司法部考核后在特别行政区律

---

① 参见杨荣元编著:《公证制度基本原理》,厦门大学出版社2007年版,第273页。
② 参见肖胜喜主编:《律师与公证制度教程》,中国政法大学出版社1996年版,第426页。

师中委托的公证人予以办理并出具证书,非我国司法部委托的公证人以外的其他机构或其他人员出具的证明文件,送回内地使用的,内地不予承认的制度。

(1) 香港委托公证人制度

1981年之前,香港居民回内地处理有关民事法律事务,是通过一些内地驻港机构和香港当地的一些社团组织办理相关的证明文件。这种做法在很长一段时间里确实为香港居民处理内地的法律事务发挥了积极的作用。但是,这种做法在一定程度上既缺乏法律上的严肃性,又缺乏社会广泛性,特别是香港与内地实行两种不同的政治制度和法律制度,使得在这种情况下出具的证明文书的真实性、合法性更无法保障。为了更好地保障香港同胞回内地办理有关民事法律事宜,进一步沟通内地与香港的法律事务联系,1981年,司法部委托香港阮北耀等八位律师负责为香港居民办理回内地处理民事法律事务的公证文书,从而建立了委托公证人制度。

委托公证人制度建立初期,委托公证人主要办理涉及内地的婚姻、继承、收养、到港定居等公证文书。但随着香港与内地的交往增多,委托公证人所办理的业务范围已不能适应发展的需要。1985年,司法部进一步扩大委托公证人办理发往内地使用的证明文书的范围,规定对发生在香港地区的法律行为、有法律意义的事实和文书均可予以公证。委托公证人在香港的公证事务的范围包括婚姻(结婚、再婚、丧偶、申请补办夫妻关系证明、申请办理结婚公证等声明书)、房地产(包括赠与书、楼宇买卖合同)、公司法(包括授权委托书、公司证明书、商业登记资料证明、公证董事会决议证明)、遗产(包括继承遗产及放弃继承遗产声明书)、移民及出入境(包括申请配偶、亲属来港声明书,申请收养子女声明书)等,涉及的领域十分广泛。

同时,为使公证文书更加规范,有效地防止不法分子制作假公证文书,国务院港澳办、新华社香港分社对委托公证人的出证程序进行了改革。香港委托公证人的签名、印章不再送内地有关部门备案,统一经司法部在香港设立的中国法律服务(香港)有限公司加盖转递章后发往内地使用。委托公证人的期限也改为定期委托制,委托期为三年,委托期满,通过考核,可以连续委托。

1995年3月,司法部发布《中国委托公证人(香港)管理办法》,对委托公证人的委托条件、委托程序、业务范围、法律责任等作出了规定,从而使近二十年的委托公证制度更加法制化、规范化,逐渐成为我国公证制度的有机组成部分。该办法规定,具备下列条件的香港执业律师,可向司法部申请为委托公证人:拥护中华人民共和国政府,支持内地的改革开放和经济建设;拥护《香港特别行政区基本法》,对香港的稳定和繁荣发展有贡献的;在香港从事律师业务十年以上;职业道德良好,未有因不名誉或违反职业道德受惩处之记载;遵守内地法律、法规和办证规则;能用中文书写公证文书,能用普通话进行业务活动。申请委托人的年龄一般不超过65周岁。

具备上述规定条件的香港律师申请担任委托公证人,由本人向司法部提出书面申请,向中国法律服务(香港)有限公司申领并据实填写申请委托公证人登记表。中国法律服务(香港)有限公司将申请书、登记表、学历、经历等证件的影印件和有关部门的意见一并报送司法部。司法部接到有关申请后,参考有关部门和中国委托公证人协会的意见,对申请人资格进行审查。对符合申请条件的,应告知其参加司法部举办的法律知识和公证业务以及有关业务技能的短期培训并参加司法部组织的考试。考试合格者,由司法部颁发委托书并予以首次注册。委托公证人在委托期内,应每年向司法部申请年度注册。

(2)澳门委托公证人制度

1994年,国务院港澳办、司法部、民政部联合发布的《关于内地与澳门相互承认民事登记证明文件及公证文书事的复函》规定,内地公证文书发往澳门私用无须办理认证。在此之前,内地发往澳门私用的公证文书是需要认证的。澳门发往内地使用的证明文书,在我国对澳门恢复行使主权以前,司法部认可的在澳门的三个机构和四个社团出具的证明文书不需要认证。对澳门恢复行使主权后,澳门有关机构出具的证明文书都不再需要认证。2006年2月,司法部根据内地与澳门签署的《内地与澳门关于建立更紧密经贸关系的安排》,赋予了首批五名具有私人公证员资格、职业经验丰富的澳门律师以委托公证人资格,由这些委托公证人履行规定事项的证明职责。

2. 委托公证人制度的作用

委托公证人制度的建立和发展,不仅有效地减少了双重认证公证文书的时间和费用,方便了港澳居民和法人,保障了证明文书的真实性和合法性,维护了当事人的合法权益,而且促进了港澳地区与内地的民事、经济和法律界的交往,沟通了贸易、投资信息。同时,在解决历史遗留的法律问题和不同制度间的法律冲突方面也进行了有益的尝试,取得了良好的效果,得到了社会各界人士的支持和赞扬。

二、涉台公证

所谓涉台公证,是指大陆公证机构出具的涉及台胞、台属申请办理的各类民事方面的公证文书。涉台公证的当事人多是台湾同胞或台湾同胞的亲属,以及来大陆投资、经商的台湾企业。在法律适用问题上,适用中华人民共和国法律,同时也要考虑台湾的特点、历史情况、台湾地方法规的规定等特殊因素。办理涉台公证的公证处由省、自治区直辖市司法厅(局)公证管理处指定。台湾当事人在台湾所作的意思表示、提供的事实情况和有关证明材料,应当经台湾公证机构公证。回大陆的台胞申办公证的,由其原籍或临时户口所在地,或不动产所在地指定的公证处办理。

根据海协会和海基会达成的《两岸公证书使用查证协议》以及后来达成的补充协议的规定,通过中国公证协会、各省公证协会与海基会相互寄送下列种类的公证书副本:

(1)用于继承的亲属关系公证书、委托公证书以及根据案情需要办理的出生、死亡、婚姻等公证书;

(2)收养、婚姻、出生、死亡、学历、委托书公证书;

(3)用于大陆居民赴台湾定居,或台湾居民赴大陆定居的亲属关系、婚姻、出生等公证书;

(4)用于减免所得税而办理的抚养、亲属关系公证证明,包括亲属关系、谋生能力、病残、成年在学、缴纳保险费或医药费公证书;

(5)财产权利证明公证书,指公民、法人或其他组织所享有的财产权利公证证明,包括物权、债权、继承权等有形财产权利和专利著作权、商标等无形财产权利,以及企业的资格、资信、法定代表人、授权委托书以及生产许可证、生产企业的合格证、产品检验报告书等;

(6)病历、税务、经历、专业证书等。

参 考 文 献

1. 田文昌主编：《律师制度》，中国政法大学出版社2007年版。
2. 陈宝权等：《中外律师制度比较研究》，法律出版社1995年版。
3. 陈光中、李春霖主编：《公证制度基本原理》，北京大学出版社2006年版。
4. 杨荣元编著：《公证制度基本原理》，厦门大学出版社2007年版。
5. 江晓亮主编：《公证员入门》，法律出版社2002年版。
6. 宣善德主编：《律师、公证与仲裁制度》，中国政法大学出版社2008年版。
7. 田平安主编：《律师、公证与仲裁教程》，法律出版社2002年版。
8. 石茂生主编：《律师法学》，郑州大学出版社2004年版。
9. 刘金华、俞兆平：《公证与律师制度》，厦门大学出版社2007年版。
10. 徐家力主编：《律师实务》，法律出版社2007年版。
11. 张文章主编：《公证制度新论》，厦门大学出版社2006年版。
12. 肖胜喜主编：《律师与公证制度教程》，中国政法大学出版社1996年版。
13. 陈卫东主编：《中国律师学》，中国人民大学出版社2000年版。
14. 叶青、黄群主编：《中国公证制度研究》，上海社会科学院出版社2004年版。
15. 王公义主编：《公证实务知识问答》，中国社会科学出版社2006年版。
16. 程荣斌主编：《中国律师制度原理》，中国人民大学出版社1998年版。
17. 谭世贵主编：《律师法学》，法律出版社2008年版。
18. 官玉琴、张禄兴编著：《律师法学》，福建教育出版社2006年版。
19. 宋朝武、张力：《律师与公证》，高等教育出版社2007年版。
20. 胡志民主编：《律师制度与律师实务》，立信会计出版社2006年版。
21. 陈宜、王进喜主编：《律师公证制度与实务》，中国政法大学出版社2008年版。
22. 谢佑平主编：《律师与公证制度》，中国政法大学出版社1999年版。
23. 徐新跃主编：《公证与律师制度》，法律出版社2002年版。
24. 茅彭年、李必达主编：《中国律师制度研究》，法律出版社1992年版。
25. 青锋：《中国律师法律制度论纲》，中国法制出版社1997年版。
26. 陶髦等：《律师制度比较研究》，中国政法大学出版社1995年版。